F Joachimsthal

Anwendung der Differential- und Integralrechnung

auf die allgemeine Theorie der Flächen und der Linien doppelter Krümmung

F Joachimsthal

Anwendung der Differential- und Integralrechnung
auf die allgemeine Theorie der Flächen und der Linien doppelter Krümmung

ISBN/EAN: 9783743336964

Hergestellt in Europa, USA, Kanada, Australien, Japan

Cover: Foto ©ninafisch / pixelio.de

Manufactured and distributed by brebook publishing software
(www.brebook.com)

F Joachimsthal

Anwendung der Differential- und Integralrechnung

ANWENDUNG

DER

DIFFERENTIAL- UND INTEGRALRECHNUNG

AUF

DIE ALLGEMEINE THEORIE

DER

FLÄCHEN UND DER LINIEN DOPPELTER KRÜMMUNG.

VON

F. JOACHIMSTHAL.

ZWEITE AUFLAGE,

BEARBEITET VON **L. NATANI.**

MIT ZAHLREICHEN FIGUREN IM TEXT.

LEIPZIG,

DRUCK UND VERLAG VON B. G. TEUBNER.

1881.

Vorrede zur ersten Auflage.

Die in vorliegendem Werke der Oeffentlichkeit übergebenen Vorlesungen hat der der Wissenschaft und den Hörern viel zu früh entrissene Professor Ferdinand Joachimsthal an der Universität zu Breslau im Wintersemester 1856/57 gehalten, und den Herausgeber, der damals zu seinen Füssen sass, beauftragt, sie wortgetreu nachzuschreiben und für die Herausgabe druckfertig abzufassen. Nach Schluss der Vorlesungen empfing Herr Professor Joachimsthal das Manuscript und hatte nach eingehender Prüfung nichts Wesentliches daran auszusetzen; doch unterblieb die Herausgabe, wohl weil andere Gebiete der Mathematik, namentlich die Elemente der analytischen Geometrie, den hochverehrten Herrn beschäftigten. Wenn der Unterzeichnete erst jetzt, nachdem so viele Jahre verflossen sind, sich entschlossen hat, die Vorträge herauszugeben, so liegt der Grund hauptsächlich darin, dass er lange Anstand genommen hat, selber die letzte Hand an die Druckfertigstellung zu legen. Als er aber einmal daran gegangen war, gaben ihm die hohen Vorzüge des Werkes den Muth, diese Arbeit zu Ende zu bringen, indem er hoffte, dass, was etwa an der Art der Abfassung den Beifall der Kenner nicht haben sollte, über den inneren Vorzügen der Vorlesungen verziehen werden würde. Als solche Vorzüge sei es gestattet, hier — und zwar nicht bloss nach der Meinung des Herausgebers, sondern auch nach dem Urtheile von namhaften Gelehrten, denen das Werk jetzt zur Prüfung vorgelegen hat — nur hervorzuheben, dass die Vorlesungen ein bestimmtes scharf abgegrenztes Gebiet in fasslicher und eleganter Darstellung behandeln, namentlich auch in ihnen die verschiedenen Diciplinen der Mathematik in geistreicher Weise zur Lösung der Probleme herangezogen sind, wie besonders die Geometrie an vielen Stellen die rechnende Lösung vorbereitet, oder ihr nachfolgend die gefundenen Resultate deutet.

Somit wird das Werk für Lernende eine nicht unwillkommene Gabe sein und Studirende der Mathematik an Universitäten und polytechnischen Schulen interessiren.

Reichenbach i. Schl.

Dr. Liersemann.

Vorrede zur zweiten Auflage.

Bei der Uebernahme der Bearbeitung dieser zweiten Auflage ist es im Einverständniss mit meinem Herrn Vorgänger meine Absicht gewesen, dieses Buch als Joachimsthals Eigenthum und als Elementarbuch bestehen zu lassen.

Diejenigen Ergänzungen, die ich bei einzelnen Abschnitten für wünschenswerth hielt, habe ich deshalb nur dann in die vorhandenen Paragraphen aufgenommen, wenn sie entweder rein redactioneller Natur oder von geringerer Ausdehnung waren. Andere längere Zusätze sind als Zusätze zur zweiten Auflage bezeichnet, und so eingerichtet, dass sie zum Verständniss des vorher vorhandenen Theils nicht unbedingt nothwendig sind, also, wenn man will, etwa beim ersten Studium auch weggelassen werden können. Der Anhang, für den ich natürlich allein verantwortlich bin, soll Gelegenheit geben, einen Theil des im Buche Gegebenen entweder zu vervollständigen oder von andern Standpunkten aus aufzufassen. Derselbe zerfällt in vier Theile. Der erste giebt nach einigen vorbereitenden Betrachtungen einen direkten Beweis des Jakobischen Satzes, der zweite eine Erweiterung der Theorie der Curven doppelter Krümmung auf Grund eines neuen Coordinatensystems, der dritte ist einer neuen Definition der Gauss'schen Totalkrümmung und der daraus folgenden Betrachtungen gewidmet. Die Entwickelung der Formeln für verschiedene Elementargrössen der Flächentheorie macht den Schluss. Wenn ich so hoffe, den Nutzen des bereits rühmlichst bekannten und verbreiteten Buches einigermassen vermehrt zu haben, so bin ich wenigstens sicher, dass dasselbe in keiner Weise beschädigt ist.

Berlin, im Januar 1881.

L. Natani.

Inhalt.

Einleitung.

Einleitung.

§ 1.

Erklärung. Man nennt Curven doppelter Krümmung solche krumme Linien, von denen kein endlicher Theil in einer Ebene enthalten ist. Curve im Raume soll dagegen jede Curve heissen, eben oder nicht, welche auf 3 Coordinatenaxen bezogen ist.

Der Begriff der doppelten Krümmung ist zunächst festzustellen. Nehmen wir auf irgend einer Curve die Punkte a, b, c, d u. s. w., deren Entfernung von einander als ins Unendliche abnehmend betrachtet wird, so sind die Geraden $\overline{ab}$, $\overline{bc}$, $\overline{cd}$, die Richtungen der auf einander folgenden Tangenten. Da nun diese Richtungen im Allgemeinen von einander abweichen, die Curve aber umsomehr sich in dem betreffenden Punkte von einer Geraden unterscheidet, je grösser diese Abweichung ist, so kann man den Winkel, welchen die Verlängerung von ab mit bc bildet, oder vielmehr, da derselbe unendlich klein ist, sein Verhältniss zur Linie $\overline{ab}$ als Mass der Abweichung von einer Geraden im Punkte a betrachten. Dies Verhältniss heisst die erste Krümmung. Sie ist allen Curven ebenen und nicht ebenen gemein.

Bei den letzteren aber wird auch die durch abc gehende, also die durch 3 auf einander folgende Punkte bestimmte Ebene, Schmiegungsebene genannt, von der folgenden durch bcd bestimmten abweichen. Man kann also ähnlich wie oben das Verhältniss des unendlich kleinen Winkels, welchen beide, d. h. die auf einander folgenden Schmiegungsebenen mit einander machen, zur Linie $\overline{ab}$ als Mass der Abweichung von einer Ebene, betrachten. Dies Verhältniss heisst 2. Krümmung; sie findet nur bei nicht ebenen Curven statt.

Anmerkung. Der Ausdruck Curven doppelter Krümmung rührt von Clairaut her. Jedoch ist ist bei ihm die Definition eine andere, als die jetzt übliche. Jede Curve ist ihrer Lage und Gestalt nach bestimmt, wenn man ihre Projectionen auf 2 Ebenen kennt. Bei ebenen Curven ist jedoch der Fall auszuschliessen, wo beide Projectionsebenen auf der Ebene der Curve senkrecht stehen, da in diesem Falle die Projectionen beide Gerade, die Curve aber unbestimmt ist. Dagegen kann eine Projectionsebene diese Lage haben, wo dann die eine Projection eine Gerade ist. Bei nicht ebenen Curven aber sind beide Projectionen in jedem Falle Curven, die so bestimmte Curve nimmt also, so zu sagen, an den Krümmungen zweier Projectionsebenen Theil.

§ 2.

Lehrsatz. Wenn x, y, z irgendwelche, rechtwinklige oder schiefwinklige Coordinaten sind, so wird eine Curve im Raume analytisch durch zwei Gleichungen zwischen diesen drei Variabeln dargestellt. Dass zwei Gleichungen stattfinden müssen, ergiebt sich aus Folgendem: Denken wir uns ausser der Curve im Raume eine Ebene welche dieselbe schneidet und der Ebene xy parallel ist, so dass die z-Coordinate in ihr einen bestimmten constanten Werth hat. Die Anzahl der Schnittpunkte mit der Curve wird dann eine gegebene sein. Es muss also, wenn das Gesetz der Curve bekannt ist, möglich sein zu jeder Höhe z dieser Ebene die entsprechenden Durchschnittspunkte, d. h. die ihnen entsprechenden Werthe von x und y zu finden, es müssen also zwei Gleichungen eine zwischen x und z, die andere zwischen y und z vorhanden sein.

Stellt man die so eben gemachte Betrachtung in Zeichen dar, so haben diese beiden Gleichungen folgende Form $\begin{cases} x = f(z) \\ y = \varphi(z) \end{cases}$. Sie haben aber auch noch eine andere Bedeutung. Die erste Gleichung nämlich $x = f(z)$ stellt eine ebene Curve und zwar eine Curve in der xz-Ebene dar; mit jedem Punkte dieser Curve haben aber noch unzählig viele andere Punkte dasselbe x und dasselbe z, nämlich alle Punkte derjenigen Geraden, welche in dem fraglichen Punkte der Curve $x = f(z)$ normal auf die Ebene der xz errichtet werden kann. Die Gleichung $x = f(z)$ drückt also nicht nur die Curve in der xz-Ebene aus, sondern alle Punkte desjenigen Cylinders, oder derjenigen cylindrischen Fläche, welche auf jener Curve in der xz-Ebene normal steht. Ebenso genügen der Gleichung $y = \varphi(z)$ sämmtliche Punkte einer cylindrischen Fläche, die auf der Curve in der yz-Ebene normal errichtet ist. (Die Bezeichnung normal bezieht sich natürlich nur auf rechtwinklige Coordinaten; das hier Gesagte gilt aber auch für loxogonale Systeme, nur hat man dann statt normal auf der Ebene die Worte zu setzen: parallel der in der Ebene nicht enthaltenen Coordinatenaxe.) Da nun die Curve im Raume beiden Gleichungen genügt, so muss sie auf beiden Cylindern liegen oder der Durchschnitt dieser beiden Flächen sein: Das System der beiden Gleichungen $\begin{cases} x = f(z) \\ y = \varphi(z) \end{cases}$ stellt also die darin bezeichnete Raumcurve als die Durchnittslinie der beiden cylindrischen Oberflächen $x = f(z)$, $y = \varphi(z)$ dar.

Betrachtet man dagegen jede dieser beiden Gleichungen nur als die der ebenen Curve in den Ebenen resp. der xz und yz, d. h. als die Gleichungen der Projectionen der gegebenen Raumcurve auf diese beiden Coordinatenebenen, so besteht die zweite, von der ersten wesentlich nicht verschiedene Art eine Raumcurve zu bestimmen darin, dass man sie durch ihre Projectionen auf zwei der Coordinatenebenen giebt. Zwei Projectionen sind nur nöthig, weil man die dritte leicht aus den Gleichungen der beiden ersten finden kann, indem man die ihnen gemeinschaftliche Ordinate, hier z, aus ihnen eliminirt.

§ 3.

Es giebt nun noch eine dritte Art der Darstellung der Curven, nämlich dass man jede der drei Coordinaten $x\,y\,z$ als eine Function von irgend einer vierten Grösse t darstellt: $\begin{cases} x = f(t) \\ y = f_1(t). \\ z = f_2(t) \end{cases}$ Zu dieser letzten Art der Darstellung bilden wir uns zwei Beispiele:

1) Die gerade Linie im Raume. Eine gerade Linie gehe durch einen bestimmten Punkt (a, b, c); bezeichnen wir diesen Punkt mit M, und fixiren wir zugleich eine der beiden von M ausgehenden Richtungen auf der Geraden als positiv, so wird diese Richtung mit jeder der positiven Seiten der Coordinatenaxen einen völlig bestimmten Winkel machen. Seien diese 3 Winkel bezüglich $\alpha\,\beta\,\gamma$. Ferner sei N ein beliebiger Punkt dieser Linie, x, y, z die Coordinaten dieses Punktes. Dann ist, wenn man unter MN die absolute Länge dieser Linie versteht $\dfrac{x-a}{MN} = \pm\cos\alpha$, $\dfrac{y-b}{MN} = \pm\cos\beta$, $\dfrac{z-c}{MN} = \pm\cos\gamma$. Das obere bezüglich untere Zeichen ist zu nehmen, je nachdem N auf der positiven oder negativen Seite von M liegt, da aber im letzteren Falle MN als negativ zu betrachten ist, so erhalten wir, wenn wir $t = \pm MN$ setzen, wo das untere Zeichen für die negative Richtung gilt, in jedem Falle: $\dfrac{x-a}{t} = \cos\alpha$, $\dfrac{x-b}{t} \doteq \cos\beta$, $\dfrac{z-c}{t}$ $= \cos\gamma$, oder $x = a + t\cos\alpha$, $y = b + t\cos\beta$, $z = c + t\cos\gamma$; $\dfrac{x-a}{\cos\alpha} = \dfrac{y-b}{\cos\beta} = \dfrac{z-c}{\cos\gamma}$.

2) Die Schraubenlinie. In der xy-Ebene liege ein Kreis, Fig. 1, dessen Mittelpunkt der Anfangspunkt der Coordinaten sei; und auf diesem Kreise stehe normal ein Cylinder. Da wo der Kreis die x-Axe schneidet, fange ein Punkt an, sich an dem Cylinder in die Höhe zu bewegen, und zwar so, dass seine Steigerung propor-

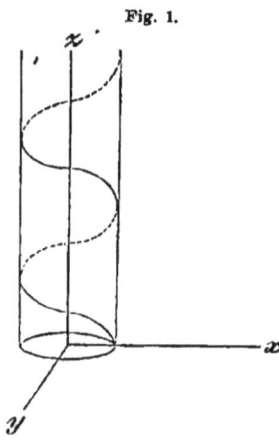

Fig. 1.

tional ist dem Winkel, welchen seine Projection auf die xy-Ebene in dieser Ebene, d. h. in dem Kreise beschreibt. Welches sind die Gleichungen dieser Curve? — Da jeder Punkt im Raume mit seiner Projection auf eine der drei Coordinatenebenen diejenigen beiden Coordinaten gemeinschaftlich hat, welche in diese Ebene fallen, so ist hier offenbar, wenn der Kreisradius a und der veränderliche Winkel in der xy-Ebene t heisst, $x = a \cdot \cos t$, $y = a \cdot \sin t$, und zwar gelten diese beiden Gleichungen sowohl für den Hilfspunkt, der sich in der Ebene der xy bewegt, wie für den die gesuchte Curve erzeugenden Punkt, der an dem Cylinder in die Höhe steigt. Hat nun der Hilfspunkt einmal die Peripherie 2π durchlaufen, so wird der eigentliche beschreibende Punkt eine gewisse constante Höhe b erreicht haben. Dieses b nennt man die Höhe eines Schraubenganges. Es ist nun $z : b = t : 2\pi$ oder $z = \dfrac{b \cdot t}{2\pi}$; also sind gefunden die Gleichungen

der Schraubenlinie: $\begin{cases} x = a \cos t \\ y = a \sin t \\ z = \dfrac{b\,t}{2\pi} \end{cases}$.

Dass diese Curve auf einem Kreiscylinder liegt, kann man auch erkennen, wenn man t aus den beiden ersten Gleichungen eliminirt. Man erhält dadurch $x^2 + y^2 = a^2$, zunächst die Gleichung des Grundkreises, und dann die eines auf demselben normal errichteten Cylinders. Eliminirt man t aus der letzten und einer der beiden ersten Gleichungen, so erhält man: $x = a \cdot \cos\dfrac{2\pi z}{b}$ und $y = a \cdot \sin\dfrac{2\pi z}{b}$, nach dem Obigen ebenfalls zwei Cylinder. Man kann aber t auch so eliminiren, dass die resultirende Gleichung alle drei Variabeln enthält: $\dfrac{y}{x} = \mathrm{tg}\,\dfrac{2\pi z}{b}$. Was diese bedeutet, werden wir sogleich sehen.

Anmerkung. Die Schraubenlinie kann auch auf folgende Art definirt werden. Man denke sich ein Rechteck so um einen Cylinder gewickelt, dass die Grundlinie desselben mit der Peripherie der Grund-

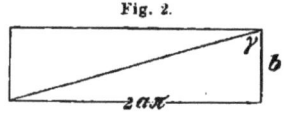

Fig. 2.

Häche des Cylinders zusammenfällt. Die Diagonale bildet dann eine Schraubenlinie (Fig. 2). Ist die Grundlinie gleich der Peripherie der Cylinder-Grundfläche also gleich $2a\pi$, so wird die Höhe die Ganghöhe der Schraubenlinie sein. Offenbar lässt sich sowohl diese, wie auch die oben gegebene Definition, auf beliebige Cylinder leicht ausdehnen.

§ 4.

Lehrsatz. Jede Gleichung zwischen drei Variabeln x, y, z stellt eine Fläche dar; und umgekehrt: Jede Fläche wird durch eine Gleichung zwischen drei Variabeln x, y, z ausgedrückt. Dies ist ebenfalls leicht zu übersehen. Denken wir uns nämlich die Fläche nach irgend welchem Gesetze gebildet, und fällen von einem bestimmten Punkte dieser Fläche, den wir uns fixiren, die z-Ordinate herunter, so trifft diese einen ebenfalls bestimmten Punkt der xy-Ebene. Umgekehrt liegt über jedem Punkte der xy-Ebene ein gewisser Punkt der Fläche, der ein bestimmtes z hat. Man muss also im Stande sein, aus den Coordinaten x und y eines Punktes der Fläche seine Höhe über der xy-Ebene, d. h. sein z zu finden. Es muss also z entweder explicite oder implicite als Function von x und y, oder eine Gleichung von der Art $z = f(x, y)$ resp. $F(x, y, z) = 0$ gegeben sein.

Die Gleichung $\dfrac{y}{x} = \operatorname{tg}\dfrac{2\pi z}{b}$ drückt also eine Fläche aus, auf welcher die Schraubenlinie liegt, und zwar eine durch eben diese Gleichung ganz bestimmte Fläche, die man die Schraubenfläche nennt. Man bemerkt leicht folgendes: die Schraubenlinie ist durch zwei Constanten a und b gegeben, die Schraubenfläche enthält nur eine b; es fällt also der Radius des Cylinders a weg. Folglich enthält diese Fläche alle Schraubenlinien von gleicher Ganghöhe, die auf Rotationscylindern mit beliebigen Grundflächen sich befinden, welche senkrecht auf der xy-Ebene errichtet sind, und deren Axe durch den Anfangspunkt geht. Man kann sich daher die Schraubenfläche so versinnbildlichen, dass man sich von der Axe des leitenden Cylinders aus einen horizontalen Strahl nach der Schraubenlinie gezogen denkt, und diesen stets horizontal so weiter bewegt, dass er nach einander alle Punkte der Cylinderaxe und alle Punkte der Schraubenlinie durchläuft.

Bestimmen wir jetzt die Gleichungen der Ebene. Möge die auf ihr senkrechte Linie die Winkel α β γ mit den Axen machen, und sei $h = OC$ das vom Anfangspunkte auf sie gefällte Loth, ferner

M ein beliebiger Punkt der Ebene, x, y, z seine Coordinaten, so sind die Projectionen von $x\ y\ z$ auf h bezüglich gleich $x \cos \alpha$,

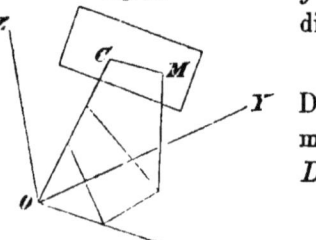

$y \cos \beta$, $z \cos \gamma$ (Fig. 2a) und da offenbar die Summe derselben gleich h ist:

$$x \cos \alpha + y \cos \beta + z \cos \gamma = h.$$

Dies ist die Gleichung der Ebene. Schreibt man sie unter der Form $Ax + By + Cz = D$, so ist:

$$A = m \cos \alpha \quad B = m \cos \beta$$
$$C = m \cos \gamma, \quad D = mh.$$

Zur Bestimmung von m quadrirt man die 3 ersten Gleichungen und addirt sie, welches ergiebt: $m = \sqrt{A^2 + B^2 + C^2}$.

Erster Abschnitt.

Curven im Raume.

1. Tangente und Normalebene.

§ 5.

Erklärung. Tangente einer Curve ist diejenige Linie, welche durch einen Curvenpunkt und einen ihm unendlich nahen zweiten Punkt der Curve gezogen ist; d. h. man denke sich zunächst durch irgend welche zwei Punkte einer Curve eine gerade Linie (Sehne) gezogen, und lasse alsdann den zweiten Curvenpunkt sich dem ersten immer mehr nähern, wobei er sich natürlich auf der Curve selbst bewegt; alsdann ist die Tangente die Grenzlage dieser beweglichen Geraden.

Aufgabe. An einen gegebenen Punkt (x, y, z) einer (durch ihre Gleichungen) gegebenen Curve die Tangente zu ziehen. Betrachten wir die Coordinaten der Curve x, y, z als Functionen der vierten unabhängigen Variabeln t und lassen wir einem zweiten Werthe $t + h$ dieser Variabeln einen zweiten Curvenpunkt x_1, y_1, z_1 entsprechen, d. h. einen Punkt, dessen Coordinaten sind: $x_1 = x + \varDelta x$, $y_1 = y + \varDelta y$, $z_1 = z + \varDelta z$, wo $\varDelta x$, $\varDelta y$, $\varDelta z$ die bezüglichen Zunahmen sind, welche $x\, y\, z$ erhalten, wenn man t durch $t + h$ ersetzt, so sind die beiden Gleichungen einer Geraden, welche durch diese zwei Punkte hindurchgeht, $\dfrac{\xi - x}{x_1 - x} = \dfrac{\eta - y}{y_1 - y} = \dfrac{\zeta - z}{z_1 - z}$, wenn wir $\xi\, \eta\, \zeta$ ihre laufenden Coordinaten nennen. Setzt man statt der Coordinaten x_1, y_1, z_1 ihre Werthe ein, so ergiebt sich:

$$\frac{\xi - x}{\varDelta x} = \frac{\eta - y}{\varDelta y} = \frac{\zeta - z}{\varDelta z}.$$

Aber da mit abnehmendem h gesetzt werden kann:

$$\frac{\varDelta x}{h} = \frac{dx}{dt}, \quad \frac{\varDelta y}{h} = \frac{dy}{dt}, \quad \frac{\varDelta z}{h} = \frac{dr}{dt},$$

so erhalten wir als die Gleichungen der Tangente:

$$\frac{\xi - x}{\dfrac{dx}{dt}} = \frac{\eta - y}{\dfrac{dy}{dt}} = \frac{\zeta - z}{\dfrac{dz}{dt}},$$

ganz gleich, was für Coordinaten gewählt werden, rechtwinklige oder schiefwinklige; denn die Gleichung der Geraden, von der wir ausgegangen sind, ist ganz unabhängig von der Wahl der Coordinaten. **Anmerkung.** Für die Variable t kann man auch die Bogenlänge s denken. Scien noch $\frac{dx}{ds} = x'$, $\frac{dy}{ds} = y'$, $\frac{dr}{ds} = z'$, so werden die Gleichungen der Tangente:

$$\frac{\xi - x}{x'} = \frac{\eta - y}{y'} = \frac{\zeta - z}{z'}.$$

Auch kann $t = x$ gesetzt werden, woraus man erhält:

$$\eta - y = \frac{dy}{dx}(\xi - x),' \quad \zeta - z = \frac{dz}{dx}(\xi - x).$$

§. 6.

Die Neigung, welche die Tangente zu den drei Coordinatenaxen hat, bestimmt sich nach den allgemeinen Formeln für die Neigung einer Geraden zu den Axen. Sind α, β, γ die Winkel, welche die Tangente resp. mit der x-, y-, z-Axe bildet, so findet man

$$\cos\alpha = -\frac{\frac{dx}{dt}}{\sqrt{\left(\frac{dx}{dt}\right)^2 + \left(\frac{dy}{dt}\right)^2 + \left(\frac{dz}{dt}\right)^2}}, \quad \cos\beta = \frac{\frac{dy}{dt}}{\sqrt{\left(\frac{dx}{dt}\right)^2 + \left(\frac{dy}{dt}\right)^2 + \left(\frac{dz}{dt}\right)^2}}$$

$$\text{und } \cos\gamma = \frac{\frac{dz}{dt}}{\sqrt{\left(\frac{dx}{dt}\right)^2 + \left(\frac{dy}{dt}\right)^2 + \left(\frac{dz}{dt}\right)^2}}.$$

So ist z. B. für die Schraubenlinie, wo $x = a \cdot \cos t$, $y = a \cdot \sin t$, $z = \frac{bt}{2\pi}$ ist,

$$\cos\alpha = \frac{-a\sin t}{\sqrt{a^2 + \frac{b^2}{4\pi^2}}}, \quad \cos\beta = \frac{a\cos t}{\sqrt{a^2 + \frac{b^2}{4\pi^2}}}.$$

$$\cos\gamma = \frac{b}{2\pi\sqrt{a^2 + \frac{b^2}{4\pi^2}}} = \frac{b}{\sqrt{4a^2\pi^2 + b^2}}.$$

Bei dem letzten Ausdrucke ist zu merken, dass er die Grösse t gar nicht enthält: der Winkel γ ist also constant für alle Punkte der Schraubenlinie, oder die Tangente der Schraubenlinie bildet mit der z-Axe einen constanten Winkel. Da der Winkel, den sie mit der xy-Ebene bildet, das Complement dieses constanten Winkels ist, so kann man auch sagen: die Neigung der Schraubenlinie gegen die Ebene des Grundkreises ist constant. Aus der in der Anmerkung zu

§ 2 gegebenen Definition der Schraubenlinie ergiebt sich dies als selbstverständlich auch dann, wenn der Cylinder kein Rotationscylinder ist.

Bemerkung. Der Ausdruck: $\sqrt{\left(\frac{dx}{dt}\right)^2 + \left(\frac{dy}{dt}\right)^2 + \left(\frac{dz}{dt}\right)^2}$ hat eine sehr einfache Bedeutung. Nimmt man nämlich einen beliebigen Punkt der Curve als Anfangspunkt der Bogen s, die von da an jeder bis zu einem für ihn bestimmten Punkte x, y, z gezählt werden, so wird diese Grösse s ausser von den gegebenen constanten Coordinaten des Ausgangspunktes noch eine Function der Grösse t sein, und zwar lässt sich leicht der Differentialquotient dieser Function nach t finden; es ist nämlich $\frac{ds}{dt} = \sqrt{\left(\frac{dx}{dt}\right)^2 + \left(\frac{dy}{dt}\right)^2 + \left(\frac{dz}{dt}\right)^2}$. Denn die Länge eines Bogens ist die Grenze für die Summe der Seiten der Polygone die man der Curve einschreiben kann. Das **Bogenelement** ds ist also gleich der unendlich kleinen Sehne zwischen zwei unendlich nahen Punkten $x\,y\,z$, $x + dx$, $y + dy$, $z + dz$; die Entfernung dieser beiden Punkte von einander wird aber eben durch die $\sqrt{dx^2 + dy^2 + dz^2}$ gegeben.

So ist in Bezug auf die Schraubenlinie $\frac{ds}{dt} = \sqrt{a^2 + \frac{b^2}{4\pi^2}}$, oder $s = t\sqrt{a^2 + \frac{b^2}{4\pi^2}} + c$, worin sich die Constante c nach dem Werthe von t richtet, für welchen $s = 0$ sein soll. Lässt man z. B. die Schraubenlinie von der xy-Ebene anfangen, so ist $s = 0$ für $t = 0$. Bei diesem Anfange der Schraubenlinie, den wir übrigens von vorn herein festgesetzt haben, ist also $s = t \cdot \sqrt{a^2 + \frac{b^2}{4\pi^2}}$. Nehmen wir einen Gang der Schraubenlinie, so ist $t = 2\pi$, also $s = \sqrt{(2a\pi)^2 + b^2}$, was auch nach dem Pythagoreischen Satze aus dem obenerwähnten Rechtecke klar ist.

Folgerung. Man kann somit die obigen drei Brüche auch so schreiben: $\cos\alpha = \dfrac{\frac{dx}{dt}}{\frac{ds}{dt}}$ oder, führt man den Bogen als unabhängige Veränderliche ein: $\cos\alpha = \frac{dx}{ds}$, $\cos\beta = \frac{dy}{ds}$, $\cos\gamma = \frac{dz}{ds}$. Dabei ist $\left(\frac{dx}{ds}\right)^2 + \left(\frac{dy}{ds}\right)^2 + \left(\frac{dz}{ds}\right)^2 = 1$ und durch nochmalige Differentiation nach dem als unabhängig angesehenen s erhält man:

$$\frac{dx}{ds}\frac{d^2x}{ds^2} + \frac{dy}{ds}\frac{d^2y}{ds^2} + \frac{dz}{ds}\frac{d^2z}{ds^2} = 0.$$

§ 7.

Jede Curve im Raum hat unendlich viele Normalen, denn es lassen sich auf der Tangente als einer geraden Linie im Raume in jedem Punkte, folglich auch im Berührungspunkte unzählig viele Linien normal errichten, welche alle in Einer Ebene liegen. Daher spricht man bei solchen Curven von einer **Normalebene** und versteht darunter diejenige, welche im Berührungspunkte auf der Tangente normal steht, und deren **Gleichung** somit ist:

$$\frac{dx}{dt}(\xi - x) + \frac{dy}{dt}(\eta - y) + \frac{dz}{dt}(\zeta - z) = 0.$$

2. Schmiegungsebene.

§ 8.

Erklärung. Der Curve im Raume eigenthümlich ist die Osculations-, Krümmungs- oder Schmiegungsebene. Man nennt Schmiegungsebene einer Curve diejenige Ebene, die durch drei unendlich nahe Punkte geht oder, was dasselbe sagen will, die durch zwei unendlich nahe Tangenten gelegt wird.

Die **Aufgabe**, die Gleichung der Schmiegungsebene zu finden, löst man hiernach, indem man sich zunächst drei in endlicher Entfernung von einander liegende Punkte der Curve denkt: einen Punkt A, der einem gewissen Werthe von t entspricht, ferner dem Werthe $t + h$ entsprechend einen zweiten Punkt B und endlich dem Werthe $t + 2h$ entsprechend einen dritten Punkt C. Durch diese drei Punkte legt man eine Ebene und sucht ihre Gleichung auf für den Fall, dass h sich der Null ohne Ende nähert.

Die Coordinaten der drei Punkte seien $x\,y\,z$, $x_1\,y_1\,z_1$, $x_2\,y_2\,z_2$ oder nach der bekannten Bezeichnung $x\,y\,z$, $x + \Delta x\; y + \Delta y\; z + \Delta z$, $x + 2\Delta x + \Delta^2 x\; y + 2\Delta y + \Delta^2 y\; z + 2\Delta z + \Delta^2 z$. Dann ist die Gleichung einer Ebene, die durch den Punkt A geht: $a\,(\xi - x) + b\,(\eta - y) + c\,(\zeta - z) = 0$; da sie aber auch durch B geht, kann man für $\xi\eta\zeta$ bezüglich $x + \Delta x, y + \Delta y, z + \Delta z$ setzen, woraus sich ergiebt: $a \cdot \Delta x + b \cdot \Delta y + c \cdot \Delta z = 0$; und endlich insofern sie auch durch den Punkt C gehen soll, erhält man: $a\,(2\Delta x + \Delta^2 x) + b\,(2\Delta y + \Delta^2 y) + c\,(2\Delta z + \Delta^2 z) = 0$. Die letztere Gleichung lässt sich offenbar mit Hilfe der vorletzten, einfacher so schreiben: $a \cdot \Delta^2 x + b \cdot \Delta^2 y + c \cdot \Delta^2 z = 0$. Es ist somit

$$a : b : c = (\Delta y\,\Delta^2 z - \Delta z\,\Delta^2 y) : (\Delta z\,\Delta^2 x - \Delta x\,\Delta^2 z) : (\Delta x\,\Delta^2 y - \Delta y\,\Delta^2 x)$$

oder $\dfrac{a}{\Delta y\,\Delta^2 z - \Delta z\,\Delta^2 y} = \dfrac{b}{\Delta z\,\Delta^2 x - \Delta x\,\Delta^2 z} = \dfrac{c}{\Delta x\,\Delta^2 y - \Delta y\,\Delta^2 x}.$

Somit ist die Gleichung einer Ebene, die durch irgend welche drei Punkte A, B, C geht, folgende:

$$(\varDelta y\, \varDelta^2 z - \varDelta z\, \varDelta^2 y)\,(\xi - x) + (\varDelta z\, \varDelta^2 x - \varDelta x\, \varDelta^2 z)\,(\eta - y)$$
$$+ (\varDelta x\, \varDelta^2 y - \varDelta y\, \varDelta^2 x)\,(\zeta - z) = 0.$$

Geht man nun zur Grenze über, nachdem man vorher mit $h \cdot h^2$ die ganze Gleichung dividirt hat, so wird die Gleichung der Schmiegungsebene:

$$\left(\frac{dy}{dt}\frac{d^2 z}{dt^2} - \frac{dz}{dt}\frac{d^2 y}{dt^2}\right)(\xi - x) + \left(\frac{dz}{dt}\frac{d^2 x}{dt^2} - \frac{dx}{dt}\frac{d^2 z}{dt^2}\right)(\eta - y)$$
$$+ \left(\frac{dx}{dt}\frac{d^2 y}{dt^2} - \frac{dy}{dt}\frac{d^2 x}{dt^2}\right)(\zeta - z) = 0,$$

oder wenn der Bogen s unabhängige Variablen, $x'\,y'\,z'$ die ersten, $x''\,y''\,z''$ die zweiten Ableitungen von xyz sind:

$$(y'z'' - z'y'')(\xi - x) + (z'x'' - x'z'')(\eta - y) + (x'y'' - y'x'')(\zeta - z) = 0,$$

sind noch α_1, β_1, γ_1 die Winkel des Lothes der Schmiegungsebene mit den Axen, so erhalten wir nach § 4

$$\cos\alpha_1 = m(y'z'' - z'y''), \quad \cos\beta_1 = m(z'x'' - x'z''), \quad \cos\gamma_1 = m(x'y'' - y'x'')$$

und

$$m = \frac{1}{\sqrt{(y'z'' - z'y'')^2 + (z'x'' - x'z'')^2 + (x'y'' - y'x'')^2}}.$$

Der Radicand nimmt aber die Form an:

$$(x'^2 + y'^2 + z'^2)(x''^2 + y''^2 + z''^2) - (x'x'' + y'y'' + z'z'')^2,$$

es ist aber $\quad x'^2 + y'^2 + z'^2 = \dfrac{(dx)^2 + (dy)^2 + (dz)^2}{ds^2} = 1$

$$x'x'' + y'y'' + z'z'' = \frac{1}{2}\, d\left\{\left(\frac{dx}{ds}\right)^2 + \left(\frac{dy}{ds}\right)^2 + \left(\frac{dz}{ds}\right)^2\right\} = 0$$

also $\qquad\qquad m = \dfrac{1}{\sqrt{x''^2 + y''^2 + z''^2}}.$

§ 9.

In dem Folgenden wird jetzt nicht mehr der Uebergang vom Endlichen zum Unendlich-Kleinen immer gemacht werden, sondern man wird sich gestatten, die unendlich kleinen Grössen gleich als solche einzuführen. Behandeln wir so die allgemeinere Aufgabe, die Constanten $a, b, c, d......$, welche in die Gleichung einer Fläche

$$F(\xi, \eta, \zeta, a, b, c, d......) = 0$$

eingehen, so zu bestimmen, dass die Fläche durch eben so viele gegebene Punkte geht, die einander unendlich nahe liegen.

Dass die Aufgabe möglich ist, sieht man sofort. Denn hat die

Gleichung der Fläche etwa 4 Constante oder Parameter, sind also 4 bestimmende Punkte $x\,y\,z$, $x_1\,y_1\,z_1$, $x_2\,y_2\,z_2$, $x_3\,y_3\,z_3$ gegeben, so bestehen ihretwegen folgende 4 Gleichungen: $F(x, y, z, a, b, c, d) = 0$; $F(x_1, y_1, z_1, a, b, c, d) = 0$; $F(x_2, y_2, z_2, a, b, c, d) = 0$;

$$F(x_3, y_3, z_3, a, b, c, d) = 0,$$

so dass die Parameter vollständig bestimmt sind. Es folgt hieraus zum Beispiel unmittelbar, dass sich im Allgemeinen durch 4 Punkte eine Kugel legen lässt; — natürlich kann es bei der Auflösung der vier Gleichungen auch vorkommen, dass sich Widersprüche zeigen, oder dass eine Gleichung in den andern enthalten ist: dies sind aber Specialitäten, auf die wir hier nicht eingehen. Solche Fälle treten z. B. auf, wenn eine Kugel durch vier Punkte zu legen ist, von denen 3 in einer Geraden oder die alle in Einem Kreise liegen: die Kugel ist alsdann unmöglich, resp. unbestimmt.

Um die Aufgabe zu Ende zu bringen, setzen wir fest, dass die Coordinaten $x\,y\,z$ Functionen von t sind, $x_1\,y_1\,z_1$ resp. dieselben Functionen von $t + h$, $x_2\,y_2\,z_2$ von $t + 2h$, $x_3\,y_3\,z_3$ von $t + 3h$. Alsdann sind offenbar die 4 Parameter Functionen von t und h. Die Aufgabe, die sich nun beständig wiederholt, ist die, zu wissen, welches die Grenzwerthe von a, b, c, d sind für den Fall, dass man h immer kleiner werden lässt? d. h. welches sind die Werthe von a, b, c, d, wenn die Fläche durch vier unendlich nahe Punkte gehen soll? Bezeichnet man die 4 obigen Gleichungen resp. durch $F = 0$, $F_1 = 0$, $F_2 = 0$, $F_3 = 0$, so kann man offenbar zur Bestimmung von $a\,b\,c\,d$ an Stelle dieser vier Gleichungen irgend vier andre wählen, welche sich aus ihnen ableiten lassen, vorausgesetzt, dass aus diesen neuen sich wiederum die gegebenen herleiten lassen. Wir wählen folgendes System: $F = 0$; $F_1 - F = 0$; $F_2 - 2F_1 + F = 0$; $F_3 - 3F_2 + 3F_1 - F = 0$, von denen es keine Frage ist, dass sie den vorigen 4 äquivalent sind. Dividiren wir sie der Reihe nach durch $1, h, h^2, h^3$, so enthalten sie ausser $a\,b\,c\,d$ und h nur noch die von t und h allein abhängigen Grössen $x_1\,y_1 .. x_2 ...$ Wird nun h immer kleiner und kleiner, so bleibt deshalb die erste Gleichung unverändert $F = 0$, die andern werden resp. $\dfrac{dF}{dt} = 0$, $\dfrac{d^2F}{dt^2} = 0$, $\dfrac{d^3F}{dt^3} = 0$.

Der Uebergang zur Auffindung mehrerer Parameter ist leicht. Um also die Werthe von n constanten Parametern dadurch zu bestimmen, dass die Fläche durch n unendlich nahe Punkte gehen soll, bilde man sich die $n - 1$ ersten Differentialgleichungen der gegebenen Gleichung $F = 0$ nach irgend einer unabhängigen Variabeln t. Man hat dann in Summa n Gleichungen, welche zur Bestimmung der n Parameter ausreichend und nöthig sind.

§ 10.

Angewendet auf die Gleichung der Schmiegungsebene ergiebt dies folgende Rechnung:

Unter den angegebenen Voraussetzungen hat man $a\xi + b\eta + c\zeta - 1 = 0$, und bildet sich daraus noch folgende drei Gleichungen: $ax + by + cz = 1$, worin $x\,y\,z$ Functionen von t sind; ferner

$$a\frac{dx}{dt} + b\frac{dy}{dt} + c\frac{dz}{dt} = 0 \text{ und endlich } a\frac{d^2x}{dt^2} + b\frac{d^2y}{dt^2} + c\frac{d^2z}{dt^2} = 0.$$

Aus diesen beiden letzten Gleichungen lassen sich offenbar die Verhältnisse der drei Grössen a, b, c finden, welche man in folgender Form schreiben kann:

$$a = \lambda \left(\frac{dy}{dt}\frac{d^2z}{dt^2} - \frac{dz}{dt}\frac{d^2y}{dt^2}\right), \quad b = \lambda \left(\frac{dz}{dt}\frac{d^2x}{dt^2} - \frac{dx}{dt}\frac{d^2z}{dt^2}\right),$$

$$c = \lambda \left(\frac{dx}{dt}\frac{d^2y}{dt^2} - \frac{dy}{dt}\frac{d^2x}{dt^2}\right).$$

Setzt man diese Werthe in die erste Gleichung ein, so lässt sich λ daraus bestimmen, und der dafür gefundene Werth wird alsdann in die zweite eingetragen. Oder auch: wir tragen diese Werthe von $a\,b\,c$ in die Gleichung $a(\xi - x) + b(\eta - y) + c(\zeta - z) = 0$ ein, welche die Differenz der beiden ersten ist; dadurch hebt sich der Factor λ fort, und wir finden dieselbe Gleichung für die Schmiegungsebene wie in § 8.

3. Osculationskreis.

§ 11.

Ebenso lässt sich die Aufgabe lösen: denjenigen Kreis zu finden, der durch drei unendlich nahe Punkte einer gegebenen Curve geht. Die Gleichung des Kreises im Raume geben wir durch die Gleichung seiner Ebene also der Schmiegungsebene und die einer der Kugeln, die ihn aus dieser Ebene ausschneiden, und deren es natürlich unzählige giebt: unter diesen wählen wir diejenige Kugel, die mit dem Kreise den Mittelpunkt gemein hat. Der Radius des Kreises sei r, die Coordinaten seines Mittelpunktes $\alpha\,\beta\,\gamma$. Dann ist die Gleichung der Kugel folgende: $(\xi - \alpha)^2 + (\eta - \beta)^2 + (\zeta - \gamma)^2 = r^2$. Da diese Kugel durch den Punkt $x\,y\,z$ und zwei ihm unendlich nahe gehen soll, so haben wir folgende Gleichungen:

$$(x - \alpha)^2 + (y - \beta)^2 + (z - \gamma)^2 = r^2. \tag{1}$$

$$(x - \alpha)\frac{dx}{dt} + (y - \beta)\frac{dy}{dt} + (z - \gamma)\frac{dz}{dt} = 0. \tag{2}$$

$$(x - \alpha)\frac{d^2x}{dt^2} + (y - \beta)\frac{d^2y}{dt^2} + (z - \gamma)\frac{d^2z}{dt^2} + \left(\frac{dx}{dt}\right)^2 + \left(\frac{dy}{dt}\right)^2 + \left(\frac{dz}{dt}\right)^2 = 0$$

oder

$$(x - \alpha)\frac{d^2x}{dt^2} + (y - \beta)\frac{d^2y}{dt^2} + (z - \gamma)\frac{d^2z}{dt^2} = -\left(\frac{ds}{dt}\right)^2. \tag{3}$$

Dazu kommt noch die Gleichung der Schmiegungsebene im Punkte $x\,y\,z$, die auch den Punkt $\alpha\,\beta\,\gamma$ enthält:

$$(x - \alpha)\left\{\frac{dy}{dt}\frac{d^2z}{dt^2} - \frac{dz}{dt}\frac{d^2y}{dt^2}\right\} + (y - \beta)\left\{\frac{dz}{dt}\frac{d^2x}{dt^2} - \frac{dx}{dt}\frac{d^2z}{dt^2}\right\}$$

$$+ (z - \gamma)\left\{\frac{dx}{dt}\frac{d^2y}{dt^2} - \frac{dy}{dt}\frac{d^2x}{dt^2}\right\} = 0. \tag{4}$$

Man findet zunächst aus (2) und (4) das Verhältniss $x - \alpha$: $y - \beta : z - \gamma$, nämlich es wird

$$x - \alpha = \lambda\left\{\frac{dy}{dt}\left(\frac{dx}{dt}\frac{d^2y}{dt^2} - \frac{dy}{dt}\frac{d^2x}{dt^2}\right) - \frac{dz}{dt}\left(\frac{dz}{dt}\frac{d^2x}{dt^2} - \frac{dx}{dt}\frac{d^2z}{dt^2}\right)\right\}$$

$$= \lambda\left\{\frac{dx}{dt}\left(\frac{dy}{dt}\frac{d^2y}{dt^2} + \frac{dz}{dt}\frac{d^2z}{dt^2}\right) - \frac{d^2x}{dt^2}\left(\left(\frac{dy}{dt}\right)^2 + \left(\frac{dz}{dt}\right)^2\right)\right\}$$

oder, wenn man zum Minuenden $\frac{dx}{dt} \cdot \frac{dx}{dt}\frac{d^2x}{dt^2}$ und zum Subtrahenden $\frac{d^2x}{dt^2} \cdot \left(\frac{dx}{dt}\right)^2$ hinzufügt, wodurch die Gleichung nicht geändert wird, und $\left(\frac{dx}{dt}\right)^2 + \left(\frac{dy}{dt}\right)^2 + \left(\frac{dz}{dt}\right)^2$ sich in $\left(\frac{ds}{dt}\right)^2$ und demgemäss

$$\frac{dx}{dt}\frac{d^2x}{dt^2} + \frac{dy}{dt}\frac{d^2y}{dt^2} + \frac{dz}{dt}\frac{d^2z}{dt^2} \text{ sich in } \frac{1}{2}\frac{d\left(\frac{ds}{dt}\right)^2}{dt} \text{ oder } \frac{ds}{dt}\frac{d^2s}{dt^2} \text{ zusammenzieht:}$$

$$x - \alpha = \lambda\left\{\frac{dx}{dt}\frac{ds}{dt}\frac{d^2s}{dt^2} - \frac{d^2x}{dt^2}\left(\frac{ds}{dt}\right)^2\right\}$$

oder endlich

$$x - \alpha = \lambda\frac{ds}{dt}\left\{\frac{dx}{dt}\frac{d^2s}{dt^2} - \frac{ds}{dt}\frac{d^2x}{dt_2}\right\};$$

ebenso wird

$$y - \beta = \lambda\frac{ds}{dt}\left\{\frac{dy}{dt}\frac{d^2s}{dt^2} - \frac{ds}{dt}\frac{d^2y}{dt^2}\right\} \text{ und } z - \gamma = \lambda\frac{ds}{dt}\left\{\frac{dz}{dt}\frac{d^2s}{dt^2} - \frac{ds}{dt}\frac{d^2z}{dt^2}\right\}.$$

Substituirt man diese drei Werthe in die Gleichung (3), so findet man λ; es wird nämlich

$$\lambda\frac{ds}{dt}\left\{\frac{d^2s}{dt^2}\left(\frac{dx}{dt}\frac{d^2x}{dt^2} + \frac{dy}{dt}\frac{d^2y}{dt^2} + \frac{dz}{dt}\frac{d^2z}{dt^2}\right) - \frac{ds}{dt}\left(\left(\frac{d^2x}{dt^2}\right)^2 + \left(\frac{d^2y}{dt^2}\right)^2 + \left(\frac{d^2z}{dt^2}\right)^2\right)\right\}$$

oder

$$\lambda\left(\frac{ds}{dt}\right)^2\left\{\left(\frac{d^2s}{dt^2}\right)^2 - \left(\frac{d^2x}{dt^2}\right)^2 - \left(\frac{d^2y}{dt^2}\right)^2 - \left(\frac{d^2z}{dt^2}\right)^2\right\} = -\left(\frac{ds}{dt}\right)^2$$

also

$$\lambda = \cfrac{1}{\left(\dfrac{d^2x}{dt^2}\right)^2 + \left(\dfrac{d^2y}{dt^2}\right)^2 + \left(\dfrac{d^2z}{dt^2}\right)^2 - \left(\dfrac{d^2s}{dt^2}\right)^2}.$$

Hiernach wird

$$x - \alpha = -\cfrac{\dfrac{ds}{dt}\left\{\dfrac{dx}{dt}\dfrac{d^2s}{dt^2} - \dfrac{ds}{dt}\dfrac{d^2x}{dt^2}\right\}}{\left(\dfrac{d^2x}{dt^2}\right)^2 + \left(\dfrac{d^2y}{dt^2}\right)^2 + \left(\dfrac{d^2z}{dt^2}\right)^2 - \left(\dfrac{d^2s}{dt^2}\right)^2}$$

und ähnlich $y - \beta$ und $z - \gamma$. $\qquad$ (5)

Endlich findet man r aus (1):

$$r^2 = \lambda^2 \left(\frac{ds}{dt}\right)^2 \left\{\left(\frac{d^2s}{dt^2}\right)^2 \left(\left(\frac{dx}{dt}\right)^2 + \left(\frac{dy}{dt}\right)^2 + \left(\frac{dz}{dt}\right)^2\right)\right.$$
$$\left. - 2\frac{ds}{dt}\frac{d^2s}{dt^2}\left(\frac{dx}{dt}\frac{d^2x}{dt^2} + \frac{dy}{dt}\frac{d^2y}{dt^2} + \frac{dz}{dt}\frac{d^2z}{dt^2}\right) + \left(\frac{ds}{dt}\right)^2\left(\left(\frac{d^2x}{dt^2}\right)^2 + \left(\frac{d^2y}{dt^2}\right)^2 + \left(\frac{d^2z}{dt^2}\right)^2\right)\right\}$$

d. i.

$$= \lambda^2 \left(\frac{ds}{dt}\right)^2 \left\{\left(\frac{d^2s}{dt^2}\right)^2\left(\frac{ds}{dt}\right)^2 - 2\frac{ds}{dt}\frac{d^2s}{dt^2}\frac{ds}{dt}\frac{d^2s}{dt^2} + \left(\frac{ds}{dt}\right)^2\left(\left(\frac{d^2x}{dt^2}\right)^2 + \left(\frac{d^2y}{dt^2}\right)^2 + \left(\frac{d^2z}{dt^2}\right)^2\right)\right\}$$

oder

$$= \lambda^2 \cdot \left(\frac{ds}{dt}\right)^2 \cdot \left(\frac{ds}{dt}\right)^2 \cdot \frac{1}{\lambda}$$

oder endlich

$$r = \cfrac{\left(\dfrac{ds}{dt}\right)^2}{\sqrt{\left(\dfrac{d^2x}{dt^2}\right)^2 + \left(\dfrac{d^2y}{dt^2}\right)^2 + \left(\dfrac{d^2z}{dt^2}\right)^2 - \left(\dfrac{d^2s}{dt^2}\right)^2}}. \qquad (6)$$

Der so bestimmte Kreis heisst Osculations- oder Krümmungskreis, sein Radius bezüglich Mittelpunkt, Krümmungsradius, Krümmungsmittelpunkt.

§ 12.

Eine ganz besondere einfache Form nehmen diese Gleichungen an, wenn man zur Unabhängigen t den Bogen s nimmt. Dann ist nämlich $\dfrac{ds}{dt} = 1$, $\dfrac{d^2s}{dt^2} = 0$, und man erhält demzufolge, wenn man die Differentiation nach s durch Accente bezeichnet:

$$r = \frac{1}{\sqrt{x''^2 + y''^2 + z''^2}}. \qquad (7)$$

und $\qquad \alpha - x = x'' \cdot r^2 \qquad \beta - y = y'' \cdot r^2 \qquad \gamma - z = z'' \cdot r^2. \qquad (8)$

Bezeichnen wir ferner die drei Winkel, welche die Richtung vom Curvenpunkte nach dem Krümmungsmittelpunkte hin mit den drei Axen bildet, durch λ, μ, ν, so haben wir $\cos \lambda = \dfrac{a - x}{r}$ u. s. f.; wir bekommen also für die Winkel, die der Krümmungsradius mit den drei Axen bildet, der Krümmungsradius genommen in der Richtung vom Curvenpunkte nach dem Krümmungsmittelpunkte hin, die Gleichungen:

$$\cos \lambda = x'' \cdot r \qquad \cos \mu = y'' \cdot r \qquad \cos \nu = z'' \cdot r. \qquad (9)$$

Anmerkung. Es könnte scheinen als wären die Formeln (7) und (8) specieller als die Formeln (6) und (5), insofern als bei ihnen eine ganz bestimmte unabhängige Variable gegeben ist, nämlich der Bogen, während bei den ersten Formeln die unabhängige t ganz unbestimmt gelassen worden ist. Man kann jedoch auch umgekehrt von den Formeln (7) und (8) auf die Formeln (6) und (5) kommen. Angenommen, man habe eine Function x von s und führe eine neue Variable t ein, so wird nun x eine Function von t. Will man also die alten Differentialquotienten $x'\,x''$ u. s. f. durch die neuen $\dfrac{dx}{dt}, \dfrac{d^2x}{dt^2}$ u. s. f. ausdrücken, so verfährt man so:

$$\frac{dx}{dt} = x' \cdot \frac{ds}{dt}, \text{ also } x' = \frac{\dfrac{dx}{dt}}{\dfrac{ds}{dt}};$$

ferner
$$x'' = \frac{dx'}{ds} = \frac{\dfrac{dx'}{dt}}{\dfrac{ds}{dt}} = \frac{\dfrac{ds}{dt}\dfrac{d^2x}{dt^2} - \dfrac{dx}{dt}\dfrac{d^2s}{dt^2}}{\left(\dfrac{ds}{dt}\right)^3}.$$

Setzt man diesen Werth von x'' in die Formeln (7) und (8) ein, so erhält man die Formeln (6) und (5).*)

---

*) Die Einführung der Variablen s führt aber auch zur Verkürzung der im vorigen Paragraphen durchgeführten Rechnung. Seien $a\,b\,c$ die Cosinus der Winkel, welche das Loth der Krümmungsebene mit den Axen macht, so ist die Gleichung der letzteren:

$$a\,(\xi - x) + b\,(\eta - y) + c\,(\zeta - z) = 0,$$

also da der Krümmungspunkt sich in dieser Ebene befindet:

1) $a\,(x - \alpha) + b\,(y - \beta) + c\,(z - \gamma) = 0$.

Nach der Definition der Krümmungsebene aber auch (§ 10):

2) $a\,x' + b\,y' + c\,z' = 0$,   3) $a\,x'' + b\,y'' + c\,z'' = 0$.

Für den Krümmungskreis aber ergab sich:

4) $(x - \alpha)^2 + (y - \beta)^2 + (z - \gamma)^2 = r^2$,
5) $(x - \alpha)\,x' + (y - \beta)\,y' + (z - \gamma)\,z' = 0$,
6) $(x - \alpha)\,x'' + (y - \beta)\,y'' + (z - \gamma)\,z'' = -1$.

Multipliciren wir jetzt die Gleichungen 1, 2, 3 bezüglich mit 1, $-\lambda$, $-\mu$ und addiren sie, so kann man λ und μ so bestimmen, dass in der Summe die mit a und b multiplicirten Glieder verschwinden, dann wird aber auch das mit c multiplicirte Glied gleich 0, also:

$$x - \alpha = \lambda\,x' + \mu\,x'', \qquad y - \beta = \lambda\,y' + \mu\,y'', \qquad z - \gamma = \lambda\,z' + \mu\,z''.$$

§ 13.

Excurs. Die Formeln (9) werden gebraucht, wenn man die sogenannte Centrifugalkraft darstellen will. Wenn ein materieller Punkt sich in einer Curve bewegt und zwar so, dass man das Bewegungsgesetz vollständig kennt, d. h. dass man in jedem Augenblicke angeben kann wo der Punkt sich befindet (analytisch: sind die Coordinaten $x\,y\,z$ der Bahn gegeben als Functionen der Zeit t): so hat man aus den Principien der Mechanik auch ein Mittel, diejenigen Kräfte anzugeben, welche gerade diese Bewegung hervorbringen; es ist nämlich die Ursache für diese Bewegung, wenn man mit m die Masse des Punktes bezeichnet, eine Kraft, deren drei rechtwinklige Componenten so heissen: $m\,\dfrac{d^2x}{dt^2},\ m\,\dfrac{d^2y}{dt^2},\ m\,\dfrac{d^2z}{dt^2}$. Man kann aber die Kraft statt nach den drei Axen auch auf unzählig viele andere Weisen zerlegen, z. B. nach Tangente und Krümmungsradius der Curve. Denn es ist

$$\frac{d^2x}{dt^2}\ \text{oder}\ \frac{d\,\dfrac{dx}{dt}}{dt}\ \text{oder}\ \frac{d\left(\dfrac{dx}{ds}\cdot\dfrac{ds}{dt}\right)}{dt}\ \text{gleich}\ \frac{dx}{ds}\cdot\frac{d^2s}{dt^2}+\frac{ds}{dt}\cdot\frac{d^2x}{ds^2}\cdot\frac{ds}{dt}.$$

Nun sind aber $x'\,y'\,z'$ die Cosinus der Winkel $\alpha\,\beta\,\gamma$, welche die Tangente mit den drei Axen bildet und $x''\,y''\,z''$ sind resp. die Cosinus der Winkel $\lambda\,\mu\,\nu$ (§ 12) dividirt durch r; es ist also

$$m\,\frac{d^2x}{dt^2}=m\cos\alpha\,\frac{d^2s}{dt^2}+m\cos\lambda\,\frac{\left(\dfrac{ds}{dt}\right)^2}{r},$$

oder da $\dfrac{ds}{dt}$ die Geschwindigkeit v bezeichnet $\left(\text{und}\ \dfrac{d^2s}{dt^2}=\dfrac{dv}{dt}\ \text{ist}\right)$:

Multipliciren wir diese 3 Gleichungen bezüglich mit $x'\,y'\,z'$ und addiren, indem wir Gleichung 5 berücksichtigen, so erhalten wir, da der Factor von μ verschwindet:

$$\lambda=0,\quad\text{also}\quad x-\alpha=\mu\,x'',\quad y-\beta=\mu\,y'',\quad z-\gamma=\mu\,z'';$$

diese Gleichungen werden bezüglich mit $x''\,y''\,z''$ multiplicirt, und addirt, dann giebt Gleichung 6:

$$-1=\mu\,(x''^2+y''^2+z''^2),\quad \mu=-\frac{1}{x''^2+y''^2+z''^2}.$$

werden endlich die Werthe von $x-\alpha$ in Gleichung (4) eingesetzt, so kommt:

$$\mu^2\,(x''^2+y''^2+z''^2)=r^2\ \text{oder:}\ -\mu=r^2,$$

es ist also:

$$r=\frac{1}{\sqrt{x''^2+y''^2+z''^2}},\quad x-\alpha=-x''\,r^2,\quad y-\beta=-y''\,r^2,\quad z-\gamma=-z''\,r^2.$$

Zu bemerken ist, dass r mit dem Ausdrucke übereinstimmt, welcher in § 8 mit m bezeichnet wurde. (Note zur 2. Auflage.)

$$m \frac{d^2 x}{dt^2} = m \cos \alpha \frac{d^2 s}{dt^2} + m \cos \lambda \frac{v^2}{r};$$

$$m \frac{d^2 y}{dt^2} = m \cos \beta \frac{d^2 s}{dt^2} + m \cos \mu \frac{v^2}{r};$$

$$m \frac{d^2 z}{dt^2} = m \cos \gamma \frac{d^2 s}{dt^2} + m \cos \nu \frac{v^2}{r};$$

d. h. die ganze bewegende Kraft kann man sich zusammengesetzt denken aus zweien, von denen die eine, $m \frac{d^2 s}{dt^2}$ mit den Axen die Winkel $\alpha \beta \gamma$, die andere, $m \frac{v^2}{r}$, die Winkel $\lambda \mu \nu$ bildet; oder: Man kann die bewegende Kraft zerlegen in die Tangentialkraft $m \frac{d^2 s}{dt^2}$ und in die (Normal-)Kraft $m \frac{v^2}{r}$, die nach dem Krümmungsradius und zwar vom Curvenpunkte nach dem Krümmungsmittelpunkte zu wirkt, und die wir normale Componente nennen (besser denn Centri-fugal- oder -petal-Kraft).

§ 14.

Die Aufgabe, durch drei Punkte einen Kreis zu legen, welche in der Geometrie zu den einfachsten gehört, lässt sich noch viel einfacher als bisher geschehen durch gewisse geometrische Betrachtungen lösen. Eine solche Herleitung, die sich jedoch nur auf die Grösse des Krümmungsradius, nicht aber auf die Lage des Krümmungsmittelpunktes bezieht, ist folgende: Seien $a\,b\,c$ drei unendlich nahe Punkte der Curve, so ist anzunehmen, dass der Krümmungskreis durch

Fig. 3.

dieselben geht, also dass die unendlich kleinen Geraden $\overline{ab}$ und $\overline{bc}$ sowohl die Richtung der Tangenten der Curve als des Kreises sind, und das Element $\overline{ab} = ds$ beiden gemein ist (Fig. 3). Ist nun w der unendlich kleine Winkel, der die Verlängerung von $\overline{ab}$ mit $\overline{bc}$ macht, so wird dies auch der Winkel sein, den die durch a und b gelegten Krümmungsradien mit einander machen, wir erhalten also $rw = ds$, $r = \frac{ds}{w}$, da ds als unendlich kleiner Kreisbogen betrachtet werden kann. Der unendlich kleine Winkel w wird Contingenzwinkel genannt. — Um also den Krümmungsradius einer Curve doppelter ~~Krümmung~~ zu finden, hat man nur den Winkel zwischen zwei unendlich nahen Tangenten zu berechnen und mit ihm in ds zu dividiren.

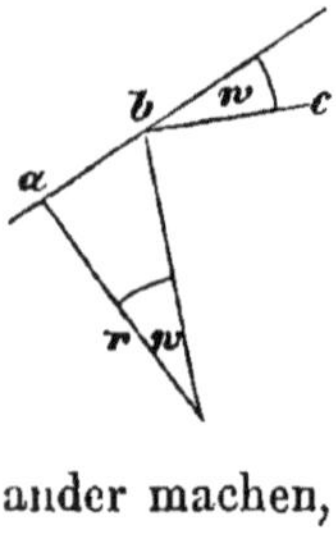

Nun ist, wenn zwei beliebige Linien mit den Axen die Winkel $\alpha \beta \gamma$ resp. $\alpha_1 \beta_1 \gamma_1$ und mit einander den Winkel u bilden, bekanntlich $\cos u = \cos \alpha \cdot \cos \alpha_1 + \cos \beta \cdot \cos \beta_1 + \cos \gamma \cdot \cos \gamma_1$. Daraus folgt $1 - \cos u = 1 - \cos \alpha \cdot \cos \alpha_1 - \cos \beta \cdot \cos \beta_1 - \cos \gamma \cdot \cos \gamma_1$, folglich, wenn man beide Seiten mit 2 multiplicirt und statt der 2 auf der rechten Seite die äquivalente Summe

$$(\cos^2 \alpha + \cos^2 \beta + \cos^2 \gamma) + (\cos^2 \alpha_1 + \cos^2 \beta_1 + \cos^2 \gamma_1)$$

schreibt: $2 (1 - \cos u)$ oder

$$4 \sin^2 \tfrac{u}{2} = (\cos \alpha_1 - \cos \alpha)^2 + (\cos \beta_1 - \cos \beta)^2 + (\cos \gamma_1 - \cos \gamma)^2.$$

Sind nun die Linien, von denen gesprochen wird, zwei auf einander folgende Linien in irgend einem Systeme, so wird $\angle u$ unendlich klein, folglich $4 \sin^2 \tfrac{u}{2} = u^2$ und die Differenzen

$$\cos \alpha_1 - \cos \alpha, \ \cos \beta_1 - \cos \beta, \ \cos \gamma_1 - \cos \gamma$$

werden resp. $d \cdot \cos \alpha, \ d \cdot \cos \beta, \ d \cdot \cos \gamma$: unsere Formel geht also über in $u^2 = (d \cdot \cos \alpha)^2 + (d \cdot \cos \beta)^2 + (d \cdot \cos \gamma)^2$. Ist endlich $\angle u$ der Contingenzwinkel w, so sind $\alpha \ \beta \ \gamma$ die Winkel der Tangente mit den drei Axen, d. h. $\cos \alpha = x' \cos \beta = y' \cos \gamma = z'$, und wir haben $w^2 = (dx')^2 + (dy')^2 + (dz')^2$, mithin wird endlich $\tfrac{ds}{u}$ oder

$$r = \frac{1}{\sqrt{x''^2 + y''^2 + z''^2}}.$$

Berechnung § 15.

Eine andre Bedeutung, wahrscheinlich die einfachste, und durch die man zugleich die Grösse des Krümmungsradius, seine Richtung und die Coordinaten des Krümmungsmittelpunktes findet, ist folgende:

Fig. 4.

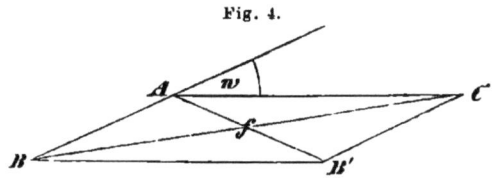

Man denke sich drei Punkte im Raume B, A, C, Fig. 4, deren Coordinaten resp. sind $x \ y \ z$, $x_1 \ y_1 \ z_1$, $x_2 \ y_2 \ z_2$. Man lege durch sie eine Ebene und vervollständige das Parallellogramm, dessen vierte Ecke B' die Coordinaten $x_3 \ y_3 \ z_3$ habe. Alsdann sind die Coordinaten des Mittelpunktes f einerseits (weil $Bf = fC$):

$$\frac{x + x_2}{2}, \ \frac{y + y_2}{2}, \ \frac{z + z_2}{2},$$ und andrerseits (weil $Af = fB'$)

$$\frac{x_1 + x_3}{2}, \ \frac{y_1 + y_3}{2}, \ \frac{z_1 + z_3}{2};$$

es müssen folglich die Gleichungen bestehen

$$x_3 = x - x_1 + x_2 \quad y_3 = y - y_1 + y_2 \quad z_3 = z - z_1 + z_2.$$

Demnach ist die Länge der Linie AB' durch die Gleichung gegeben

$$AB'^2 = (x_3 - x_1)^2 + (y_3 - y_1)^2 + (z_3 - z_1)^2 = (x - 2x_1 + x_2)^2$$
$$+ (y - 2y_1 + y_2)^2 + (z - 2z_1 + z_2)^2$$

oder nach der gewöhnlichen Bezeichnung

$$AB'^2 = (\varDelta^2 x)^2 + (\varDelta^2 y)^2 + (\varDelta^2 z)^2.$$

Andrerseits ist aber, wenn man den Winkel ABB' mit w bezeichnet:

$$AB'^2 = AB^2 + BB'^2 - 2 \cdot AB \cdot BB' \cos w$$

oder $= (BB' - AB)^2 + BB' \cdot AB. \left(2 \sin \frac{w}{2}\right)^2.$

Daraus folgt

$$\left(2 \sin \frac{w}{2}\right)^2 = \frac{(\varDelta^2 x)^2 + (\varDelta^2 y)^2 + (\varDelta^2 z)^2 - (BB' - AB)^2}{BB' \cdot AB}.$$

Will man diese Entwickelung benutzen, um den Krümmungsradius zu finden, so hat man die Punkte B, A, C als unendlich nahe Punkte einer Curve zu bestimmen. $\sphericalangle ABB'$ oder w ist dann der Cotingenzwinkel, denn dieser wird von AC und der Verlängerung von AB gebildet. Bedeutet ferner ε eine im Vergleich zu AB unendlich kleine Grösse, so wird $BB' = AC = AB + \varepsilon$ oder wenn AB zu ds wird, so wird $BB' \cdot AB = ds(ds + \varepsilon)$ oder

$$BB' \cdot AB = ds^2 \text{ und } BB' - AB = ds + \varepsilon - ds = \varepsilon = d^2 s;$$

man erhält also, da ausserdem $r = \dfrac{ds}{w}$ ist:

$$r = \frac{ds \cdot \sqrt{ds^2}}{\sqrt{(d^2 x)^2 + (d^2 y)^2 + (d^2 z)^2 - (d^2 s)^2}},$$

denn $2 \sin \dfrac{w}{2}$ geht in w über. Nimmt man noch s als unabhängige Veränderliche an, so wird wiederum $r = \dfrac{1}{\sqrt{x''^2 + y''^2 + z''^2}}.$

§ 16.

Will man nun noch die Richtung von r haben, so nehme man $AB = AC$, Fig. 5, oder s als unabhängige Veränderliche: dann ist diese Richtung des Krümmungsradius die der Halbirungslinie des Winkels BAC. Nennen wir ferner die Länge des

Fig. 5.

Krümmungsradius wieder r, und die Coordinaten des Krümmungsmittelpunktes α, β, γ, so finden wir für diese die Proportionen

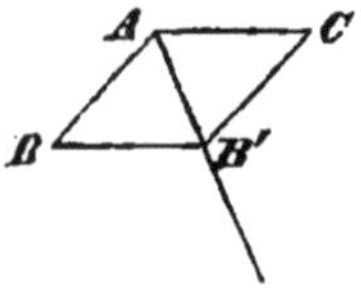

$$\frac{\alpha - x_1}{x_3 - x_1} = \frac{r}{AB'} = \frac{\beta - y_1}{y_3 - y_1} = \frac{\gamma - z_1}{z_3 - z_1},$$

und hieraus

$$\alpha - x_1 = \frac{r(x_3 - x_1)}{AB'} = \frac{r \cdot \varDelta^2 x}{\sqrt{(\varDelta^2 x)^2 + (\varDelta^2 y)^2 + (\varDelta^2 z)^2}}.$$

Es ist aber

$$r = \frac{(\Delta s)^2}{\sqrt{(\Delta^2 x)^2 + (\Delta^2 y)^2 + (\Delta^2 z)^2}},$$

folglich wenn wir diesen Werth in die letzte Gleichung einsetzen und zu den Grenzen übergehen:

$$\alpha - x_1 = x''\cdot r^2; \text{ und ebenso } \beta - y_1 = y''\cdot r^2, \gamma - z_1 = z''\cdot r^2.$$

§ 17.

Endlich wollen wir noch folgende Ableitung anführen: Es ist zunächst für die ebenen Curven $r = \dfrac{ds}{w}$, oder da w unendlich klein

ist $r = \dfrac{ds}{\sin w} = \dfrac{ds^3}{ds^2 \sin w}.$ Nun ist aber $ds^2\cdot \sin w$ der doppelte Inhalt

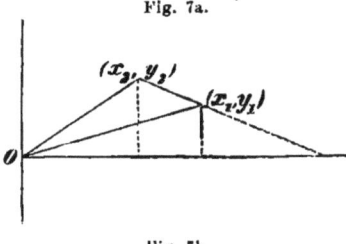

Fig. 6.

eines gleichschenkligen Dreiecks, Fig. 6, dessen Schenkel ds und dessen Aussenwinkel an der Spitze w ist. Diesen Inhalt findet man andrerseits auf folgende Weise:

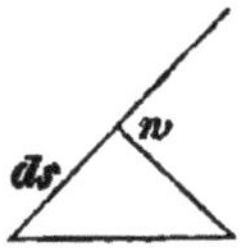

Den doppelten Flächeninhalt eines beliebigen schiefwinkligen Dreiecks findet man, wenn ein Scheitel der Anfangspunkt der Coordinaten ist und die andern beiden die Coordinaten $x_1 y_1$ und $x_2 y_2$ haben: $\pm (x_1 y_2 - y_1 x_2)$, Fig. 7a; also wenn

Fig. 7a.

kein Scheitel des Dreiecks im Anfangspunkt liegt, Fig. 7b, sondern die Coordinaten der Scheitel resp. $x y$ $x_1 y_1$ und $x_2 y_2$ sind:

$$\pm \{(x_1 - x)\cdot(y_2 - y) - (x_2 - x)\cdot(y_1 - y)\}$$

oder

$$\pm \{(\Delta x \cdot (\Delta^2 y + 2\Delta y) - (\Delta^2 x + 2\Delta x)\Delta y\}$$

oder $\pm \{\Delta x\, \Delta^2 y - \Delta y\cdot \Delta^2 y\}.$

Fig. 7b.

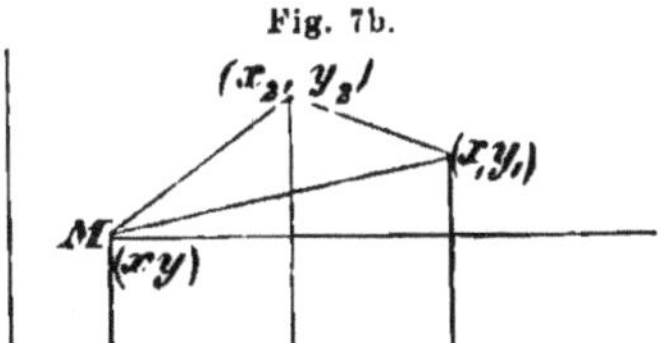

Sind die Seiten unendlich klein, und besonders die beiden, welche einen Winkel $(\pi - w)$ bilden, um eine unendlich kleine Grösse einer höhern Ordnung verschieden, so wird der doppelte Inhalt

$$ds^2 \cdot \sin w = dx\cdot d^2 y - dy\cdot d^2 x.$$

Es ist somit für ebene Curven

$$r = \frac{ds^3}{dx\cdot d^2 y - dy\cdot d^2 x} = \frac{(dx^2 + dy^2)^{\frac{3}{2}}}{dx\cdot d^2 y - dy\cdot d^2 x},$$

worin x und y als Functionen einer dritten Grösse t angesehen werden. Dies giebt sofort eine neue Ableitung für den Krümmungsradius im Raume; nur hat man hier ds^3 zu dividiren durch den doppelten Inhalt des Dreiecks im Raume. Den findet man, wenn man das Dreieck auf die drei Coordinatebenen projicirt, und die Quadrate der Projectionen addirt:

$$(dx\, d^2y - dy\, d^2x)^2 + (dy\, d^2z - dz\, d^2y)^2 + (dz\, d^2x - dx\, d^2z)^2,$$

oder wie sich eine solche Summe dreier Quadrate schreiben lässt:

$$(dx^2 + dy^2 + dz^2)\,(d^2x^2 + d^2y^2 + d^2z^2) - (dx\, d^2x + dy\, d^2y + dz\, d^2z)^2$$

oder $\qquad ds^2\,(d^2x^2 + d^2y^2 + d^2z^2) - (ds\, d^2s)^2.$

Demnach ist

$$r^2 = \frac{ds^6}{ds^2(d^2x^2 + d^2y^2 + d^2z^2) - ds^2 d^2s^2} \text{ oder } r = \frac{ds^2}{\sqrt{(d^2x)^2 + (d^2y)^2 + (d^2z)^2 - (d^2s)^2}},$$

und wenn man s als unabhängige Veränderliche annimmt:

$$r = \frac{1}{\sqrt{x''^2 + y''^2 + z''^2}}.$$

§ 18.

Wir holen hier noch die Bedeutung einiger Formeln nach, die wir früher gehabt haben.

Sieht man in der Gleichung (2) des § 11 die Coordinaten $\alpha\,\beta\,\gamma$ als laufende an, so bedeutet diese Gleichung die Normalebene im Punkte $x\,y\,z$, wie aus der Gleichung dieser Ebene in § 7 hervorgeht. Da nun $\alpha\,\beta\,\gamma$ die Coordinaten des Krümmungsmittelpunktes sind, so folgt hieraus: der Krümmungsmittelpunkt liegt immer in der betreffenden Normalebene der Curve.

Es ist evident, dass er nicht nur in dieser Normalebene, sondern auch in der des folgenden Elementes (und ausserdem in der Osculationsebene) liegen muss. Die beiden Normalebenen schneiden sich in einer Geraden, die normal steht auf der Osculationsebene, und ausser anderen Namen auch den der Krümmungsaxe (axe de courbure) führt. Man findet ihre Gleichungen durch folgende Betrachtung: Die eine Normalebene entspricht einem gewissen Werthe t, die zweite einem Werthe $t + h$. Man hat folglich zur Bestimmung der Krümmungsaxe die Gleichungen dieser beiden Normalebenen oder auch statt der zweiten die Differenz beider, durch das verschwindende h dividirt; d. h. die Gleichung (2) und ihre Differentialgleichung nach t oder die Gleichung (3) desselben § 11. Die Bedeutung der beiden Gleichungen (2) und (3) des § 11 zusammengenommen ist also: die Krümmungsaxe für den Punkt $x\,y\,z$.

§ 19.

Wenn wir auch die Ausdrücke zur Bestimmung des Krümmungsmittelpunktes bei Curven doppelter Krümmung ganz analog denen
bei ebenen Curven hergeleitet haben, so besteht doch zwischen den
Eigenschaften der Krümmungsmittelpunkte bei diesen Arten von
Curven ein wesentlicher Unterschied.

Ist nämlich C irgend eine, ebene oder doppelt gekrümmte, ge-
gegebene Curve, dann bilden die Krümmungsmittelpunkte, die zu dieser
Curve gehören, einen stetigen Zug, eine zweite Curve C_1. In der
Ebene findet nun die merkwürdige Relation statt, dass jede
Tangente von C_1, Fig. 8, Normale im entsprechenden Punkte

Fig. 8.

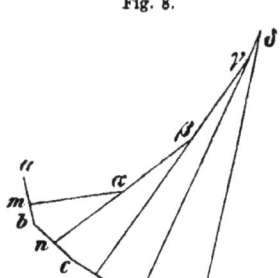

von C ist: dies ist von selbst klar. Sind
nämlich ab, bc, cd, de vier auf einander folgende Elemente der Curve C, und $m\alpha$, $n\beta$,
$p\gamma$, $q\delta$ die zugehörigen Normalen (die man
sich in den Mitten jener vier als gradlinig
angesehenen Elemente errichtet denken kann),
so sind die Durchschnittspunkte je zweier
auf einander folgenden Normalen, nämlich
α, β, γ Punkte der zugehörigen Curve C_1,
denn sie sind die Krümmungsmittelpunkte
für jene Elemente von C. Mithin sind $\alpha\beta$,
$\beta\gamma$ Elemente von C_1, und diese geraden Linien geben zugleich die
Richtungen der zugehörigen Tangenten von C_1 an. Es ist also
$\alpha\beta$ Tangente von C_1, zugleich ist es aber der Construction nach Normale
an C. Und so die übrigen. (Statt der gradlinigen Elemente ab, bc,
cd, de u. s. w. kann man sich, für unser Capitel noch angemessener,
Kreisbögen denken; d. h. man kann jede Curve in der Ebene C ansehen als zusammengesetzt aus einer unendlichen Anzahl unendlich
kleiner Kreisbögen, die alle zu andern Radien und andern Mittel-
punkten gehören, und diese Centren sind keine andern Punkte als
die Punkte der Linie C_1, welche man bekanntlich die Abgewickelte
oder Evolute der Curve C nennt.)

Im Raume fehlen gewisse von diesen Eigenschaften. Sind ab,
bc, cd, de, Fig. 9, aufeinander folgende Elemente einer Curve doppelter
Krümmung, liegen also von ihnen nur je zwei anstossende in einer
Ebene, so lege man, um den Krümmungsmittelpunkt für den Kreis
der durch a, b, c geht, zu finden, durch diese drei Punkte eine Ebene,
und errichte in ihr auf den Linien ab und bc in ihren Mitten die
Normalen, deren Schnittpunkt α der gesuchte Punkt ist. Ebenso

findet man β als Krümmungsmittelpunkt für den Kreis, der durch b, c, d geht, und γ für den Kreis, der durch c, d, e geht etc. $h\alpha$,

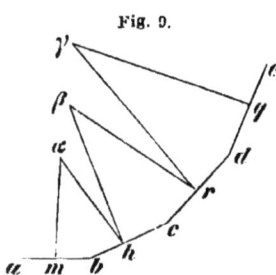

Fig. 9.

welches den Mittelpunkt α enthält, liegt also in der Ebene $a\,b\,c$, dagegen $h\beta$ mit dem zweiten Mittelpunkte β in einer wesentlich andern Ebene $b\,c\,d$; und zwar ist der Neigungswinkel $\alpha h\beta$ der der beiden andern Ebenen $a\,b\,c$ und $b\,c\,d$, denn $h\alpha$ und $h\beta$ sind in einem Punkte h des gemeinschaftlichen Durchschnitts $b\,c$ beider Ebenen in beiden Ebenen normal errichtet. Die Ebene der beiden Normalen $h\alpha$ und $h\beta$ ist zugleich die zum Element bc gehörige Normalebene, denn sie enthält zwei, folglich alle Normalen von bc. Die Linie $\alpha\beta$ liegt also zwar in der Normalebene von bc, trifft aber dieses Element nicht. α und β sind aber zwei Punkte von C_1: und es folgt daher, dass bei Curven doppelter Krümmung eine Tangente an C_1 nicht Normale an C ist, denn sie trifft diese Curve nicht. Die Curve der Krümmungsmittelpunkte und die Evolute einer doppelt gekrümmten Curve sind also nicht identisch.'

§. 20.

Zusatz. Der analytische Beweis dieser Behauptung ist länger und erfordert viel Rechnung. Ist xyz ein gegebener Punkt der Curve C und abc der entsprechende Krümmungsmittelpunkt, dann bestehen die drei Gleichungen

$$a = x + r^2 \cdot x'' \quad b = y + r^2 \cdot y'' \quad c = z + r^2 \cdot z''.$$

ds ist das Bogenelement der Curve C. Hat man nun xyz und folglich auch r als Functionen von s gegeben, so sind auch $a\,b\,c$ hierdurch als Functionen von s aufgefasst. Bezeichnet man folglich die laufenden Coordinaten der Tangente an C_1 mit $\xi\ \eta\ \zeta$, so sind ihre Gleichungen (nach § 5)

$$\frac{\xi - a}{\dfrac{da}{ds}} = \frac{\eta - b}{\dfrac{db}{ds}} = \frac{\zeta - c}{\dfrac{dc}{ds}}.$$

Setzt man nun in dieser Doppelgleichung für $\xi\ \eta\ \zeta$ die Coordinaten $x\,y\,z$ des Punktes der Curve C ein, so wird die resultirende Gleichung

$$\frac{x - a}{\dfrac{da}{ds}} = \frac{y - b}{\dfrac{db}{ds}} = \frac{z - c}{\dfrac{dc}{ds}} \quad \text{falsch.}$$

Anmerkung. Obgleich also im Raume die Curve C_1 nicht die Evolute C ist, so existiren dennoch auch für solche Curven Evoluten;

man kann aus der Curve C andere Curven C_1 finden, durch deren Abwickelung C entsteht; ja es hat sogar jede Curve (auch die ebene) unzählig viele Evoluten, nur ist für die Curven von doppelter Krümmung die Curve der Krümmungsmittelpunkte nicht unter diesen Evoluten enthalten. Diese Entwickelung hängt indess von einem Punkte aus der Theorie der sogenannten abwickelbaren Flächen ab, zu der wir erst später kommen. (Diese Theorie ist §. 76 ausgeführt.)

4. Zweite Krümmung.

§. 21.

Wir gehen jetzt über zur zweiten Krümmung.

Erklärung. Unter erster Krümmung einer doppelt gekrümmten Curve versteht man den reciproken Werth des Krümmungsradius oder den Bruch $\frac{1}{r}$ oder $\frac{w}{d\,s}$, d. h. das Verhältniss des Winkels zweier unendlich nahen Tangenten zum zugehörigen Bogenelement. Demzufolge wird man als zweite Krümmung einer solchen Curve ansehen das Verhältniss des Winkels zweier unendlich nahen Osculationsebenen zum zugehörigen Bogenelement; dieses Verhältniss ergiebt die Abweichung der Osculationsebenen der Curve von einer und derselben Ebene. Zur Bestimmung dieser zweiten Krümmung gehen wir von der Gleichung der Osculationsebene aus.

Diese ist (§ 8):

$$(y'z'' - z'y'')(\xi - x) + (z'x'' - x'z'')(\eta - y) + (x'y'' - y'x'')\zeta - z) = 0,$$

und die Winkel, welche das Loth auf dieser Ebene mit den Axen macht, haben die Cosinus:

$$\cos \alpha = r\,(y'z'' - z'y''),\; \cos \beta = r\,(y'z'' - z'y''),\; \cos \gamma = r(x'y'' - y'x''),$$

wenn wir nach § 8 und 12 m mit r identificiren. Für die benachbarten Osculationsebenen folgen ähnliche Gleichungen, wenn man für $x\,y\,z$ $\cos \alpha_1 \cos \beta_1 \cos \gamma_1$ schreibt, $x + dx \ldots \cos \alpha_1 + d \cos \alpha_1 \ldots$. Und der Winkel, den beide Ebenen, oder ihre Lothe, mit einander machen, ist nach § 14:

$$\sqrt{(d \cdot \cos \alpha_1)^2 + (d \cdot \cos \beta_1)^2 + (d \cdot \cos \gamma_1)^2}.$$

Das Mass der zweiten Krümmung ist folglich dieser Winkel W dividirt durch ds, also $\frac{W}{ds}$.

Nun ist

$$\frac{d \cdot \cos \alpha_1}{ds} = r\,(y'z''' - z'y''') - r^3\,(y'z'' - z'y'')(x''x''' + y''y''' + z''z''')$$

$$= r^3 \{ (x''^2 + y''^2 + z''^2)(y'z'' - z'y'') - (y'z'' - z'y'')(x''x''' + y''y''' + z''z''') \}.$$

Bezeichnen wir nun die Determinante $\begin{vmatrix} x' & x'' & x''' \\ y' & y'' & y''' \\ z' & z'' & z''' \end{vmatrix}$ mit $\varDelta$, was wir auch so schreiben können

$$x'''.\,(y'z''-z'y'')+y'''.\,(z'x''-x'z'')+z'''.\,(x'y''-y'x'')=\varDelta,$$

so wird

$$(\cos\alpha_1)'=r^3\left\{x''\underbrace{\{x''y'z'''-x''z'y'''-x'''y'z''+x'''z'y''\}}_{-\varDelta+x'y''z'''-x'y'''z''}\right.$$

$$+y''\underbrace{\{y'y''z'-y''y'''z'+y'y'''z''+z'y''y'''\}}_{(y'(y''z'''-y'''z''))}$$

$$\left.+z''\underbrace{\{z'''z''y'-z'z''y'''-y'z''z'''+z'z'''y''\}}_{z'(y''z'''-z''y''')}\right\}$$

$$=r^3\{-x''\varDelta+x'x''(y''z'''-z''y''')$$

$$+y'y''(y''z'''-y'''z'')+z'z''(y''z'''-z'y''')\}$$

$$=r^3\{-x''\varDelta+\underbrace{(x'x''+y'y''+z'z'')}_{0}(y''z'''-y'''z'')\},$$

also

$$(\cos\alpha_1)'=-r^3x''\varDelta;\ \text{ebenso}\ (\cos\beta_1)'=-r^3y''\varDelta\ \text{und}\ (\cos\gamma_1)'=-r^3z''\varDelta.$$

Es wird also die zweite Krümmung $=\sqrt{r^6\varDelta^2(x''^2+y''^2+z''^2)}=$ $\sqrt{r^4\,\varDelta^2}$, oder, wenn wir sie mit $\frac{1}{R}$ bezeichnen, und statt r seinen Werth zurücksetzen: $\frac{1}{R}=\frac{\varDelta}{x''^2+y''^2+z''^2}.$ [*]

---

[*] Aehnliche Betrachtungen wie die in § 12 Note angestellten, vereinfachen die Rechnung. Man fand daselbst:

I) $$ax'+by'+cz'=0.$$

Diese Gleichung wird differentiirt, indem man Gleichung 3 des § 12 (Note) berücksichtigt. Man erhält:

II) $$a'x'+b'y'+c'z'=0,$$

ausserdem ist identisch:

III) $$x''x'+y''y'+z''z'=0.$$

Diese Gleichungen multipliciren wir mit p, -1, q und addiren sie, setzen dann wieder zur Bestimmung von p und q die Coefficienten von x' und y' gleich 0, wo dann auch der von z' verschwindet, also:

$$a'=pa+qx'',\quad b'=pb+qy'',\quad c'=pc+qz''.$$

Multipliciren wir bezüglich mit $a\,b\,c$ und addiren, berücksichtigen dabei, dass:

$$a^2+b^2+c^2=1,\quad \text{also}\ aa'+bb'+cc'=0\ \text{ist},$$

§. 22.

Lehrsatz 1. Verschwindet die erste Krümmung, so ist die Curve eine Gerade. Dieser geometrisch einleuchtende Satz soll hier auch analytisch bewiesen werden.

Die erste Krümmung $\frac{1}{r} = \sqrt{x''^2 + y''^2 + z''^2}$ kann nur dadurch gleich Null werden, dass die drei Gleichungen bestehen:

$$x'' = 0 \quad y'' = 0 \quad z'' = 0.$$

Diese kann man sofort integriren: $x' = c \quad y' = c_1 \quad z' = c_2$, wobei die sonst willkürlichen Constanten $c \, c_1 \, c_2$ nur der Gleichung

$$c^2 + c_1{}^2 + c_2{}^2 = 1$$

unterworfen sind. Die letzten drei Gleichungen integrirt geben wiederum $x = cs + d \quad y = c_1 s + d_1 \quad z = c_2 s + d_2$ oder $\frac{x-d}{c} = \frac{y-d_1}{c_1} = \frac{z-d_2}{c_2}$. Dies sind aber die Gleichungen einer Geraden.

Lehrsatz 2. Verschwindet die zweite Krümmung, so ist die Curve eine ebene. Auch dieser Satz ist geometrisch einleuchtend.

Es ist $\frac{1}{R} = r^2 \varDelta = 0$, also entweder $r = 0$, d. h. die Curve wird ein Punkt oder $\varDelta = 0$, nun war $-\frac{d \cos \alpha_1}{d s} = - r^3 x'' \varDelta$, also hier $\varDelta = \frac{d \cos \alpha_1}{r^3 x''}$ A) wenn $r = \infty$, d. h. die Curve eine gerade, B) wenn $x'' = \frac{d x'}{d s} = \infty$, d. h. wenn $\frac{d s}{d x} = 0$, also s constant, die Curve also wieder ein

---

so wird wegen Gleichung 3 von § 12 Note $p = 0$, also:

$$a' = q x'', \quad b' = q y'', \quad c' = q z''.$$

Diese Gleichungen werden bezüglich mit x'', y'', z'' multiplicirt und addirt, dies giebt:

$$a' x'' + b' y'' + c' z'' = \frac{q}{r^2}.$$

Durch Differentiiren der Gleichung 3 (§ 12 Note) erhält man aber:

$$a x''' + b y''' + c z''' = - (a' x'' + b' y'' + c' z'')$$

also:

$$q = - r^2 (a x''' + b y''' + c z''').$$

Setzt man für $a = \cos \alpha_1$, $b = \cos \beta_1$, $c = \cos \gamma_1$, die im Text angeführten Werthe: $r (y' z'' - z' y'')$ u. s. w. hier ein, so kommt: $q = - r^3 \varDelta$, wo $\varDelta$ derselbe Ausdruck wie im Text ist, also:

$$a' = - r^3 x'' \varDelta, \quad b' = - r^3 y'' \varDelta, \quad c' = r^3 z'' \varDelta$$

wie oben. (Note zur 2. Auflage.)

Punkt ist, endlich wenn $\frac{d \cos \alpha_1}{d s} = 0$, also $\cos \alpha_1$ constant ist. Dann lässt sich ebenso zeigen, dass auch $\cos \beta_1$ und $\cos \gamma_1$ constant sind, d. h. alle Krümmungsebenen fallen zusammen und die Curve ist eine ebene.

5. Schmiegungskugel.

§. 23.

Erklärung. Eine Kugel, die durch einen Punkt einer Curve doppelter Krümmung und drei diesem Punkte unendlich nahe Punkte hindurchgeht, heisst die Schmiegungskugel jenes Punktes.

Aufgabe. Die Schmiegungskugel eines Punktes einer Kurve, d. h. ihren Radius und die Coordinaten ihres Mittelpunktes, zu bestimmen.

Bezeichnen $\xi \, \eta \, \zeta$ die Coordinaten des Mittelpunktes und ϱ den Radius der Kugel, so ergeben sich nach § 9 zur Bestimmung dieser vier Grössen folgende Gleichungen:

$$(\xi - x)^2 + (\eta - y)^2 + (\zeta - z)^2 = \varrho^2, \quad (\xi - x)x' + (\eta - y)y' + (\zeta - z)z' = 0,$$
$$(\xi - x)x'' + (\eta - y)y'' + (\zeta - z)z'' = 1$$
und $\quad (\xi - x)x''' + (\eta - y)y''' + (\zeta - z)z''' = 0,$

wobei in Beziehung auf die Differentialquotienten s als unabhängige Variable gilt. Setzen wir der Kürze halber

$$z'y''' - y'z''' = a \quad x'z''' - z'x''' = b \quad y'x''' - x'y''' = c,$$

so ergeben die zweite und vierte dieser Gleichungen:

$$\xi - x : \eta - y : \zeta - z = a : b : c$$

oder $\quad \xi - x = \mu \cdot a, \quad \eta - y = \mu \cdot b, \quad \zeta - z = \mu \cdot c,$

wo μ ein Factor ist, der aus der dritten Gleichung bestimmt wird: $\mu \, (a \cdot x'' + b \cdot y'' + c \cdot z'') = 1$, oder, da

$$a \cdot x'' + b \cdot y'' + c \cdot z'' = \begin{vmatrix} x'' & x''' & x' \\ y'' & y''' & y' \\ z'' & z''' & z' \end{vmatrix} = \varDelta \text{ (§ 21) ist: } \mu = \frac{1}{\varDelta}.$$

Danach wird $\quad \xi - x = \dfrac{a}{\varDelta}, \ \eta - y = \dfrac{b}{\varDelta}, \ \zeta - z = \dfrac{c}{\varDelta}.$

Jetzt findet man aus der ersten Gleichung $\varrho^2 = \dfrac{a^2 + b^2 + c^2}{\varDelta^2}$.

Es ist aber

$$a^2 + b^2 + c^2 = (x'^2 + y'^2 + z'^2)(x'''^2 + y'''^2 + z'''^2) - (x'x''' + y'y''' + z'z''')^2.$$

Wir haben nun die Gleichungen: $x'^2 + y'^2 + z'^2 = 1$, und daraus folgend $x'x'' + y'y'' + z'z'' = 0$ und $x'x''' + y'y''' + z'z''' = -(x''^2 + y''^2 + z''^2)$. Folglich wird $a^2 + b^2 + c^2 = x'''^2 + y'''^2 + z'''^2 - (x''^2 + y''^2 + z''^2)^2$.

Setzen wir also statt a, b, c ihre Werthe zurück, und für $a^2 + b^2 + c^2$ den eben gefundenen, so erhalten wir als Lösung der Aufgabe:

$$\xi - x = \frac{z'\,y''' - y'\,z'''}{\varDelta} \quad \eta - y = \frac{x'\,z''' - z'\,x'''}{\varDelta} \quad \zeta - z = \frac{y'\,x''' - x'\,y'''}{\varDelta}$$

$$\varrho = \frac{1}{\varDelta}\sqrt{x'''^2 + y'''^2 + z'''^2 - (x''^2 + y''^2 + z''^2)^2}.$$

Bemerkung. Es bleibt uns von der Theorie der Curven im Raume im Allgemeinen und insbesondere der Curven doppelter Krümmungen zwar noch manches übrig. Dies können wir jedoch erst abhandeln, wenn wir von der Theorie der Flächen gesprochen haben, wozu wir jetzt übergehen.

Zweiter Abschnitt.

Flächen und Curven auf den Flächen.

1. Analytischer Ausdruck der Flächen.

§ 24.

Auch hier beschäftigen wir uns zunächst mit der Festsetzung des analytischen Ausdrucks für die Flächen, das weiter ausführend, was wir bereits in § 4 angedeutet haben. Es giebt im Wesentlichen drei verschiedene Weisen eine Fläche analytisch darzustellen. Man giebt entweder eine Coordinate als Function der beiden andern: $z = \varphi\,(x,\,y)$. Oder man giebt zweitens überhaupt nur eine Gleichung zwischen $x\,y\,z$ in dieser Form: $F\,(x,\,y,\,z) = 0$; dies zweite ist das gewöhnlichere, und es ist passend, alle Formeln so einzurichten, dass auf diese Form der Gleichung der Fläche Rücksicht genommen wird. Die erste Darstellungsart ist zwar ebenso allgemein, setzt aber voraus, dass man z aus der zweiten Gleichung explicite dargestellt habe, was die Auflösung beliebiger algebraischer oder transcendenter Gleichungen voraussetzt. Die dritte Form endlich, die von der grössten Wichtigkeit ist, ist folgende: Man denkt sich $x\,y\,z$ als Function zweier neuer Variabeln ·

$$x = f_1\,(u,\,v) \quad y = f_2\,(u,\,v) \quad z = f_3\,(u,\,v).$$

Mit dieser letzten Form des Ausdrucks hängen die beiden ersten auf eine leicht kenntliche Weise zusammen. Eliminirt man nämlich aus den drei Gleichungen der letzten Form die beiden Variabeln u und v, so erhält man die zweite; und die erste ist selbst nur ein specieller Fall der dritten, denn man kann sie in folgende Gestalt bringen: $x = u \quad y = v \quad z = \varphi \,(u, v)$.

Ein Beispiel zu der dritten Art der Darstellung bietet die Kugel, Fig. 10. Identificiren wir dieselbe mit der Erde, so können wir

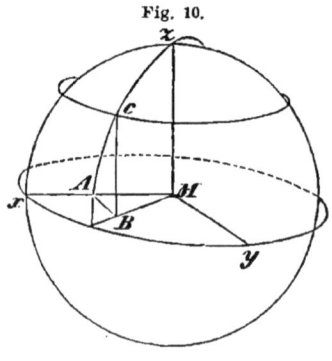

Fig. 10.

die Ebene xy als Aequator betrachten, und die positve x-Axe durch den 1ten Meridian (Null Grad) hindurch gehen lassen. Denken wir uns alsdann jeden Punkt auf der Kugel bestimmt durch seine geographische Länge u und seine geographische Breite v, so ist bekanntlich, wenn wir durch den fraglichen Punkt C und die z-Axe einen grössten Kreis gelegt denken, das Stück dieses Meridians von C bis zum Aequator $= v$ und das Stück des Aequators von da bis zum Null-Meridian $= u$. Wir haben also in diesem Falle sphärische Coordinaten u und v. Construirt man sich die orthogonalen, so ist offenbar $z = a \sin v$, wenn a der Kugelradius ist, und da die Projection des hier in Betracht kommenden Kugelradius auf die Ebene der $x\,y$, nämlich $a \cdot \cos v$, mit der x-Axe den Winkel u bildet, so ist zweitens $x = a \cos v \cdot \cos u$ und drittens $y = a \cos v \cdot \sin u$. — Für die unabhängigen Variabeln v und u besteht hier blos die Bedingung, dass die geographische Länge u von 0^0 bis 360^0 alle Werthe durchlaufen kann, während die geographische Breite v nur die Werthe von -90^0 (durch 0^0) bis $+ 90^0$ annehmen kann, indem man die südliche Breite negativ rechnet: durch diese Bestimmung bezweckt man, dass alle Punkte der Kugel in den Gleichungen enthalten seien, und zwar alle nur eindeutig.

Man sieht leicht, wie man aus dieser Form der Gleichung der Kugel die zweite erhalten kann: Quadrirt und addirt man die Gleichungen, die für die drei orthogonalen Coordinaten $x\,y\,z$ bestehen, so werden u und v eliminirt, und man erhält die bekannte Gleichung der Kugel: $x^2 + y^2 + z^2 = a^2$.

Hätte man die Gleichung eines dreiaxigen Ellipsoids

$$\frac{x^2}{a^2} + \frac{y^2}{b^2} + \frac{z^2}{c^2} = 1$$

in der dritten Form darzustellen, so könnte man z. B. setzen

$$x = a \cos u \cos v \quad y = b \sin u \cos v \quad z = c \sin v.$$

§ 25.

Die dritte Form des analytischen Ausdrucks der Fläche hat eine sehr einfache geometrische Bedeutung. Betrachtet man nämlich die Fläche gegeben durch das System der drei Gleichungen

$$x = f_1(u, v) \quad y = f_2(u, v) \quad z = f_3(u, v),$$

so findet man für jedes Werthepaar, welches man den unabhängigen Veränderlichen u und v beilegt, und wenn man $x\,y\,z$ nach ihren Gleichungen berechnet, einen bestimmten Punkt der Fläche. Legt man aber dem v einen numerischen Werth bei und lässt ihn für alle Werthe, die man u giebt, constant, so wird dadurch das System der gegebenen drei Gleichungen in ein System dreier Gleichungen verwandelt, die nicht mehr zwei Unabhängige enthalten, sondern eine: ein solches System ist aber (§ 3) der analytische Ausdruck einer Curve im Raume, welche überdies nothwendig auf der Fläche liegt. Die Gleichung $u = c$, zu den obigen drei hinzugefügt, drückt also eine gewisse Curve auf der Fläche aus. Nehmen wir aber an, dass sich u continuirlich ändert, so bekommt man für jeden Werth desselben eine solche Curve auf der Fläche, der Inbegriff aller Werthe von u bedingt also ein System von Curven, von denen eine jede ganz auf der Fläche liegt, und welche die ganze Fläche überziehen. Eine solche Grösse u, welche für eine Curve oder Fläche constant ist, durch ihre Aenderung aber die Aenderung der Linie oder Fläche bedingt, wird bekanntlich Parameter genannt.

Legt man ebenso dem v einen constanten Werth bei, dass also nur u variabel bleibt, so bekommt man ebenfalls eine Curve auf der Fläche, und lässt man v Parameter sein, so ergiebt der Inbegriff aller Werthe desselben alle Curven, welche dieser ersten analog sind.

Hieraus schliessen wir: die dritte, d. h. diejenige Darstellungsart einer Fläche, nach welcher man ihre Coordinaten als Functionen zweier neuen unabhängigen Variabeln bestimmt, besteht darin, dass man sich die ganze Fläche durch zwei Systeme von Curven überzogen denkt. Das eine System entspricht der Gleichung $u = c$, das andere System entspricht der Gleichung $v = c_1$. Jeder Punkt der Fläche wird alsdann betrachtet als gegeben als Durchschnittspunkt einer Curve des einen Systems und einer Curve des andern Systems.

Wenden wir dies auf das oben gewählte Beispiel der Kugel an, so finden wir zunächst, dass alle Punkte, für welche v einen constanten Werth hat, auf demselben Meridian liegen, oder dass die

Gleichung $u = c$ auf der Kugel einen Meridian ausdrückt. Ebenso sieht man, dass die Gleichung $v = c_1$ einen Parallelkreis bedeutet. Will man also nach der oben gewählten Methode einen Punkt der Kugel angeben, so giebt man sein u und sein v, und damit resp. seinen Meridian und seinen Parallelkreis. Als den Durchschnitt dieser beiden für jeden Punkt (unter der Bedingung der in § 24 angegebenen Einschränkung für u und v) bestimmten Kreise sieht man den Punkt an; d. h. man betrachtet ihn als Durchschnitt zweier Curven, von welchen die eine zu dem Systeme gehört, dessen Gleichung ist $u = $ constans, und die andere zu dem Systeme, dessen Gleichung ist $v = $ constans.

§. 26.

Anmerkung. Etwas Aehnliches ist schon die Coordinaten-Methode in der Ebene. Mit dem Ausdrucke: Einführung rechtwinkliger Coordinaten will man bezeichnen, dass man sich die ganze Ebene mit zwei auf einander normalen Systemen paralleler Linien überzogen denkt, und jeden Punkt als Durchschnitt einer Geraden des einen Systems in eine des andern Systems giebt. Aehnlich ist es bei schiefwinkligen und Polarcoordinaten, nur dass bei den erstern die beiden Systeme gerader Linien unter irgend einem schiefen Winkel gegen einander geneigt sind, und bei den andern nur das eine System geradlinig, nämlich ein ebenes Strahlenbüschel mit dem Anfangspunkt der Polarcoordinaten als Mittelpunkt, das andere dagegen eine Schaar concentrischer Kreise ist.

Ja selbst die erste analytische Art, eine Fläche darzustellen, hat ganz die analoge Bedeutung, was schon daraus hervorgeht, dass sie nur ein specieller Fall der dritten ist. Schreibt man nämlich die Gleichung $z = \varphi(x, y)$ so: $x = u \quad y = v \quad z = \varphi(u,v)$, so giebt die erste Gleichung $x = u$ eine ebene Curve parallel der Ebene der yz, und alle diejenigen Punkte, für welche $y = v$ ist, liegen in einer ebenen Curve, die parallel der xz-Ebene ist. Die erste Darstellungsart der Flächen bedeutet also, dass man sich die Fläche überzieht mit solchen ebenen Curven, die entweder der xz-Ebene oder der yz-Ebene parallel sind, und die Punkte der Fläche giebt als Durchschnitte je zweier Curven dieser Systeme.

§ 27.

Lehrsatz. Jede Gleichung zwischen den beiden unabhängigen Variabeln u und v der drei Gleichungen einer Fläche giebt eine Curve auf der Fläche.

Denn fügt man zu den drei Gleichungen

$$x = f_1(u, v) \qquad y = f_2(u, v) \qquad z = f_3(u, v)$$

noch eine Gleichung $\Theta(u, v) = 0$, so kann man offenbar mittelst derselben eine der beiden Unabhängigen u oder v aus den ersten drei eliminiren, so dass drei Gleichungen übrig bleiben, welche nur eine Unabhängige enthalten, und dies ist der analytische Ausdruck einer Curve im Raume, und zwar einer Curve, die auf der gegebenen Fläche liegt, weil alle ihre Punkte den Gleichungen der Fläche genügen.

Bei dem Beispiel der Schraubenlinie hatten wir etwas Aehnliches, indem wir sie definirten als auf der Schraubenfläche liegend (§ 4). Für unser letztes Beispiel, die Kugel, ergiebt sich, dass man eine Curve auf derselben offenbar am einfachsten darstellen wird, indem man ein Mittel angiebt, um aus der geographischen Länge eines Punktes dieser Curve die geographische Breite und umgekehrt zu finden. In diesem Beispiel bezeichnet also jede Gleichung zwischen u und v eine sphärische Curve.

**A. Die Gleichung der Fläche sei gegeben
in der Form (2) oder (1) (§ 24).**

2. Untersuchung der Flächen mittelst schneidender Ebenen.

§ 28.

Zunächst wollen wir der Gleichung einer Fläche die Form $F(x, y, z) = 0$ geben, wo $x\,y\,z$ rechtwinklige Coordinaten sind.

Ein Hauptmittel, um die Gestalt einer Fläche kennen zu lernen, besteht darin, dass man ebene Schnitte legt, und diese untersucht. Von allen diesen ebenen Schnitten sind diejenigen am leichtesten zu discutiren und zu berechnen, welche in den drei Coordinatenebenen liegen. Will man nämlich den Schnitt einer Fläche mit der xy-Ebene untersuchen, so hat man nur in der Gleichung der Fläche $z = 0$ zu setzen: dadurch erhält man unmittelbar die Curve, in welcher die Fläche die xy-Ebene schneidet; und ebenso ist es mit den beiden andern Coordinatenebenen. Hat man dagegen nicht gerade den Schnitt einer Coordinatenebene, sondern irgend einer andern Ebene zu discutiren, so wird es am einfachsten sein, diese andere Ebene zu einer der Coordinatenebenen zu machen. Dies giebt zwar mitunter einige Rechnungs-Längen aber keine Rechnungs-Schwierigkeiten.

Wir wollen jetzt den Durchschnitt einer gegebenen Fläche

$F(x, y, z) = 0$ und einer Ebene A bestimmen, die durch den Anfangspunkt geht. Es kommt dies darauf hinaus, die orthogonalen

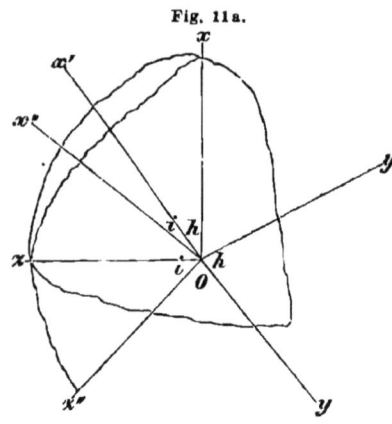

Fig. 11a.

Coordinaten $x\, y\, z$ durch andere ebenfalls orthogonale XYZ zu ersetzen (Fig. 11a) derart, dass die XY-Ebene die gegebene Ebene A sei. Sei diejenige Drehungsrichtung als positiv angenommen, welche die positive Axe der x bei einer Drehung von 90^0 zur positiven Axe der y führt, diejenige, welche die positive Axe der y bei 90^0 Drehung zur positiven Axe der z, und die welche letztere zur positiven Axe der x führt. Nehmen wir ferner den auf einer Seite vom Anfangspunkte O liegenden Durchschnitt Oy' der Ebene A mit xy als positiv an (Fig. 11b). Sei ferner h der Winkel

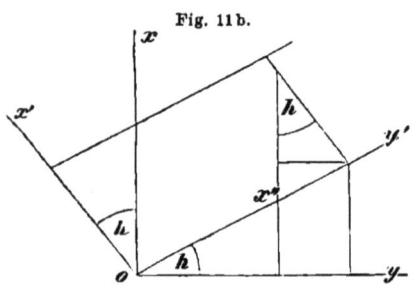

Fig. 11b.

dieses Durchschnitts in positiver Richtung gezählt mit Oy. Drehen wir dann Ebene xy in der Richtung von y nach x (negative Richtung) so um die Axe der z, dass Oy mit Oy' zusammenfällt, möge dann Ox in die Richtung Ox' fallen, seien $x'\, y'\, z$ dann die auf Ox', Oy', Oz bezogenen Coordinaten, so ist:

$$x = y' \sin h + x' \cos h, \quad y = y' \cos h - x' \sin h, \quad z = z.$$

Sei ferner i der Winkel, welchen das Loth Oz'' auf Ebene A in einer beliebigen seiner beiden Richtungen, die jedoch als positiv betrachtet wird, mit den positiven Oz macht, und drehen wir Ebene $x'\, z$ um Oy' ebenfalls in negativer Richtung, also von x' nach z um Winkel i, so dass Oz mit Oz'' zusammenfällt, Oy' aber unverändert bleibt, sind dann XYZ die auf die neue Lage der Axen bezogenen Coordinaten, so ist wie oben

$$x' = X \cos i - Z \sin i, \quad y' = Y, \quad z = X \sin i + Z \cos i.$$

Also mit Berücksichtigung der obigen Gleichungen,

$$x = Y \sin h + X \cos i \cos h - Z \sin i \cos h,$$
$$y = Y \cos h - X \cos i \sin h + Z \sin i \sin h$$
$$z = X \sin i + Z \cos i.$$

Die Ebene XY ist hier A selbst, also für ihren Durchschnitt mit der Fläche $F(x, y, z) = 0$ ist $Z = 0$, und die Gleichungen dieses Durchschnittes sind also:

$$F(Y \sin h + X \cos i \cos h, \quad Y \cos h - X \cos i \sin h, \quad X \sin i) = 0$$
$$\text{und } Z = 0.$$

Anmerkung. Diese Gleichungen enthalten noch nicht die allgemeinste Coordinatentransformation, da die Axe OY in die anfängliche Ebene XY fällt, die Ebene XY also erst durch eine Drehung um OZ in einer beliebigen Lage übergeführt werden kann.

§ 29.

In vielen Fällen ist es jedoch besser, nicht die Winkel i und h anzuwenden, sondern die allgemeinen Transformationsformeln zu benutzen, da dieser Weg zu symmetrischen Resultaten führt.

Setzen wir auch hier voraus, dass der Anfangspunkt O sich nicht ändert, sind dann $x\,y\,z$ die alten, $x'\,y'\,z'$ die neuen Coordinaten, werden ferner die Cosinus der 9 Winkel:

$$(x'\,x),\ (x'\,y),\ (x'\,z),\ (y'\,x),\ (y'\,y),\ (y'\,z),\ (z'\,x),\ (z'\,y),\ (z'\,z)$$

bezüglich bezeichnet mit $\alpha\,\beta\,\gamma\,\alpha'\,\beta'\,\gamma'\,\alpha''\,\beta''\,\gamma''$.

Denken wir uns nun durch irgend einen Punkt des Raumes M eine Ebene parallel einer der neuen Coordinatenebenen z. B. der Ebene $y'\,z'$ gelegt, so ist der Abstand des Punktes O von derselben gleich x'.

Man erhält also als Gleichung dieser Ebene (siehe § 4)

$$x' = \alpha\,x + \beta\,y + \gamma\,z$$

und in gleicher Weise für Ebenen die bezüglich parallel $x'\,z'$, $x'\,y'$ sind:

$$y' = \alpha'\,x + \beta'\,y + \gamma'\,z, \qquad z' = \alpha''\,x + \beta''\,y + \gamma''\,z.$$

Ebenso erhält man, wenn die durch M gelegten Ebenen bezüglich parallel yz, zx, xy sind:

$$x = \alpha\,x' + \alpha'\,y' + \alpha''\,z', \qquad y = \beta\,x' + \beta'\,y' + \beta''\,z',$$
$$z = \gamma\,x' + \gamma'\,y' + \gamma''\,z'.$$

Da sich die 9 Cosinus $\alpha\,\beta\,\ldots$ auf 3 zurückführen lassen, so bestehen zwischen ihnen entsprechende Beziehungen.

Es ist zunächst die Linie OM im alten System gleich $\sqrt{x^2 + y^2 + z^2}$, im neuen gleich $\sqrt{x'^2 + y'^2 + z'^2}$. Die Gleichheit dieser Ausdrücke bedingt nun wegen der Werthe von $x'\,y'\,z'$ die 6 Gleichungen:

1) $\alpha^2 + \alpha'^2 + \alpha''^2 = 1$, 2) $\beta^2 + \beta'^2 + \beta''^2 = 1$, 3) $\gamma^2 + \gamma'^2 + \gamma''^2 = 1$,
4) $\beta\gamma + \beta'\gamma' + \beta''\gamma'' = 0$, 5) $\gamma\alpha + \gamma'\alpha' + \gamma''\alpha'' = 0$,
6) $\alpha\beta + \alpha'\beta' + \alpha''\beta'' = 0$

3 *

und wegen der Werthe von $x\,y\,z$:

1a) $\alpha^2 + \beta^2 + \gamma^2 = 1$, 2a) $\alpha'^2 + \beta'^2 + \gamma'^2 = 1$, 3a) $\alpha''^2 + \beta''^2 + \gamma''^2 = 1$,

4a) $\alpha'\alpha'' + \beta'\beta'' + \gamma'\gamma'' = 0$, 5a) $\alpha''\alpha + \beta''\beta + \gamma''\gamma = 0$,

6a) $\alpha\alpha' + \beta\beta' + \gamma\gamma' = 0$.

Die 6 letzten Gleichungen sind natürlich eine identische Folge der 6 ersten.

Indessen giebt es noch andere mit diesen identische aber wichtige Beziehungen. Schreiben wir z. B. die Gleichungen 1, 5 und 6 folgendermassen:

$$\alpha_0\alpha + \alpha_0'\alpha' + \alpha_0''\alpha'' = 1, \quad \beta\alpha + \beta'\alpha' + \beta''\alpha'' = 0,$$
$$\gamma\alpha + \gamma'\alpha' + \gamma''\alpha'' = 0,$$

wo erst nach Schluss der Rechnung für $\alpha_0\,\alpha_0'\,\alpha_0''$ bezüglich $\alpha\,\alpha'\,\alpha''$ gesetzt werden soll. Es sind also, so lange dies nicht geschieht, unsere 3 Gleichungen als linear zu betrachten. Berechnet man aus ihnen $\alpha\,\alpha'\,\alpha''$, so ergiebt sich:

$$\alpha\varDelta = \beta'\gamma'' - \gamma'\beta'', \quad \beta\varDelta = \gamma'\alpha'' - \alpha'\gamma'', \quad \gamma\varDelta = \alpha'\beta'' - \beta'\alpha'',$$

wo zu setzen ist:

$$\varDelta = \alpha_0(\beta'\gamma'' - \gamma'\beta'') + \alpha_0'(\beta''\gamma - \gamma''\beta) + \alpha_0''(\beta\gamma' - \gamma'\beta) = \begin{vmatrix} \alpha_0 & \alpha_0' & \alpha_0'' \\ \beta & \beta' & \beta'' \\ \gamma & \gamma' & \gamma'' \end{vmatrix}.$$

Ersetzt man nun $\alpha_0\,\alpha_0'\,\alpha_0''$ durch ihre Werthe, so ergiebt sich, wenn man auch für α', α'', β', β'', γ', γ'' ähnliche Gleichungen bildet:

7) $\alpha\varDelta = \beta'\gamma'' - \gamma'\beta''$, 8) $\alpha'\varDelta = \beta''\gamma - \gamma''\beta$, 9) $\alpha''\varDelta = \beta\gamma' - \gamma\beta'$,

10) $\beta\varDelta = \gamma'\alpha'' - \alpha'\gamma''$, 11) $\beta'\varDelta = \gamma''\alpha - \alpha''\gamma$, 12) $\beta''\varDelta = \gamma\alpha' - \alpha\gamma'$,

13) $\gamma\varDelta = \alpha'\beta'' - \beta'\alpha''$, 14) $\gamma'\varDelta = \alpha''\beta - \beta''\alpha$, 15) $\gamma''\varDelta = \alpha\beta' - \beta\alpha'$.

Es ist dann

$$\varDelta = \alpha(\beta'\gamma'' - \gamma'\beta'') + \alpha'(\beta''\gamma - \gamma''\beta) + \alpha''(\beta\gamma' - \gamma\beta') = \begin{vmatrix} \alpha & \alpha' & \alpha'' \\ \beta & \beta' & \beta'' \\ \gamma & \gamma' & \gamma'' \end{vmatrix}.$$

Es wird sich aber zugleich zeigen, dass der Factor $\varDelta$ constant ist.

§ 30.

Was nämlich die Grösse $\varDelta$ betrifft, so lässt sie sich folgendermassen bestimmen. Wenn man nämlich die Gleichungen (7) (8) (9) des vorigen Paragraphen quadrirt und addirt, so erhält man:

$$(\alpha^2 + \alpha'^2 + \alpha''^2)\varDelta^2 = (\beta'\gamma'' - \gamma'\beta'')^2 + (\beta''\gamma - \gamma''\beta)^2 + (\beta\gamma' - \gamma\beta')^2$$

oder

$$\varDelta^2 = (\beta^2 + \beta'^2 + \beta''^2)(\gamma^2 + \gamma'^2 + \gamma''^2) - (\beta\gamma + \beta'\gamma' + \beta''\gamma'')^2 \text{ d.i. } \varDelta^2 = 1,$$

und hieraus (16) ....., $\varDelta = \pm 1$. Hiernach können wir auch die Gleichungen (7) bis (15), wenn wir die obern Zeichen zusammen und die unteren Zeichen zusammen gelten lassen, mit Anwendung partieller Differentialquotienten so schreiben:

$$\pm \alpha = \frac{\partial \varDelta}{\partial \alpha}, \pm \alpha' = \frac{\partial \varDelta}{\delta \alpha'}, \pm \alpha'' = \frac{\partial \varDelta}{\partial \alpha''};$$

$$\pm \beta = \frac{\partial \varDelta}{\partial \beta}, \pm \beta' = \frac{\partial \varDelta}{\partial \beta'}, \pm \beta'' = \frac{\partial \varDelta}{\partial \beta''};$$

$$\pm \gamma = \frac{\partial \varDelta}{\partial \gamma}, \pm \gamma' = \frac{\partial \varDelta}{\partial \gamma'}, \pm \gamma'' = \frac{\partial \varDelta}{\partial \gamma''}.$$

Es lässt sich aber auch bestimmen, in welchem Falle $\varDelta = + 1$ und in welchem es $= - 1$ ist. Zu dem Ende schicken wir folgende Betrachtung voraus:

Denken wir uns ein rechtwinkliges Coordinatensystem, so kann, wenn einmal die xy-Ebene auch in Beziehung auf das Vorzeichen ihrer Coordinaten bestimmt ist, die positive z-Axe selbstverständlich nur zwei verschiedene Lagen haben: entweder oberhalb oder unterhalb dieser Coordinatenbene. Bestimmen wir nun den Cyklus der Aufeinanderfolge der Axen so, dass auf die x-Axe die der y und auf diese die der z folgt, welche also wiederum die der x hinter sich hat, so ergiebt sich leicht Folgendes:

Stellen wir uns bei der ersten Lage der z-Axe (oberhalb der xy-Ebene) in die x-Axe so, dass unsere Füsse auf der yz-Ebene stehen und der Kopf in der x-Axe liegt, Fig. 12a, so erfolgt die Drehung von der y zur z-Axe von links nach rechts. Stellen wir uns jetzt ebenso in die y-Axe, und sehen die Drehung von der z- nach der x-Axe, so erfolgt diese in derselben Richtung, und ebenso verhält sich zu uns die Drehung von der x- nach der y-Axe, wenn wir in der z-Axe stehen. In diesem ersten Systeme. geht also die angegebene Drehung von einer Axe zur folgenden, wenn man sich in die dritte Axe gestellt denkt, überall von links nach rechts. — Im zweiten Systeme dagegen ist, wenn sonst sich nichts ändert, als eben nur · die Lage der z-Axe, Fig. 12b, die Drehung überall umgekehrt, nämlich von rechts nach links.

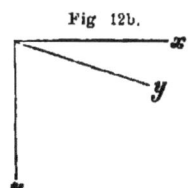

Fig. 12a.

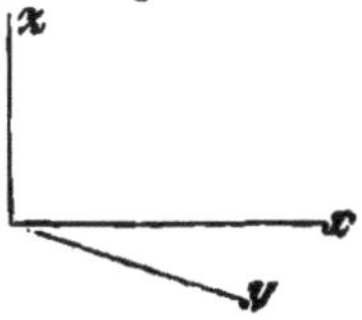

Fig 12b.

Wir wollen hiernach zwei Coordinatensysteme gleichstimmig nennen, wenn bei gleicher Aufeinanderfolge der Axen die Drehung entweder in beiden von links nach rechts oder in beiden von rechts nach links geschieht. Dagegen nennen wir zwei

Coordinatensysteme ungleichstimmig, wenn die Drehungsrichtung in dem einen Systeme die entgegengesetzte der andern ist. — Nur im ersteren Falle kann man das zweite System aus dem ersten als durch blosse Drehungen hervorgegangen denken. Hiernach beweisen wir folgenden

Lehrsatz: Wenn das neue Coordinatensystem mit dem gegebenen gleichstimmig ist, so ist $\varDelta = + 1$; wenn sie nicht gleichstimmig sind, so ist $\varDelta = - 1$.

Beweis: Sind die beiden Systeme wiederum $x\,y\,z$ und $x'\,y'\,z'$, immer mit demselben Anfangspunkt, aber sonst ganz beliebig gegen einander liegend, so wollen wir uns das erste fest denken und das zweite um den festen Anfangspunkt drehen. Dann sind offenbar die 9 Transformationscoefficienten bei jeder neuen Lage des neuen Systems andere als bei jeder anderen Lage, und zwar so, dass sie sich für zwei einander unendlich nahe Lagen des neuen Systems nur um unendlich wenig von einander unterscheiden. Daraus folgt, dass auch der Werth des $\varDelta$ in zwei unendlich nahen Lagen sich nur unendlich wenig ändern wird. Der Werth des $\varDelta$ ist nun entweder $+1$ oder -1; er kann aber in zwei aufeinanderfolgenden Lagen nur unendlich wenig sich verändern, aber nicht von $+1$ zu -1 oder umgekehrt springen, daraus folgt mit Nothwendigkeit, er muss für beide Lagen constant sein. War er in der ersten Lage $+1$, so muss er auch in jeder zweiten Lage $+1$ sein, und war er immer -1, so ist er immer -1. Bei der ganzen Bewegung des zweiten Systems bleibt also der Werth des $\varDelta$ unverändert. Man kann nun durch continuirliche Verrückung das zweite System in eine solche Lage bringen, dass die positive x'-Axe mit der positiven x-Axe zusammenfällt, und die positive y'-Axe mit der positiven y-Axe. Die positive z'-Axe kann alsdann zwei verschiedene Lagen annehmen: sie kann mit der positiven z-Axe zusammen- oder zu ihr in entgegengesetzte Richtung fallen. — Fallen erstens die beiden positiven Halbaxen der z und z' zusammen, oder mit anderen Worten: sind die beiden Systeme gleichstimmig, so sind für diese specielle Lage die Transformationsformeln der Coordinaten folgende:

$$x' = x \quad y' = y \quad z' = z$$

folglich

$$\alpha = 1 \quad \beta = 0 \quad \gamma = 0 \quad \alpha' = 0 \quad \beta' = 1 \quad \gamma' = 0 \quad \alpha'' = 0 \quad \beta'' = 0 \quad \gamma'' = 1.$$

Daraus folgt aber $\varDelta = + 1$, und da durch irgendwelche Bewegung des zweiten Systems der Werth von $\varDelta$ sich gar nicht ändert, so ist auch der ursprüngliche Werth des $\varDelta$, d. h. der bei der ursprünglichen Lage des zweiten Systems, $+1$ gewesen. — Nehmen wir aber zweitens an, dass bei dem Zusammenfallen des x' mit x, des y' mit y die z-Axen in entgegengesetzter Richtung wären, d. h. dass wir mit zwei ungleichstimmigen Systemen zu thun hätten, so würden wir bekommen $x' = x$, $y' = y$, $z' = -z$, und dann würde der Werth des $\Delta = -1$ sein, denn von den Transformationscoefficienten sind alle Null ausser α welches $= 1$, β' welches $= 1$, γ'' welches diesmal $= -1$ ist. In diesem zweiten Falle ist folglich auch bei der ursprünglichen Lage der beiden Systeme $\Delta = -1$.

Anmerkung. Handelt es sich nicht um zwei gegebene Coordinatensysteme, sondern hat man bei einer Untersuchung die Wahl der Transformation, so kann und wird man immer annehmen, dass das neue System mit dem alten gleichstimmig ist. Sonst kann man je zwei ungleichstimmige Systeme in gleichstimmige verwandeln, indem man die eine Axe, etwa die z-Axe in entgegengesetzter Richtung nimmt.

§ 31.

Mit Hülfe dieser Coordinatentransformation wollen wir jetzt die Frage beantworten: Kann man durch einen beliebigen Punkt einer Fläche zweiten Grades einen Kreisschnitt legen? Wir stellen zu dem Ende die Gleichung der Fläche zweiten Grades so auf, dass der betrachtete Punkt Anfangspunkt wird. Analytisch stellt sich dies dadurch dar, dass das constante Glied fehlt. Da man ferner jedesmal die Coordinatenaxen so legen kann, dass in der Gleichung der Fläche die Producte je zweier verschiedener Coordinaten fehlen, so können wir als allgemeinste Gleichung der Fläche zweiten Grades bei der der Anfangspunkt der gegebene Punkt ist, folgende aufstellen:

$$Ax'^2 + By'^2 + Cz'^2 + 2Dx' + 2Ey' + 2Fz' = 0.$$

Führt man nun ein neues Coordinatensystem ein und zwar durch folgende Transformationen:

$$x' = \alpha x + \beta y + \gamma z \quad y' = \alpha' x + \beta' y + \gamma' z \quad z' = \alpha'' x + \beta'' y + \gamma'' z,$$

so haben wir nach gemachter Substition in die in diesem Systeme ausgedrückte Gleichung der Fläche die Bedingung einzuführen, dass die Fläche von einer der neuen Coordinatenebenen, z. B. von der der xy geschnitten werde, d. h. wir haben $z = 0$ zu setzen. Dann ist:

$$x' = \alpha x + \beta y \quad y' = \alpha' x + \beta' y \quad z' = \alpha'' x + \beta'' y.$$

Wegen des im vorigen Paragraphen gefundenen Werthes von z ist die Gleichung $z = 0$ gleichbedeutend mit:

$$\gamma x' + \gamma' y' + \gamma'' z' = 0.$$

Setzen wir nun die Werthe von x' y' z' in die Gleichung der Fläche ein, so erhalten wir:

$$x^2 \{A\alpha^2 + B\alpha'^2 + C\alpha''^2\} + 2xy \{A\alpha\beta + B\alpha'\beta' + C\alpha''\beta''\}$$
$$+ y^2 \{A\beta^2 + B\beta'^2 + C\beta''^2\} + 2x \{D\alpha + E\alpha' + F\alpha''\}$$
$$+ 2y \{D\beta + E\beta' + F\beta''\} = 0.$$

Diese Gleichung giebt also den Durchschnitt der Ebene

$$\gamma x' + \gamma' y' + \gamma'' z' = 0$$

mit der gegebenen Fläche zweiten Grades. Damit die dadurch ausgedrückte Curve ein Kreis sei, muss zunächst der Coefficient des zweiten Gliedes Null sein, und ferner die Coefficienten, welche die Quadrate der Coordinaten multipliciren, einander gleich. Nennen wir den Werth dieser beiden letzteren Coefficienten f, so haben wir folgende drei Gleichungen:

(1) $A\alpha\beta + B\alpha'\beta' + C\alpha''\beta'' = 0$ (2) $A\alpha^2 + B\alpha'^2 + C\alpha''^2 = f$

(3) $A\beta^2 + B\beta'^2 + C\beta''^2 = f.$

Bis hieher ist die Untersuchung ganz allgemein. Wir wollen aber von jetzt an den Fall ausschliessen, dass von den drei Coefficienten A B C irgend zwei einander gleich sind. Dann ist nämlich die Fläche eine Umdrehungsfläche, und bei diesen sind alle Schnitte normal zur Axe, und nur diese Kreise. Den Fall jedoch, dass eine der drei Grössen A B C Null ist, d. h. die beiden Paraboloide, sowie den elliptischen und den hyperbolischen Cylinder, schliessen wir nicht aus, wohl aber den parabolischen, denn bei diesem sind zwei Coefficienten Null, und wir haben soeben festgesetzt, dass nicht zwei denselben Werth haben sollen.

Setzen wir noch über das (bis jetzt ganz willkürlich gelassene) Grössenverhältniss der drei Coefficienten A, B, C fest, dass

$$A > B > C,$$

dass also die Differenzen $A - B$, $B - C$ positiv sind, so fragt es sich jetzt: Lassen sich die Gleichungen (1) (2) (3) für alle Coefficienten A, B, C, welche nur den soeben gemachten Bedingungen genügen, lösen, und wie lauten die daraus hervorgehenden Werthe von γ γ' γ''? Denn dass die Gleichungen die Grössen $\alpha\beta$ $\alpha'\beta'$ $\alpha''\beta'$ und nicht die gesuchten γ γ' γ'' enthalten, macht keinen Unterschied, da wir Relationen genug haben, um jene auf diese zu reduciren. Wir formen nun die Gleichungen (1) (2) (3) so um, dass sie nur drei Grössen γ γ' γ'' (und ausserdem f) enthalten.

Addirt man die beiden letzten, und berücksichtigt die Gleichungen 1^a, 2^a, 3^a des § 29, so findet man

$$A (1 - \gamma^2) + B (1 - \gamma'^2) + C (1 - \gamma''^2) = 2f$$

oder
$$A\gamma^2 + B\gamma'^2 + C\gamma''^2 = A + B + C - 2f \qquad (4)$$

Multiplicirt man die beiden letzten und subtrahirt von ihrem Produkte das Quadrat der ersten, so ergiebt sich

$$AB(\alpha^2\beta'^2 - 2\alpha\alpha'\beta\beta' + \alpha'^2\beta^2) + BC(\alpha'^2\beta''^2 - 2\alpha'\alpha''\beta'\beta'' + \alpha''^2\beta'^2)$$
$$+ CA(\alpha''^2\beta^2 - 2\alpha\alpha''\beta\beta'' + \alpha^2\beta''^2) = f^2$$

oder

$$AB(\alpha\beta' - \alpha'\beta)^2 + BC(\alpha'\beta'' - \beta'\alpha'')^2 + CA(\alpha''\beta - \alpha\beta'')^2 = f^2$$

oder endlich wegen der Formeln 1, 2, 3 des § 29 (cf. auch § 30):

$$BC\gamma^2 + CA\gamma'^2 + AB\gamma''^2 = f^2. \qquad (5)$$

Dazu fügen wir noch die schon bekannte Gleichung (§ 3) des § 29

$$\gamma^2 + \gamma'^2 + \gamma''^2 = 1. \qquad (6)$$

Um nun aus diesen Gleichungen (4) (5) (6) zunächst γ zu finden, multiplicire man sie der Reihe nach mit A, 1, $- A(B + C)$ und addire dieselben. Dadurch findet man

$$\{A^2 + BC - A(B + C)\}\,\gamma^2 = A^2 - 2Af + f^2,$$

oder
$$\gamma^2(A - B)(A - C) = (A - f)^2,$$

und analog die beiden andern Coefficienten. Man hat folglich:

$$\gamma^2 = \frac{(A - f)^2}{(A - B)(A - C)} \quad \gamma'^2 = \frac{(B - f)^2}{(B - C)(B - A)} \quad \gamma''^2 = \frac{(C - f)^2}{(C - A)(C - B)}.$$

Diese drei Quadrate können natürlich nur positiven Ausdrücken äquivalent sein. Nach unsrer obigen Bedingung $A > B > C$ sind zwar

$$\gamma^2 = \frac{(A - f)^2}{(A - B)(A - C)} \quad \text{und} \quad \gamma''^2 = \frac{(C - f)^2}{(A - C)(B - C)},$$

nicht aber

$$\gamma'^2 = -\frac{(B - f)^2}{(B - C)(A - B)}$$

in dieser Beziehung der Bedingung entsprechend. Der Widerspruch in γ'^2 lässt sich aber nur dadurch heben, dass man $\gamma' = 0$, also $f = B$ setzt, so dass jetzt die gesuchten Coefficienten werden:

$$\gamma = \pm\sqrt{\frac{A - B}{A - C}} \quad \gamma' = 0 \quad \gamma'' = \pm\sqrt{\frac{B - C}{A - C}}.$$

Die Ausdrücke rechts sind echte Brüche, es sind also immer die Winkel, deren Cosinus γ und γ'' sind, reelle Grössen. Sie führen also auf zwei verschiedene Ebenen, welche Kreisschnitte liefern. Bezeichnen wir für den Augenblick $\frac{A - B}{A - C}$ mit m^2 und $\frac{B - C}{A - C}$ mit n^2, indem diese Brüche jedenfalls positiv sind, so haben wir zunächst folgende 4 Systeme:

$$\gamma = + m \quad \gamma' = 0 \quad \gamma'' = + n, \quad \gamma = - m \quad \gamma' = 0 \quad \gamma'' = + n,$$
$$\gamma = - m \quad \gamma' = 0 \quad \gamma'' = - n, \quad \gamma = + m \quad \gamma' = 0 \quad \gamma'' = - n.$$

Setzen wir jedoch diese vier Systeme nach einander in die Gleichung der schneidenden Ebene, nämlich in $\gamma x + \gamma' y + \gamma'' z = 0$ ein, so bekommen wir offenbar nur zwei verschiedene Ebenen, nämlich entweder $mx + nz = 0$ oder $mx - nz = 0$. Jede Fläche 2. Grades also, welche weder eine Umdrehungsfläche noch ein parabolischer Cylinder ist, hat die Eigenschaft, dass sich durch jeden ihrer Punkte vier Ebenen legen lassen, welche die Fläche in Kreisen schneiden; und die Gleichungen dieser schneidenden Ebenen sind, wenn die Gleichung der Fläche die oben aufgestellte Form hat: $\sqrt{A - B} \cdot x + \sqrt{B - C} \cdot z = 0$. Aus diesen Gleichungen folgt, dass beide schneidenden Ebenen auf der xz-Ebene normal stehen und der y-Axe parallel sind. Da die drei Grössen A, B, C in Bezug auf die Flächen zweiten Grades mit einem Mittelpunkte die reciproken Werthe der Axenquadrate darstellen (welche auch wie bei den Hyperboloiden negativ sein können), so kann man, wenn man in einer solchen Fläche zweiten Grades die reciproken Werthe der Axenquadrate bildet (wobei also auch imaginäre sowie unendlich grosse Axen nicht ausgeschlossen sind), diejenige Axe die mittlere Axe nennen, welcher die mittlere der drei gebildeten Grössen entspricht, und man kann alsdann unser Resultat so aussprechen:

Durch jeden Punkt einer Fläche zweiten Grades, die nicht zu den oben ausgeschlossenen gehört, gehen zwei Kreisschnitte, die der mittleren Axe parallel sind.

§ 32.

Zusatz 1. Es giebt aber einen Grenzfall, der besonders zu untersuchen ist.

Es ist der Fall, wo die Grösse $f = 0$, d. h. da nach dem Früheren $f = B$ sein soll, der Fall, wenn $B = 0$ ist. Alsdann muss C negativ sein, denn wir haben vorausgesetzt $B > C$. Setzen wir also $A = + \lambda^2$ und $C = - \mu^2$, so haben wir folgende Gleichung der Fläche

$$\lambda^2 x'^2 - \mu^2 z'^2 + 2 D x' + 2 E y' + 2 F z' = 0,$$

eine Gleichung, welche ein hyperbolisches Paraboloid ausdrückt oder einen hyperbolischen Cylinder: das Letztere in dem Falle, wenn $E = 0$ ist. In der Gleichung der Schnittlinie verschwinden dann die Coefficienten von x'^2, y'^2 x', y', und man hat als Durchschnitt eine Gerade. Wir sehen also, dass beim hyperbolischen Paraboloide und beim hyperbolischen Cylinder durch jeden Punkt zwei Ebenen gelegt werden können, von denen eine jede mit der Fläche nur eine gerade Linie gemeinschaftlich hat. Dieser Fall ordnet sich dem allgemeinen aber unter, da man eine Gerade als einen Kreis von unendlich grossem Radius ansehen kann.

Beim hyperbolischen Cylinder ist das evident. Da man nämlich durch jeden Punkt einer Hyperbel zwei Linien legen kann, die die Hyperbel nur eben in diesem Punkte treffen, nämlich diejenigen beiden Linien, welche den Asymptoten der Hyperbel parallel sind, so werden die beiden Ebenen, welche man über diesen Linien normal zur Ebene der Hyperbel errichtet, den hyperbolischen Cylinder nur in der Seite schneiden, welche normal über jenem Punkt steht. — Beim Paraboloide ist die geometrische Betrachtung nicht so einfach; aber die Rechnungen, die wir angestellt haben, geben in jedem Falle darüber Bescheid. Es sind nämlich, wie aus dem vorigen Paragraphen klar ist, die Gleichungen dieser geraden Linie:

$$x\,(D\alpha + E\alpha' + F\alpha'') + y\,(D\beta + E\beta' + F\beta'') = 0, \; z = 0,$$

wobei man noch die Grössen α und β danach zu bestimmen hat, dass

$$\gamma^2 = \frac{A}{A-C} \text{ und } \gamma' = 0, \quad \gamma''^2 = \frac{-C}{A-C}$$

sind.

Man kann also, selbst diese beiden Ausnahmefälle mit hineinziehend, allgemein sagen: Durch jeden Punkt einer Fläche zweiten Grades gehen zwei Kreisschnitte; die Ebenen aller dieser Kreisschnitte liegen in zwei parallelen Systemen. Denn ergiebt sich als Schnitt eine gerade Linie, so kann diese als ein Kreis mit unendlich grossem Radius angesehen werden. Die betreffenden Umdrehungsflächen und die parabolischen Cylinder sind ausgenommen. Die Umdrehungsflächen sind oben behandelt. Der Fall des parabolischen Cylinders ist leicht zu erledigen. Setzt man $A = B = 0$, so werden die Gleichungen 1) 2) 3), da C nicht $= 0$ ist: $\alpha'' = 0$, $\beta'' = 0$, $f = 0$, woraus $\gamma''^2 = 1$ also $\gamma = \gamma' = 0$ folgt, es wird also die Gleichung des Durchschnittes $z' = 0$, und dies in die Gleichung der Fläche eingesetzt, giebt: $2Dx' + 2Ey' = 0$, was die Gleichung einer Geraden ist.

Zusatz 2. Als spccielleres Beispiel wollen wir kürzlich noch das zweischalige Hyperboloid $\frac{\xi^2}{a^2} - \frac{\eta^2}{b^2} - \frac{\zeta^2}{c^2} = 1$ untersuchen, indem wir durch den Punkt (ξ_1, η_1, ζ_1) desselben Kreisschnitte legen. Wir

wählen diesen Punkt zum neuen Anfangspunkt, d. h. wir substituiren
$\xi - \xi_1 = x$, $\eta - \eta_1 = y$, $\zeta - \zeta_1 = z$:

$$\frac{x^2}{a^2} - \frac{y^2}{b^2} - \frac{z^2}{c^2} + \frac{2\xi_1 x}{a^2} - \frac{2\eta_1 y}{b^2} - \frac{2\zeta_1 z}{c^2} = 0,$$

und haben dadurch die Gleichung auf die Form gebracht, die wir oben in der allgemeinen Entwickelung zu Grunde gelegt haben. Offenbar ist $\frac{1}{a^2}$ der grösste Coefficient, denn die beiden andern sind negativ, und ist $b > c$, so ist $-\frac{1}{b^2} > -\frac{1}{c^2}$, also entsprechen hiernach diese drei Coefficienten geradezu den obigen A, B, C. Die Gleichung $\sqrt{A - B}\, x \pm \sqrt{B - C}\, z = 0$
wird also $\qquad cx\sqrt{a^2 + b^2} \pm az\sqrt{b^2 - c^2} = 0$
oder in den ursprünglichen Coordinaten:

$$c(\xi - \xi_1)\sqrt{a^2 + b^2} \pm a(\zeta - \zeta_1)\sqrt{b^2 - c^2} = 0.$$

Dies sind also die beiden Ebenen, welche durch den Punkt $\xi_1\,\eta_1\,\zeta_1$ gehen und das Hyperboloid in je einem Kreise schneiden.

3. Tangentialebene und Normale.

§ 33.

Jetzt uns wieder zu allgemeineren Untersuchungen wendend, gehen wir zur Tangentialebene über. Es sei die Gleichung einer Fläche in der Form $F(x, y, z) = 0$ gegeben. Denken wir uns auf dieser Fläche irgend eine Curve gezogen, so können wir sie analytisch darstellen durch zwei Gleichungen zwischen x, y, z, von denen die eine eben selbst $F = 0$ sein könnte.

Will man die Gleichung der Linie aber durch drei Gleichungen, welche eine vierte Unbekannte t enthalten, darstellen, also $x = f(t)$, $y = f_1(t)$, $z = f_2(t)$, so geben diese Gleichungen x, y und z, während t beliebig bleibt. Wegen der Gleichung $F(x, y, z) = 0$, welche dann auch erfüllt werden muss, hat man also vier Gleichungen zwischen x, y und z, was nur möglich ist, wenn eine davon, also z. B. die Gleichung $F = 0$ eine identische Folge der übrigen ist. Es muss also, wenn man die Werthe von $x\,y\,z$ in $F = 0$ einsetzt, diese Gleichung identisch werden.

Zieht man nun in einem bestimmten Punkte $x\,y\,z$ der Curve, die auf der Fläche liegt, die Tangente an die Curve, so bestehen für jeden Punkt $\xi\,\eta\,\zeta$ dieser Tangente die beiden Gleichungen

$$\frac{\xi - x}{\frac{dx}{dt}} = \frac{\eta - y}{\frac{dy}{dt}} = \frac{\zeta - z}{\frac{dz}{dt}}.$$

Setzt man nun die Werthe der Coordinaten $x\,y\,z$ durch t ausgedrückt in die Gleichung $F = 0$ ein, so ergiebt sich, wie erwähnt, die identische Gleichung $0 = 0$; deshalb muss auch das Differential dieser Gleichung nach t ebenfalls Null sein, d. h. man muss haben

$$\frac{\partial F}{\partial x}\frac{dx}{dt} + \frac{\partial F}{\partial y}\frac{dy}{dt} + \frac{\partial F}{\partial z}\frac{dz}{dt} = 0,$$

was wir der Kürze halber so schreiben wollen:

$$F'(x)\frac{dx}{dt} + F'(y)\frac{dy}{dt} + F'(z)\frac{dz}{dt} = 0.$$

Da nun die Grössen $\frac{dx}{dt}, \frac{dy}{dt}, \frac{dz}{dt}$ proportional sind den Grössen $\xi - x,\ \eta - y,\ \zeta - z$, und auf der rechten Seite der letzten Gleichung Null steht, so kann man statt der Differentialquotienten in sie die Differenzen einsetzen und erhält

$$(\xi - x)\,F'(x) + (\eta - y)\,F'(y) + (\zeta - z)\,F'(z) = 0.$$

Diese Gleichung findet also statt zwischen einem Punkte $x\,y\,z$ irgend einer Curve, die auf der Fläche $F = 0$ liegt, und zwischen dem Punkte $\xi\,\eta\,\zeta$ der Tangente im Punkte $x\,y\,z$ der Curve. Es ist nun merkwürdigerweise in dieser Gleichung zwar der Punkt $x\,y\,z$, sowie der Punkt $\xi\,\eta\,\zeta$ enthalten, aber keine Spur von der speciellen Curve, welche auf der Fläche gezogen worden ist. Zieht man daher jetzt durch denselben Punkt $x\,y\,z$ nicht eine Curve auf der Fläche, sondern unzählig viele Curven, und an alle diese Curven die Tangenten im Punkte $x\,y\,z$, so werden alle Punkte aller dieser Tangenten der obigen Gleichung genügen, und da man $x\,y\,z$ als Constante, den Punkt $\xi\,\eta\,\zeta$ der Tangente irgend einer dieser Curven als veränderliche, d. h. $\xi\,\eta\,\zeta$ als laufende Coordinaten anzusehen hat, so ist die gefundene Gleichung die einer Ebene. Wir haben somit durch diese Entwickelung gefunden und bewiesen den

Lehrsatz: Zieht man durch einen Punkt einer Fläche alle möglichen Curven und alle Tangenten an diese Curven, so liegen alle diese Tangenten in einer Ebene; oder, anders ausgedrückt: Der Ort der Tangenten aller Curven, welche man durch einen Punkt einer Fläche ziehen kann, ist eine Ebene, und ihre Gleichung

$$(\xi - x)\,F'(x) + (\eta - y)\,F'(y) + (\zeta - z)\,F'(z) = 0.$$

Erklärung. Man nennt diese Ebene die Tangentialebene der Fläche im Punkte $x\,y\,z$.

§ 34.

Anmerkung 1. Dies ist ganz streng festzuhalten, dass die Tangentialebene nichts weiter ist als der Ort dieser Tangenten, und nicht geradezu diejenige Ebene, welche die Fläche im gegebenen Punkte berührt. Es kann nämlich die Tangentialebene eines Punktes einer Fläche dieselbe in diesem Punkte eben so gut schneiden als nicht schneiden, d. h. denkt man sich durch einen Punkt einer Fläche sämmtliche Tangenten gezogen, so kann die Ebene, in welcher alle diese Tangenten liegen, die Fläche ganz auf der einen, oder z. Th. auf der einen, z. Th. auf der andern Seite liegen haben. Von der

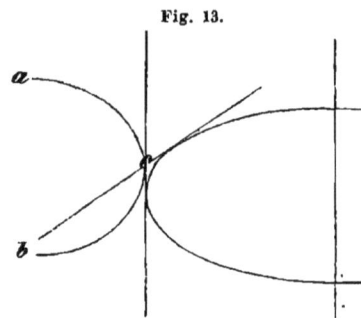

Fig. 13.

ersten Art bietet die Kugel in allen Punkten ein Beispiel. Ein Beispiel zu der zweiten Art findet man leicht, wenn man sich einen Bogen ab um eine Axe rotirend denkt, Fig. 13, welcher er die erhabene Seite zukehrt. Construirt man in einem Punkte c der entstehenden Fläche die Tangente an die erzeugende Curve, und die Tangente an den von c beschriebenen Kreis, so ist die Ebene dieser beiden Tangenten die Tangentialebene. Ein Theil der erzeugten Fläche liegt, wie man sich leicht überzeugt, diesseits, ein andrer jenseits dieser Ebene.

Anmerkung 2. Es kann übrigens auch vorkommen, dass eine Tangentialebene gar nicht existirt. Dies geschieht in dem Falle, dass für den betreffenden Punkt der Fläche gleichzeitig $\frac{\partial F}{\partial x}, \frac{\partial F}{\partial y}, \frac{\partial F}{\partial z}$ verschwinden. Dann wird die Gleichung durch jeden Werth von $\xi\,\eta\,\zeta$ identisch erfüllt, drückt also gar nichts mehr aus. Ein solcher Fall ist z. B. an der Spitze des Kegels, wo die Tangenten keine Ebene mehr bilden.

§. 35.

Folgerung 1. Wenn eine Gerade ganz auf einer Fläche liegt, so wird in jedem Punkte dieser Geraden die Tangentenebene zugleich die Gerade enthalten. Dies ist evident, da die Gerade ihre eigene Tangente ist.

Folgerung 2. Wenn durch einen Punkt einer Fläche zwei Gerade gehen, welche ganz in der Fläche liegen, so muss die Ebene, welche durch beide geht, zugleich die Tangentialebene sein: immer vorausgesetzt, dass die Punkte, um welche es sich hier handelt, nicht solche Ausnahmspunkte sind, in welchen überhaupt gar keine Tangentialebene existirt.

Anmerkung. Bei den geradlinigen Flächen, d. h. bei denjenigen, welche durch die Bewegung einer Geraden entstanden sind, gilt entweder für alle Punkte einer ihrer Geraden dieselbe Tangentialebene, z. B. beim Cylinder und Kegel, oder die Tangentialebene ändert sich von Punkt zu Punkt.

Zusatz. Wird die Gliederung einer Fläche in aufgelöster Form dargestellt: $z - f(x, y) = 0$, so ist $\dfrac{\partial F}{\partial x} = -\dfrac{\partial f}{\partial x}$, was man mit $-p$ zu bezeichnen gewohnt ist, so wie $\dfrac{\partial F}{\partial y} = -\dfrac{\partial f}{\partial y}$ mit $-q$; endlich wird $\dfrac{\partial F}{\partial z}$ in diesem Falle $= 1$. Unter dieser Voraussetzung wird also die Gleichung der Tangentialebene folgende Gestalt annehmen:

$$\zeta - z = p(\xi - x) + q(\eta - y).$$

Offenbar kann man aus dieser Form die obige wieder ableiten. Aus der Gleichung $F(x, y, z) = 0$ folgt nämlich, wenn man y als constant und z nur als Function von x ansieht:

$$\frac{\partial F}{\partial x} = -\frac{\partial F}{\partial z}\frac{dz}{dx} \text{ oder } \frac{\partial F}{\partial x} + \frac{\partial F}{\partial z} p = 0 \text{ und ähnlich } \frac{\partial F}{\partial y} + \frac{\partial F}{\partial z} q = 0,$$

woraus also (mit abgekürzter Bezeichnung) hervorgeht:

$$p = -\frac{F'(x)}{F'(z)}, \quad q = -\frac{F'(y)}{F'(z)}.$$

Setzen wir dies in die soeben aufgestellte Gleichung ein, so verwandelt sie sich in die ursprüngliche

$$(\xi - x) F'(x) + (\eta - y) F'(y) + (\zeta - z) F'(z) = 0.$$

Bemerkung. Beide Formen der für die Tangentialebenen aufgestellten Gleichung sind allgemein richtig, die Coordinaten mögen rechtwinklige oder schiefwinklige sein. Für das Folgende würde die Annahme schiefwinkliger Coordinaten eine Abweichung bedingen. Wir setzen daher von jetzt ab rechtwinklige Coordinaten voraus.

Zusatz. Man nennt Normale einer Fläche die Gerade, die auf der Tangentialebene normal steht. Daraus folgt, dass am Punkte $x\,y\,z$ einer Fläche die Gleichungen der Normale folgende sind:

$$\frac{\xi - x}{F'(x)} = \frac{\eta - y}{F'(y)} = \frac{\zeta - z}{F'(z)}.$$

Sind $\lambda\,\mu\,\nu$ die Winkel der Normale mit den Axen, so ist

$$\cos \lambda = MF'(x), \quad \cos \mu = MF'(y), \quad \cos \nu = MF'(z),$$

$$\frac{1}{M^2} = \left(F'(x)\right)^2 + \left(F'(y)\right)^2 + \left(F'(z)\right)^2.$$

Ist die Gleichung der Fläche unter der Form gegeben,

$$z = f(x, y) \text{ so ist } F = z - f, \ F'(x) = -\frac{\partial f}{\partial x},$$

$$F'(y) = -\frac{\partial f}{\partial y}, \ F'(z) = 1$$

$$\frac{1}{M} = \sqrt{1 + \left(\frac{\partial f}{\partial x}\right)^2 + \left(\frac{\partial f}{\partial y}\right)^2}.$$

§. 36.

Bei den algebraischen Flächen lässt sich die Gleichung der Tangentialebene sehr vereinfachen, und soll dies hier gleich allgemein gezeigt werden. Zunächst bilden wir jedoch erst die Gleichung dieser Ebene für eine Fläche 2ten Grades, die einen Mittelpunkt hat. Die Gleichung einer solchen Fläche nimmt bekanntlich immer die Form an:

$$A\xi^2 + B\eta^2 + C\zeta^2 = 1.$$

Es ist dann nach dem Obigen die Gleichung der Tangentialebene:

$$(\xi - x)\, 2Ax + (\eta - y)\, 2By + (\zeta - z)\, 2Cz = 0,$$

oder da für den Punkt xyz die Gleichung $Ax^2 + By^2 + Cz^2 = 1$ besteht: $Ax\xi + By\eta + Cz\zeta - 1 = 0$, eine der Gleichung der vorgelegten Fläche sehr conforme Gestalt.

Eine ganz ähnliche Transformation lässt sich bei allen Tangentialebenen algebraischer Flächen machen. Es sei $F(x, y, z) = 0$ die Gleichung einer Fläche des n^{ten} Grades, in der alle Nenner und Wurzelgrössen, welche die Coordinaten enthalten, weggeschafft zu denken sind. Dann besteht die Gleichung $F = 0$ aus einer Reihe von Gliedern, von denen die höchsten von der n^{ten} Dimension sind; auf diese kommen Glieder von der $n{-}1^{\text{ten}}$ Dimension, u. s. w. Jede Gruppe von solchen Gliedern, wenn wir sie nach den Dimensionen eintheilen, ist homogen, d. h. in jeder Gruppe ist die Summe der Exponenten der Coordinaten constant. Ueber solche homogene Functionen existirt nun folgender Satz:

Lemma. Wenn U_m eine homogene Function des m^{ten} Grades von den drei Variabeln xyz bedeutet, so hat man folgende Gleichung:

$$x \cdot \frac{\partial U_m}{\partial x} + y \cdot \frac{\partial U_m}{\partial y} + z \cdot \frac{\partial U_m}{\partial z} = m \cdot U_m.$$

Der **Beweis** ist leicht zu führen: U_m wird bestehen aus einer Summe von Gliedern von folgender Art: $x^\alpha \cdot y^\beta \cdot z^\gamma$, worin $\alpha + \beta + \gamma = m$ ist. Differentiirt man ein solches Glied nach x und multiplicirt es alsdann mit x, so erhält man $\alpha \cdot x^{\alpha-1} \cdot y^\beta \cdot z^\gamma \cdot x$ oder $\alpha \cdot x^\alpha \cdot y^\beta \cdot z^\gamma$. Behandelt man das Glied ebenso in Bezug auf y und dann in Bezug auf z, so erhält man resp. $\beta \cdot x^{\alpha} \cdot y^{\beta} \cdot z^{\gamma}$ und $\gamma \cdot x^{\alpha} \cdot y^{\beta} \cdot z^{\gamma}$. Addirt man diese drei Ausdrücke, so erhält man

$$(\alpha + \beta + \gamma) \, x^{\alpha} \cdot y^{\beta} \cdot z^{\gamma} \text{ oder } m \cdot x^{\alpha} \cdot y^{\beta} \cdot z^{\gamma};$$

und so mit jedem Gliede, woraus U_m besteht.

Es habe nun die vorgelegte Function $F(x, y, z)$ die Form

$$U_n + U_{n-1} + U_{n-2} + \cdots + U_1 + U_0,$$

so dass diese Summe (in welcher U_0 eine Constante bedeutet) gleich Null ist; dann ist die Gleichung der Tangentialebene:

$$(\xi - x) \left\{ \frac{\partial U_n}{\partial x} + \frac{\partial U_{n-1}}{\partial x} + \frac{\partial U_{n-2}}{\partial x} + \cdots + \frac{\partial U_1}{\partial x} \right\}$$

$$+ (\eta - y) \left\{ \frac{\partial U_n}{\partial y} + \frac{\partial U_{n-1}}{\partial y} + \frac{\partial U_{n-2}}{\partial y} + \cdots + \frac{\partial U_1}{\partial y} \right\}$$

$$+ (\zeta - z) \left\{ \frac{\partial U_n}{\partial z} + \cdots + \frac{\partial U_1}{\partial z} \right\} = 0$$

oder nach dem Lemma

$$\xi \cdot \frac{\partial F}{\partial x} + \eta \cdot \frac{\partial F}{\partial y} + \zeta \cdot \frac{\partial F}{\partial z}$$

$$= n \cdot U_n + \overline{n-1} \cdot U_{n-1} + \overline{n-2} \cdot U_{n-2} + \cdots + 2 \, U_2 + U_1,$$

woraus wir noch die Glieder der höchsten Dimension, nämlich U_n, mittelst der Gleichung $U_n = -(U_{n-1} + U_{n-2} + \cdots + U_0)$ eliminiren können, so dass hiernach endlich die Gleichung der Tangentialebene für algebraische Curven wird:

$$\xi \cdot F'(x) + \eta \cdot F'(y) + \zeta \cdot F'(z) + U_{n-1} + 2 \, U_{n-2} + 3 \, U_{n-3}$$

$$+ \cdots + \overline{n-1} \, U_1 + n \, U_0 = 1.$$

Aus dieser Form der Gleichung wollen wir zunächst noch einen Schluss ziehen.

Denken wir uns, es sei ein Punkt ausserhalb der Fläche gegeben, so ist, wenn wir uns die Aufgabe stellen, von ihm aus an die Fläche mehrere Tangentialebenen oder eine wenigstens zu legen, die unbekannte Grösse dieser Aufgabe der Berührungspunkt, von dem wir jedoch wissen, dass er ein Punkt der Fläche ist, und also, wenn wir ihn mit $x \, y \, z$ bezeichnen, der gegebenen Gleichung $F(x, y, z) = 0$ genügen muss, so wie, wenn wir den gegebenen Punkt ausserhalb der Fläche mit $\xi \, \eta \, \zeta$ bezeichnen, der Gleichung der Tangentialebene dieses Punktes, die wir hier in der zuletzt aufgestellten Form anwenden wollen. Wir haben also zur Bestimmung der Coordinaten x, y, z zwei Gleichungen, vom n^{ten} resp. $\overline{n-1}^{\text{ten}}$ Grade, von denen wir uns die letztere ebenfalls als Gleichung einer Fläche denken können, die Vereinigung beider aber giebt eine Curve. Also: Von einem Punkte lassen sich an eine Fläche n^{ten} Grades unendlich viel

Berührungsebenen legen. Die Berührungspunkte liegen dann auf einer Fläche $n-1^{ten}$ Grades. Alle diese Ebenen hüllen einen Kegel ein, welchen man Berührungskegel nennt. Sämmtliche Kanten desselben berühren die Fläche $F = 0$, d. h. er ist der Fläche umgeschrieben. Dies giebt folgenden Satz:

Wenn man von einem Punkte $\xi \eta \zeta$ einen Berührungskegel an eine Fläche des n^{ten} Grades legt, so liegt die Berührungscurve auf einer Fläche des $\overline{n-1}^{ten}$ Grades.

Hiervon ist ein specieller Fall: die Curve, in welcher der Berührungskegel einer Fläche zweiten Grades dieselbe berührt, ist eine ebene, ein bekannter, sehr wichtiger Satz aus der Theorie der Flächen zweiten Grades. Er folgt einfach daraus, dass $n = 2$, also die Fläche vom $n-1^{ten}$ Grade eine Ebene ist. Für die Flächen dritten Grades findet man: Legt man von einem Punkte an eine Fläche dritten Grades einen Berührungskegel, so wird die Berührungscurve eine Curve doppelter Krümmung, doch so, dass sich durch dieselbe jedesmal eine Fläche zweiten Grades legen lässt, es ist nämlich $n - 1 = 2$: sie ist also der Durchschnitt der gegebenen Fläche und einer gewissen Fläche zweiten Grades.

Man kann jedoch der Gleichung der Tangentialebene noch eine andere Form geben, in welcher sie vollkommen symmetrisch ist. Die Gleichung der gegebenen Fläche $F(x, y, z) = 0$ besteht zwar aus homogenen Gruppen, ist selbst aber nicht homogen in Bezug auf $x\,y\,z$. Wir können sie aber homogen machen, wenn wir eine vierte Grösse w einführen, deren Zahlenwerth ein für allemal 1 ist, und die nur dazu dienen soll, den einzelnen Gruppen gleiche Dimensionen zu geben, was dadurch erreicht wird, wenn wir sie folgendermassen schreiben:

$$U_n + w\,U_{n-1} + w^2\,U_{n-2} + w^3\,U_{n-3} + \ldots\ldots + w^n\,U_0 = 0.$$

Diese Gleichung ist nämlich in Bezug auf die vier Grössen x, y, z, w homogen und zwar von der n^{ten} Ordnung. Bildet man nun den Differentialquotienten $F'(w)$, so ist dieser

$$= U_{n-1} + 2w\,U_{n-2} + 3w\,U_{n-3} + \ldots\ldots + n\,w^{n-1}\,U_0,$$

und setzt man hierin $w = 1$, so sieht man, dass mit Anwendung dieser Bezeichnung die Gleichung der Tangentialebene einer algebraischen Fläche in folgende Gestalt gebracht werden kann:

$$\xi \cdot F'(x) + \eta \cdot F'(y) + \zeta \cdot F'(z) + \omega \cdot F'(w) = 0,$$

wo auch ω gleich 1 zu setzen ist. (Die Einführung dieses Factors geschieht nur der Symmetrie wegen.)

Um also die Gleichung der Tangentialebene einer algebraischen

Fläche symmetrisch zu machen, führe man eine Grösse w ein, welche dazu dient, alle Glieder der Gleichung $F = 0$ homogen zu machen, so dass die Gleichung der Fläche jetzt wird $F(x, y, z, w) = 0$. Dann ist die Gleichung der Tangentialebene:

$$\xi \cdot F'(x) + \eta \cdot F'(y) + \zeta \cdot F'(z) + \omega \cdot F'(w) = 0.$$

worin man nach der Aufstellung derselben w und ω gleich 1 zu setzen hat.

§ 37.

Schon oben wurde erwähnt, dass bei der Tangentialebene das Schneiden der Fläche ebenso gut vorkommen kann, wie das Nichtschneiden, während doch die Tangente einer Curve im Allgemeinen die Curve auf einer Seite lässt, d. h. sie nicht schneidet, und das Schneiden hier nur in speciellen Fällen, in den sogenannten Wendepunkten vorkommt, deren mögliche Anzahl noch dazu bei den algebraischen Curven eine endliche ist. Ehe wir nun den analytischen Grund davon aufsuchen, warum, was bei den Curven Ausnahme ist, bei den Flächen nicht mehr als Ausnahme angesehen werden kann, lösen wir, um über dieses Schneiden der Tangentialebene eine präcise Vorstellung zu bekommen, folgende specielle

Aufgabe: In welchem Falle schneidet die Tangentialebene einer Fläche zweiten Grades diese Fläche? Wir lassen hierbei die Cylinder, sowie den Kegel bei Seite oder erwähnen sie nur, wo sie sich als specieller Fall darbieten. Wir führen auch die Discussion nur für die Flächen mit einem Mittelpunkt durch, weil die Untersuchung der beiden Paraboloide dieser ganz analog ist.

Für die Fläche (1) ...... $A\xi^2 + B\eta^2 + C\zeta^2 = 1$ bilden wir also in dem speciellen Punkte $x\,y\,z$ die Tangentialebene:

$$(2) \qquad A\xi x + B\eta y + C\zeta z = 1;$$

dann fragt es sich: schneidet sie die gegebene Fläche; d. h. giebt es Werthe der Coordinaten (ausser den Coordinaten des Berührungspunktes), die beiden Gleichungen (1) und (2) gemeinschaftlich sind? Da der Berührungspunkt beiden Flächen gemeinschaftlich ist, müssen seine Coordinaten sowohl die Gleichung der Fläche als die der Ebene erfüllen, und in der That ergiebt sich, wenn man $\xi \eta \zeta$ bezüglich mit $x\,y\,z$ identificirt aus beiden Gleichungen:

$$(3) \qquad Ax^2 + By^2 + Cz^2 = 1,$$

welches ja die Bedingung ist, dass der Punkt auf der gegebenen Fläche liegt. Um andere Werthe von x, y, z aus den Gleichungen (1) (2) (3) zu finden, bilden wir uns folgende Combinationen dieser Gleichungen: (1) + (3) — $2 \cdot (2)$ $_{\lambda}$ (2) — (3) und erhalten dadurch

4*

(4) $$A(\xi-x)^2 + B(\eta-y)^2 + C(\zeta-z)^2 = 0$$

und

(5) $$Ax(\xi-x) + By(\eta-y) + Cz(\zeta-z) = 0.$$

Diese beiden letzten Gleichungen ersetzen vollständig die Gleichungen (1) und (2), d. h. man kann aus ihnen, natürlich mit Hilfe von (3), die beiden ersten Gleichungen wieder herleiten. Wir suchen also Werthe von $\xi \, \eta \, \zeta$, welche den beiden Gleichungen (4) und (5) zugleich genügen. In Bezug darauf sieht man auf der Stelle, dass solche Werthe (ausser den Coordinaten des Berührungspunktes) gar nicht existiren können, sobald A, B, C alle drei gleiches Zeichen haben, weil die Gleichung (4) dadurch unmöglich würde, d. h.

Das Ellipsoid hat mit seiner Tangentialebene nur den Punkt $\xi = x$, $\eta = y$, $\zeta = z$ gemein.

Behufs der weitern Untersuchung setzen wir der Einfachheit halber für den Augenblick die beiden Quotienten

$$\frac{\xi-x}{\zeta-z} = \lambda \quad \text{und} \quad \frac{\eta-y}{\zeta-z} = \mu,$$

mit welcher Bezeichnung sich die beiden Gleichungen (4) und (5) so schreiben lassen:

(4*) $\quad A\lambda^2 + B\mu^2 + C = 0 \quad$ und (5*) $\quad Ax\lambda + By\mu + Cz = 0.$

Aus diesen beiden Gleichungen kann man λ und μ finden. Es folgt

$$B\{Ax^2 + By^2\}\mu^2 + 2BCyz\mu + C\{Ax^2 + Cz^2\} = 0,$$

λ giebt dann die Gleichung (5*). Zu jedem μ gehört also nur ein λ. Es handelt sich nun bloss um die reellen Werthe von λ und μ. Die Realität der beiden Wurzeln für μ hängt ab von dem Zeichen folgenden Ausdrucks:

$$(BCyz)^2 - BC\{Ax^2 + Cz^2\}\{Ax^2 + By^2\}$$

oder

$$-BCAx^2\{Ax^2 + By^2 + Cz^2\},$$

also von dem Zeichen des Products $-ABC$. Ist nämlich dieses Product $\gtrless 0$, oder ist $ABC \lessgtr 0$, so ergeben sich für μ zwei reelle, resp. gleiche oder imaginäre Wurzeln.

Ist 1) $ABC < 0$, d. h. negativ, so muss, da nicht alle drei Coefficienten A, B, C gleiches Zeichen haben können, einer der drei Coefficienten negativ, die beiden andern positiv sein; d. h. die Fläche ist ein einflächiges Hyperboloid. Die beiden reellen Wurzeln von μ

seien μ' und μ'', die zugehörigen Werthe von λ bezüglich λ' und λ'': dann hat man die beiden Proportionen:

$$\xi - x : \eta - y : \zeta - z = \lambda' : \mu' : 1; \quad \xi - x : \eta - y : \zeta - z = \lambda'' : \mu'' : 1;$$

dieselben stellen zwei gerade Linien vor, also: **Mit einem einflächigen Hyperboloid hat die Tangentialebene zwei Gerade gemein.**

Ist 2) $ABC = 0$, was nur dadurch möglich ist, dass wenigstens eine der drei Grössen A, B, $C = 0$ ist, so finden wir ebenso: **Mit einem Cylinder hat die Tangentialebene ein System zweier sich deckenden Geraden gemein.**

Ist endlich 3) $ABC > 0$ oder positiv, so haben λ und μ keine reellen Werthe, und wir finden: **Mit dem Ellipsoide und mit dem zweiflächigen Hyperboloide hat die Tangentialebene nur den Berührungspunkt gemein.**

Zusatz. Mit einem elliptischen Paraboloid hat die Tangentialebene ausser dem Berührungspunkt keinen Punkt gemein; dagegen findet bei dem hyperbolischen Paraboloid wiederum ein Schneiden statt.

§ 38.

Um nun das allgemeine Kriterium zu finden, wann eine Tangentialebene die Fläche schneidet, ist noch folgende Betrachtung nöthig.

Lemma: Ein homogener Ausdruck zweiter Ordnung mit einer Variabeln also, $a \cdot u^2$, hat, wenn a nicht Null ist, immer dasselbe Zeichen, nämlich das Zeichen von a, welchen realen Werth man auch dem u beilegen mag. Ein Ausdruck zweiter Ordnung mit zwei Variabeln dagegen, $au^2 + 2buv + cv^2$, hat nicht immer dasselbe Zeichen: es kann vorkommen, dass er entweder stets dasselbe Zeichen beibehält und dann muss er dasselbe Zeichen haben wie a (denn man kann $v = 0$ setzen), oder es kann vorkommen, dass er bald positiv, bald negativ ist. Wir wollen untersuchen, in welchem Falle er das eine thut, in welchem das andre. Die erste specielle Bedingung sei wiederum, dass a wesentlich von Null verschieden ist. Dann können wir den vorgelegten Ausdruck so schreiben

$$\frac{1}{a}\{a^2u^2 + 2abuv + acv^2\} \text{ oder } \frac{1}{a}\{(au + bv)^2 + (ac - b^2)v^2\}.$$

Zwei Fälle erledigen sich sehr leicht. Ist nämlich $ac - b^2 > 0$, so hat offenbar der Ausdruck beständig dasselbe Zeichen und zwar das Zeichen von a. Ebenso verhält es sich auch, wenn $ac - b^2 = 0$ ist. Ist dagegen drittens $ac - b^2 < 0$, so kann der Ausdruck bald positiv, bald negativ sein. Denn setzen wir in diesem Falle

$ac - b^2 = -d^2$ und schreiben $au + bv = w$, dann lässt sich der Ausdruck

$$\frac{1}{a}\{w^2 - d^2 v^2\}$$

in Factoren zerlegen $\frac{1}{a}\{w + d \cdot v\}\{w - d \cdot v\}$, und man kann offenbar dem w und v solche Werthe beilegen, dass das genannte Product positiv ist, und solche, dass es negativ ist. Da nämlich v und w immer als positiv betrachtet werden können, so ist das Product positiv, Null oder negativ, je nachdem v kleiner als, gleich oder grösser als $\frac{w}{d}$ ist. Ist also $ac - b^2$ negativ, so wird das Zeichen unseres Ausdruckes nicht dasselbe bleiben, wenn u und v alle reellen Werthe durchlaufen. — Ist ferner $a = 0$, aber b nicht gleich Null, so kann man den Ausdruck $2buv + cv^2$ oder $v\{2bu + cv\}$ positiv oder negativ machen wie man will. Ist endlich $a = 0$ und $b = 0$, so haben wir den Ausdruck cv^2, der immer das Zeichen von c hat.

§ 39.

Nach diesen Erörterungen sind wir nun im Stande, das Kriterium allgemein anzugeben, wann die Tangentialebene ihre Fläche schneidet, wann nicht. Man denke sich einen Punkt der Fläche xyz, und in ihm die Tangentialebene. Wir fällen die z-Coordinate des Punktes, deren Fusspunkt somit die Coordinaten x, y haben wird. Ein Punkt der xy-Ebene in der Nähe dieses Fusspunktes möge die Coordinaten haben $x + h$, $y + k$. In diesem letzteren Punkte denke man sich eine Gerade normal errichtet, welche sowohl die Fläche als die Tangentialebene des ersten Punktes trifft. Es können nun zwei Fälle eintreten. Diese Gerade trifft zuerst die Fläche und dann die Tangentialebene — oder umgekehrt. Verfährt man so nicht bloss mit dem Punkt $(x + h, y + k)$, sondern mit allen Punkten der xy-Ebene, welche im unmittelbaren Umkreise des Fusspunktes von z liegen, so werden sich folgende zwei Fälle unterscheiden lassen: entweder treffen alle jene Geraden zuerst die Fläche oder zuerst die Tangentialebene — oder einige treffen zuerst die Fläche, die übrigen zuerst die Tangentialebene. Im ersten Falle liegt offenbar die Fläche ganz auf der einen Seite der Tangentialebene — im andern theils auf der einen, theils auf der andern Seite; oder: im ersten Falle schneidet die Tangentialebene die Fläche nicht, — im zweiten schneidet sie sie.

Um dies analytisch festzusetzen, nehmen wir an, dass die Gerade aus dem Punkte $(x + h, y + k)$ normal errichtet die Tangentialebene in der Höhe Z_1, die Fläche aber in der Höhe Z trifft. Lässt man nun die Grössen h und k sich ändern, wobei sie aber immer als sehr klein vorausgesetzt werden, so erhält man die Punkte im Umkreise des Fusspunktes von z, und der oben als erster bezeichnete Fall wird sich dadurch bestimmen, dass für alle diese Punkte Z kleiner ist als Z_1, oder für alle Punkte Z grösser als Z_1, dass mit einem Worte für alle diese Punkte die Differenz $Z - Z_1$ immer dasselbe Zeichen behält. Im zweiten Falle dagegen, wo die Fläche von der Tangentialebene geschnitten wird, so dass sie das eine Mal über, das andre Mal unter derselben ist, ist das Z_1 der Tangentialebene das eine Mal grösser, das andre Mal kleiner als das Z der Fläche, das heisst das Vorzeichen der Differenz $Z - Z_1$ ist nicht für alle jene Punkte in der xy-Ebene dasselbe.

Hiernach nun reducirt sich unsere Untersuchung auf Folgendes: Bezeichnet xyz den Punkt, in welchem man die Tangentialebene construirt hat, so berechne man die z-Coordinate der Tangentialebene sowohl als die der Fläche, welche demselben $x + h$, $y + k$ entsprechen. Wenn dann die Differenz dieser beiden z-Coordinaten für alle Werthe von h und k, die wir immer als sehr klein anzunehmen haben, das Zeichen nicht wechselt, so findet kein Schneiden statt. Wenn aber die Differenz der z das Zeichen wechseln kann, so findet ein Schneiden statt.

Wir wollen zunächst die analoge Untersuchung für ebene Curven und deren Tangenten anstellen. Dann sind die Betrachtungen folgende: Man berechne die y-Coordinaten für den Werth $x + h$ sowohl bei der Curve als bei der Tangente. Die Gleichung der Tangente ist bekanntlich, wenn x, y den Berührungspunkt und ξ, η die laufenden Coordinaten bedeuten: $\eta - y = \frac{dy}{dx}(\xi - x)$. Setzen wir $\xi = x + h$, so bekommen wir $Y_1 = y + h \cdot \frac{dy}{dx}$. Berechnet man ebenso das Y der Curve, d. h. den Werth von $F(x)$ für x gleich $x + h$, so erhält man nach dem Taylor'schen Lehrsatz:

$$Y = y + h \cdot \frac{dy}{dx} + \frac{1}{2} h^2 \cdot \frac{d^2 y}{dx^2} + \frac{1}{6} h^3 \cdot \frac{d^2 y}{dx^3} + \cdots \cdots \text{ in inf.}$$

Nimmt man jetzt den Unterschied dieser beiden Ordinaten $Y - Y_1$, so ist er offenbar eine Reihe, welche mit $\frac{1}{2} \frac{d^2 y}{dx_2} \cdot h^2$ anfängt, und da h jeden beliebigen Grad der Kleinheit annehmen kann, so kann man es nach einem bekannten Satze so klein bestimmen, dass das Vorzeichen dieses Gliedes das Vorzeichen der ganzen Reihe darstellt. Nach dem Lemma des vorigen Paragraphen wechselt aber für alle reellen Werthe von h das Glied $\frac{1}{2}\frac{d^2y}{dx^2} \cdot h^2$ sein Zeichen nicht; d. h. bei den ebenen Curven liegt die Tangente immer auf der einen Seite der Curve. — Ausgenommen ist hiervon nur der Fall, dass $\frac{d^2y}{dx^2} = 0$ ist, d. h. der Fall, dass ein Wendepunkt der Berührungspunkt wird. Alsdann wird erst das Glied $\frac{1}{6}\frac{d^3y}{dx^3}h^3$ bestimmend für das Vorzeichen, und dieses Glied wechselt sein Vorzeichen für verschiedene Werthe von h: bei diesen Punkten einer Curve also schneidet die Tangente die Curve.

Eine ganz ähnliche Betrachtung machen wir nun für die Fläche. Die Gleichung der Tangentialebene im Punkte $x\,y\,z$ lässt sich nach § 35 so schreiben: $\xi - z = p\,(\xi - x) + q\,(\eta - y)$. Folglich wird die z-Coordinate dieser Ebene für die Abscissen $x + h$, $y + k$ folgende: $Z_1 = z + p \cdot h + q \cdot k$. Das entsprechende z der Fläche, oder Z, findet man, wenn man in die Function $f(x, y)$ einsetzt $x + h$ statt x und $y + k$ statt y. Man bekommt alsdann nach dem Taylor'schen Lehrsatze für zwei Variabeln folgende Gleichung:

$$Z = z + (p \cdot h + q \cdot k) + \frac{1}{2}\,(rh^2 + 2shk + tk^2) + \ldots\ldots,$$

wenn wir uns der bekannten Euler'schen Bezeichnungsart partieller Differentialquotienten einer Function zweier Veränderlichen bedienen. Bilden wir nun wieder die Differenz $Z - Z_1$, so erhalten wir dafür eine Reihe, welche beginnt mit $\frac{1}{2}\,(rh^2 + 2shk + tk^2)$, einem Gliede, welches wegen der beliebigen Kleinheit von h und k in Bezug auf das Vorzeichen bestimmend wird für die ganze Reihe, deren nachfolgende Glieder in Beziehung auf h und k von der dritten und höheren Ordnungen sind. Nach dem Lemma des vorigen Paragraphen ändert nun dieses Glied sein Zeichen, sobald $rt - s^2$ negativ ist; ist jedoch $rt - s^2$ positiv oder Null, so kann der Ausdruck im Allgemeinen nicht seine Vorzeichen ändern. Nur wenn r, s, t einzeln gleich Null sind, gehört der Fall unter die erste Kategorie: da alsdann das Glied, welches die zweiten Dimensionen von h und k enthält, gänzlich verschwindet, so wird das folgende von der dritten Dimension das Vorzeichen bestimmen, und dieses Glied ändert allerdings sein Vorzeichen für verschiedene Werthe von h und k. Diesen Ausnahmefall abgerechnet, ergiebt sich also als Resultat unserer Untersuchung:

Die Fläche $z = f(x, y)$ wird von der Tangentialebene berührt oder geschnitten, je nachdem $\frac{\partial^2 z}{\partial x^2} \cdot \frac{\partial^2 z}{\partial y^2} - \left(\frac{\partial^2 z}{\partial x \cdot \partial y}\right)^2$

grösser als Null ist oder kleiner. Der Grenzfall, dass diese Differenz gleich Null ist, gehört zum ersten. Anmerkung. Diese Untersuchung bietet viel Analoges mit der über Maxima und Minima, und in der That giebt es eine Wendung, um jene auf diese zurückzuführen. Wenn man von einer Function einer Variabeln das Maximum oder Minimum sucht, so löst man die Gleichung $F'(x) = 0$ und hat diese Gleichung Wurzeln, so finden im Allgemeinen Maxima oder Minima statt: nur der Fall ist ausgenommen, dass für einen Wurzelwerth gleichzeitig $F'''(x)$ verschwindet. Allein bei einer Function zweier Variabeln ist die Sache ganz anders. Hier hat man zunächst die beiden Gleichungen $f'(x) = 0$ und $f'(y) = 0$ aufzulösen: wenn man aber auch eine Lösung dieses Systemes hat, so ist noch nicht die nothwendige Folge davon, dass ihr ein Maximum oder Minimum entspricht: vielmehr ist der Fall, dass kein Maximum oder Minimum für diese Werthe eintritt, kein Ausnahmefall mehr. — Dass die Theorie der Tangenten ganz mit dieser Untersuchung zusammenfällt, sieht man daraus, dass man die Aufgabe: in einem Punkte einer Curve eine Tangente zu ziehen, auch so stellen kann: durch diesen Punkt eine Abscissenaxe zu legen, so dass die Ordinate des Punktes ein Minimum wird. Jede andere Linie durch diesen Punkt gelegt macht zwar auch die Ordinate des Punktes gleich Null, da aber die Ordinaten auf der einen Seite des Punktes alsdann das entgegengesetzte Zeichen von denen auf der andern Seite haben, so ist die Ordinate des gegebenen Punktes eben kein Minimum. Hat man eine Fläche, die ganz und gar concav ist, wie z. B. die Kugel, so lässt sich die Aufgabe, eine Tangentialebene in einem Punkte dieser Fläche zu legen, ganz ähnlich aussprechen, nämlich so: eine Ebene (der xy) dort so zu legen, dass dieser Punkt das kleinste z hat. Bei andern Flächen ist dies aber unmöglich, nämlich bei denen, wo die Tangentialebene die Fläche schneidet. Gleiche Unterscheidungen finden bekanntlich bei der Theorie der Maxima und Minima von Functionen mehrerer Variablen statt.

§ 40.

Unser Kriterium dafür, ob die Tangentialebene ihre Fläche schneidet oder nicht, gilt für die Form der Gleichung der Fläche $z = f(x, y)$. Ist jedoch die Gleichung in der Form $F(x, y, z) = 0$ gegeben, so ändert sich das Kriterium natürlich der Form nach. Um dies neue Kriterium aufzustellen, setzen wir folgende Bezeichnungen für die Differentialquotienten der Function F fest:

$$\frac{\partial F}{\partial x} = P, \ \frac{\partial F}{\partial y} = Q, \ \frac{\partial F}{\partial z} = R \text{ und die zweiten } \frac{\partial^2 F}{\partial x^2} = L, \ \frac{\partial^2 F}{\partial y^2} = M, \ \frac{\partial^2 F}{\partial z^2} = N$$

$$\frac{\partial^2 F}{\partial y \cdot \partial z} = L', \ \frac{\partial^2 F}{\partial z \cdot \partial x} = M', \ \frac{\partial^2 F}{\partial x \cdot \partial y} = N'.$$

Dann haben wir nur die Differentialquotienten $p \ q \ r \ s \ t$ in diesen neuen Bezeichnungen auszudrücken und die Differenz $rt - s^2$ zu bilden.

Differentiiren wir zunächst die Gleichung $F(x, y, z) = 0$ partiell und x, so zwar, dass wir z als Function von x, und y als constant ansehen, so erhalten wir $P + R \cdot p = 0$ oder $p = -\frac{P}{R}$, und ebenso finden wir, wenn y als unabhängige Variable, z als Function von y und x als constant ansehen: $q = -\frac{Q}{R}$.

Differentiiren wir diese beiden Gleichungen nochmals in derselben Weise, wie vorhin $F = 0$, so finden wir $\frac{\partial p}{\partial x}$, d. i.

$$r = -\frac{R(L + M' \cdot p) - P(M' + N \cdot p)}{R^2} = -\frac{R\left(\dfrac{LR - M'P}{R}\right) - P\left(\dfrac{M'R - NP}{R}\right)}{R^2}$$

oder

$$-rR^3 = LR^2 - 2M'PR + NP^2.$$

Ebenso $\frac{\partial q}{\partial y}$, d. i. t. Man erhält dafür

$$-tR^3 = MR^2 - 2L'QR + NQ^2.$$

Endlich findet man $\frac{\partial p}{\partial y} = \frac{\partial q}{\partial x} = s$. Dafür hat man ähnlich

$$-sR^2 = N'R^2 - (M'Q + L'P)R + NPQ.$$

Bildet man nun $rt - s^2$, so findet man dafür

$$R^4 (rt - s^2) = P^2 (MN - L'^2) + Q^2 (NL - M'^2) + R^2 (LM - N'^2)$$
$$+ 2QR (M'N' - LL') + 2RP(N'L' - MM') + 2PQ(L'M' - NN').$$

Die Tangentialebene berührt also, wenn die rechte Seite dieser Gleichung ≥ 0 ist; ist sie < 0, so schneidet die Tangentialebene die Fläche.

Man kann die rechte Seite dieser Gleichung noch etwas bequemer fürs Gedächtniss schreiben. Es ist

$$\begin{vmatrix} L & N' & M' \\ N' & M & L' \\ M' & L' & N \end{vmatrix} = \varDelta = LMN - LL'^2 - MM'^2 - NN'^2 + 2L'M'N',$$

also wird

$$R^4 \cdot (rt - s^2)$$
$$= P^2 \cdot \frac{\partial \varDelta}{\partial L} + Q^2 \cdot \frac{\partial \varDelta}{\partial M} + R^2 \cdot \frac{\partial \varDelta}{\partial N} + QR \cdot \frac{\partial \varDelta}{\partial L'} + RP \cdot \frac{\partial \varDelta}{\partial M'} + PQ \cdot \frac{\partial \varDelta}{\partial N'}.$$

4. Osculation der Flächen.

§ 41.

Von der Berührung der Flächen durch eine Ebene wenden wir uns jetzt zu der der Flächen unter einander, d. h. zu der Theorie der Osculation der Flächen. Recapituliren wir zunächst das, was über die Osculation der Curven gesagt ist.

Man sagt, zwei ebne Curven $y = f(x)$, und $y = \varphi(x)$, welche einen Punkt gemeinschaftlich haben, haben in ihm eine Berührung n^{ter} Ordnung, wenn für diesen Punkt nicht nur die Coordinaten dieselben sind, sondern auch die n ersten Differentialquotienten

$$\frac{dy}{dx}, \frac{d^2y}{dx^2}, \ldots, \frac{d^n y}{dx^n}.$$

Für doppelt gekrümmte Curven, $y = f(x)$ $z = f_1(x)$, und $y = \varphi(x)$, $z = \varphi_1(x)$ findet diese Berührung n^{ter} Ordnung statt, wenn $\frac{dy}{dx}$ $\frac{dz}{dx}$, $\frac{d^2y}{dx^2}$ $\frac{d^2z}{dx^2}$ u. s. w. bei ihnen übereinstimmt, es gilt dann alles Folgende für dieselben ohne Weiteres, wenn man die Functionen f und f_1, φ und φ_1 einzeln, also statt der Curven ihre Projectionen betrachtet.

Der erste Gedanke, der sich bei dieser Definition darbietet, ist die Frage, ob ein solcher Zusammenhang zweier Curven nicht etwas blos Aeusserliches ist, ob die Gleichung dieser Differentialquotienten nicht bloss von einer zufälligen Lage der Coordinatenaxen abhängt? Dies ist aber nicht der Fall; sondern: Wenn diese Uebereinstimmung der Differentialquotienten für zwei Curven in einem Coordinatensysteme stattfindet, so findet sie in jedem andern Systeme auch statt. Sei nämlich für einen bestimmten Punkt der beiden Curven, für welche $x = a$ sei:

$$f(x) = \varphi(x), \; f'(x) = \varphi'(x), \; \ldots f^{(n-1)}(x) = \varphi^{(n-1)}x,$$
$$f^{(n)}(x) = \varphi^n(x).$$

Führt man dann neue Coordinaten ein, vermöge der allgemeinen Transformationsformeln:

$$y = \lambda Y + \mu X + \nu, \; x = \lambda' Y + \mu' X + \nu',$$

welche sich sowohl auf rechtwinklige als auf schiefwinklige Coordinaten beziehen, dann würde die Gleichung der ersten Curve:

$$\lambda Y + \mu X + \nu = f(\lambda' Y + \mu' X + \nu') = f(x),$$

aus dieser Gleichung kann man Y berechnen, es möge sich ergeben:

$$Y = F(X).$$

Differentiiren wir die vorletzte Gleichung nach x ein-, zwei-, drei-
u. s. w. mal, so wird:

$$\lambda\frac{dY}{dX}+\mu=f'(x)\Big(\lambda'\frac{dY}{dX}+\mu'\Big),\ \lambda\frac{d^2Y}{dX^2}=f''(x)\Big(\lambda'\frac{dY}{dX}+\mu'\Big)^2+f'(x)\lambda'\frac{d^2Y}{dX^2},$$

$$\lambda\frac{d^3Y}{dX^3}=f'''(x)\Big(\lambda'\frac{dY}{dX}+\mu'\Big)^3+3f''(x)\Big(\lambda'\frac{dY}{dX}+\mu'\Big)\lambda'\frac{d^2Y}{dX^2}$$

$$+f'(x)\lambda'\frac{d^3Y}{dX^3},\ \text{u. s. w.}$$

Aus diesen Gleichungen kann man successive die Differentialquotienten für die erste Curve finden. Für die zweite Curve ergiebt
sich dann eine ähnliche Reihe von Gleichungen, die aus unserm
Systeme entstehen, indem man für f f' f'' ... bezüglich φ φ' φ'',
setzt. Die erste Gleichung dieses Systems heisst also z. B.:

$$\lambda Y+\mu X+\nu=\varphi(\lambda'Y+\mu'X+\nu')=\varphi(x)$$

und sei der daraus gezogene Werth von Y

$$Y=\Phi(X).$$

Für den Punkt nun, wo $f(x)=\varphi(x)$, $f'(x)=\varphi'(x)\ \ldots f^{(n)}(x)$
$=\varphi^{(n)}x$ ist, ergeben sich dann aus beiden Systemen die gleichen
Werthe für $Y,\ \dfrac{dY}{dX},\ \dfrac{d^2Y}{dX^2},\ \ldots\ \dfrac{d^nY}{dX^n}.$

Dieser Betrachtung entzieht sich nur der Fall, dass die Y-Axe
der durch den betreffenden Punkt gelegten Tangente parallel ist,
es wäre dann nämlich $X=A$ die Gleichung der Tangente; da aber
die allgemeine Gleichung derselben die Gestalt hat:

$$Y-B=F'(A)(X-A),$$

wenn A und B die neuen Coordinaten des betrachteten Punktes
sind, so muss $\dfrac{Y-B}{F'(A)}=0$, oder $F'(A)=\infty$, d. h. für den betrachteten Punkt $\dfrac{dY}{dX}=\infty$ sein, was eine Vergleichung der weiteren Differentialquotienten ausschliesst.

Also: Wenn für einen Punkt zweier Linien die Werthe
von z und dessen sämmtlichen partiellen Differentialquotienten bis zum n^{ten} übereinstimmen, so findet diese Uebereinstimmung auch bei anderer Wahl der Coordinaten statt.

Anmerkung. Für Curven ist die Richtigkeit des eben bewiesenen Satzes von selbst einleuchtend, wenn nämlich zwei Curven
zwei Punkte gemeinschaftlich haben, die einander unendlich nahe
liegen, so wird der Differentialquotient in beiden derselbe sein; sind
drei unendlich nahe Punkte beiden Curven gemeinschaftlich, so werden

die beiden ersten Differentialquotienten beider Curven für diesen Punkt einander gleich sein u. s. f. Das Uebereinstimmen von n Differentialquotienten kommt also darauf hinaus, dass $(n + 1)$ auf einander folgende Punkte beiden Curven gemeinschaftlich sind: diese Eigenschaft aber hängt nicht ab von der Wahl der Coordinaten.

§ 42.

Um · diese Betrachtungen auf Flächen auszudehnen, mögen $z = f(x, y)$, $z = \varphi(xy)$ die Gleichungen zweier Flächen sein, die einen Punkt M gemein haben. Durch diesen Punkt lege man in der ersten Fläche eine beliebige Curve und projicire sie auf die xy-Ebene, dann ist die Gleichung des Projections-Cylinders von der Form $y = \psi(x)$; also die Gleichungen seines Durchschnittes mit der ersten bezüglich zweiten Fläche:

$$z = f(x, y), \quad y = \psi(x),$$
$$z = \varphi(x, y), \quad y = \psi(x).$$

Durch Einsetzen des Werthes $y = \psi(x)$ in die Gleichungen für z werden dann f. und φ Functionen von x allein, also bezüglich:

$$z = F(x) \text{ und } z = \Phi(x)$$

für die Curven auf der ersten bezüglich zweiten Fläche. Nehmen wir nun an, diese beiden Curven hätten noch einen zweiten M unendlich nahen Punkt gemein, M_1, so ist offenbar:

$$F'(x) = \Phi'(x),$$

findet dies auch für einen dritten M_1 unendlich nahen Punkt M_2 statt, so ist auch $F''(x) = \Phi''(x)$ u. s. w.

Nun hat man aber:

$$F'(x) = \frac{\partial f}{\partial x} + \frac{\partial f}{\partial y}\,\psi'(x),$$

$$F''(x) = \frac{\partial^2 f}{\partial x^2} + \frac{2\,\partial^2 f}{\partial x\,\partial y}\,\psi'(x) + \frac{\partial^2 f}{\partial y^2}\,\psi''(x)$$

und entsprechende Gleichungen für $\Phi'(x)$, $\Phi''(x)$.

Man hat also, wenn die Curven zwei einander unendlich nahe Punkte gemein haben:

$$f = \varphi, \quad \frac{\partial f}{\partial x} + \frac{\partial f}{\partial y}\,\psi'(x) = \frac{\partial \varphi}{\partial x} + \frac{\partial \varphi}{\partial y}\,\psi'(x),$$

und haben sie drei Punkte gemein, ausserdem noch:

$$\frac{\partial^2 f}{\partial x^2} + \frac{2\,\partial^2 f}{\partial x\,\partial y}\,\psi'(x) + \frac{\partial^2 f}{\partial y^2}\,\psi''(x) = \frac{\partial^2 \varphi}{\partial x^2} + \frac{2\,\partial^2 \varphi}{\partial x\,\partial y}\,\psi'(x) + \frac{\partial^2 \varphi}{\partial y^2}\,\psi''(x)$$

u. s. w. (für 4, 5 .... Punkte).

Alle diese Gleichungen finden selbstverständlich nur unter der Bedingung statt, dass man für xy die Coordinaten des Punktes M

setzt. Offenbar aber werden diese Gleichungen unabhängig von den Werth von ψ ψ' ψ'' ... stattfinden, d. h. für jede durch M und die erste Fläche gelegte Curve gültig sein, wenn man für Punkt M einzeln hat:

$$\frac{\partial f}{\partial x} = \frac{\partial \varphi}{\partial x}, \ \frac{\partial^2 f}{\partial x^2} = \frac{\partial^2 \varphi}{\partial x^2}, \ \frac{\partial^2 f}{\partial x \partial y} = \frac{\partial^2 \varphi}{\partial x \partial y}, \ \frac{\partial^2 f}{\partial y^2} = \frac{\partial^2 \varphi}{\partial y^2}$$

und umgekehrt.

Man hat also den Satz:

Werden die Funqtionen f und φ und ihre sämmtlichen Differentialquotienten bis zu denen der n^{ten} Ordnung für einen gewissen Werth einander gleich, so hat jede durch diesen Punkt in einer der Flächen gelegte Curve mit einer in der andern Fläche liegenden eine Osculation n^{ter} Ordnung, und umgekehrt.

Diese Eigenschaft kann als eine Definition der Osculation der Fläche betrachtet werden, also:

Erklärung. Wenn für einen Punkt zweier Flächen nicht bloss die Coordinaten, sondern alle ihre Differentialquotienten vom ersten bis zum n^{ten} bezüglich gleich sind, so haben die beiden Flächen eine Berührung der n^{ten} Ordnung. Also auch:

Wenn zwei Flächen eine Osculation oder Berührung n^{ter} Ordnung in einem Punkt haben, so hat jede durch eine derselben in dem betreffenden Punkte gelegte Curve $n + 1$ einander unendlich nahe Punkte mit der andern Fläche gemein. Hieraus folgt sogleich:

Legt man durch den betreffenden Punkt eine beliebige Ebene, so schneidet diese die Flächen in Curven, welche eine Osculation n^{ter} Ordnung haben.

Folgerung. Wenn von drei Flächen A, B, C, die einen Punkt gemeinschaftlich haben, B mit A in diesem Punkte eine Berührung der n^{ten}, und C mit A eine Berührung der n'^{ten} Ordnung hat, wo $n' < n$ ist, so liegt B näher an A. Denn entwickelt man die z-Coordinate der nahe gelegenen Punkte für die Flächen A, B, C, und nimmt die Differenzen dieser Ausdrücke, einmal des für die Fläche A von dem für die Fläche B, und dann von dem für die Fläche C, so wird die erste Differenz kleiner sein, als die zweite, weil beisder ersten mehr Glieder zu Anfang wegfallen.

§ 43.

Nach dieser Erklärung kann man die Gleichung der Tangentialebene herleiten. Definirt man nämlich die Tangentialebene als diejenige Ebene, die mit der gegebenen Fläche $z = f(x, y)$ eine Berührung der ersten Ordnung gemein hat, so bedeutet dies: in der

Gleichung der Ebene $\zeta - z = a\,(\xi - x) + b\,(\eta - y)$; welche durch den gegebenen Punkt der Fläche x, y, z geht, sollen die Constanten a und b so bestimmt werden, dass für diesen Punkt die partiellen ersten Differentialquotienten der Gleichung der Ebene bezüglich gleich werden den partiellen ersten Differentialquotienten der Gleichung der Fläche. Es muss also $\dfrac{\partial \zeta}{\partial \xi} = a$, $\dfrac{\partial \zeta}{\partial \eta} = b$ für den Punkt x, y, z oder $a = \dfrac{\partial z}{\partial x} = p$, $b = \dfrac{\partial z}{\partial y} = q$ sein; die Gleichung der Tangentialebene ist also $\zeta - z = p\,(\xi - x) + q\,(\eta - y)$.

In den analogen Untersuchungen für Curven und deren Tangenten fährt man nun so fort und sucht den Kreis, bei dem für einen ihm und der vorgelegten Curve gemeinschaftlichen Punkt der erste und der zweite Differentialquotient bezüglich gleich sind den beiden ersten Differentialquotienten der Curve für diesen Punkt; und diese Aufgabe kann man sich stellen, weil die drei Constanten, welche in der Gleichung des Kreises vorkommen, sich immer so bestimmen lassen, dass erstens der Kreis durch einen bestimmten Punkt geht, dass zweitens der erste Differentialquotient $\dfrac{dy}{dx}$ einen bestimmten Werth hat und dass drittens auch der zweite Differentialquotient $\dfrac{d^2 y}{dx^2}$ einen bestimmten Werth hat. Für Flächen läge es nun nahe, von der Tangentialebene in analoger Weise zur Kugel überzugehen, welche dem Osculationskreise der Curven entspräche. Eine solche Kugel giebt es aber im Allgemeinen nicht. Die Gleichung einer Kugel enthält nämlich vier Constanten, diese kann man zwar so bestimmen, dass erstens der Gleichung der Kugel ein gewisser Punkt genügt, dann, dass die beiden ersten Differentialquotienten auch gegebene Werthe haben: wollte man aber nun auch noch die zweiten Differentialquotienten der vorgelegten Fläche und der Kugel gleich machen, so würden zu den ersten drei Bedingungen noch drei hinzukommen, man erhielte also zur Bestimmung der vier Constanten in der Gleichung der Kugel 6 Gleichungen: im Allgemeinen ist es folglich unmöglich, durch einen Punkt einer Fläche eine Kugel zu legen, welche in diesem Punkt eine Berührung zweiter Ordnung hat.

Andrerseits ist hierzu auch die allgemeine Gleichung der Flächen zweiter Ordnung untauglich, denn diese enthält 9 Constanten. Es giebt folglich unzählig viele Flächen zweiten Grades, die an einem bestimmten Punkte eine Berührung zweiter Ordnung haben. Von diesen werden wir natürlich die wählen, deren Gleichung die möglichst einfachste ist.

In allen Fragen nun, wo man voraussieht, dass von einer Fläche nur die Differentialquotienten bis zur n^{ten} Ordnung in Beziehung auf einen Punkt derselben gebraucht werden, kann man, wie aus dem Vorhergehenden klar ist, statt der gegebenen Fläche irgend eine beliebige andere setzen, vorausgesetzt, dass diese zweite mit der ersten eine Osculation n^{ter} Ordnung hat. Ueberall z. B., wo es bloss auf die Richtung der Tangente ankommt, kann man statt einer vorgelegten Fläche die Tangentialebene setzen. Nach dieser Vorerinnerung gehen wir über zu der Untersuchung der Krümmungen, welche die verschiedenen Schnitte einer Fläche haben. Wenn man durch einen gegebenen Punkt a einer Fläche alle möglichen Schnitte legt, so ist die Frage: Auf welche Weise kann man die Krümmungen aller dieser Schnitte aufs einfachste berechnen? Die Anzahl dieser Schnitte ist unendlich mal unendlich gross. Denn denkt man sich eine Tangente ab, die durch den Punkt a geht, so kann man durch sie unzählig viele Schnitte legen, welche im Punkte a sich sämmtlich berühren werden. Nun giebt es aber wiederum unendlich viele Tangenten ab; also hat man unendlich mal unendlich viele Schnitte. (Unter den Schnitten, welche durch dieselbe Tangente ab gelegt sind, zeichnet sich einer aus, nämlich der, welcher normal steht auf der Tangentialebene oder durch die Normale gelegt ist: ihn nennt man Normalschnitt.) Unsere Untersuchung soll sich auf Normalschnitte und auf schiefe Schnitte beziehen. Sie zerlegt sich also in zwei Theile.

Erstens: Man lege durch eine Tangente eine Schnittebene, und drehe diese um die Tangente. Zweitens: Man lege durch die Normale eine Schnittebene und drehe sie um die Normale. In beiden Fällen wird nach der Aenderung der Krümmung gefragt. Die erste Frage hat ein französischer Ingenieuroffizier Meusnier, die zweite Euler behandelt. Man denke sich jetzt den Punkt a der Fläche, um den es sich handelt, als Anfangspunkt der Coordinaten, die Normale als z-Axe und demnach die Tangentialebene als Ebene der xy. Durch diese Wahl der Coordinaten geht die Gleichung der Tangentialebene $\zeta - z = p(\xi - x) + q(y - \eta)$ über in $\zeta = 0$ als Coordinatenebene der xy, und da der Berührungspunkt Anfangspunkt also $x = 0$, $y = 0$, $z = 0$ ist, so ist dies nur möglich, wenn $p = 0$ und $q = 0$ ist. Nicht ebenso lassen sich die Werthe der zweiten Differentialquotienten r, s, t bestimmen, sie sind jedoch constant und wir wollen sie resp. mit α, β, γ bezeichnen. Wir machen nun für unsere

Untersuchung von der zu Anfang dieses Paragraphen aufgestellten Bemerkung Gebrauch und substituiren statt der vorliegenden Fläche folgende Fläche zweiten Grades: $z = \frac{1}{2}(\alpha x^2 + 2\beta xy + \gamma y^2)$, welche im Allgemeinen eins der beiden Paraboloide ist, und, offenbar durch den Anfangspunkt gehend, mit der gegebenen Fläche eine Osculation zweiter Ordnung hat. Dies letztere ersieht man daraus, dass die ' ersten Differentialquotienten dieser Fläche

$$\frac{\partial z}{\partial x} = \alpha x + \beta y \qquad \frac{\partial z}{\partial y} = \beta x + \gamma y$$

für den gegebenen Punkt $(x = 0, y = 0, z = 0)$ beide Null, die zweiten dagegen $\frac{\partial^2 z}{\partial x^2} = \alpha$, $\frac{\partial^2 z}{\partial x \cdot \partial y} = \beta$, $\frac{\partial^2 z}{\partial y^2} = \gamma$ werden: wie bei der vorgelegten Fläche. Da nun in der Formel für den Krümmungsradius einer ebenen Curve nur die Differentialquotienten der beiden ersten Ordnungen vorkommen, so können wir diese Fläche zweiten Grades statt der vorgelegten setzen. Dieselbe ist aber bekanntlich ein elliptisches bezüglich hyperbolisches Paraboloid, je nachdem $\alpha\gamma$ grösser oder kleiner als β^2 ist. Nur im zweiten Falle wird nach § 39 die Fläche in dem betrachteten Falle von der Tangentialebene geschnitten.

§ 45.

Der Meusniersche Satz. Legt man durch eine Tangente einer Fläche zwei Ebenen, von denen die eine normal zur Tangentialebene steht, die andere mit ihr den

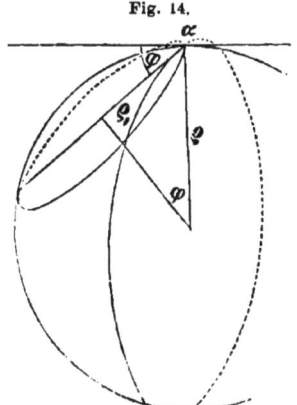

Fig. 14.

Winkel φ bildet, so sind ihre beiden Krümmungsradien ϱ und ϱ_1 durch die Gleichung verbunden $\varrho_1 = \varrho \sin\varphi$ oder ϱ_1 ist die Projection von ϱ auf die Ebene des schiefen Schnittes.

Denn mit der zu Ende des vorigen Paragraphen festgesetzten Lage der Coordinaten, Fig. 14, kann man jeden Normalschnitt in dem gegebenen Punkte sich erzeugt denken durch eine specielle Lage der xz-Ebene, indem über die Richtung der Axe der x nichts angegeben worden ist. Es soll daher die Tangente selbst Axe der x sein. Betrachtet man nun einen solchen Schnitt, so erhält man seine Gleichung, wenn man die Gleichung der xz-Ebene oder $y = 0$

mit der vorgelegten Fläche oder, was dasselbe ist, mit der sie im vorliegenden Punkte osculirenden Fläche

$$z = \frac{1}{2}\,(\alpha x^2 + 2\beta xy + \gamma y^2)$$

verbindet; man findet also $z = \frac{1}{2}\,\alpha x^2$. Der Ausdruck für den Krümmungsradius wird also

$$\varrho = \frac{\left(1 + \left(\frac{\partial z}{\partial x}\right)^2\right)^{\frac{3}{2}}}{\frac{\partial^2 z}{\partial x^2}} = \frac{(1 + \alpha^2 x^2)^{\frac{3}{2}}}{\alpha}$$

oder für $x = 0$, d. h. in dem vorliegenden Punkte $\varrho = \frac{1}{\alpha}$. Legen wir einen beliebigen zweiten Schnitt durch die x-Axe, der nicht normal ist zur Tangentialebene, sondern mit ihr den Winkel φ bilde, so verlegen wir, indem wir die Tangente immer noch als x-Axe betrachten die x- und z-Axe so, dass die neue Axe z_1, in der Schnittebene liegt. Dann ist φ der Winkel der Axen z und z_1

$$z = z_1 \sin\varphi - y_1 \cos\varphi \quad y = z_1 \cos\varphi + y_1 \sin\varphi.$$

Dies setzen wir in die Gleichung des zu Hilfe genommenen Paraboloids ein, setzen aber gleich $y_1 = 0$, weil wir den Schnitt betrachten wollen, der durch die Ebene der xz_1 hervorgebracht wird,

$$z_1 \sin\varphi = \frac{1}{2}\,(\alpha x^2 + 2\beta x z_1 \cos\varphi + \gamma z_1^2 \cos^2\varphi).$$

Hieraus folgt

$$\frac{\partial z_1}{\partial x} \sin\varphi = \alpha x + \beta z_1 \cos\varphi + (\beta x \cos\varphi + \gamma z_1 \cos^2\varphi)\frac{\partial z_1}{\partial x}$$

und

$$\frac{\partial^2 z_1}{dx^2} \sin\varphi = \alpha + \beta \cos\varphi \frac{\partial z_1}{\partial x} + \left(\beta \cos\varphi + \gamma \frac{\partial z_1}{\partial x} \cos^2\varphi\right)\frac{\partial z_1}{\partial x}$$
$$+ (\beta x \cos\varphi + \gamma z_1 \cos^2\varphi)\frac{\partial^2 z_1}{\partial x^2}.$$

Um die Ausdrücke für $\frac{\partial z_1}{\partial x}$, $\frac{\partial^2 z_1}{\partial x^2}$ für den Anfangspunkt der Coordinaten zu haben, setzen wir jetzt $x = 0$ und $z_1 = 0$. Dadurch wird $\frac{\partial z_1}{\partial x} = 0$, $\frac{\partial^2 z_1}{\partial x^2} = \frac{\alpha}{\sin\varphi}$. Somit wird der Krümmungsradius dieses Schnittes $\varrho_1 = \frac{\sin\varphi}{\alpha}$. Also wird schliesslich $\varrho_1 = \varrho \sin\varphi$.

Bei der Kugel z. B. kennt man ohne Weiteres den Krümmungsradius jedes Normalschnittes: er ist so gross wie der Kugelradius r. Legt man durch denselben Punkt a der Kugel und dieselbe Tangente ab, durch welche der Normalschnitt gelegt ist, eine Ebene, welche mit der Tangentialebene den Winkel φ bildet, so übersieht man aus der bekannten Eigenschaft der Kugel, dass nämlich das Loth vom Mittelpunkt der Kugel auf diesen zweiten Schnitt gefällt, dessen Mittelpunkt trifft und mit dem Radius des Normalschnittes den Winkel φ bildet die Richtigkeit unseres Satzes für diesen speciellen Fall.

Denken wir uns also in einer beliebigen Fläche alle möglichen Schnitte durch eine Tangente eines Punktes gelegt, und die Krümmungskreise aller dieser Schnitte construirt, so werden sie alle auf einer Kugel liegen, welche den Krümmungskreis des Normalschnittes zum Meridian hat. Also: Legt man durch eine Tangente einer Fläche alle möglichen Schnitte, so bestimmen die Krümmungskreise derselben eine Kugel, deren Radius der Krümmungsradius des Normalschnittes ist.

§ 45a.

Trigonometrischer Beweis des Meusnierschen Satzes.

Sei AB das Element irgend einer Tangente der Fläche, also B ebenfalls auf der Fläche gelegen (Fig. 14a). Lege man dann durch AB

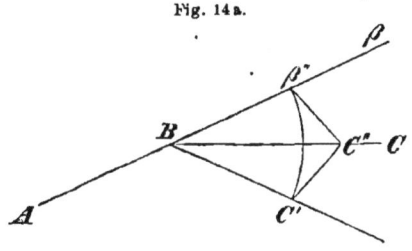
Fig. 14a.

den Normalschnitt, und möge dieser mit der Fläche das Element BC gemein haben. Sei ferner ABC' ein schiefer Schnitt, so dass C' sich ebenfalls auf der Fläche befindet. Die Ebene des Winkels CBC' ist dann die Tangentialebene in B (nämlich die Ebene 3er einander unendlich naher Punkte auf der Fläche). Nun haben wir (§ 14) gesehen, dass der Krümmungsradius einer Curve gleich dem Bogenelement dividirt durch den Contingenzwinkel ist, also wenn wir uns AB nach β verlängert, und für die unendlich kleinen Winkel βBC, $\beta BC'$ ihre sinus setzen,

$$\varrho_1 = \frac{AB}{\sin \beta BC'}, \quad \varrho = \frac{AB}{\sin \beta BC},$$

d. h.:

$$\frac{\varrho_1}{\varrho} = \frac{\sin \beta BC}{\sin \beta BC'}, = \frac{\sin \beta'' C''}{\sin \beta'' C'},$$

beschreiben wir nun um B mit Radius BC' eine Kugel, so entsteht das sphärische Dreieck $\beta'' C'' C'$, worin Winkel $\beta'' C'' C'$ ein rechter ist, da die Normalebene ABC oder βBC zur Tangentialebene CBC' senkrecht ist. Es ist ferner Winkel $\beta'' C' C''$ oder C' der Neigungswinkel der Tangentialebene $C'BC''$ und des schiefen Schnittes $\beta BC'$, also gleich φ, also nach einem Satze der sphärischen Trigonometrie

$$\frac{\sin \beta''C''}{\sin \beta''C'} = \sin C' \text{ oder } \frac{\varrho_1}{\varrho} = \sin \varphi. \text{ *})$$

§ 46.

Der Eulersche Satz. Legt man in einem Punkte einer Fläche sämmtliche Normalebenen, und bezeichnet man den grössten Krümmungsradius unter den Radien dieser Schnitte mit r_1, den kleinsten mit r_2, so ist der Krümmungsradius eines dritten Schnittes, dessen Tangente mit der x-Axe den Winkel φ bildet, mit diesen beiden ersten durch die Gleichung verbunden: $\dfrac{1}{r} = \dfrac{\cos^2 \varphi}{r_2} + \dfrac{\sin^2 \varphi}{r_1}$.

Sei noch immer die z-Axe die Normale, die Tangentialebene die Ebene xy. Möge aber die x-Axe so gelegt werden, dass in dem Ausdruck

$$z = \frac{1}{2}\left(\alpha x^2 + 2\beta xy + \gamma y^2\right)$$

das doppelte Product verschwindet, also die Grösse $\beta = 0$ sei (was ja immer durch Coordinatentransformation geschehen kann), so haben wir jetzt die Normalschnitte 'des folgenden Paraboloids zu

---

*) Folgender Beweis ist rein geometrisch: Seien ABC drei einander unendlich nahe Punkte eines durch B gehenden Normalschnittes (Fig. 14b), ABC'

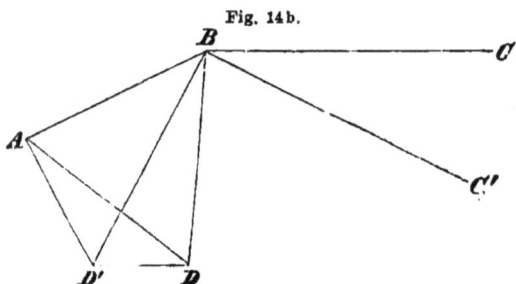

Fig. 14b.

die eines schiefen Schnittes, der mit dem ersteren die Tangente AB gemein hat. Mögen AD senkrecht auf AB, BD senkrecht auf BC, beide im Normalschnitt, BD' senkrecht auf BC' in der Ebene des schiefen Schnittes liegen, dann ist offenbar D der Krümmungsmittelpunkt, $AD = BD$ der Krümmungsradius des Normalschnittes. Da nun CBC' die Tangentialebene ist, so steht BD auf dieser, also auch auf BC' senkrecht, da auch BD' auf BC' senkrecht steht, so ist die $D'BD$ Vertikalebene zu BC'. Fälle man nun von D Loth DD' auf BD', dann ist also DD' auf BD' und BC', also auf der ganzen Ebene $C'BD'$, mithin auf BA senkrecht, aber auch DA ist senkrecht auf BA, mithin auch die Ebene $D'AD$, zieht man also $D'A$, so ist auch diese Linie senkrecht auf BA, mithin ist $D'A$ die $D'B$ benachbarte Normale des schiefen Schnittes, D' also ist der Krümmungsmittelpunkt, $D'A$ der Krümmungsradius dieses Schnittes, es ist aber derselbe die Projection von DA d. h. von dem Krümmungsradius der Normalebene auf die des schiefen Schnittes; was zu beweisen war.

(Note zur 2. Auflage.)

untersuchen: $z = \frac{1}{2}(\alpha x^2 + \gamma y^2)$. Der Schnitt, der durch die Ebene der zy gebildet wird, habe den Krümmungsradius r_1, der zx-Schnitt den Radius r_2: dann ist nach § 45 $r_1 = \frac{1}{\gamma}$, $r_2 = \frac{1}{\alpha}$. Ein dritter Schnitt, welcher auch durch die z-Axe geht, sei so gelegt, dass die Tangente, welche er aus der Tangentialebene des vorliegenden Punktes ausschneidet, mit der x-Axe den Winkel φ bildet. Dann machen wir, um seinen Krümmungsradius r zu finden, folgende Coordinatentransformation

$$x = x' \cos\varphi - y' \sin\varphi \qquad y = x' \sin\varphi + y' \cos\varphi;$$

diese Werthe setzen wir in die Gleichung des Paraboloids ein, und leiten alsdann daraus den Schnitt der $x'z$-Ebene her, indem wir $y' = 0$ setzen. Wir erhalten dafür $z = \frac{1}{2} x'^2 (\alpha \cos^2\varphi + \gamma \sin^2\varphi)$.

Demnach wird der Krümmungsradius dieses Schnitts im Punkte $(x' = 0, z = 0)$: $r = \frac{1}{\alpha \cos^2\varphi + \gamma \sin^2\varphi}$ (vergleiche § 45) und setzt man hierin für α und γ ihre Werthe, so erhält man

$$\frac{1}{r} = \frac{\cos^2\varphi}{r_2} + \frac{\sin^2\varphi}{r_1}.$$

Die Krümmungshalbmesser r_1 und r_2 sind aber auch die grössten bezüglich kleinsten aller durch denselben Punkt gehenden Normalschnitte. Um dies zu zeigen, wollen wir statt der Krümmungsradien die Krümmungen vermöge der Gleichungen: $k = \frac{1}{r}$ $k_1 = \frac{1}{r_1}$ $k_2 = \frac{1}{r_2}$ einführen und erhalten $k = k_2 \cos^2\varphi + k_1 \sin^2\varphi$. Es ist jetzt auf die Vorzeichen von k_1 und k_2 also von α und γ Rücksicht zu nehmen. Mögen dieselben zunächst gleiche Vorzeichen haben, oder wie wir sogar annehmen können, beide positiv sein (denn wären beide negativ, so hätten wir nur die Richtung der z-Axe zu ändern, also für z zu schreiben $- z$.) Sei dann k_2 grösser als k_1 also $k_2 - k_1$ positiv. Dann können wir die Gleichung

$$k = k_2 \cos^2\varphi + k_1 \sin^2\varphi$$

folgendermassen schreiben: $k = k_2 - (k_2 - k_1) \sin^2\varphi$. Dieser Ausdruck wird den grössten Werth erreichen, wenn $\varphi = 0$ ist, d. h. wenn die zx-Ebene die schneidende ist: alsdann ist $k = k_2$. Also ist k_2 die grösste Krümmung, d. h. r_2 der kleinste Krümmungsradius. Schreibt man die Gleichung so: $k = k_1 + (k_2 - k_1) \cos^2\varphi$, so erreicht er offenbar den kleinsten Werth für $\varphi = 90^0$, d. h. für die yz-Ebene; es ist alsdann $k = k_1$. k_1 ist also die kleinste Krümmung, r_1 der grösste Krümmungsradius. Spricht man nicht bloss von positiven

Krümmungsradien, sondern legt ihnen ein Zeichen bei, welches man darauf bezieht, ob sie nach der einen oder andern Seite von der Curve aus liegen, so gilt unser Satz auch noch, wenn α und γ verschiedene Zeichen haben: der Euler'sche Satz ist also bewiesen.

Die Ebenen, welche den grössten Krümmungsradius r_1 und den kleinsten r_2 enthalten, stehen auf einander normal: denn sie sind bei unsrer Lage der Coordinaten die yz- und die xz-Ebene. Diese beiden Schnitte nennt man Hauptschnitte. Für den Fall, dass α und γ verschiedene Zeichen haben, dass also (§ 39) die Tangentialebene die Fläche schneidet, weil der Ausdruck

$$\alpha \cos^2\varphi + \gamma \sin^2\varphi \quad \text{für zwei Werthe von } \varphi \text{ Null:} \quad \mathrm{tg}\,\varphi = \sqrt{-\frac{\alpha}{\gamma}};$$

es giebt also bei allen solchen Flächen zwei Schnitte, die symmetrisch zu beiden Seiten der x-Axe liegen, deren Krümmung Null, d. h. deren Krümmungsradius unendlich ist, d. h. in jedem Punkte einer Fläche, wo die Berührungsebene dieselbe schneidet, haben 2 Normalschnitte einen Wendepunkt; durch Halbiren der Winkel, welchen diese Schnitte mit einander machen, erhält man die Hauptschnitte. Beim einfächrigen Hyperboloid ist dieser Wendepunkt der Scheitel eines Systems zweier geraden Linien, die ganz auf der Fläche liegen, und welche hier eben die beiden Hauptnormalschnitte sind.

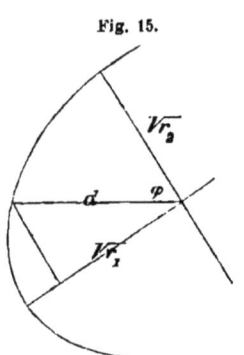

Fig. 15.

Anmerkung. Man kann das Resultat des Euler'schen Satzes graphisch leicht fixiren, Fig. 15. Denken wir uns zunächst, dass α und β gleiches Zeichen haben. Alsdann stellen wir uns eine Ellipse vor, deren eine Halbaxe gleich sei dem Zahlenwerthe von $\sqrt{r_1}$, die andere Halbaxe gleich dem Zahlenwerthe von $\sqrt{r_2}$. Wir nehmen ferner irgend einen Halbmesser d, welcher mit der zweiten oder kleinen Halbaxe den Winkel φ macht: dann sind die Coordinaten seines Endpunktes, wenn man sie auf die beiden Halbaxen als Coordinatenaxen bezieht, $d \cos\varphi$ und $d \sin\varphi$. Da sie der Gleichung der Ellipse genügen müssen, so hat man

$$\frac{d^2 \cos^2\varphi}{r_2} + \frac{d^2 \sin^2\varphi}{r_1} = 1;$$

es ist also, wenn wir diese Gleichung mit der Euler'schen Formel zusammenhalten, r gleich dem Zahlenwerth von d^2. Wir können diesen Satz so aussprechen:

Beschreibt man auf der Tangentialebene einer Fläche eine Ellipse, die zum Mittelpunkt den Berührungspunkt hat, deren Hauptaxen nach denjenigen Tangenten gerichtet sind, welche die beiden Schnitte mit der grössten und kleinsten Krümmung bedingen, und deren Grösse gleich ist resp. den Quadratwurzeln aus diesen beiden Krümmungsradien: so ist der Krümmungsradius irgend eines Normalschnitts in jenem Punkte der Fläche, der die Ellipse natürlich in einem Durchmesser schneiden wird, gleich dem Quadrat der Hälfte dieses Durchmessers. Oder: Legt man durch die Normale einer Fläche ein Ebenenbüschel, welches die Fläche in unzählig vielen Curven schneiden wird, die Tangentialebene in ebensovielen Tangenten, und trägt man auf jede Tangente vom gemeinschaftlichen Mittelpunkte aus die Quadratwurzel aus dem Krümmungsradius der gleichzeitig mit ihr ausgeschnittenen Curve auf, so liegen die Endpunkte dieser Längen in einer Ellipse.

Haben α und γ entgegengesetztes Zeichen, so erhält man analoge Sätze, nur statt der Ellipse ein System von Haupt- und Nebenhyperbel: $\dfrac{x^2}{r_2} - \dfrac{y^2}{r_1} = 1$, $\dfrac{x^2}{r_2} - \dfrac{y^2}{r_1} = -1$. In dem Falle endlich, wo k_2 verschwindet, ist die Gleichung $\dfrac{x^2}{r_2} = 1$, eine Gleichung, welche zwei parallele Gerade vorstellt, man hat dann nur einen kleinsten Krümmungsradius, und derselbe wächst ins Unendliche; der unendliche Krümmungsradius entspricht der Richtung parallel den Geraden, in welche sich unsere Curve verwandelt. Die Gleichung der Osculationsflächen (siehe § 43) $z = \dfrac{1}{2}\alpha x^2$ stellt dann einen parabolischen Cylinder dar. Da derselbe sich ganz auf der einen Seite der Tangentialebene im Anfangspunkt befindet, kann dieser aber für keinen Schnitt ein Wendepunkt sein, obgleich, wie oben gezeigt, die Krümmung Null in demselben stattfindet.

§ 46a (Zusatz zur 2. Auflage).

Für den Kegelschnitt, welcher eine graphische Darstellung des Euler'schen Satzes giebt, lässt sich aber noch ein engerer Zusammenhang mit der betrachteten Fläche nachweisen.

Zu dem Ende denken wir uns eine Ebene parallel der Tangentialebene im betrachteten Punkte gelegt, welche die Fläche und auch das zugehörige Osculations-Paraboloid schneidet. Die Gleichungen des Durchschnittes mit dem letzteren werden sein:

$z = v$, $2v = \alpha x^2 + \beta xy + \gamma y^2$ oder wenn β wieder gleich Null ist

$2\nu = \alpha x^2 + \gamma y^2$ oder $\dfrac{x^2}{2\nu r_2} + \dfrac{y^2}{2\nu r_1} = 1$. Diese Gleichung stellt wie die soeben betrachtete eine Ellipse, zwei conjugirte Hyperbeln oder zwei parallele gerade Linien vor, und es ist sogleich zu erkennen, dass diese Curven den im vorigen Paragraphen discutirten ähnlich · sind, sowie auch, dass die Projectionen der ersteren auf die Tangentialebene den letzteren auch ähnlich liegen.· Nimmt man aber die Entfernung ν unendlich klein, so kann man, da der Fläche und dem Paraboloide ja je zwei auf einander folgende Elemente angehören, annehmen, dass die Durchschnitts-Curve auch die der betrachteten Ebene mit unserer Oberfläche ist. Im Falle r_1 und r_2 dann beide positive Zeichen haben, so hat man also eine unendlich kleine Ellipse mit den halben Axen: $\sqrt{2\nu r_2}$ und $\sqrt{2\nu r_1}$, der Durchschnitt muss dann so gedacht werden, dass er die positive Seite der z-Axe schneidet. Sind dagegen r_1 und r_2 von verschiedenen Vorzeichen, so hat man: $\dfrac{x^2}{2\nu r_2} - \dfrac{y^2}{2\nu r_1} = 1$, und wenn man ν mit $-\nu$ vertauscht: $\dfrac{x^2}{2\nu r_2} - \dfrac{y^2}{2\nu r_1} = -1$, die Projectionen dieser Curven auf die Tangentialebene sind dann conjugirte Hyperbeln, mit den Halbaxen $\sqrt{2\nu r_2}$ $\sqrt{2\nu r_1}$, jedoch sind hier zwei Schnitte nöthig, welche auf beide Seiten der z-Axe in gleiche Entfernung vom Anfangspunkte fallen. Im Falle r_1 unendlich ist, hat man wieder zwei parallele Gerade, deren Abstand von einander gleich $2\sqrt{\nu r_2}$ ist.

Diese Curve nennt Dupin, welcher sie eingeführt hat, „anzeigende Curve" (Indicatrix). Man muss sie sich, damit sie immer ganz in derselben Ebene liegt, auf die Tangentialebene projicirt denken. Jeder Normalschnitt giebt dann auf der Indicatrix einen Halbmesser, wenn man im Falle der beiden parallelen Linien eine vom Berührungspunkte nach einer der Parallelen gezogenen Gerade als Halbmesser bezeichnet. Im Falle der beiden Hyperbeln werden zwei Schnitte die Asymptoten ergeben, die übrigen eine der beiden Hyperbeln schneiden. Sei nun r der Krümmungshalbmesser irgend eines Schnittes, der mit der xz-Ebene den Winkel φ macht, ϱ der Durchschnitt desselben mit der Indicatrix, also: $\dfrac{1}{r} = \dfrac{1}{r_2} \cos \varphi^2 + \dfrac{1}{r_1} \sin \varphi^2$, wenn r_1 und r_2 beide positiv sind, ausserdem aber $x = \varrho \cos \varphi$, $y = \varrho \sin \varphi$, also: $\dfrac{1}{\varrho^2} = \dfrac{\cos \varphi^2}{2\nu r_2} + \dfrac{\sin \varphi^2}{2\nu r_1}$ d. h. $\varrho = \sqrt{2\nu r}$, dieselbe Formel gilt auch für die andern Fälle, wenn man ν und r immer positiv denkt und demgemäss die Zeichen ändert. Es sind also die Halbmesser der Indicatrix den Wurzeln der entsprechenden Krümmungsradien proportional und immer unendlich klein, die Fälle der Asymptoten und

des Schnittes, der den beiden Geraden parallel ist, ausgenommen.
Ebenso ist, wenn $k = \frac{1}{r}$, $k = \pm \frac{2\nu}{\varrho^2}$, wo das Zeichen von k berücksichtigt wird.

Die Indicatrix ist sehr geeignet, Eigenschaften der Normalschnitte auf die Sätze von den Kegelschnitten zurückzuführen, z. B. sind bekanntlich 2 Halbmesser der Ellipse oder Hyperbel gleich, wenn sie gleiche Winkel mit einer der Halbaxen machen. Also: „Zwei Normalschnitte haben gleiche Krümmung, wenn sie gegen einen Hauptschnitt gleich geneigt sind". Sind ϱ und ϱ' zwei auf einander senkrechte Halbmesser, so erhalten wir:

$$\frac{1}{\varrho^2} = \frac{\cos\varphi^2}{2\nu r_2} + \frac{\sin\varphi^2}{2\nu r_1}, \frac{1}{\varrho'^2} = \frac{\sin\varphi^2}{2\nu r_2} + \frac{\cos\varphi^2}{2\nu r_1}, \frac{1}{\varrho^2} + \frac{1}{\varrho'^2} = \frac{1}{2\nu r_2} + \frac{1}{2\nu r_1},$$

setzen wir

$$k = \frac{2\nu}{\varrho^2}, \quad k' = \frac{2\nu}{\varrho'^2},$$

so ergiebt sich: $k + k' = \frac{1}{r_1} + \frac{1}{r_2}$, also constant, d. h. die Summe der Krümmungen zweier auf einander senkrechten Normalschnitte ist constant; dies gilt, wie augenblicklich zu erkennen, auch für den Fall der Hyperbeln und der beiden Geraden, wenn man das Vorzeichen der Krümmungen k berücksichtigt.

Es sind aber noch einige andere Betrachtungen hier anzuschliessen. Gehen wir wieder von der allgemeinen Gleichung des Osculations-Paraboloids $z = \frac{1}{2}(\alpha x^2 + 2\beta xy + \gamma y^2)$ aus. Es hat also jetzt die x-Axe eine beliebige Richtung innerhalb der Tangentialebene Nehmen wir in dieser Axe ein unendlich kleines Stück $MN = \sigma$ vom Berührungspunkte M an, und legen durch N einen zweite Tangentialebene durch das Paraboloid, welche nach dem Obigen auch Tangentialebene der betrachteten Fläche ist, die Cosinus der Winkel, welche die Normale in N mit den Axen macht, sind dann (§ 35 Schluss):

$$\cos\lambda = -M(\alpha x + \beta y), \quad \cos\mu = -M(\beta x \, \gamma y), \quad + \cos\nu = +M,$$

$$M = \frac{1}{\sqrt{1 + (\alpha x + \beta y)^2 + (\beta x + \gamma y)^2}}.$$

Für unsern Fall ist aber $x = \sigma$ und $y = 0$ zu setzen, woraus sich ergiebt:

$$\cos\lambda = \frac{-\alpha\sigma}{\sqrt{1 + (\alpha^2 + \beta^2)\sigma^2}}, \cos\mu = \frac{-\beta\sigma}{\sqrt{1 + (\beta^2 + \gamma^2)\sigma^2}}, \cos\nu = \frac{1}{\sqrt{1 + (\alpha^2 + \beta^2)\sigma^2}}.$$

Wegen des unendlich kleinen σ kann aber σ^2 gegen 1 im Nenner vernachlässigt werden, also $\cos\lambda = -\alpha\sigma$, $\cos\mu = -\beta\sigma$.
Schneiden wir jetzt ein Stück $MT = MN = \sigma$ von der Y-Axe

ab, und möge die durch T' gelegte Normale die Winkel λ_1, μ_1, ν_1 mit den Axen machen, so ergeben sich die Cosinus dieser Winkel, wenn man in den Werthen von $\cos \lambda$, $\cos \mu$, $\cos \nu$: $x = 0$ $y = \sigma$ setzt also:

$$\cos \lambda_1 = -\beta\sigma, \quad \cos \mu_1 = -\gamma\sigma,$$

d. h. $\qquad\qquad \cos \lambda_1 = \cos \mu.$

Nun ist aber offenbar λ_1 das Complement des Winkels, welchen die durch T' gehende Normale mit der yz-Ebene, μ das Complement desjenigen, welchen die durch N gehende Normale mit der xz-Ebene macht. Von diesen Winkeln sind also die Sinus gleich $-\beta\sigma$. Dies giebt folgenden Satz:

Legt man durch irgend einen Punkt M einer Fläche eine Normale MU, durch diese zwei auf einander senkrechte Ebenen, zieht in diesen zwei durch M gehende Tangenten an die Fläche, und schneidet von ihnen gleiche unendlich kleine Stücke $MN = MT$ ab, errichtet in N und T' Normalen an die Fläche, so machen dieselben mit den Normalebenen MNU und MNT bezüglich gleiche Winkel. Das gleiche Zeichen der Sinus dieser Winkel zeigt noch an, dass beide Normalen gleichzeitig innerhalb der von MNU und MTU begrenzten Ebene oder ausserhalb derselben liegen. Die Schnitte MNU und MTU waren beliebige auf einander senkrechte Schnitte, da die x-Axe willkürlich war. Ist die x-Axe aber ein Hauptschnitt, so war $\beta = 0$, also $\cos \lambda_1 = \cos \mu = 0$, die Normalen in N und T fallen also in die Schnitte UMN und UMT, d. h.: Die durch M gehenden Hauptschnitte haben die Eigenschaft, dass wenn man von der in einen solchen Schnitt fallenden Tangente ein unendlich kleines Stück MN abschneidet und durch N eine Normale legt, dieselbe die durch M gehende Normale schneidet (oder derselben parallel ist).

Die Eigenschaft kommt den Hauptschnitten ausschliesslich zu, da nur für diese $\cos \lambda_1 = \cos \mu = 0$ ist. Es giebt also für jeden Punkt M, zwei auf einander senkrechte Richtungen (Hauptschnitte), welche die Eigenschaft haben, dass die in ihnen liegenden nächsten Normalen die durch M gehende schneiden.

Für die folgende Betrachtung sollen wieder die Hauptschnitte die Ebenen der xz und yz, also $\beta = 0$ sein, also:

$$z = \tfrac{1}{2}(\alpha x^2 + \gamma y^2).$$

Wir legen durch M eine beliebige Tangente und schneiden von derselben das unendlich kleine Stück MM' ab, dann liegt M' und die hindurchgelegte Tangentialebene aus den oft angeführten Gründen auf dem Osculationsparaboloid. Sei nun $MM' = \sigma$, und macht diese Linie mit der Axe der x den Winkel φ, so sind die Coordinaten von M': $x_1 = \sigma \cos\varphi$, $y_1 = \sigma \sin\varphi$, $z_1 = 0$. Die Gleichung der durch M' gehenden Tangentialebene ist dann:

$$z - z_1 = (x - x_1)\frac{\partial z_1}{\partial x_1} + (y - y_1)\frac{\partial z_1}{\partial y_1},$$

wo $\dfrac{\partial z_1}{\partial x_1}$ aus der Gleichung des Osculationsparaboloids zu nehmen, und für x_1 y_1 z_1 die obigen Werthe zu setzen sind. Man hat also:

$$\frac{\partial z_1}{\partial x_1} = \alpha x_1 \quad \frac{\partial z_1}{\partial y_1} = \gamma y_1,$$

und: $\quad z = (x - \sigma \cos\varphi)\,\alpha\sigma\cos\varphi + (y - \sigma\sin\varphi)\,\gamma\sigma\sin\varphi$,

oder $\quad z = \sigma\,(x\alpha\cos\varphi + y\gamma\sin\varphi) - \alpha\sigma^2\cos\varphi^2 - \gamma\sigma^2\sin\varphi^2$.

Da nun die Gleichung der durch M gelegten Tangentialebene $z = 0$ ist, so ist für den Durchschnitt beider Ebenen: $\alpha x\cos\varphi + \gamma y\sin\varphi = \alpha\sigma\cos\varphi^2 + \gamma\sigma\sin\varphi^2$. Führen wir aber die Indicatrix ein und bezeichnen deren halbe Hauptaxen $\sqrt{2\nu r_2}$ und $\sqrt{2\nu r_1}$ bezüglich mit ϱ_2 und ϱ_1, so ist nach dem Obigen:

$$\varrho_2 = \sqrt{\frac{2\nu}{\alpha}}, \quad \varrho_1 = \sqrt{\frac{2\nu}{\pm\gamma}},$$

wo α immer positiv zu nehmen und je nach dem Zeichen von γ, $\pm\gamma$ positiv ist, man hat dann als Gleichung des Durchschnittes beider Tangentialebenen:

$$\frac{x\cos\varphi}{\varrho_2{}^2} \pm \frac{y\sin\varphi}{\varrho_1{}^2} = \frac{\sigma\cos\varphi^2}{\varrho_1{}^2} \pm \frac{\sigma\sin\varphi^2}{\varrho_1{}^2}.$$

Die Gleichung der Indicatrix war: $\dfrac{x^2}{\varrho_2{}^2} \pm \dfrac{y^2}{\varrho_1{}^2} = 1$, macht aber auf einem Kegelschnitte irgend ein Halbmesser den Winkel φ mit der Axe der x, so ist bekanntlich die Gleichung des conjugirten Halbmessers:

$$\frac{x\cos\varphi}{\varrho_2{}^2} \pm \frac{y\sin\varphi}{\varrho_1{}^2} = 0,$$

also derselbe ist unserm Durchschnitte parallel, d. h.: Legt man (Fig. 15a) durch zwei einander unendlich nahe Punkte einer Fläche M und M_1 Tangentialebenen, welche sich in $M_1 M_1'$ schneiden mögen, so haben die Tangenten $M M_1$ und $M_1 M_1'$ die Richtung zweier conjugirten Durchmesser der Indicatrix des Punktes M. Zwei solche Tangenten werden conjugirte Tangenten genannt.

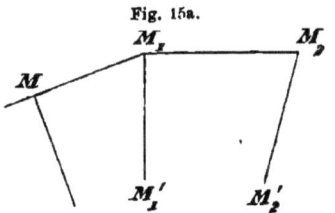

Fig. 15a.

Seien jetzt M M_1 M_2 zwei auf einander folgende Elemente irgend einer Curve auf der Fläche, und legt man durch M, M_1 und M_2

Tangentialebenen, deren Schnittlinien bezüglich $M_1 M'_1$ und $M_2 M'_2$ seien. Diese beiden Richtungen liegen offenbar in der Tangentialebene, die durch M_1 geht, da dieselben aber zugleich conjugirte Tangenten zu $M M_1$ und $M_1 M_2$ sind, so hat man den Satz:

Jede zwei benachbarten Tangenten einer beliebigen Curve auf einer Fläche haben die Eigenschaft, dass ihre conjugirten Tangenten sich schneiden (oder parallel sind.)

Die Richtungen der Haupttangenten in irgend einem Punkt der Fläche waren den Hauptaxen der Indicatrix parallel, da letztere aber ebenfalls conjugirte Durchmesser sind, so sind in jedem Punkte die Haupttangenten conjugirte Tangenten, und zwar die einzigen, die auf einander senkrecht stehen, da unter den conjugirten Durchmessern eines Kegelschnittes nur die Hauptaxen diese Eigenschaft haben.

Anmerkung. Die Sätze von der Indicatrix, sowie überhaupt die von den Normalschnitten erleiden einzelne Ausnahmen für gewisse Punkte und Linien auf den Flächen. Sie entsprechen den Fällen, wo die ersten oder zweiten Differentialquotienten von F die Werthe ∞ oder $\frac{0}{0}$ annehmen.

§ 47.

So geeignet diese Betrachtungen zur Auffindung der Sätze über die Krümmung der Flächen sind, so bleibt doch noch übrig, die entsprechenden Formeln für beliebige Lage der Coordinaten-Axen zu finden, um nicht in jedem einzelnen Falle eine Coordinatentransformation vornehmen zu müssen.

Wenn man unter x, y, z die Coordinaten einer Curve doppelter Krümmung versteht, und sie sich gegeben denkt als Funktion des Bogens s, dieser Bogen von irgend einem Anfangspunkte an gerechnet, und wenn diese Curve auf der Fläche $F(x, y, z) = 0$ (1) liegen soll, so ist die Bedingung dafür (vgl. § 33), dass die drei Gleichungen, welche x, y, z als Funktionen von s geben, so beschaffen sein müssen, dass sie, in die Gleichung (1) eingesetzt, diese zu der identischen Gleichung $0 = 0$ machen. Man darf folglich die Gleichung (1) nach s differentiiren, und erhält dadurch, wenn man die partiellen Differentialquotienten erster und zweiter Ordnung von F mit den in § 40 angegebenen Buchstaben P, Q, R, L, M, N, L', M', N' und die Differentialquotienten von x, y, z nach s durch die entsprechenden accentuirten Buchstaben bezeichnet, folgende Gleichung:

$$(2) \qquad P \cdot x' + Q \cdot y' + R \cdot z' = 0.$$

Die Bedeutung dieser Gleichung ist einfach die, dass die Normale ciner Fläche rechtwinklig auf der Tangente jeder Curve steht, die durch den vermöge der Normale bestimmten Punkt der Fläche geht. Denn heissen die Winkel, welche eine solche Tangente mit den drei Axen bildet, α, β, γ, so ist $x' = \cos \alpha$, $y' = \cos \beta$, $z' = \cos \gamma$, und nennt man die Winkel der Normale mit den drei Axen α', β', γ', so ist

$$\frac{P}{\sqrt{P^2+Q^2+R^2}} = \cos \alpha', \ \frac{Q}{\sqrt{P^2+Q^2+R^2}} = \cos \beta', \ \frac{R}{\sqrt{P^2+Q^2+R^2}} = \cos \gamma'.$$

Die Gleichung (2) lässt sich also so schreiben:

$$\cos \alpha \cdot \cos \alpha' + \cos \beta \cdot \cos \beta' + \cos \gamma \cdot \cos \gamma' = 0,$$

woraus das Obige sofort folgt. Differentiirt man ferner die Gleichung (1) zum zweiten Male nach s, so erhält man zunächst:

$$\frac{\partial P}{\partial s} = Lx' + N'y' + M'z' \text{ oder } = L \cos \alpha + N' \cos \beta + M' \cos \gamma;$$

$$\frac{\partial Q}{\partial s} = N' \cos \alpha + M \cos \beta + L' \cos \gamma \text{ und}$$

$$\frac{\partial R}{\partial s} = M' \cos \alpha + L' \cos \beta + N \cos \gamma.$$

Danach ist das vollständige Differential der Gleichung (2) nach s folgendes:

$$(3) \quad P \cdot x'' + Q \cdot y'' + R \cdot z'' + L \cos^2 \alpha + M \cos^2 \beta + N \cos^2 \gamma$$
$$+ 2L' \cos \beta \cos \gamma + 2M' \cos \gamma \cos \alpha + 2N' \cos \alpha \cos \beta = 0.$$

Wenn man nun die Winkel, welche der Krümmungsradius r der im Eingange dieser Entwickelung genannten Curve mit den drei Axen bildet, mit λ μ ν bezeichnet, und zwar so, dass der Krümmungsradius angenommen wird als vom Curvenpunkte nach dem Krümmungsmittelpunkte hin gehend, so ist

$$\cos \lambda = r \cdot x'', \quad \cos \mu = r \cdot y'', \quad \cos \nu = r \cdot z'',$$

und man kann daher, wenn man sie mit r multiplicirt, die Gleichung (3) mit Anwendung dieser Bezeichnungen so schreiben:

$$(4) \ P \cos \lambda + Q \cos \mu + R \cos \nu + r K = 0, \text{ wenn } K = L \cos^2 \alpha + M \cos^2 \beta$$
$$+ N \cos^2 \gamma + 2L' \cos \beta \cos \gamma + 2M' \cos \gamma \cos \alpha + 2N' \cos \alpha \cos \beta.$$

Setzt man noch statt P, Q, R ihre Werthe durch die Winkel α' β' γ' ein: $P = \cos \alpha' \sqrt{P^2 + Q^2 + R^2}$, u. s. w., so wird

$$(5) \ \sqrt{P^2 + Q^2 + R^2} \{ \cos \alpha' \cos \lambda + \cos \beta' \cos \mu + \cos \gamma' \cos \nu \} + r \cdot K = 0,$$

und endlich, wenn man die Klammergrösse

$$\cos \alpha' \cos \lambda + \cos \beta' \cos \mu + \cos \gamma' \cos \nu$$

durch k bezeichnet:

$$(6) \qquad\qquad r = - \sqrt{P^2 + Q^2 + R^2} \cdot \frac{k}{K}.$$

Diese Gleichung giebt zunächst einen neuen Beweis des Meusnierschen Satzes. Für jeden Punkt M der Fläche sind P, Q, R, L, M ...α', β', γ' gegebene Grössen. Legt man nun durch die Fläche zwei einander im Punkte M berührende Curven, so ist für dieselben in M auch α β γ identisch, mithin auch die Grösse K, die Ausdrücke von r für beide Curven unterscheiden sich also nur durch die Werthe von k. Es stellt diese Grösse k aber den Cosinus des Winkels vor, welchen die Normale der Fläche mit dem Krümmungsradius jeder der beiden Curven macht, und ist somit ein Maximum, wenn dieser Winkel gleich Null ist.

In diesem Falle ist aber die Schmiegungsebene der betreffenden Curve in M ein Normalschnitt; also: Von allen sich in M berührenden Curven auf der Fläche hat diejenige den grössten Krümmungshalbmesser, deren Schmiegungsebene in M der Normalschnitt ist. Sei ϱ der Krümmungsradius dieses Schnittes, so ergiebt sich

(7) $$\varrho = - \sqrt{P^2 + Q^2 + R^2} \cdot \frac{1}{K},$$

und für jeden andern schiefen Schnitt, der den Normalschnitt berührt: $k = \cos \vartheta$, wenn ϑ der Winkel des Krümmungsradius des betrachteten Schnittes mit ϱ ist, also für den schiefen Schnitt ist der Krümmungsradius:

(8) $$r = \varrho \cos \vartheta.$$

Dies ist der Meusniersche Satz.

§ 48.

Da jetzt die schiefen Schnitte erledigt sind, haben wir nur noch die Normalschnitte zu betrachten. Zu dem Ende wollen wir die Maxima und Minima des Ausdruckes

$$\frac{\sqrt{P^2 + Q^2 + R^2}}{L \cos^2 \alpha + M \cos^2 \beta + N \cos^2 \gamma + 2 L' \cos \beta \cos \gamma + 2 M' \cos \gamma \cos \alpha + 2 N' \cos \alpha \cos \beta}$$

für den Fall bestimmen, dass nur die Winkel α, β, γ veränderlich sind, weil sie nur für verschiedene, durch einen Punkt gelegte Normalschnitte sich ändern. Für diese Winkel haben wir die beiden Gleichungen:

(1) $$\cos^2 \alpha + \cos^2 \beta + \cos^2 \gamma = 1,$$

(2) $$P \cos \alpha + Q \cos \beta + R \cos \gamma = 0.$$

Man kann sich leicht davon überzeugen, dass der vorliegende Ausdruck ein Maximum und ein Minimum hat, und dass die beiden Tangenten, für welche diese stattfinden, auf einander normal stehen. Zu dem Ende wollen wir $\sqrt{\varrho} = u$ setzen.

Dann ist
$$u^2 = \frac{\sqrt{P^2 + Q^2 + R^2}}{K}.$$

Legen wir nun durch Punkt M der Fläche eine Gerade von Länge u, wo in dem Nenner die Winkel α, β, γ sich eben auf diese Linie beziehen, und nennen wir die Coordinaten des Endpunktes dieser Linie $\xi \, \eta \, \zeta$, so ist $\xi = u \cdot \cos \alpha$, $\eta = u \cdot \cos \beta$, $\zeta = u \cdot \cos \gamma$, wo $\xi \, \eta \, \zeta$ sich auf ein durch M gehendes, dem gegebenen paralleles Coordinatensystem beziehen. Befreit man nun die Gleichung für u^2 vom Nenner und setzt in ihn die Grössen $\xi \, \eta \, \zeta$ ein, so erhält man:

$$L\xi^2 + M\eta^2 + N\zeta^2 + 2L'\,\eta\zeta + 2M'\,\zeta\xi + 2N'\,\xi\eta = \sqrt{P^2 + Q^2 + R^2},$$

d. h. wenn man so wie den ersten Strahl vom Punkte M aus alle möglichen Strahlen von da aus zieht und auf ihnen die passenden Längen aufträgt, so bilden ihre Endpunkte eine Fläche zweiten Grades, für welche jener Punkt Mittelpunkt ist. Bei der Frage der Krümmungsradien handelt es sich aber nur um diejenigen unter diesen Strahlen, welche in der Tangentialebene des auf der Fläche betrachteten Punktes liegen: die Winkel α, β, γ beziehen sich nur auf Tangenten. Wir haben demnach auch, um die Werthe von ϱ zu bestimmen, nicht sämmtliche Diameter dieser Fläche zweiten Grades in Betracht zu ziehen, sondern nur diejenigen, welche in der Tangentialebene des betrachteten Punktes liegen. Diese Tangentialebene ist aber für die Hilfsfläche zweiten Grades eine Diametralebene, schneidet also aus ihr einen Kegelschnitt aus. Jeder Kegelschnitt mit einem Mittelpunkte hat eine grösste und eine kleinste Axe, welche auf einander normal stehen. Daraus folgt unmittelbar, dass der Ausdruck für ϱ (7) einen grössten und einen kleinsten Werth hat, und nicht mehr, und dass sie sich auf zwei Tangenten in der Tangentialebene beziehen, welche auf einander normal stehen.

Um nun diesen Maximums- und Minimumswerth von ϱ zu finden, haben wir, weil der Zähler des Ausdrucks $\dfrac{\sqrt{P^2 + Q^2 + R^2}}{K}$ constant ist, nur den Nenner K zum Minimum oder Maximum zu machen. Schreiben wir statt der cos der drei Winkel α, β, γ der Kürze halber α, β, γ, so haben wir also die Grösse

$$L\alpha^2 + M\beta^2 + N\gamma^2 + 2L'\,\beta\gamma + 2M'\,\gamma\alpha + 2N'\,\alpha\beta$$

zum Minimum oder Maximum zu machen, wobei die beiden Gleichungen $\alpha^2 + \beta^2 + \gamma^2 = 1$ und $P\alpha + Q\beta + R\gamma = 0$ bestehen. Man hat also hier eine sogenannte Aufgabe des relativen Maximums oder Minimums zu lösen, was so geschieht:

Man addire zu der Grösse K die beiden Bedingungsgleichungen, jede mit einer constanten Grösse multiplicirt:

$$L\alpha^2 + M\beta^2 + N\gamma^2 + 2L'\beta\gamma + 2M'\gamma\alpha + 2N'\alpha\beta + \varepsilon(\alpha^2 + \beta^2 + \gamma^2 - 1)$$
$$+ 2\varepsilon'(P\alpha + Q\beta + R\gamma) = 0,$$

diese Gleichung differentiire man nach den drei Variabeln:

(9) $L\alpha + N'\beta + M'\gamma + \varepsilon\alpha + \varepsilon'P = 0$, $N'\alpha + M\beta + L'\gamma + \varepsilon\beta + \varepsilon'Q = 0$
$$M'\alpha + L'\beta + N\gamma + \varepsilon\gamma + \varepsilon'R = 0$$

und aus diesen hat man α, β, γ zu bestimmen.

Wir multipliciren sie zunächst der Reihe nach mit α, β, γ und addiren sie, wodurch wir ε finden: $K + \varepsilon \cdot 1 + \varepsilon' \cdot 0 = 0$, also $\varepsilon = -K$. Substituiren wir dies, so werden die Gleichungen (9)

(10) $(L-K)\alpha + N'\beta + M'\gamma = -\varepsilon'P$, $N'\alpha + (M-K)\beta + L'\gamma = -\varepsilon'Q$
$$M'\alpha + L'\beta + (N-K)\gamma = -\varepsilon'R.$$

Bestimmen wir aus diesen Gleichungen α, β, γ, so erhalten wir, wenn wir den gemeinsamen Nenner

$$\begin{vmatrix} L-K, & N', & M' \\ N', & M-K, & L' \\ M', & L', & N-K \end{vmatrix}$$

$= \Delta$ setzen:

$$-\frac{1}{\varepsilon'} \cdot \Delta \cdot \alpha = P((M-K)\cdot(N-K) - L'^2)$$
$$+ Q((L'M' - N'(N-K)) + R(N'L' - M'(M-K))$$

$$-\frac{1}{\varepsilon'} \cdot \Delta \cdot \beta = P(L'M' - N'(N-K))$$
$$+ Q((N-K)(L-K) - M'^2) + R(M'N' - L'(L-K))$$

$$-\frac{1}{\varepsilon'} \cdot \Delta \cdot \gamma = P(N'L' - M'(M-K))$$
$$+ Q(M'N' - L'(L-K)) + R((L-K)(M-K) - N'^2).$$

Multipliciren wir diese drei Gleichungen der Reihe nach mit P, Q, R, und addiren, so kommt $-\frac{1}{\varepsilon'} \cdot \Delta \cdot 0$, d. i.

(11)
$$0 = \begin{cases} P^2((M-K)(N-K) - L'^2) + Q^2((N-K)(L-K) - M'^2) \\ \qquad\qquad + R^2((L-K)(M-K) - N'^2) \\ + 2QR(M'N' - L'(L-K)) + 2RP(N'L' - M'(M-K)) \\ \qquad\qquad + 2PQ(L'M' - N'(N-K)), \end{cases}$$

welche Gleichung in Beziehung auf K offenbar vom zweiten Grade ist. Die Wurzeln derselben (die sich auf das grösste und kleinste ϱ beziehen), seien K_1 und K_2, und es ist somit

$$\varrho_1 = \frac{\sqrt{P^2 + Q^2 + R^2}}{K_1} \quad \text{und} \quad \varrho_2 = \frac{\sqrt{P^2 + Q^2 + R^2}}{K_2} \quad [K_1 < K_2]$$

der Werth des grössten und des kleinsten Krümmungsradius aller Normalschnitte, die durch einen gegebenen Punkt der Fläche gelegt werden können.

§ 49.

In Beziehung auf die Gleichung (11) bleibt uns noch nachzuweisen, dass sie stets zwei reelle Wurzeln hat. Wir verbinden damit den Beweis dafür, dass die Werthe der Cosinus α, β, γ, die man vermittelst der Gleichungen (10) aus diesen beiden Wurzeln K_1 und K_2 bestimmen kann, zu zwei Linien gehören, die auf einander normal stehen. Man findet die Cosinus α, β, γ, welche zu dem einen K gehören, aus (10), und eliminirt dann noch die Grösse ε' mittelst der Gleichung $\alpha^2 + \beta^2 + \gamma^2 = 1$. Man setze dann statt des ersten K das andere ein, und erhält dadurch ein zweites System α, β, γ, welches zu einer andern Tangente gehört. Es seien α_1, β_1, γ_1 die Werthe von α, β, γ, welche zu dem Wurzelwerthe K_1 gehören, und α_2, β_2, γ_2 die, welche zu K_2 gehören. Dann haben wir die Gleichungen (10)

$$(L - K_1)\,\alpha_1 + N'\beta_1 + M'\gamma_1 = -\varepsilon_1'\,P$$

und zwei ähnliche, oder wie wir schreiben wollen:

$$
\begin{aligned}
&L\alpha_1 + N'\beta_1 + M'\gamma_1 = -\varepsilon_1'P + K_1\alpha_1\\
(12)\quad &N'\alpha_1 + M\beta_1 + L'\gamma_1 = -\varepsilon_1'Q + K_1\beta_1\\
&M'\alpha_1 + L'\beta_1 + N\gamma_1 = -\varepsilon_1'R + K_1\gamma_1
\end{aligned}
$$

$$
\begin{aligned}
&L\alpha_2 + N'\beta_2 + M'\gamma_2 = -\varepsilon_2'P + K_2\alpha_2\\
(12^*)\quad &N'\alpha_2 + M\beta_2 + L'\gamma_2 = -\varepsilon_2'Q + K_2\beta_2\\
&M'\alpha_2 + L'\beta_2 + N\gamma_2 = -\varepsilon_2'R + K_2\gamma_2.
\end{aligned}
$$

Multipliciren wir das System (12) der Reihe nach mit α_2, β_2, γ_2, und addiren, so erhalten wir:

$$L\alpha_1\alpha_2 + M\beta_1\beta_2 + N\gamma_1\gamma_2 + L'(\beta_2\gamma_1 + \gamma_2\beta_1) + M'(\gamma_2\alpha_1 + \alpha_2\gamma_1)$$
$$+ N'(\alpha_2\beta_1 + \beta_2\alpha_1) = -\varepsilon_1'(P\alpha_2 + Q\beta_2 + R\gamma_2) + K_1(\alpha_1\alpha_2 + \beta_1\beta_2 + \gamma_1\gamma_2),$$

wo noch das Glied $-\varepsilon_1'(P\alpha_2 + Q\beta_2 + R\gamma_2) = 0$ ist, weil $P\alpha + Q\beta + R\gamma = 0$. Aehnlich erhält man aus (12^*)

$$L\alpha_1\alpha_2 + M\beta_1\beta_2 + N\gamma_1\gamma_2 + L'(\beta_2\gamma_1 + \gamma_2\beta_1) + M'(\gamma_2\alpha_1 + \alpha_2\gamma_1)$$
$$+ N'(\alpha_2\beta_1 + \beta_2\alpha_1) = -\varepsilon_2'(P\alpha_1 + Q\beta_1 + R\gamma_1) + K_2(\alpha_1\alpha_2 + \beta_1\beta_2 + \gamma_1\gamma_2),$$

und da wiederum $-\varepsilon_2'(P\alpha_1 + Q\beta_1 + R\gamma_1) = 0$ ist,

$$(13)\qquad K_1(\alpha_1\alpha_2 + \beta_1\beta_2 + \gamma_1\gamma_2) = K_2(\alpha_1\alpha_2 + \beta_1\beta_2 + \gamma_1\gamma_2)$$

oder
$$(K_1 - K_2)(\alpha_1\alpha_2 + \beta_1\beta_2 + \gamma_1\gamma_2) = 0.$$

Diese Gleichung kann erstens dadurch erfüllt werden, dass $K_1 - K_2 = 0$ ist, d. h. dass die Gleichung (11) in jedem Falle zwei gleiche Wurzeln hat. Dieser Fall tritt offenbar ein, wenn die Indicatrix ein Kreis ist, dann ist das Maximum und Minimum der Krümmungsradien, der Normalschnitte, also die Krümmungsradien sämmtlicher Normalschnitte gleich; da dieser Fall aber nur ausnahmsweise eintreten kann, so wollen wir ihn zunächst ausschliessen. In jedem andern Falle hat man:

$$(14) \qquad \alpha_1 \alpha_2 + \beta_1 \beta_2 + \gamma_1 \gamma_2 = 0,$$

d. h. die beiden Tangenten, zu denen die Krümmungshalbmesser gehören, stehen auf einander normal. Aus dieser Gleichung folgt zugleich fast von selbst, dass die quadratische Gleichung (11) nur reelle Wurzeln hat. Wenn man nämlich die Winkel $\alpha \beta \gamma$ in der oben angegebenen Weise, vermittelst der Gleichungen (10) und der Gleichung $\alpha^2 + \beta^2 + \gamma^2 = 1$ darstellt, so ergeben sich $\alpha_1 \beta_1 \gamma_1$ als dieselben Functionen von K_1, wie $\alpha_2 \beta_2 \gamma_2$ von K_2. Setzt man also $\alpha_1 = \varphi(K_1)$, so würde $\alpha_2 = \varphi(K_2)$. Gesetzt den Fall, K_1 und K_2 wären imaginär, so müsste K_1 die Form haben $a + a' \cdot i$ und K_2 die Form $a - a' \cdot i$. Es würde also

$$\alpha_1 = \varphi(a + a' \cdot i), \ \alpha_2 = \varphi(a - a' \cdot i) \ \text{oder} \ \alpha_1 = A + A' \cdot i, \ \alpha_2 = A - A' \cdot i,$$

und demgemäss $\alpha_1 \cdot \alpha_2 = A^2 + A'^2$, also wesentlich positiv. Ebenso würde auch $\beta_1 \beta_2$ und $\gamma_1 \gamma_2$ wesentlich positiv werden. Da aber die Summe positiver Grössen nicht Null werden kann, so müssen beide K reell sein.

§ 50.

Wir wollen nun noch, ehe wir die gewonnenen Resultate anwenden, eine Gleichung ableiten, die allerdings zur wirklichen Berechnung der Krümmungsradien viel unbrauchbarer ist als die Gleichung (11), aber oft gegeben wird. Sie macht die Voraussetzung, dass die Gleichung der Fläche nach der einen Coordinate aufgelöst ist: $\varphi(x, y) - z = 0$. Bildet man von dieser Gleichung der Fläche die partiellen Differentialquotienten der ersten und zweiten Ordnung, so erhält man

$$p = \varphi'(x) \quad q = \varphi'(y) \quad r = \varphi''(x) \quad s = \varphi''(x, y) \quad t = \varphi''(y);$$

es ist somit

$$P = p, \ Q = q, \ R = -1; \ L = r, \ M = t, \ N = 0; \ L' = 0, \ M' = 0, \ N' = s.$$

Somit wird die Gleichung (11)

$$0 = -p^2 K(t - K) - q^2 K(r - K) + (r - K)(t - K) - s^2 + 2pqsK$$

oder, nach K geordnet

$$0 = (rt - s^2) - \{(p^2 + 1)t - 2pqs + (q^2 + 1)r\} K + (1 + p^2 + q^2) K^2.$$

Multiplicirt man diese Gleichung mit $(1 + p^2 + q^2)$, dividirt sie durch K^2 und setzt alsdann $\varrho = \dfrac{\sqrt{1 + p^2 + q^2}}{K}$ ein, so wird sie:

$$0 = (rt - s^2)\,\varrho^2$$
$$- \{(1 + q^2)\,r - 2pqs + (1 + p^2)t\}\,\sqrt{1 + p^2 + q^2}\cdot\varrho + (1 + p^2 + q^2)^2.$$

Will man jedoch diese Formel benutzen, so hat man, weil man die Gleichung der Fläche nach z auflösen muss, sehr viel Rechnung, und diese wird schon beim Ellipsoid so complicirt, dass Dupin, der sie angestellt hat, ganz überrascht war, dass das Endresultat nach so vielen Gleichungen ein so einfaches ist. Uebrigens lässt sich an diese Form der Gleichung noch die Bemerkung knüpfen, dass eine Fläche in jedem Punkte entgegengesetzte Hauptkrümmungen hat, in welchem sie von ihrer Tangentialebene geschnitten wird. Denn bezeichnet man die beiden Krümmungsradien mit ϱ_1 und ϱ_2, so ist aus der obigen Gleichung $\varrho_1 \cdot \varrho_2 = \dfrac{(1 + p^2 + q^2)^2}{rt - s^2}$ und dieser Ausdruck wird negativ, d. h. ϱ_1 und ϱ_2 haben entgegengesetztes Zeichen, sobald $rt - s^2$ negativ ist (cf. § 39).

Noch eine andere specielle Form, die nicht ohne Interesse ist, gilt für den Fall, dass in der Gleichung der Fläche $F(x, y, z) = 0$ die Variabeln getrennt sind, dass sie also, wenn X eine Function von x allein, Y eine Function von y allein, Z eine Function von z allein bedeutet, die Form hat $X + Y + Z = 0$, wie dies z. B. bei den Paraboloiden und den Flächen zweiten Grades der Fall ist, welche einen Mittelpunkt haben. Es wird nämlich alsdann

$$P = X', \quad Q = Y', \quad R = Z'; \quad L = X'', \quad M = Y'', \quad N = Z'';$$
$$L' = 0, \quad M' = 0, \quad N' = 0,$$

und somit die Gleichung (11)

$$0 = P^2(M - K)(N - K) + Q^2(N - K)(L - K) + R^2(L - K)(M - K)$$

oder wenn man mit dem Producte $(L - K)(M - K)(N - K)$ dividirt:

$$0 = \frac{P^2}{L - K} + \frac{Q^2}{M - K} + \frac{R^2}{N - K} \text{ oder endlich } 0 = \frac{X'^2}{X'' - K} + \frac{Y'^2}{Y'' - K} + \frac{Z'^2}{Z'' - K}.$$

Zum Beispiel wird für die Flächen zweiten Grades, welche einen Mittelpunkt haben, und die in der Gleichung

$$\frac{A}{2}x^2 + \frac{B}{2}y^2 + \frac{C}{2}z^2 - \frac{1}{2} = 0$$

enthalten sind, jeder der beiden Hauptkrümmungsradien gegeben durch

$$\varrho = \frac{\sqrt{A^2x^2 + B^2y^2 + C^2z^2}}{K},$$

6 *

wo man für K nacheinander die beiden Wurzeln der quadratischen Gleichung $0 = \dfrac{A^2 x^2}{A - K} + \dfrac{B^2 y^2}{B - K} + \dfrac{C^2 z^2}{C - K}$ einzusetzen hat.

Auch über die Richtung, in welcher bei einer Fläche zweiten Grades, die einen Mittelpunkt hat, die Hauptkrümmungsradien zu liegen kommen, können wir uns leicht Aufschluss verschaffen. Nach der Formel (7) ist der Krümmungsradius irgend eines Normalschnittes gegeben durch die Gleichung

$$\varrho = \frac{\sqrt{P^2 + Q^2 + R^2}}{L\cos^2\alpha + M\cos^2\beta + N\cos^2\gamma + 2L'\cos\beta\cos\gamma + 2M'\cos\gamma\cos\alpha + 2N'\cos\alpha\cos\beta}.$$

Hiernach erhält man z. B. für das Ellipsoid $\dfrac{x^2}{a^2} + \dfrac{y^2}{b^2} + \dfrac{z^2}{c^2} - 1 = 0$ folgenden Ausdruck:

$$\varrho = \frac{\sqrt{\dfrac{x^2}{a^4} + \dfrac{y^2}{b^4} + \dfrac{z^2}{c^4}}}{\dfrac{1}{a^2}\cos^2\alpha + \dfrac{1}{b^2}\cos^2\beta + \dfrac{1}{c^2}\cos^2\gamma}.$$

Die Ausdrücke in Zähler und Nenner sind leicht zu interpretiren. Legt man nämlich an den betreffenden Punkt (x, y, z) eine Tangentialebene, so ist die Gleichung derselben $\dfrac{\xi x}{a^2} + \dfrac{\eta y}{b^2} + \dfrac{\zeta z}{c^2} - 1 = 0$. Daraus folgt: die Entfernung p des Mittelpunktes des Ellipsoids von dieser Ebene ist

$$p = \frac{1}{\sqrt{\dfrac{x^2}{a^4} + \dfrac{y^2}{b^4} + \dfrac{z^2}{c^4}}};$$

der Zähler des Ausdrucks für ϱ ist also der reciproke Werth von p. Da ferner α, β, γ die Winkel sind, welche die Tangente des Normalschnitts mit den drei Axen bildet, so sind, wenn man dieser Tangente einen Radius des Ellipsoids parallel zieht und seine Länge vom Mittelpunkte bis zur Fläche mit d bezeichnet, die Coordinaten seines Endpunktes $d\cos\alpha$, $d\cos\beta$, $d\cos\gamma$, für welche die Gleichung des Ellipsoids gelten muss, so dass also

$$d^2\left\{\frac{\cos^2\alpha}{a^2} + \frac{\cos^2\beta}{b^2} + \frac{\cos^2\gamma}{c^2}\right\} - 1 = 0$$

ist. Demnach ist zweitens gefunden: der Nenner von ϱ ist der reciproke Werth von d^2. Es ist also der Krümmungsradius jedes Normalschnittes $\varrho = \dfrac{d^2}{p}$, wo d der Radius ist, der der Tangente des Normalschnitts parallel geht, und p die Entfernung der Tangentialebene vom Mittelpunkte. Für das System aller Normalschnitte, welche in einem Punkte des Ellipsoids möglich sind, bleibt nun p

ungeändert, d beschreibt eine Ellipse parallel der Tangentialebene: daraus geht hervor, welches die Richtungen der grössten und kleinsten Krümmung sein werden: man hat für sie nur die Hauptaxen des Diametralschnitts zu bestimmen. Wir haben also den Satz: Bei einem Ellipsoid, oder, da die Vorzeichen von a^2, b^2, c^2 nicht in Betracht gekommen sind, allgemein: Bei jeder Fläche zweiten Grades mit einem Mittelpunkte erhält man die Richtungen des am meisten und des am wenigsten gekrümmten Normalschnitts, indem man zuerst die Hauptaxen desjenigen Diametralschnitts bestimmt, der der Tangentialebene parallel ist, und vom gegebenen Punkte der Fläche aus Tangenten zieht, welche diesen Axen parallel sind.

Es bietet sich hier zugleich eine andere Frage dar: Giebt es Punkte, wo alle Normalschnitte dieselbe Krümmung haben? Dies kann nur da sein, wo die Tangentialebene parallel ist den Kreisschnitten. Wir kommen bald noch auf solche Punkte, die man Nabelpunkte (besser sphärische Punkte nennt) zurück, und bemerken nur, dass das Ellipsoid ihrer vier hat, welche in der Ebene der grössten und kleinsten Axe liegen.[*]

§ 51.

Wir wollen unsre Formeln nun noch specialisiren für die Rotationsflächen. Eine Rotations- oder Revolutions-fläche ist eine Fläche, die entsteht, indem eine Curve sich um eine Axe bewegt. Jeder Punkt der rotirenden Curve erzeugt bei der Bewegung einen Kreis, dessen Ebene durch die auf ihr normale Axe im Mittelpunkte getroffen wird. Offenbar aber kann man jede Rotationsfläche entstanden denken durch Rotation einer ebenen Curve in Bezug auf eine in ihrer Ebene liegende Gerade. Denkt man sich nämlich irgend eine doppelt gekrümmte Curve um irgend eine Axe rotiren, bis sie die Rotation vollendet, und in der entstehenden Fläche einen ebenen Schnitt durch die Rotationsaxe gelegt, so erhält man dadurch diejenige ebene Curve, deren Rotation um dieselbe Axe dieselbe Fläche hervorbringt.

Wollen wir nun die Hauptkrümmungsradien einer jeden Rotationsfläche finden, Fig. 16, so kommt es zunächst darauf an, die Gleichung dieser Art Flächen aufzustellen. Die Gleichung der ro-

---

[*] Diese Betrachtungen lassen sich leicht auf beliebige Flächen ausdehnen, wenn man statt des der Tangentialebene parallelen Diametralschnittes den ihr parallelen unendlich nahen Schnitt, also die Indicatrix setzt.

tirenden Curve, welche wir als eben annehmen, wird, wenn wir die Rotationsaxe zur z-Axe wählen, die Form haben $z = f(\xi)$. Wenn

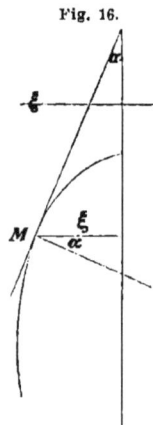

Fig. 16.

diese Curve rotirt, so behält während der Rotation jeder Punkt unverändert sein z, es ändern sich aber die beiden andern Coordinaten x und y, so jedoch, dass die Entfernung des Punktes von der z-Axe nämlich $\sqrt{x^2 + y^2}$ immer dieselbe bleibt und zwar ξ. Es ist also die Gleichung jeder Rotationsfläche, wenn die z-Axe Rotationsaxe ist, $z = f(\sqrt{x^2 + y^2})$ oder auch $z = \varphi\,(x^2 + y^2)$, wenn man $f(\xi) = \varphi(\xi^2)$ setzt, d. h. in der Gleichung der Fläche kommen, wenn man sie nach z auflöst, die Coordinaten x und y nur so vor, dass sich der ganze Ausdruck immer in $x^2 + y^2$ und dessen Potenzen, Vielfache u. s. w. zusammenfassen lässt.

Wir wollen in der folgenden Untersuchung die Gleichung der Fläche so schreiben: $z = f(\xi)$, wo $\xi^2 = x^2 + y^2$, und wenden nun zur Auffindung der Halbmesser der grössten und kleinsten Krümmung im Punkte (x, y, z) die erste in § 50 erwähnte Form der allgemeinen Gleichung (11) an, weil die Gleichung der Fläche nach z aufgelöst ist. Wir bilden uns zu dem Ende die Differentialquotienten erster und zweiter Ordnung:

$$p = f'(\xi) \cdot \frac{\partial \xi}{\partial x}, \quad q = f'(\xi) \cdot \frac{\partial \xi}{\partial y}; \quad r = f''(\xi) \cdot \left(\frac{\partial \xi}{\partial x}\right)^2 + f'(\xi) \cdot \frac{\partial^2 \xi}{\partial x^2}$$

$$s = f''(\xi) \cdot \frac{\partial \xi}{\partial x} \cdot \frac{\partial \xi}{\partial y} + f'(\xi) \cdot \frac{\partial^2 \xi}{\partial x \cdot \partial y}, \quad t = f''(\xi) \cdot \left(\frac{\partial \xi}{\partial y}\right)^2 + f'(\xi) \cdot \frac{\partial^2 \xi}{\partial y^2}.$$

Dabei ist

$$\xi \cdot \frac{\partial \xi}{\partial x} = x, \quad \xi \cdot \frac{\partial \xi}{\partial y} = y$$

und folglich

$$\left(\frac{\partial \xi}{\partial x}\right)^2 + \xi \frac{\partial^2 \xi}{\partial x^2} = 1, \quad \frac{\partial \xi}{\partial x} \cdot \frac{\partial \xi}{\partial y} = \xi \frac{\partial^2 \xi}{\partial x \cdot \partial y} = 0, \quad \left(\frac{\partial \xi}{\partial y}\right)^2 + \xi \frac{\partial^2 \xi}{\partial y^2} = 1,$$

also

$$p = f' \cdot \frac{x}{\xi}, \quad q = f' \cdot \frac{y}{\xi}; \quad r = f'' \cdot \frac{x^2}{\xi^2} + f' \cdot \frac{\xi^2 - x^2}{\xi^3} = f'' \cdot \frac{x^2}{\xi^2} + f' \cdot \frac{y^2}{\xi^3}$$

$$s = f'' \cdot \frac{xy}{\xi^2} - f' \cdot \frac{xy}{\xi^3}, \quad t = f'' \cdot \frac{y^2}{\xi^2} + f' \cdot \frac{x^2}{\xi^3}.$$

Diese Ausdrücke hätten wir nun in die oben erwähnte Gleichung für ϱ einzusetzen, und wo möglich die dadurch entstehende Gleichung zu vereinfachen. Da sich aber innerhalb desselben Parallelkreises die Punkte der Fläche in jeder Weise gleich verhalten, so können wir für die folgende Entwicklung einen beliebigen Punkt eines solchen Parallelkreises zu Grunde legen und das Resultat wird allgemein für jeden Punkt des Parallelkreises gelten. Wir wählen, weil dadurch die Untersuchung am einfachsten wird, denjenigen Punkt, wo die Fläche die zx-Ebene schneidet: dort ist $y = 0$ also $x = \xi$ und

$$p = f', \quad q = 0; \quad r = f'', \quad s = 0, \quad t = f' \cdot \frac{1}{\xi}.$$

Danach wird die Gleichung für ϱ

$$\frac{f'f''}{\xi}\varrho^2 - \left(f'' + (1 + f'^2)\frac{f'}{\xi}\right)\sqrt{1 + f'^2} \cdot \varrho + (1 + f'^2)^2 = 0,$$

welche wir auch so schreiben können:

$$\varrho^2 - \left(\frac{\xi\sqrt{1 + f'^2}}{f'} + \frac{(1 + f'^2)^{\frac{3}{2}}}{f''}\right)\varrho + \frac{\xi(1 + f'^2)^2}{f'f''} = 0,$$

in welcher Form man sogleich erkennt, dass die beiden Wurzeln für ϱ sind

$$\frac{\xi\sqrt{1 + f'^2}}{f'} \quad \text{und} \quad \frac{(1 + f'^2)^{\frac{3}{2}}}{f''}.$$

Da die Gleichung $z = f(\xi)$ die der Meridiancurve ist, so ist die zweite Wurzel ϱ zugleich der Krümmungsradius des Meridians; mithin ist der Krümmungsradius des Meridians der Krümmungsradius eines Hauptschnitts. Der zweite Hauptschnitt steht normal auf diesem. Sein Krümmungsradius ist $\dfrac{\xi\sqrt{1 + f'^2}}{f'}$, ein Ausdruck, welcher sich auch leicht geometrisch deuten lässt. Denkt man sich nämlich an die Meridiancurve im Punkte (ξ, z) eine Tangente gezogen, welche die z-Axe unter dem Winkel α schneidet, so ist auch der Winkel der Abscisse ξ mit der Normale des vorliegenden Punktes gleich α.

Es ist aber $f' = \cot\alpha$, also $\dfrac{\sqrt{1 + f'^2}}{f'} = \dfrac{1}{\cos\alpha}$ und mithin die Grösse des zweiten Hauptkrümmungshalbmessers $= \dfrac{\xi}{\cos\alpha}$, d. i. gleich der Normale vom Curvenpunkt bis zur z-Axe. Wir haben also folgenden Satz:

Die Hauptkrümmungsradien in einem Punkt einer Umdrehungsfläche sind an Länge gleich dem Krümmungsradius des Meridians in jenem Punkte und resp. dem Stück der Normale des Meridians in jenem Punkte, welches zwischen dem Punkte und der z-Axe liegt. Dass die Hauptschnitte selbst bezüglich der Meridian und der auf ihm normale Schnitte sind, ergiebt sich hieraus leicht. Der Kreis, den Punkt M beschreibt, steht nämlich in diesem Punkte auf der Meridianebene, und folglich auch auf der Normale des Meridians senkrecht. Die Letztere ist also auch Normale der Fläche. Die beiden betrachteten Schnitte sind also Normalschnitte und da ihre Krümmungsradien Maximum und Minimum sind, Hauptschnitte. Was sich hier gezeigt hat, dass nämlich die beiden Wurzeln von ϱ reell sind, gilt allgemein: es lässt sich beweisen,- dass, so lange p, q, r, s, t selbst reell sind, auch die beiden Werthe von ϱ reell sind. Der Beweis gründet sich darauf, dass der Radicand der Quadratwurzel, welche in dem Ausdruck für ϱ sich ergiebt, sich in eine Summe positiver Grössen zerlegen lässt. Der Radicand lautet nämlich

$$((1+p^2)t - 2pqs + (1+q^2)r)^2 \frac{1+p^2+q^2}{4} - (1+p^2+q^2)^2(rt-s^2),$$

und dies ist, wovon man sich überzeugt:

$$\frac{1+p^2+q^2}{4}\Big\{\{(1+p^2)t - (1+q^2)r + 2pq\Big(\frac{pqr}{1+p^2}-s\Big)\}^2$$

$$+ 4(1+p^2+q^2)\Big\{\frac{pqr}{1+p^2}-s\Big\}^2\Big\}.$$

§ 52.

Aufgabe. Wie findet man allgemein diejenigen Punkte einer Fläche, in welchen die beiden Hauptkrümmungsradien und folglich auch alle Krümmungsradien einander gleich sind, oder: Wie findet man die Nabelpunkte einer Fläche allgemein? (Cf. § 50.)

Dieselben werden gefunden, wenn man die eben gefundenen Radicanden gleich Null setzt. Nimmt man hierzu die Gleichung der Fläche, so würden für die Coordinaten x, y, z nur zwei Gleichungen existiren, und dem entsprechend auf jeder Fläche eine ganze Curve von Nabelpunkten vorhanden sein. Dass dies aber nicht der Fall ist, folgt daraus, dass der Radicand als Summe von 2 nothwendig positiven Grössen nicht Null werden kann, ohne dass seine beiden Glieder einzeln verschwinden. Ausgenommen ist nur der Fall, wo diese beiden Glieder einen gemeinschaftlichen Factor haben, den man gleich Null setzen kann. In diesem Falle ist dann wirklich eine Curve von Nabelpunkten vorhanden. In jedem andern Falle hat man die beiden Gleichungen $\frac{pqr}{1+p^2} - s = 0$ und $(1+p^2)t - (1+q^2)r$

$= 0$, welche wir auch so schreiben können: $\frac{r}{1+p^2} = \frac{s}{pq} = \frac{t}{1+q^2}$.

Das heisst:

Die Fläche $z = f(x, y)$ hat Nabelpunkte da, wo die drei zweiten partiellen Differentialquotienten von z nach x und y, nämlich r, s, t proportional sind bezüglich den Ausdrücken: $1+p^2$, pq, $1+q^2$.

Eine andere Ableitung hierfür ist folgende. Nach der Formel (7) ist der Krümmungsradius irgend eines Normalschnitts

$$\varrho = \frac{\sqrt{P^2 + Q^2 + R^2}}{K},$$

oder wenn man sich die Gleichung der Fläche auf die Form $z = f(x, y)$ gebracht denkt: $\varrho = \dfrac{\sqrt{p^2 + q^2 + 1}}{r \cos^2 \alpha + 2r \cos \alpha \cos \beta + t \cos^2 \beta}$, worin für α, β, γ die Gleichungen gelten

$$\cos^2 \alpha + \cos^2 \beta + \cos^2 \gamma = 1, \quad p \cos \alpha + q \cos \beta = \cos \gamma,$$

oder mit Elimination von $\cos \gamma$:

$$(1 + p^2) \cos^2 \alpha + 2pq \cos \alpha \cos \beta + (1 + q^2) \cos^2 \beta = 1.$$

Für einen Nabelpunkt sollen nun alle Normalschnitte dieselbe Krümmung haben. Es muss also in dem Ausdrucke für ϱ, weil der Zähler für jeden Punkt der Fläche constant, der Nenner immer denselben Werth beibehalten, welche Werthe man auch dem $\cos \alpha$ und $\cos \beta$ beilegt, vorausgesetzt, dass diese der aufgestellten Bedingungsgleichung für $\cos \alpha$ und $\cos \beta$ genügen. Es ist also die Frage: in welchem Falle wird der Ausdruck $r \cos^2 \alpha + 2s \cos \alpha \cdot \cos \beta + t \cos^2 \beta$ beständig denselben Werth beibehalten, während für α und β nur die Gleichung stattfindet

$$(1 + p^2) \cos^2 \alpha + 2pq \cos \alpha \cos \beta + (1 + q^2) \cos^2 \beta = 1.$$

Der Werth des Nenners sei beständig gleich λ, so ist also

$$r \cos^2 \alpha + 2s \cdot \cos \alpha \cdot \cos \beta + t \cdot \cos^2 \beta = \lambda.$$

Andrerseits haben wir aus der Bedingungsgleichung

$$\lambda (1 + p^2) \cos^2 \alpha + 2 \lambda pq \cos \alpha \cos \beta + \lambda (1 + q^2) \cos^2 \beta = \lambda.$$

Damit also die erste Gleichung nicht nur für eine Anzahl Werthsysteme von α und β, sondern für jeden beliebigen Werth von α und den vermöge der zweiten Gleichung dazu gehörigen von β bestehe, müssen sich α und β aus beiden Gleichungen nicht bestimmen lassen, die beiden Gleichungen müssen identisch sein, d. h.

$$r = \lambda (1 + p^2) \quad s = \lambda pq \quad t = \lambda (1 + q^2), \text{ wie oben.}$$

Bestimmen wir hiernach die Nabelpunkte eines Ellipsoids. Die Gleichung desselben sei: $\dfrac{x^2}{a^2} + \dfrac{y^2}{b^2} + \dfrac{z^2}{c^2} = 1$, wir erhalten sogleich:

$$p = - \frac{c^2 x}{a^2 z}, \qquad q = - \frac{c^2 y}{b^2 z},$$

$$r = - \frac{c^2 (a^2 z^2 + c^2 x^2)}{a^4 z^3} = - \frac{c^4 (b^2 - y^2)}{a^2 b^2 z^3},$$

$$t = -\frac{c^2(b^2z^2 + c^2y^2)}{b^4z^3} = -\frac{c^4(a^2 - x^2)}{a^2b^2z^3},$$

$$s = -\frac{c^4xy}{a^2b^2z^3}, \quad 1 + p^2 = \frac{a^4z^2 + c^4x^2}{a^4z^2}, \quad 1 + q^2 = \frac{b^4z^2 + c^4y^2}{b^4z^2}.$$

Die Gleichung $pqr = s(1 + p^2)$ kann dann, wie leicht zu sehen, nur erfüllt werden, wenn x, y oder z gleich Null wird. Die Gleichung: $t(1 + p^2) = r(1 + q^2)$ nimmt die Gestalt an:

$$(b^2z^2 + c^2y^2)(a^4z^2 + c^4x^2) = (a^2z^2 + c^2x^2)(b^4z^2 + c^4y^2).$$

Nehmen wir an, dass b die mittlere Halbaxe sei, und setzen zunächst $x = 0$, dann wird unsere Gleichung:

$$a^4(b^2z^2 + c^2y^2) = a^2(b^4z^2 + c^4y^2)$$

oder

$$a^2b^2(a^2 - b^2)z^2 = a^2c^2(c^2 - a^2)y^2,$$

welche Gleichung unmöglich ist, da die beiden Seiten verschiedene Vorzeichen haben. Die Nabelpunkte, wenn deren vorhanden sind, können also nicht in eine Hauptebene fallen, durch welche die mittlere Axe geht, sie liegen also in der Ebene der grössten und kleinsten Axe; sei demgemäss $y = 0$, so erhalten wir:

$$a^2b^2(a^2 - b^2)z^2 = b^2c^2(b^2 - c^2)x^2$$

$$\frac{x}{z} = \pm\frac{a}{c}\sqrt{\frac{a^2 - b^2}{b^2 - c^2}}$$

oder da $a^2z^2 = c^2(a^2 - x^2)$ ist:

$$(a^2 - b^2)(a^2 - x^2) = (b^2 - c^2)x^2, \quad a^2(a^2 - b^2) = x^2(a^2 - c^2)$$

$$x = \pm a\sqrt{\frac{a^2 - b^2}{a^2 - c^2}}, \quad z = \pm c\sqrt{\frac{b^2 - c^2}{a^2 - c^2}}.$$

Durch Combination der Zeichen ergeben sich also 4 Nabelpunkte.

B. Die Gleichung der Fläche sei gegeben in der Form (3) (§ 24).

5. Einleitendes.

§ 53.

Nachdem wir bis jetzt bei den Untersuchungen über die Flächen die Form $F(x, y, z) = 0$ der Gleichung oder die speciellere $z = f(x, y)$ zu Grunde gelegt haben (cf. § 28), wollen wir jetzt annehmen, dass die Gleichung der Fläche in der Form folgenden Systems gegeben sei: Jede der drei rechtwinkligen Coordinaten x, y, z sind Functionen zweier neuen Grössen, die wir durch u und v bezeichnen wollen. Lösen wir jetzt die Aufgaben, die wir bisher für rechtwinklige Coordinaten gelöst haben, für diese neue Form der Gleichung, so bekommen wir zwar weitläufigere, aber auch viel symmetrischere Formeln. Wir recapituliren zunächst kurz, was über diese Art der Darstellung einer Fläche in den §§ 24 bis 27 gesagt ist.

Betrachtet man in den drei Gleichungen, welche die drei Coordinaten x, y, z als Functionen von u und v geben, zunächst u als constant, dagegen v als veränderlich, so erhält man eine Curve, welche auf der Fläche liegt. Zu jedem Werthe von u wird eine solche Curve gehören, in deren Gleichungen v die unabhängige Veränderliche ist, und jede solche Curve wollen wir nennen eine Curve V. Ebenso wollen wir eine Curve, welche sich durch die Annahme: v constant, also u variabel, ergiebt, nennen eine Curve U. Sämmtliche Curven V ordnen sich in ein System, und sämmtliche Curven U in ein zweites, so dass also die ganze Fläche mit zwei Systemen von Curven überzogen gedacht wird. Jeder Punkt der Fläche wird alsdann gegeben als Durchschnitt einer gewissen Curve V mit einer gewisse Curve U; und jede andere, nicht zu diesen beiden Systemen gehörige Curve auf der Fläche wird gegeben durch eine Gleichung zwischen den Veränderlichen u und v.

Betreffs der schon früher erwähnten Beispiele der Kugel und des dreiaxigen Ellipsoids wollen wir noch anführen, dass unter den unzähligen Arten, diese Flächen durch zwei neue Grössen u und v darzustellen, für dieselben ausser den obenerwähnten Gleichungen noch folgende von häufiger Anwendung sind: für die Kugel '

$$x = a \cdot \sin u \cdot \sqrt{1 - k^2 \cdot \sin^2 v} \qquad y = a \cdot \cos u \cdot \cos v$$
$$z = a \cdot \sin v \cdot \sqrt{1 - (1 - k^2) \cdot \sin^2 u},$$

wo k eine beliebige Constante bedeutet; fürs dreiaxige Ellipsoid:

$$x = a \cdot \sin u \cdot \sqrt{1 - k^2 \cdot \sin^2 v} \qquad y = b \cdot \cos u \cdot \cos v$$
$$z = c \cdot \sin v \cdot \sqrt{1 - (1 - k^2) \cdot \sin^2 u}.$$

Auch für die Schraubenfläche wollen wir eine solche Darstellungsart erwähnen. Man denke sich diese Fläche so entstanden, dass eine gerade Linie auf einer andern stets normal bleibend sich an dieser so heraufbewegt, dass die Höhe, um welche sie steigt, proportional ist dem Winkel, um welche sie sich dreht. Nennen wir diesen Winkel u und bezeichnen die zugehörige Höhe durch $\alpha \cdot u$, wo α eine Constante ist, so ist zunächst die Coordinate $z = \alpha \cdot u$. Da ferner ein Punkt, welcher ursprünglich von der Axe die Entfernung v hat, stets diese Entfernung beibehält, so sind die drei Gleichungen der Schraubenfläche hiernach

$$z = \alpha \cdot u \qquad x = v \cdot \cos u \qquad y = v \cdot \sin u,$$

aus welchen man durch Elimination von v und u wiederum die gewöhnliche Form herleiten kann: $\frac{y}{x} = \operatorname{tg} \frac{z}{\alpha}$ oder, um z als explicite Function von y und x darzustellen: $z = \alpha \cdot \operatorname{Arc} \operatorname{tg} \frac{y}{x}$.

Wir gehen nun über zur allgemeinen Betrachtung der Flächen für diese Form ihrer Gleichung. Wir wollen dabei für alle folgenden Entwickelungen nachstehende Abkürzungen einführen:

$$\frac{\partial y}{\partial u} \frac{\partial z}{\partial v} - \frac{\partial y}{\partial v} \frac{\partial z}{\partial u} = A$$

$$\frac{\partial z}{\partial u} \frac{\partial x}{\partial v} - \frac{\partial z}{\partial v} \frac{\partial x}{\partial u} = B$$

$$\frac{\partial x}{\partial u} \frac{\partial y}{\partial v} - \frac{\partial x}{\partial v} \frac{\partial y}{\partial u} = C$$

$$A \frac{\partial^2 x}{\partial u^2} + B \frac{\partial^2 y}{\partial u^2} + C \frac{\partial^2 z}{\partial u^2} = D$$

$$A \frac{\partial^2 x}{\partial u \cdot \partial v} + B \frac{\partial^2 y}{\partial u \cdot \partial v} + C \frac{\partial^2 z}{\partial u \cdot \partial v} = D'$$

$$A \frac{\partial^2 x}{\partial v^2} + B \frac{\partial^2 y}{\partial v^2} + C \frac{\partial^2 z}{\partial v^2} = D''$$

$$\left(\frac{\partial x}{\partial u}\right)^2 + \left(\frac{\partial y}{\partial u}\right)^2 + \left(\frac{\partial z}{\partial u}\right)^2 = E$$

$$\frac{\partial x}{\partial u} \frac{\partial x}{\partial v} + \frac{\partial y}{\partial u} \frac{\partial y}{\partial v} + \frac{\partial z}{\partial u} \frac{\partial z}{\partial v} = F$$

$$\left(\frac{\partial x}{\partial v}\right)^2 + \left(\frac{\partial y}{\partial v}\right)^2 + \left(\frac{\partial z}{\partial v}\right)^2 = G.$$

§ 54.

Aus § 5 folgt, dass für jede Curve U die Gleichungen ihrer Tangente im Punkte x, y, z folgende sind:

$$\frac{\xi - x}{\frac{\partial x}{\partial u}} = \frac{\eta - y}{\frac{\partial y}{\partial u}} = \frac{\zeta - z}{\frac{\partial z}{\partial u}},$$

und die Cosinus der drei Winkel α, β, γ, welche diese Tangente mit den drei Axen bildet:

$$\cos \alpha = \frac{\frac{\partial x}{\partial u}}{\sqrt{E}} \quad \cos \beta = \frac{\frac{\partial y}{\partial u}}{\sqrt{E}} \quad \cos \gamma = \frac{\frac{\partial z}{\partial u}}{\sqrt{E}}.$$

Nennen wir ebenso die drei Winkel, welche eine Curve V im Punkte $x\,y\,z$ mit den drei Axen bildet, resp. α', β', γ', so haben wir:

$$\cos \alpha' = \frac{\frac{\partial x}{\partial v}}{\sqrt{G}} \quad \cos \beta' = \frac{\frac{\partial y}{\partial v}}{\sqrt{G}} \quad \cos \gamma' = \frac{\frac{\partial z}{\partial v}}{\sqrt{G}}.$$

Daraus ergiebt sich, dass der Winkel w, unter dem sich diese Curven U und V schneiden, folgender Gleichung genügt:

$$\cos w = \frac{F}{\sqrt{E \cdot G}}.$$

Demnach ist überall, wo diese beiden Curven einander rechtwinklig schneiden, $F = 0$. Also: die Bedingung, dass die Curven U und V sich rechtwinklig durchkreuzen, ist $F = 0$. Drückt man z. B. die Gleichung der Kugel auf die im § 24 angegebene Weise aus, also

$$z = a \sin v, \quad x = a \cos v \cos u, \quad y = a \cos v \sin u,$$

d. h. durch die Länge v und die Breite u, so müssen, weil die dieser Art der Darstellung entsprechenden Systeme von Meridianen und Parallelkreisen auf einander normal stehen, diese drei Gleichungen die Gleichung $F = 0$ befriedigen, was auch der Fall ist. Ebenso sieht man, dass die im vorigen Paragraphen für die Kugel angegebenen Gleichungen dieser Bedingung genügen.

§ 55.

Das Oberflächenelement, wie es durch diese Darstellung der Fläche bedingt wird, Fig. 17, findet man folgendermassen: Man denke

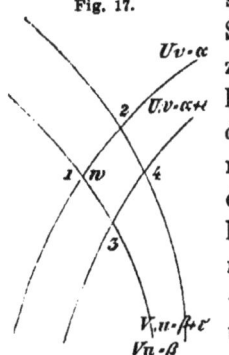

Fig. 17.

sich zwei einander unendlich nahe Curven des Systems U, für welche also v constant ist und zwar resp. die beiden Werthe $v = \alpha$ und $v = \alpha + \varepsilon$ hat, so dass ε eine unendlich kleine Grösse bedeutet. Man denke sich ebenso zwei unendlich nahe Curven des Systems V, für welche u resp. die beiden constanten Werthe $u = \beta$ und $u = \beta + \varepsilon'$ hat. Man bezeichne den Punkt $(v = \alpha, u = \beta)$ mit (1), $(v = \alpha, u = \beta + \varepsilon')$ mit (2), $(v = \alpha + \varepsilon, u = \beta)$ mit (3), $(v = \alpha + \varepsilon, u = \beta + \varepsilon')$ mit (4). Da nun die Curven einander unendlich nahe sind, so kann man das Flächenelement (1, 2, 3, 4) als ebenes Parallelogramm ansehen, und demnach ist sein Inhalt gleich dem Product zweier Seiten multiplicirt mit dem Sinus des eingeschlossenen Winkels, also gleich $(1, 2) \cdot (1, 3) \cdot \sin w$. Es ist nun

$$\cos w = \frac{F}{\sqrt{E \cdot G}}, \text{ also } \sin w = \frac{\sqrt{E \cdot G - F^2}}{\sqrt{E \cdot G}} \text{ d. i. } = \frac{\sqrt{A^2 + B^2 + C^2}}{\sqrt{E \cdot G}}.$$

Ferner ist, wenn (1) die Coordinaten x, y, z, also (2) die Coordinaten

$$x + \frac{\partial x}{\partial u} du, \quad y + \frac{\partial y}{\partial u} du, \quad z + \frac{\partial z}{\partial u} du$$

hat, $(1, 2) = \sqrt{E} \cdot du$, und ebenso findet man $(1, 3) = \sqrt{G} \cdot dv$. Multiplicirt man daher diese drei Ausdrücke für sin w, $(1, 2)$ und $(1, 3)$, so erhält man:

das Oberflächenelement $du \cdot dv \cdot \sqrt{EG - F^2} = du \cdot dv \cdot \sqrt{A^2 + B^2 + C^2}$.

Will man daher die ganze Oberfläche oder einen bestimmten Theil von ihr finden, so hat man diesen Ausdruck zweimal zu integriren, und zwar innerhalb gewisser Grenzen, welche sich aus der Grösse des gesuchten Stückes in jedem einzelnen Falle bestimmen.

Ueberträgt man diese Formel in die gewöhnliche Art der Darstellung, welche man so schreiben kann: $z = f(u, v)$ $x = u$ $y = v$, so verwandelt sich der Ausdruck für das Element in den bekannten

$$\sqrt{\left(\frac{\partial z}{\partial x}\right)^2 + \left(\frac{\partial z}{\partial y}\right)^2 + 1} \; dx \cdot dy \text{ oder } \sqrt{p^2 + q^2 + 1} \; dx \cdot dy.$$

§ 56.

Um die Tangente an eine auf der Fläche liegende, Fig. 18, aber nicht zu einem der beiden Systeme U oder V gehörige Curve $u = f(v)$ zu finden, berechnen wir zuerst ihr Bogenelement, d. h. die

Fig. 18.

Grösse $\sqrt{dx^2 + dy^2 + dz^2}$. Wenn man das Differential von u aus der Gleichung der Curve ableitet: $du = u' \cdot dv$, so erhält man alsdann aus den Gleichungen für x, y, z:.

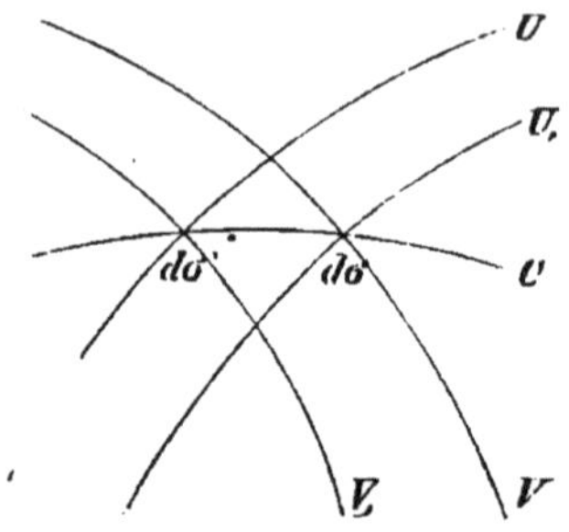

$$dx = \frac{\partial x}{\partial u} \cdot du + \frac{\partial x}{\partial v} \cdot dv$$

$$dy = \frac{\partial y}{\partial u} \cdot du + \frac{\partial y}{\partial v} \cdot dv$$

$$dz = \frac{\partial z}{\partial u} \cdot du + \frac{\partial z}{\partial v} \cdot dv.$$

Es wird also $ds^2 = E \cdot du^2 + G \cdot dv^2 + 2F \cdot du \cdot dv$ und folglich, wenn man für du seinen Werth einträgt, $ds = \sqrt{E \cdot u'^2 + G + 2F \cdot u'} \; dv$. Die Länge der Curve innerhalb bestimmter Gränzen für v findet man demnach, wenn man diese Gleichung nach v innerhalb dieser Gränzen integrirt. Man kann nun sehr leicht die Winkel ableiten, welche die Tangente an diese Curve mit den drei Axen bildet. Nennt man die Winkel a, b, c, so ist

$$\cos a = \frac{\frac{\partial x}{\partial u} \cdot \frac{du}{dv} + \frac{\partial x}{\partial v}}{\frac{ds}{dv}} \qquad \cos b = \frac{\frac{\partial y}{\partial u} \cdot \frac{du}{dv} + \frac{\partial y}{\partial v}}{\frac{ds}{dv}} \qquad \cos c = \frac{\frac{\partial z}{\partial u} \cdot \frac{du}{dv} + \frac{\partial z}{\partial v}}{\frac{ds}{dv}}.$$

Hieraus ergiebt sich auf der Stelle der Winkel, welchen diese

Curve, die wir durch C bezeichnen wollen, mit den Curven U, und der, welchen sie mit den Curven V bildet: man findet

$$\cos(\dot{C}, U) = \frac{E \cdot \frac{du}{dv} + F}{\sqrt{E} \cdot \frac{ds}{dv}} \quad \text{und} \quad \cos(C, V) = \frac{F \cdot \frac{du}{dv} + G}{\sqrt{G} \cdot \frac{ds}{dv}}.$$

Schneiden die Curven U und V einander rechtwinklig, so ist $F = 0$, und die beiden Winkel (C, U) und (C, V) ergänzen sich zu einem Rechten, so dass man statt $\cos(C, U)$ $\sin(C, V)$ schreiben kann, und demgemäss die Formel erhält: $\operatorname{tg}(C, V) = \sqrt{\frac{E}{G}} \cdot \frac{du}{dv}$.

Diese Formel ist eigentlich von selbst einleuchtend. Stellen wir uns wiederum zwei unendlich nahe Curven U und zwei unendlich nahe Curven V vor, so ist das Bogenelement der Curve $U : d\sigma = \sqrt{E} \cdot du$, das der Curve $V : d\sigma' = \sqrt{G} \cdot dv$ und $\operatorname{tg}(C, V) = \frac{d\sigma}{d\sigma'} = \sqrt{\frac{E}{G}} \cdot \frac{du}{dv}$.

Die Gleichungen der Normale im Punkt (x, y, z) an die Fläche seien jetzt

$$\frac{\xi - x}{l} = \frac{\eta - y}{m} = \frac{\zeta - z}{n},$$

lmn sind dann den Cosinus der Winkel proportional, welchen dieselbe mit den Axen macht, und da die Normale sowohl auf der Curve U als auf der Curve V im Punkt (x, y, z) senkrecht steht, so hat man:

$$l\frac{\partial x}{\partial u} + m\frac{\partial y}{\partial u} + n\frac{\partial z}{\partial u} = 0, \quad l\frac{\partial x}{\partial v} + m\frac{\partial y}{\partial v} + n\frac{\partial z}{\partial v} = 0.$$

Aus diesen Gleichungen aber erhält man: $\frac{A}{l} = \frac{B}{m} = \frac{C}{n}$, also sind die Gleichungen der Normale:

$$\frac{\xi - x}{A} = \frac{\eta - y}{B} = \frac{\zeta - z}{C}.$$

Ebenso die Gleichungen der Tangentialebene

$$A(\xi - x) + B(\eta - y) + C(\zeta - z) = 0$$

Die Cosinus der Winkel der Normale mit den Axen:

$$\frac{A}{\sqrt{A^2 + B^2 + C^2}}, \quad \frac{B}{\sqrt{A^2 + B^2 + C^2}}, \quad \frac{C}{\sqrt{A^2 + B^2 + C^2}}.$$

Es geben aber die Gleichungen des § 53 noch: $A^2 + B^2 + C^2 = EG - F^2$.

§ 57.

Als Beispiel einer Curve, welche auf der Kugel liegt und durch die Grössen u und v bestimmt ist, betrachten wir die Loxodrome.

Man nennt Loxodrome diejenige Curve auf der Kugel, welche sämmtliche Meridiane unter demselben Winkel schneidet. Hieraus folgt schon, dass jeder Parallelkreis eine Loxodrome ist, denn er schneidet alle Meridiane rechtwinklig. Wählen wir zum Radius der Kugel die Einheit, so sind ihre Gleichungen, durch die geographische Länge u und die geographische Breite v ausgedrückt, $x = \cos v \cdot \cos u$, $y = \cos v \cdot \sin u$, $z = \sin v$. Um nun den Winkel zu finden, den irgend eine Curve C auf der Kugel mit dem Meridian (welcher eine Curve V ist), bildet, berechnen wir die partiellen Differentialquotienten von x, y, z nach u und v, und erhalten dafür:

$$\frac{\partial x}{\partial v} = -\sin v \cdot \cos u, \quad \frac{\partial y}{\partial v} = -\sin v \cdot \sin u, \quad \frac{\partial z}{\partial v} = \cos v$$

$$\frac{\partial x}{\partial u} = -\cos v \cdot \sin u, \quad \frac{\partial y}{\partial u} = \cos v \cdot \cos u, \quad \frac{\partial z}{\partial u} = 0;$$

also ist $E = \cos^2 v$, $F = 0$, $G = 1$, also wird $\operatorname{tg}(C, V) = \cos v \cdot \dfrac{du}{dv}$. Soll nun die Curve C Loxodrome sein, so muss der Winkel (C, V) constant, $= \alpha$ sein, also haben wir die Differentialgleichung

$$\frac{du}{dv} \cdot \cos v = \operatorname{tg} \alpha \quad \text{oder} \quad \operatorname{tg} \alpha \cdot \frac{dv}{\cos v} = du.$$

Diese Gleichung lässt sich unmittelbar integriren; sie giebt:

$$\operatorname{tg} \alpha \cdot l \cot\left(\frac{\pi}{4} - \frac{v}{2}\right) + c = u.$$

Dies die Gleichung der Loxodrome.

Sie enthält zwei Constante, welche hinreichen, um zwei Punkte auf der Kugel zu bestimmen, durch welche die Loxodrome gelegt werden soll, und umgekehrt reichen zwei Punkte auf der Kugel hin, um zwischen ihnen eine bestimmte Loxodrome zu legen. Soll z. B. der Ausgangspunkt der Loxodrome auf dem Null-Meridian und zwar in der geographischen Breite β liegen, so müssen der gefundenen Gleichung gleichzeitig die Werthe $u = 0$ $v = \beta$ genügen: $\operatorname{tg} \alpha \cdot l \cot\left(\frac{\pi}{4} - \frac{\beta}{2}\right) + c = 0$, und man kann somit die Constante mittelst β eliminiren, und die Gleichung der Loxodrome wird dann:

$$\operatorname{tg} \alpha \cdot l \frac{\cot\left(\frac{\pi}{4} - \frac{v}{2}\right)}{\cot\left(\frac{\pi}{4} - \frac{\beta}{2}\right)} = u,$$

aus welcher man noch den Winkel α eliminiren oder auch finden kann, sobald der Endpunkt der Loxodrome gegeben ist.

Als Schluss zu diesen einleitenden Formeln bemerken wir noch: Wenn zwei Curven auf einer Fläche sich in einem

Punkte berühren, d. h. dort eine gemeinschaftliche Tangente
haben, so haben für diesen Punkt nicht blos die Grössen u und v
in beiden Curven denselben Werth, sondern auch der Differentialquotient $\frac{du}{dv}$.

Die Richtigkeit hiervon ersieht man aus den Formeln für
cos (C, U) und cos (C, V), welche für beide Curven bezüglich identisch sein müssen, und in welchen E, F, G der einen Curve gleich
den E, F, G der andern sind, weil die Coordinaten x, y, z beider
Curven in diesem Punkte dieselben sind.

6. Krümmung der Flächen.

§ 58.

Wir stellen uns nun auch in Beziehung auf diese Darstellung
der Flächen die Frage: Wie findet man die Richtungen der
Hauptschnitte, und die grösste und kleinste Krümmung?
Diese Untersuchung führt auf einen der schönsten Sätze aus der
Geometrie der Flächen, welcher von Gauss gegeben ist.

Nehmen wir an, dass irgend eine Curve auf der Fläche gezogen
sei, deren Gleichung sei $u = f(v)$, und bezeichnen wir $\frac{du}{dv}$ kurzweg

mit u', $\frac{d^2u}{dv^2}$ mit u''. Wollen wir nun die Gleichung der Curve in der
gewöhnlichen Art der Darstellung haben, wo die drei Coordinaten
x, y, z gegeben sind als Functionen einer neuen unabhängigen veränderlichen Grösse, so haben wir nur in die drei Gleichungen der
Fläche, welche die Coordinaten als Functionen von u und v ausdrücken, statt u einzusetzen die Function $f(v)$. Unter dieser Voraussetzung bekommen wir

$$\frac{dx}{dv} = \frac{\partial x}{\partial u}u' + \frac{\partial x}{\partial v}, \quad \frac{d^2x}{dv^2} = \frac{\partial^2 x}{\partial u^2}u'^2 + \frac{\partial x}{\partial u}u'' + 2\frac{\partial^2 x}{\partial u \cdot \partial v}u' + \frac{\partial^2 x}{\partial v^2}$$

$$\frac{dy}{dv} = \frac{\partial y}{\partial u}u' + \frac{\partial y}{\partial v}, \quad \frac{d^2y}{dv^2} = \frac{\partial^2 y}{\partial u^2}u'^2 + \frac{\partial y}{\partial u}u'' + 2\frac{\partial^2 y}{\partial u \cdot \partial v}u' + \frac{\partial^2 y}{\partial v^2}$$

$$\frac{dz}{dv} = \frac{\partial z}{\partial u}u' + \frac{\partial z}{\partial v}, \quad \frac{d^2z}{dv} = \frac{\partial^2 z}{\partial u^2}u'^2 + \frac{\partial z}{\partial u}u'' + 2\frac{\partial^2 z}{\partial u \cdot \partial v}u' + \frac{\partial^2 z}{\partial v^2}$$

Nun ist der Krümmungsradius irgend einer Curve doppelter
Krümmung nach § 17:

$$r = \frac{\left\{\left(\frac{dx}{dv}\right)^2 + \left(\frac{dy}{dv}\right)^2 + \left(\frac{dz}{dv}\right)^2\right\}^{\frac{3}{2}}}{\left\{\left(\frac{dy}{dv}\frac{d^2z}{dv^2} - \frac{dz}{dv}\frac{d^2y}{dv^2}\right)^2 + \left(\frac{dz}{dv}\frac{d^2x}{dv^2} - \frac{dx}{dv}\frac{d^2z}{dv^2}\right)^2 + \left(\frac{dx}{dv}\frac{d^2y}{dv^2} - \frac{dy}{dv}\frac{d^2x}{dv^2}\right)^2\right\}^{\frac{1}{2}}}$$

In diese Formel sind die für $\frac{dx}{dv}$, $\frac{d^2x}{dv^2}$ u. s. w. aufgestellten Werthe zu substituiren, und dadurch erhält man den Ausdruck für den Krümmungsradius irgend einer Curve, die auf der Fläche gezogen ist. Wir wollen aber nur den Krümmungsradius eines Normalschnitts haben. Wir haben also noch die Bedingung hinzuzufügen, dass die betrachtete Curve ein Normalschnitt der Fläche ist, oder, was für unsern Zweck denselben Werth hat, wir müssen ausdrücken, dass die Osculationsebene der Curve in dem betreffenden Punkte eine Normalebene der Curve ist, oder dass sie durch die Normale geht.

§ 59.

Die Osculationsebene irgend einer Curve hat die Gleichung $\alpha\,(\xi - x) + \beta\,(\eta - y) + \gamma\,(\zeta - z) = 0$, worin nach § 8

$$\alpha = \frac{dy}{dv}\cdot\frac{d^2z}{dv^2} - \frac{dz}{dv}\cdot\frac{d^2y}{dv^2},\quad \beta = \frac{dz}{dv}\cdot\frac{d^2x}{dv^2} - \frac{dx}{dv}\cdot\frac{d^2z}{dv^2},\quad \gamma = \frac{dx}{dv}\cdot\frac{d^2y}{dv^2} - \frac{dy}{dv}\cdot\frac{d^2x}{dv^2}$$

ist. Die Gleichungen der Normalen waren (§ 56):

$$\frac{\xi - x}{A} = \frac{\eta - y}{B} = \frac{\zeta - z}{C}.$$

Damit also die Osculationsebene durch die Normale geht, muss sein $\alpha \cdot A + \beta \cdot B + \gamma \cdot C = 0$. Der Ausdruck des vorigen Paragraphen für r lässt sich nun schreiben:

$$r = \frac{\left(\dfrac{ds}{dv}\right)^3}{\sqrt{\alpha^2 + \beta^2 + \gamma^2}}.$$

Man hat ferner § 56 $\left(\dfrac{ds}{dv}\right)^3 = (Eu'^2 + 2Fu' + G)^{\frac{3}{2}}$.

Es ist aber identisch:

$$(\alpha^2 + \beta^2 + \gamma^2)(A^2 + B^2 + C^2) - (\alpha A + \beta B + \gamma C)^2$$
$$= (\beta C - \gamma B)^2 + (\gamma A - \alpha C)^2 + (\alpha B - \beta A)^2,$$

oder, da das zweite Glied links verschwindet:

$$(\alpha^2 + \beta^2 + \gamma^2)(E \cdot G - F^2) = S^2,$$

wenn man den Ausdruck rechts mit S^2 bezeichnet.

Multiplicirt man daher Zähler und Nenner in dem Ausdrucke für r mit $\sqrt{E \cdot G - F^2}$, so wird

$$r = \frac{\left(\dfrac{ds}{dv}\right)^3 \cdot \sqrt{E \cdot G - F^2}}{S}.$$

Es ist aber

$$\beta C - \gamma B = \left(\frac{dz}{dv}\frac{d^2x}{dv^2} - \frac{dx}{dv}\frac{d^2z}{dv^2}\right)C - \left(\frac{dx}{dv}\frac{d^2y}{dv^2} - \frac{dy}{dv}\frac{d^2x}{dv^2}\right)B,$$

das ist:

$$\beta C - \gamma B = \frac{d^2 x}{dv^2}\left(C \cdot \frac{dx}{dv} + B \cdot \frac{dy}{dv}\right) - \frac{dx}{dv}\left(C \cdot \frac{d^2 z}{dv^2} + B \cdot \frac{d^2 y}{dv^2}\right),$$

oder, wie man auch schreiben kann,

$$= \frac{d^2 x}{dv^2}\left(A \cdot \frac{dx}{dv} + B \cdot \frac{dy}{dv} + C \cdot \frac{dz}{dv}\right) - \frac{dx}{dv}\left(A \cdot \frac{d^2 x}{dv^2} + B \cdot \frac{d^2 y}{dv^2} + C \cdot \frac{d^2 z}{dv^2}\right).$$

Es ist aber, wenn man für $\frac{dx}{dv}, \frac{dy}{dv}, \frac{dz}{dv}, \frac{d^2 x}{dv^2}, \frac{d^2 y}{dv^2}, \frac{d^2 z}{dv^2}$ ihre im vorigen Paragraphen aufgestellten Werthe substituirt: $A \cdot \frac{dx}{dv} + B \cdot \frac{dy}{dv} + C \cdot \frac{dz}{dv} = 0$, und,

$$A \cdot \frac{d^2 x}{dv^2} + B \cdot \frac{d^2 y}{dv^2} + C \cdot \frac{d^2 z}{dv^2} = D u'^2 + 2 D' u' + D''.$$

Es wird somit

$$(\beta C - \gamma B)^2 = \left(\frac{dx}{dv}\right)^2 (D u'^2 + 2 D' u' + D'')^2$$

und da sich entsprechende Werthe für die beiden andern Glieder von S^2 ergeben:

$$S = \sqrt{\left(\frac{dx}{dv}\right)^2 + \left(\frac{dy}{dv}\right)^2 + \left(\frac{dz}{dv}\right)^2} (D u'^2 + 2 D' u' + D''),$$

und da

$$\sqrt{\left(\frac{dx}{dv}\right)^2 + \left(\frac{dy}{dv}\right)^2 + \left(\frac{dz}{dv}\right)^2} = \frac{ds}{dv} = (E u'^2 + 2 F u' + G)^{\frac{1}{2}}$$

ist, so ist endlich: der Krümmungsradius eines jeden Normalschnitts

$$\varrho = \sqrt{E \cdot G - F^2} \cdot \frac{E \cdot u'^2 + 2 F \cdot u' + G}{D \cdot u'^2 + 2 D' \cdot u' + D''}.$$

Die Bedingung für die Nabelpunkte ergiebt sich aus dieser Formel für ϱ auf der Stelle. Denn da für den Nabelpunkt alle ϱ einander gleich sein müssen, und die verschiedenen ϱ in einem Punkte sich nur durch die Grösse u' unterscheiden, so ist die gesuchte Bedingung:

$$\frac{E}{D} = \frac{F}{D'} = \frac{G}{D''}.$$

§ 60.

Wir beantworten nun die Frage: Welches sind Maximum und Minimum von ϱ und zu welchen Werthen von u' gehören sie?

Da für die Normalschnitte die durch einen Punkt M gehen in dem Werthe von ϱ nur u' als veränderlich zu betrachten ist, der erste Factor von ϱ aber u' nicht enthält, so hat man es lediglich mit dem Maximum und Minimum von $t = \dfrac{E \cdot u'^2 + 2F \cdot u' + G}{D \cdot u'^2 + 2D' \cdot u' + D''}$ zu

thun, wo $t = \dfrac{\varrho}{\sqrt{E \cdot G - F'^2}}$ zu setzen ist und daher $\dfrac{dt}{du'} = 0$ zu setzen.

Dies giebt

$$(Du'^2 + 2D'u' + D'')(Eu' + F) - (Eu'^2 + 2Fu' + G)(Du' + D') = 0.$$

Diese Gleichung giebt die Werthe von u', welche zum Maximum und Minimum von t gehören, und die Gleichung für t, welche wir jetzt so schreiben können: $t = \dfrac{Eu' + F}{Du' + D'}$ giebt, wenn man in sie die beiden für u' gefundenen Werthe einträgt, das gesuchte Maximum oder Minimum.

Wir können aber auch für t eine Gleichung herstellen, welche von u' ganz frei ist.

Die Gleichung $Eu' + F = (Du' + D')\,t$ multipliciren wir auf beiden Seiten mit u', wodurch wir erhalten $Eu'^2 + Fu' = (Du'^2 + D'u')t$, und diese Gleichung subtrahiren wir von der zuerst für t aufgestellten $Eu'^2 + 2Fu' + G = (Du'^2 + 2D'u' + D'')\,t$, wodurch wir folgende zweite Gleichung für t erhalten $Fu' + G = (D'u' + D'')\,t$, aus welcher wir vermittelst der schon oben erwähnten Gleichung

$$Eu' + F = (Du' + D')\,t$$

die Grösse u' eliminiren. Dadurch entsteht folgende Gleichung für t:
$(E - Dt)(G - D''t) - (F - D't)^2 = 0$, welche geordnet so lautet:

$$(DD'' - D'^2)t^2 - (ED'' - 2FD' + GD)t + EG - F^2 = 0,$$

und setzen wir endlich hierin statt t seinen Werth $\dfrac{\varrho}{\sqrt{E \cdot G - F'^2}}$, so erhalten wir folgende quadratische Gleichung in ϱ, deren Wurzeln die beiden Hauptkrümmungsradien ϱ_1 und ϱ_2 sind:

$$\varrho^2(DD'' - D'^2) - \varrho\sqrt{E \cdot G - F'^2}(ED'' - 2FD' + GD) + (EG - F^2)^2 = 0.$$

Die zugehörigen Werthe von u' erhält man aus:

$$u'^2(FD - ED') + u'(GD - ED'') + GD' - FD'' = 0,$$

oder wenn ϱ, also auch t bereits gefunden ist, aus der Gleichung:
$Eu' + F = (Du' + D')\,t$. — Ist dagegen u' mit Hülfe der vorletzten Gleichung bestimmt, so giebt die letzte ϱ.*)

---

*) Was übrigens den Ausdruck $\sqrt{EG - F'^2}$ in ϱ anbetrifft, so muss dieser für beide Werthe von ϱ immer mit demselben Vorzeichen genommen werden.

§ 61.

Das Produkt der beiden Hauptkrümmungsradien ist offenbar $\varrho_1 \cdot \varrho_2 = \dfrac{(EG - F^2)^2}{D D'' - D'^2}$.

Gauss hat nun gezeigt, dass der Nenner dieses Ausdrucks eine merkwürdige Umformung zulässt, dass er sich nämlich ganz durch E, F, G, und die Differentialquotienten dieser Grössen nach u und v ausdrücken lässt. Disquisitiones generales circa superficies curvas. Comm. Gott. rec. 1828. Wir erwähnen für unsern Zweck einen Satz aus der Algebra, welchen Binet und Cauchy gleichzeitig gefunden haben, dass nämlich das Produkt zweier Determinanten sich wieder als Determinante darstellen lässt, z. B. zwei Determinanten des dritten Grades:

$$
\begin{vmatrix} a & b & c \\ a' & b' & c' \\ a'' & b'' & c'' \end{vmatrix} \cdot \begin{vmatrix} \alpha & \beta & \gamma \\ \alpha' & \beta' & \gamma' \\ \alpha'' & \beta'' & \gamma'' \end{vmatrix}
$$

$$
= \begin{vmatrix} a\alpha + a'\beta + a''\gamma & b\alpha + b'\beta + b''\gamma & c\alpha + c'\beta + c''\gamma \\ a\alpha' + a'\beta' + a''\gamma' & b\alpha' + b'\beta' + b''\gamma' & c\alpha' + c'\beta' + c''\gamma' \\ a\alpha'' + a'\beta'' + a''\gamma'' & b\alpha'' + b'\beta'' + b''\gamma'' & c\alpha'' + c'\beta'' + c''\gamma'' \end{vmatrix}.
$$

Es ist nun

$$
D = \begin{vmatrix} \dfrac{\partial^2 x}{\partial u^2} & \dfrac{\partial x}{\partial u} & \dfrac{\partial x}{\partial v} \\ \dfrac{\partial^2 y}{\partial u^2} & \dfrac{\partial y}{\partial u} & \dfrac{\partial y}{\partial v} \\ \dfrac{\partial^2 x}{\partial u^2} & \dfrac{\partial z}{\partial u} & \dfrac{\partial z}{\partial v} \end{vmatrix} \qquad D'' = \begin{vmatrix} \dfrac{\partial^2 x}{\partial v^2} & \dfrac{\partial^2 y}{\partial v^2} & \dfrac{\partial^2 z}{\partial v^2} \\ \dfrac{\partial x}{\partial u} & \dfrac{\partial y}{\partial u} & \dfrac{\partial z}{\partial u} \\ \dfrac{\partial x}{\partial v} & \dfrac{\partial y}{\partial v} & \dfrac{\partial z}{\partial v} \end{vmatrix} \quad \text{und}
$$

$$
D' = \begin{vmatrix} \dfrac{\partial^2 x}{\partial u \cdot \partial v} & \dfrac{\partial^2 y}{\partial u \cdot \partial v} & \dfrac{\partial^2 z}{\partial u \cdot \partial v} \\ \dfrac{\partial x}{\partial u} & \dfrac{\partial y}{\partial u} & \dfrac{\partial z}{\partial u} \\ \dfrac{\partial x}{\partial v} & \dfrac{\partial y}{\partial v} & \dfrac{\partial z}{\partial v} \end{vmatrix} = \begin{vmatrix} \dfrac{\partial^2 x}{\partial u \cdot \partial v} & \dfrac{\partial x}{\partial u} & \dfrac{\partial x}{\partial v} \\ \dfrac{\partial^2 y}{\partial u \cdot \partial v} & \dfrac{\partial y}{\partial u} & \dfrac{\partial y}{\partial v} \\ \dfrac{\partial^2 z}{\partial u \cdot \partial v} & \dfrac{\partial z}{\partial u} & \dfrac{\partial z}{\partial v} \end{vmatrix}.
$$

Bildet man nun DD'' und D'^2, mit Anwendung des eben angeführten Multiplicationssatzes, so kommt man ausser bekannten auf Ausdrücke von folgender Art, wobei Σ die Summe von Gliedern bezeichnet, welche in Bezug auf y und z so gebildet sind, wie das unter dem Symbol Σ stehende in Beziehung auf x:

$$
\Sigma \dfrac{\partial^2 x}{\partial u^2} \cdot \dfrac{\partial^2 x}{\partial v^2}, \text{ ferner } \Sigma \dfrac{\partial x}{\partial u} \cdot \dfrac{\partial^2 x}{\partial v^2}
$$

$$
= \Sigma \left\{ \dfrac{\partial \left(\dfrac{\partial x}{\partial u} \cdot \dfrac{\partial x}{\partial v} \right)}{\partial v} - \dfrac{\partial^2 x}{\partial u \cdot \partial v} \cdot \dfrac{\partial x}{\partial v} \right\} = \Sigma \left\{ \dfrac{\partial \left(\dfrac{\partial x}{\partial u} \cdot \dfrac{\partial x}{\partial v} \right)}{\partial v} - \dfrac{1}{2} \dfrac{\partial \left(\left(\dfrac{\partial x}{\partial v} \right)^2 \right)}{\partial u} \right\},
$$

$$\sum \frac{\partial x}{\partial v}\cdot\frac{\partial^2 x}{\partial v^2}=\frac{1}{2}\cdot\sum\frac{\partial\left(\left(\frac{\partial x}{\partial v}\right)^2\right)}{\partial v},\quad \sum\frac{\partial^2 x}{\partial u^2}\cdot\frac{\partial x}{\partial u}=\frac{1}{2}\sum\frac{\partial\left(\left(\frac{\partial x}{\partial u}\right)^2\right)}{\partial u},$$

$$\sum\frac{\partial^2 x}{\partial u^2}\cdot\frac{\partial x}{\partial v}=\sum\left\{\frac{\partial\left(\frac{\partial x}{\partial u}\cdot\frac{\partial x}{\partial u}\right)}{\partial u}-\frac{1}{2}\frac{\partial\left(\left(\frac{\partial x}{\partial u}\right)^2\right)}{\partial v}\right\};\quad \sum\left(\frac{\partial^2 x}{\partial u\cdot\partial v}\right)^2,$$

ferner

$$\sum\frac{\partial x}{\partial u}\cdot\frac{\partial^2 x}{\partial u\cdot\partial v}=\frac{1}{2}\sum\frac{\partial\left(\left(\frac{\partial x}{\partial u}\right)^2\right)}{\partial v},\quad \sum\frac{\partial x}{\partial v}\cdot\frac{\partial^2 x}{\partial u\cdot\partial v}=\frac{1}{2}\sum\frac{\partial\left(\left(\frac{\partial x}{\partial v}\right)^2\right)}{\partial u};$$

also wird, weil man das Zeichen Σ unter das Differentialzeichen ∂ setzen kann:

$$D\cdot D''=\begin{vmatrix}\sum\frac{\partial^2 x}{\partial u^2}\frac{\partial^2 x}{\partial v^2}\ \frac{\partial F}{\partial v}-\frac{1}{2}\frac{\partial G}{\partial u} & \frac{1}{2}\frac{\partial G}{\partial v}\\ \frac{1}{2}\frac{\partial E}{\partial u} & E & F\\ \frac{\partial F}{\partial u}-\frac{1}{2}\frac{\partial E}{\partial v} & F & G\end{vmatrix}$$

und $$D'^2=\begin{vmatrix}\sum\left(\frac{\partial^2 x}{\partial u\cdot\partial v}\right)^2 & \frac{1}{2}\frac{\partial E}{\partial v} & \frac{1}{2}\frac{\partial G}{\partial u}\\ \frac{1}{2}\frac{\partial E}{\partial v} & E & F\\ \frac{1}{2}\frac{\partial G}{\partial u} & F & G\end{vmatrix}.$$

Bildet man nun die Differenz $D\cdot D''-D'^2$, so erhält man ausser Gliedern, welche nur die Grössen E, F, G und deren Differentialquotienten enthalten noch folgende Differenz:

$$\sum\frac{\partial^2 x}{\partial u^2}\frac{\partial^2 x}{\partial v^2}(EG-F'^2)-\sum\left(\frac{\partial^2 x}{\partial u\cdot\partial v}\right)^2(EG-F'^2).$$

Es kommt also nur noch darauf an, folgenden Ausdruck

$$\sum\left(\frac{\partial^2 x}{\partial u^2}\cdot\frac{\partial^2 x}{\partial v^2}-\left(\frac{\partial^2 x}{\partial u\cdot\partial v}\right)^2\right)$$

durch die genannten Grössen auszudrücken.

Das Product

$$\frac{\partial^2 x}{\partial u^2}\cdot\frac{\partial x}{\partial v}=\frac{\partial\left(\frac{\partial x}{\partial u}\cdot\frac{\partial x}{\partial v}\right)}{\partial u}-\frac{1}{2}\frac{\partial\left(\left(\frac{\partial x}{\partial u}\right)^2\right)}{\partial v}$$

giebt, nach v differentiirt

$$\frac{\partial^2 x}{\partial u^2}\frac{\partial^2 x}{\partial v^2}+\frac{\partial^3 x}{\partial u^2.\partial v}\cdot\frac{\partial x}{\partial v}=\frac{\partial^2\left(\frac{\partial x}{\partial u}\cdot\frac{\partial x}{\partial v}\right)}{\partial u\cdot\partial v}-\frac{1}{2}\frac{\partial^2\left(\left(\frac{\partial x}{\partial u}\right)^2\right)}{\partial v^2}.$$

Das Product

$$\frac{\partial^2 x}{\partial u \cdot \partial v} \cdot \frac{\partial x}{\partial v} = \frac{1}{2} \frac{\partial \left(\left(\frac{\partial x}{\partial v}\right)^2\right)}{\partial u}$$

giebt, nach u differentiirt

$$\left(\frac{\partial^2 x}{\partial u \cdot \partial v}\right)^2 + \frac{\partial^3 x}{\partial u^2 \cdot \partial v} \frac{\partial x}{\partial v} = \frac{1}{2} \frac{\partial^2 \left(\left(\frac{\partial x}{\partial v}\right)^2\right)}{\partial u^2}.$$

Diese Gleichung von der vorigen subtrahirt, ergiebt

$$\frac{\partial^2 x}{\partial u^2} \cdot \frac{\partial^2 x}{\partial v^2} - \left(\frac{\partial^2 x}{\partial u \cdot \partial v}\right)^2 = -\frac{1}{2} \frac{\partial^2 \left(\left(\frac{\partial x}{\partial v}\right)^2\right)}{\partial u^2} + \frac{\partial^2 \left(\frac{\partial x}{\partial u} \cdot \frac{\partial x}{\partial v}\right)}{\partial u \, \partial v} - \frac{1}{2} \frac{\partial^2 \left(\left(\frac{\partial x}{\partial u}\right)^2\right)}{\partial v^2},$$

also wird die gesuchte Summe

$$\sum \left(\frac{\partial^2 x}{\partial u^2} \cdot \frac{\partial^2 x}{\partial v^2} - \left(\frac{\partial^2 x}{\partial u \cdot \partial v}\right)^2\right) = -\frac{1}{2} \frac{\partial^2 G}{\partial u^2} + \frac{\partial^2 F}{\partial u \cdot \partial v} - \frac{1}{2} \frac{\partial^2 E}{\partial v^2}.$$

Es wird also endlich

$$4(DD'' - D'^2) = E\left(\frac{\partial E}{\partial v} \frac{\partial G}{\partial v} - 2 \frac{\partial F}{\partial u} \frac{\partial G}{\partial v} + \left(\frac{\partial G}{\partial v}\right)^2\right)$$

$$+ F\left(\frac{\partial E}{\partial u} \frac{\partial G}{\partial v} - \frac{\partial E \partial G}{\partial v \, \partial u} - 2 \frac{\partial F}{\partial u} \frac{\partial G}{\partial u} - 2 \frac{\partial E}{\partial v} \cdot \frac{\partial F}{\partial v} + 4 \frac{\partial F}{\partial u} \cdot \frac{\partial F}{\partial v}\right)$$

$$+ G\left(\frac{\partial E}{\partial u} \frac{\partial G}{\partial u} - 2 \frac{\partial F}{\partial v} \frac{\partial E}{\partial u} + \left(\frac{\partial E}{\partial v}\right)^2\right)$$

$$- 2(EG - F^2)\left(\frac{\partial^2 E}{\partial v^2} - 2 \frac{\partial^2 F}{\partial u \cdot \partial v} + \frac{\partial^2 G}{\partial u^2}\right)$$

§ 62.

Wenn wir nun zwei Flächen betrachten, deren Gleichungen folgende beiden Systeme sein mögen: $x = f(u, v)$, $y = f_1(u,v)$, $z = f_2(u,v)$ und $x = \varphi(u, v)$, $y = \varphi_1(u, v)$, $z = \varphi_2(u, v)$, so erhalten wir für jedes Werthepaar u, v einen bestimmten Punkt auf der einen und einen bestimmten Punkt auf der andern Fläche. Es entspricht also im Allgemeinen jedem Punkt der einen Fläche ein Punkt der andern Fläche. Dieses Correspondiren der Punkte ist ein ganz eigenthümliches, wenn der Fall eintritt, dass die Grössen, welche wir oben mit E, F, G bezeichnet haben, in beiden Flächen denselben Werth haben. Alsdann ist nämlich der Ausdruck für das Curvenelement $\sqrt{E du^2 + 2F \, du \, dv + G \, dv^2}$ auf der einen Fläche identisch gleich dem für das Element der correspondirenden Curve auf der andern Fläche. Folglich haben entsprechende Curvenelemente auf beiden Flächen gleiche Längen. Denkt man sich nun die eine Fläche auf irgend eine Weise in Dreiecke mit unendlich kleinen Seiten zerlegt, so wird, da jeder dieser Seiten eine gleiche auf der andern Fläche

entspricht, die letztere in ein System Dreiecke, das dem der ersteren
entsprechend congruent ist, zerlegt, es lässt sich dann also bloss durch
Biegung der ersteren Fläche dieselbe mit der letzteren zur Deckung
bringen d. h.: Sind für zwei Flächen die Werthe von E F G
dieselben Functionen zweier Grössen u und v, so kann man jede aus
der andern durch Biegung entstanden denken.

Da andrerseits nach dem vorigen Paragraphen das Product der
beiden Hauptkrümmungsradien allein von den Grössen E F G abhängt, so muss es, wenn diese Grössen für die beiden vorliegenden
Flächen identisch sind, ebenfalls für beide Flächen gleich sein und
zwar in je zwei entsprechenden Punkten der beiden Flächen, d. h.
in je zwei Punkten, welche zu demselben Werthe u, v gehören.
Demnach haben wir folgenden, von Gauss aufgestellten, merkwürdigen
Lehrsatz: Wenn von zwei Flächen die eine eine Biegung
der andern ist, so ist in je zwei entsprechenden Punkten das
Product der Hauptkrümmungsradien für beide Flächen gleich.

Anmerkung. Dieser Lehrsatz führt auf die Untersuchung
derjenigen Eigenschaften der Flächen, welche bleiben, wenn
man die Flächen biegt. Dahin gehört z. B. folgender selbst-
verständliche Satz: Wenn man auf einer Fläche zwei Punkte A und
B durch eine kürzeste Linie verbindet, so bleibt diese Linie die
kürzeste zwischen den beiden Punkten, wie man auch die Fläche
biegen mag.

Ein ganz specieller Fall dieser Biegung der Flächen ist schon
von Euler behandelt worden, und nach ihm von Monge und einer
grossen Anzahl Mathematiker. Diese haben nämlich schon früher
diejenigen Flächen betrachtet, welche durch Biegung einer Ebene
entstehen. Solche Flächen nennt man abwickelbare Flächen,
weil man ihre einzelnen Theile ohne Falte und Riss in eine Ebene
aufrollen kann. Für sie folgt sofort, dass das Product ihrer beiden
Hauptkrümmungsradien unendlich ist, weil bei einer Ebene alle, auch
die beiden Hauptkrümmungsradien unendlich sind. Nach der Gleichung für die beiden Hauptkrümmungsradien (§ 50) ist aber ihr
Product gleich $\dfrac{(1 + p^2 + q^2)^2}{rt - s^2}$. Dieser Ausdruck wird allgemein gleich
unendlich, wenn der Nenner Null wird. Dies ist die Differential-
gleichung aller abwickelbaren Flächen, nämlich $rt - s^2 = 0$, oder
$\dfrac{\partial^2 z}{\partial x^2} \cdot \dfrac{\partial^2 z}{\partial y^2} - \left(\dfrac{\partial^2 z}{\partial x \cdot \partial y}\right)^2 = 0.$ Diese partielle Differentialgleichung zweiter
Ordnung integrirt, giebt die endliche Gleichung aller abwickelbaren
Flächen.

§ 63.

Ein zweiter Satz von Gauss beantwortet die sich leicht dar-
bietende Frage:
Giebt es für die Flächen etwas, was der Krümmung
der Curven entspricht?

Untersuchungen, die sich auf Elasticität beziehen, haben einige
Mathematiker veranlasst, den Ausdruck $\frac{1}{\varrho_1} + \frac{1}{\varrho_2}$ als Krümmung der
Fläche anzusehen; aber diese Analogie ist, vom geometrischen Stand-
punkte aus wenigstens, nicht stichhaltig; Gauss hat eine vollständige
Analogie aufgefunden durch folgende Untersuchung:

Man denke sich eine ebene Curve und irgendwo mit dem Radius
1 einen Kreis beschrieben, Fig. 19 und 20. Man zieht zwei Normalen

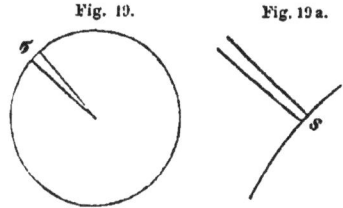

Fig. 19. Fig. 19a.

der Curve in benachbarten Punkten
und dazu zwei parallele Radien des
Kreises. Der Curvenbogen zwischen
den beiden Normalen heisse s, der
entsprechende d. h. zwischen den
beiden parallel gezogenen Radien ein-
geschlossene Kreisbogen heisse σ.
Dann ist offenbar der Winkel der beiden Normalen gleich dem
Winkel der beiden Radien, d. h. gleich σ. Der Winkel der beiden
Normalen ist aber andrerseits derselbe, welchen die zugehörigen
beiden Tangenten der Curve mit einander bilden: mithin ist σ gleich
dem Contingenzwinkel. Daraus geht hervor, dass man die Erklärung
des Krümmungsradius, die man gewöhnlich giebt, nämlich Bogenelement durch Contingenzwinkel auch so angeben kann: der Krümmungsradius einer Curve ist gleich dem unendlich kleinen Bogen s,
dividirt durch den unendlich kleine Bogen σ des Kreises; und folglich ist die Krümmung der Curven $= \lim \frac{\sigma}{s}$.

Dies lässt auf der Stelle eine Erweiterung für die Flächen zu.
Man denke sich irgend eine Fläche und eine Kugel vom Radius 1.
Auf der Fläche nehme man irgend ein begrenztes Stück an und ziehe
entlang der Grenze desselben Normalen zur Fläche. Man ziehe ferner
vom Mittelpunkte der Kugel Strahlen, die diesen Normalen parallel
sind, wodurch man auf der Kugel ebenfalls ein begrenztes Stück
erhält. Das Flächenstück sei wiederum s, das auf der Kugel σ.
Denkt man sich beide Stücke unendlich klein, so nimmt Gauss wie-

derum den Quotienten $\frac{\sigma}{s}$ als Krümmung der Fläche an; also **Krümmung der Fläche** $= \lim \frac{\sigma}{s}$.

Diesen Quotienten wollen wir nun in der gewöhnlichen Art ausdrücken und schieben für diesen Zweck noch Einiges ein.

Seien ξ η ζ die Coordinaten eines Punktes der Kugelfläche, auf den Mittelpunkt als Anfangspunkt bezogen, also $\xi^2 + \eta^2 + \zeta^2 = 1$. Mögen ξ η ζ durch dieselben Grössen u, v ausgedrückt sein, von welchen die Coordinaten der Fläche x, y, z abhängen. Die Cosinus der Winkel eines Radius mit den Axen sind dann $\frac{\xi}{r}$, $\frac{\eta}{r}$, $\frac{\zeta}{r}$ oder da $r = 1$, ξ, η, ζ. Da dieser Radius aber der entsprechenden Normale der Fläche parallel ist, so hat man (§ 56):

$$\xi = \frac{A}{\sqrt{A^2 + B^2 + C^2}}, \quad \eta = \frac{B}{\sqrt{A^2 + B^2 + C^2}}, \quad \zeta = \frac{C}{\sqrt{A^2 + B^2 + C^2}}$$

oder wenn $\lambda = \frac{1}{\sqrt{A^2 + B^2 + C^2}}$ ist, $\xi = \lambda A$, $\eta = \lambda B$, $\zeta = \lambda C$.

Versteht man nun unter A_1 B_1 C_1 dieselben Werthe der Differentialquotienten von ξ η ζ, wie A B C von x y z § 53, ist also

$$A_1 = \frac{\partial \eta}{\partial u} \frac{\partial \zeta}{\partial v} - \frac{\partial \eta}{\partial v} \frac{\partial \zeta}{\partial u}, \quad B_1 = \frac{\partial \zeta}{\partial u} \frac{\partial \xi}{\partial v} - \frac{\partial \zeta}{\partial v} \frac{\partial \xi}{\partial u}, \quad C_1 = \frac{\partial \xi}{\partial u} \frac{\partial \eta}{\partial v} - \frac{\partial \xi}{\partial v} \frac{\partial \eta}{\partial u},$$

und setzen wir:

$$\lambda_1 = \frac{1}{\sqrt{A_1^2 + B_1^2 + C_1^2}},$$

so erhalten die obigen drei Cosinus, da der Radius Normale der Kugel ist, auch die Werthe:

$$\xi = \lambda_1 A_1, \quad \eta = \lambda_1 B_1, \quad \zeta = \lambda_1 C_1$$

also wegen der Gleichung der Kugel ist:

$$\lambda_1^2 (A_1^2 + B_1^2 + C_1^2) = 1.$$

Andrerseits giebt die Gleichung $\xi \cdot \xi + \eta \cdot \eta + \zeta \cdot \zeta = 1$ auch

$$\lambda_1 \{ \xi A_1 + \eta B_1 + \zeta C_1 \} = 1.$$

Daraus folgt:

$$\xi A_1 + \eta B_1 + \zeta C_1 = \sqrt{A_1^2 + B_1^2 + C_1^2};$$

und somit auch

$$\{ \xi A_1 + \eta B_1 + \zeta C_1 \} du\, dv = \sqrt{A_1^2 + B_1^2 + C_1^2}\, du\, dv,$$

d. h. (§ 55.) gleich dem Flächenelement der Kugel. Wir haben also: **Drückt man die drei Coordinaten ξ, η, ζ der Kugel $\xi^2 + \eta^2 + \zeta^2 = 1$ durch zwei Grössen u und v aus, so ist das Oberflächenelement der Kugel gleich**

$$\left\{ \xi\left(\frac{\partial\eta}{\partial u}\cdot\frac{\partial\zeta}{\partial v} - \frac{\partial\eta}{\partial v}\cdot\frac{\partial\zeta}{\partial u}\right) + \eta\left(\frac{\partial\zeta}{\partial u}\frac{\partial\xi}{\partial v} - \frac{\partial\zeta}{\partial v}\frac{\partial\xi}{\partial u}\right) + \zeta\left(\frac{\partial\xi}{\partial u}\frac{\partial\eta}{\partial v} - \frac{\partial\xi}{\partial v}\frac{\partial\eta}{\partial u}\right)\right\} du\, dv.$$

Diese Formel wollen wir noch ein wenig transformiren, indem wir die auf die gegebene Fläche bezüglichen Grössen $\lambda\, A\, B\, C$ einführen. Es war:

$$\xi = \lambda A, \quad \eta = \lambda B, \quad \zeta = \lambda C, \quad \lambda = \frac{1}{\sqrt{A^2 + B^2 + C^2}}.$$

Mithin:

$$\frac{\partial\xi}{\partial u} = \lambda\frac{\partial A}{\partial u} + A\frac{\partial\lambda}{\partial u}, \quad \frac{\partial\xi}{\partial v} = \lambda\frac{\partial A}{\partial v} + A\frac{\partial\lambda}{\partial v}$$

$$\frac{\partial\eta}{\partial u} = \lambda\frac{\partial B}{\partial u} + B\frac{\partial\lambda}{\partial u}, \quad \frac{\partial\eta}{\partial v} = \lambda\frac{\partial B}{\partial v} + B\frac{\partial\lambda}{\partial v}$$

u. s. w., folglich wird

$$\frac{\partial\xi}{\partial u}\frac{\partial\eta}{\partial v} - \frac{\partial\eta}{\partial u}\frac{\partial\xi}{\partial v}$$

$$= \lambda^2\left\{\frac{\partial A}{\partial u}\frac{\partial B}{\partial v} - \frac{\partial A}{\partial v}\frac{\partial B}{\partial u}\right\} + \lambda\frac{\partial\lambda}{\partial u}\left\{A\frac{\partial B}{\partial v} - B\frac{\partial A}{\partial v}\right\} + \lambda\frac{\partial\lambda}{\partial v}\left\{B\frac{\partial A}{\partial u} - A\frac{\partial B}{\partial u}\right\}$$

und ähnlich

$$\frac{\partial\eta}{\partial u}\frac{\partial\zeta}{\partial v} - \frac{\partial\zeta}{\partial u}\frac{\partial\eta}{\partial v}$$

$$= \lambda^2\left\{\frac{\partial B}{\partial u}\frac{\partial C}{\partial v} - \frac{\partial B}{\partial v}\frac{\partial C}{\partial u}\right\} + \lambda\frac{\partial\lambda}{\partial u}\left\{B\frac{\partial C}{\partial v} - C\frac{\partial B}{\partial v}\right\} + \lambda\frac{\partial\lambda}{\partial v}\left\{C\frac{\partial B}{\partial u} - B\frac{\partial C}{\partial u}\right\}$$

und

$$\frac{\partial\zeta}{\partial u}\frac{\partial\xi}{\partial v} - \frac{\partial\xi}{\partial u}\frac{\partial\zeta}{\partial v}$$

$$= \lambda^2\left\{\frac{\partial C}{\partial u}\frac{\partial A}{\partial v} - \frac{\partial C}{\partial v}\frac{\partial A}{\partial u}\right\} + \lambda\frac{\partial\lambda}{\partial u}\left\{C\frac{\partial A}{\partial v} - A\frac{\partial C}{\partial v}\right\} + \lambda\frac{\partial\lambda}{\partial v}\left\{A\frac{\partial C}{\partial u} - C\frac{\partial A}{\partial u}\right\}$$

Multiplicirt man diese Gleichungen links mit ζ, ξ, η und rechts mit den äquivalenten λC, λA, λB, und addirt dann, so fallen rechts alle Glieder weg, welche dann in λ^2 multiplicirt sind, und es wird folglich, wenn man noch statt λ seinen Werth $\frac{1}{\sqrt{A^2 + B^2 + C^2}}$ einsetzt

$$\xi\left(\frac{\partial\eta}{\partial u}\frac{\partial\zeta}{\partial v} - \frac{\partial\zeta}{\partial u}\frac{\partial\eta}{\partial v}\right) + \eta\left(\frac{\partial\zeta}{\partial u}\frac{\partial\xi}{\partial v} - \frac{\partial\xi}{\partial u}\frac{\partial\zeta}{\partial v}\right) + \zeta\left(\frac{\partial\xi}{\partial u}\frac{\partial\eta}{\partial v} - \frac{\partial\eta}{\partial u}\frac{\partial\xi}{\partial v}\right)$$

$$= \frac{1}{(A^2 + B^2 + C^2)^{\frac{3}{2}}}\left\{A\left(\frac{\partial B}{\partial u}\frac{\partial C}{\partial v} - \frac{\partial B}{\partial v}\frac{\partial C}{\partial u}\right) + B\left(\frac{\partial C}{\partial u}\frac{\partial A}{\partial v} - \frac{\partial C}{\partial v}\frac{\partial A}{\partial u}\right)\right.$$

$$\left. + C\left(\frac{\partial A}{\partial u}\frac{\partial B}{\partial v} - \frac{\partial A}{\partial v}\frac{\partial B}{\partial u}\right)\right\}.$$

Man erhält also das Oberflächenelement der Kugel

$$= \frac{A\left(\frac{\partial B}{\partial u}\frac{\partial C}{\partial v} - \frac{\partial B}{\partial v}\frac{\partial C}{\partial u}\right) + B\left(\frac{\partial C}{\partial u}\frac{\partial A}{\partial v} - \frac{\partial C}{\partial v}\frac{\partial A}{\partial u}\right) + C\left(\frac{\partial A}{\partial u}\frac{\partial B}{\partial v} - \frac{\partial A}{\partial v}\frac{\partial B}{\partial u}\right)}{(A^2 + B^2 + C^2)^{\frac{3}{2}}}\, du\, dv,$$

worin A, B, C die oben festgesetzten Werthe haben.

Das Element der vorliegenden Oberfläche ist aber
$= (A^2 + B^2 + C^2)^{\frac{1}{2}} du\, dv$. Demgemäss findet man folgenden Ausdruck für die Krümmung einer Fläche.

$$= \frac{A\left(\frac{\partial B}{\partial u}\frac{\partial C}{\partial v} + \frac{\partial B}{\partial v}\frac{\partial C}{\partial u}\right) + B\left(\frac{\partial C}{\partial u}\frac{\partial A}{\partial v} - \frac{\partial C}{\partial v}\frac{\partial A}{\partial u}\right) + C\left(\frac{\partial A}{\partial u}\frac{\partial B}{\partial v} - \frac{\partial A}{\partial v}\frac{\partial B}{\partial u}\right)}{(A^2 + B^2 + C^2)^2}.$$

Um diesen Ausdruck zu interpretiren, nehmen wir an, die Gleichung der Fläche sei $z = f(x, y)$ oder:

$$z = f(u, v) \quad x = u \quad y = v.$$

Alsdann wird $A = \frac{\partial y}{\partial x}\cdot\frac{\partial z}{\partial y} - \frac{\partial z}{\partial x}\cdot\frac{\partial y}{\partial y}$ oder $= -\frac{\partial z}{\partial x}$ oder $A = -p$;
ebenso $B = -q$, $C = 1$, folglich

$$\frac{\partial A}{\partial u} = -r,\ \frac{\partial A}{\partial v} = -s,\ \frac{\partial B}{\partial u} = -s,\ \frac{\partial B}{\partial v} = -t,\ \frac{\partial C}{\partial u}\ \text{und}\ \frac{\partial C}{\partial v} = 0.$$

Dadurch wird die Krümmung der Fläche

$$\frac{rt - s^2}{(1 + p^2 + q^2)^2}\ \text{d. i.}\ = \frac{1}{\varrho_1 \cdot \varrho_2}$$

oder gleich dem reciproken Werth des Produkts der beiden Krümmungsradien.

Wir haben zugleich den Satz gefunden: Wenn man ein unendlich kleines Oberflächenelement durch einen beliebigen Contour begränzt, und man zieht die Strahlen der Hilfskugel, die den Normalen der Fläche längs des Contours parallel sind, wodurch man ebenfalls ein Oberflächenelement auf der Kugel erhält, so ist der Quotient

$$\frac{\text{Kugeloberflächenelement}}{\text{Oberflächenelement}} = \frac{1}{\text{Product der beid. Hauptkrümmungsradien}}\ \text{oder in}$$

unsern Zeichen $\frac{\sigma}{s} = \frac{1}{\varrho_1 \cdot \varrho_2}$. Denn beide Ausdrücke geben die Krümmung an.

Dies ist ganz analog dem, was wir bei den Curven gefunden haben.

Verbindet man dieses Resultat mit dem des vorigen Paragraphen, so findet sich:

Wenn man eine Fläche biegt, so ändert sich ihre Krümmung (in diesem Sinne genommen) nicht.

§ 64.

Von den Krümmungscurven. Durch einen beliebigen Punkt einer Fläche M denken wir uns eine Haupttangente gelegt, dieselbe hat einen zweiten unendlich nahen Punkt M_1 mit der Fläche gemein, durch M_1 legen wir ebenfalls eine Haupttangente, und zwar, da es deren zwei giebt, diejenige, welche von MM_1 unendlich wenig abweicht, habe diese den unendlich nahen Punkt M_2 mit der Fläche gemein; so legen wir durch M_L die von $M_1 M_2$ unendlich wenig abweichende Tangente $M_2 M_3$ u. s. w. Die Punkte $M M_1 M_2 M_3$ bilden dann eine Curve, welche Krümmungscurve oder Krümmungslinie heisst.

Eine zweite durch Punkt M gehende Krümmungscurve erhalten wir, indem wir durch diesen Punkt die zweite Haupttangente $MM(^1)$ wo $M(^1)$ ein M unendlich naher Punkt ist legen, durch $M(^1)$ die von $MM(^1)$ unendlich wenig abweichende Haupttangente $M(^1) M(^2)$ u. s. w. Die Krümmungscurven $M M_1 M_2 \ldots$ und $M M(^1) M(^2)$ stehen dann in M auf einander senkrecht. In gleicher Weise kann man durch jeden Punkt der Fläche zwei auf einander senkrechte Krümmungscurven legen, dieselben bilden also zwei Systeme auf einander rechtwinkliger Curven.

Das einfachste Beispiel bieten die Umdrehungsflächen dar. Die Hauptschnitte der Umdrehungsfläche sind der Meridian und derjenige Schnitt, welcher den Parallelkreis berührt und durch die Normale geht. Krümmungscurven sind also der Meridian und der Parallelkreis.

Bei einem geraden Cylinder mit einer beliebigen Basis ist der eine Hauptschnitt jedesmal eine Seite, der zweite eine Ebene parallel zur Basis. Die Krümmungscurven sind hier die Seiten und die der Basis parallel gehenden Curven.

Aufgabe. Die Gleichung der Krümmungscurven aufzustellen.

Wir nehmen dazu die Form an: x, y, z gegeben als Functionen von u und v. Es ist aldann unsre Aufgabe nur, eine Gleichung zwischen u und v zu finden. Die Bedingung der Krümmungscurve ist die, dass ihre Tangenten Haupttangenten der Fläche sind. Die Tangente einer Curve in irgend einem Punkte hängt aber (§ 56) ab von dem .betreffenden Werthe des $\frac{du}{dv}$. Die Bedingung dafür, dass eine Linie, hier die Tangente an die Krümmungscurve, Haupttangente an die Fläche sei, ist aber nach § 60:

$$u'^2 (FD - ED') + u' (GD + ED'') + GD' - FD'' = 0.$$

Dies ist daher zugleich die Differentialgleichung für die Krümmungscurven. Diese Gleichung zweiten Grades und erster Ordnung löse man nach $\frac{du}{dv}$ auf. Die beiden verschiedenen Werthe, welche man dafür findet, hat man zu integriren, und erhält dadurch zwei endliche Gleichungen, von denen jede wegen des in ihr enthaltenen willkürlichen Parameters ein System von Curven darstellt; und zwar bezieht sich die eine Gleichung auf das eine System von Krümmungs-curven, die andere auf das zweite.

Ist z als Function von x und y gegeben, d. h. hat man $z = f(x, y)$ oder $z = f(u, v)$, $x = u$, $y = v$, so wird $\dfrac{du}{dv} = \dfrac{dx}{dy}$, $A = -p$, $B = -q$ $C = 1$, $E = 1 + p^2$, $F = pq$, $G = 1 + q^2$, $D = r$, $D' = s$, $D'' = t$; also wird die Gleichung der beiden Krümmungscurven für diese Form der Gleichung der Fläche folgende:

$$dx^2(pqr - (1+p^2)s) + dx \cdot dy((1+q^2)r - (1+p^2)t) + dy^2((1+q^2)s - pqt) = 0.$$

Hierin sind p, q, r, s, t Functionen von x und y allein; ein etwa darin vorkommendes z hat man mittelst der Gleichung der Fläche $z = f(x, y)$ zu eliminiren. Integrirt man daher die gefundene Diffe-rentialgleichung, so erhält man, allerdings nicht die Krümmungscurven selbst, sondern ihre Projectionen auf die Ebene der xy, zu welchen man die Gleichung der Fläche zu nehmen hat, um die Gleichungen der Krümmungscurven selbst zu finden.

§ 64a (Zusatz zur 2. Ausgabe).

A) Mit Bezug auf das in § 46a Bewiesene lassen sich die Krümmungslinien noch anderweitig definiren. Dort wurde nämlich bewiesen, dass die durch 2 unendlich nahe Punkte eines Haupt-schnittes gelegten Normalen in einer Ebene liegen. Denkt man sich durch Punkt M eine Normale gelegt und sucht auf der Fläche die-jenigen M benachbarten Punkte, deren Normalen die von M schneiden, so findet man deren zwei M_1 und M' derart, dass Winkel $M_1 MM_1'$ ein Rechter ist, zu den Normalen von M_1 und M' kann man in gleicher Weise diejenigen nächsten Normalen, welche sie schneiden, be-stimmen u. s. w., dadurch entstehen 2 Systeme auf einander senk-rechter Curven, welche eben die Krümmungslinien sind, also: Auf jeder Fläche giebt es zwei auf einander orthogonale Systeme von Curven, die Krümmungslinien, welche die Fläche in unendlich kleine Rechtecke theilen und welche die Eigenschaft haben, dass die durch die Endpunkte jeder Seite eines solchen Rechtecks gelegten Nor-malen sich schneiden. Diese Normalen fallen natürlich mit denen des Hauptschnitts zusammen. Den Schnittpunkt kann man als Krümmungsmittelpunkt der betreffenden Krümmungslinien be-trachten (jedoch in einem ganz andern Sinne wie in § 11 dieser Aus-druck bei den Curven doppelter Krümmung gebraucht war), die Curve, welche diese Schnittpunkte bilden, als Evolute der Krümmungs-linie betrachten, und wie bei den ebenen Curven ist dann die Tan-gente der Evolute eine Normale der Krümmungslinie.

Zu jeder Fläche gehören also 2 Systeme solcher Evoluten, deren
Gleichungen man leicht finden kann, wenn man die der entsprechenden
Krümmungslinie hat.

Ist nämlich ϱ der Krümmungsradius eines
Punktes x, y, z, sind ferner λ, μ, ν die Winkel der Normale mit den
Axen, $\xi\eta\zeta$ die Coordinaten des Krümmungsmittelpunktes, so hat man
offenbar:

$$x - \xi = \varrho\cos\lambda, \quad y - \eta = \varrho\cos\mu, \quad z - \zeta = \varrho\cos\nu$$

da nun $\varrho\,x\,y\,z$ und die 3 Cosinus gegebene Functionen von u und v
sind, so hat man ξ, η, ζ als Functionen von u und v, mit Hülfe
der Beziehung zwischen u und v für die bezügliche Krümmungslinie sind dann $\xi\eta\zeta$ als Functionen von u auszudrücken, und dies
sind die Gleichungen der Evolute.

Wendet man dagegen diese Beziehung nicht an, so şind $\xi\ \eta\ \zeta$
in u und v ausgedrückt, geben also die Gleichung einer Fläche,
offenbar derjenigen, in welcher alle Evoluten des einen Systems
liegen, je nachdem man aus der quadratischen Gleichung für ϱ (§ 60)
den einen oder andern Werth nimmt. Hierdurch würden sich
2 Flächen, die man Evolutenflächen der gegebenen Fläche nennt,
bestimmen. Es ist jedoch leicht einzusehen, dass, von Ausnahme-
fällen abgesehen, diese beiden Evolutenflächen durch dieselbe Gleichung gegeben sind. Denn setzt man die 3 Werthe von

$$\varrho = \frac{x-\xi}{\cos\lambda} = \frac{y-\eta}{\cos\mu} = \frac{z-\zeta}{\cos\nu}$$

in die quadratische Gleichung des § 60 ein, so hat man 3 Gleichungen für ξ, η, ζ, welche für beide Evoluten dieselben sind, wenn
sich nicht etwa die Wurzeln der quadratischen Gleichungen von
einander trennen lassen.

Letzteres ist offenbar für die Rotationsflächen der Fall, die
Krümmungsmittelpunkte der Krümmungslinie, welche der Erzeugungscurve entspricht, bilden die Evolute der letzteren, und da jeder
Meridian als eine Erzeugungscurve betrachtet werden kann, so ist
die entsprechende Evolutionsfläche diejenige Fläche, welche entsteht,
wenn die Evolute der Erzeugungslinie mit der letzteren um dieselbe
Axe rotirt. Die Krümmungsmittelpunkte jedes Parallelkreises dagegen schneiden sich in der Axe selbst, folglich verwandelt sich hier die
2. Evolutenfläche in eine Linie, die mit der Axe zusammenfällt. Für
die Kugel beschränken sich beide Evolutenflächen auf den Mittelpunkt.
Für Rotations-Cylinder und Kegel fällt die erste Evolutenfläche, da
sämmtliche Normalen die einer Seite angehören parallel sind, ganz weg.

B) Für die Evoluten der Krümmungslinien findet noch folgender

merkwürdiger Satz statt: In jedem Punkte der Evolute steht ihre Osculationsebene auf der entsprechenden Tangentialebene der Evoluten
fläche senkrecht. Dieser Satz lässt sich leicht geometrisch beweisen.

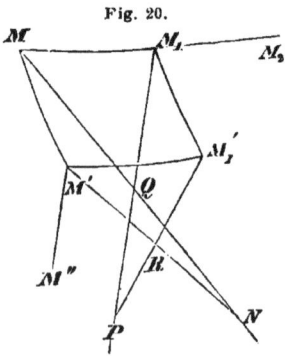

Fig. 20.

Fig. 20. Sei $M\,M_1\,M'_1\,M'$ ein von
4 Krümmungslinien eingeschlossenes unendlich kleines Rechteck. (Es soll hier beiläufig
bemerkt werden, dass das Wort Rechteck
hier nicht ganz in dem gewöhnlichen Sinne
zu nehmen ist. Da nämlich die Seiten unendlich klein, so kommen bei den Winkeln auch
die unendlich kleinen Grössen erster Ordnung
in Betracht. Dann ist also nur der Winkel
in dem sich 2 nach einer Seite hin schneiden,
also $M_1\,M\,M'$ ein Rechter, setzen wir die
Krümmungslinien fort, so sind $M_2\,M_1\,M'_1$,
$M''\,M'\,M_1'$ rechte, die Winkel $M\,M'\,M_1'$, $M'\,M_1'\,M_1'$ weichen um
unendlich kleine Grössen von einem Rechten ab.) Legen wir nun
durch die 4 Eckpunkte $M\,M_1\,M'\,M_1'$ Normalen an die Fläche, so
dass sich die durch M und M_1 gehenden in Q, die durch M und
M' in N, die durch M_1 und M_1' in P, die durch M' und M_1' in
R schneiden. MN und $M'N$ sind dann die Richtungen der auf
einander folgenden Tangenten der Evolute, ihre Ebene $MM'N$ oder
$MM'Q$ ist also die Krümmungsebene derselben. MN ist eine Tangente,
P ein ihr unendlich naher Punkt der Evolutenfläche, die Ebene MNP
d. h. MQP oder M_1MN also Tangentialebene derselben. Der Neigungs-
Winkel von $M'MN$ und M_1MN ist aber M_1MM', also ein Rechter.
Wir müssen hier gleich den allerdings hier noch nicht bewiesenen
Satz voraus nehmen, dass, wenn die Tangentialebene einer Fläche
auf der Osculationsebene einer in ihr enthaltenen Curve immer senkrecht
steht, diese letztere eine kürzeste Linie auf der Fläche ist. Es wird
dies später bewiesen werden. Sonach folgt, dass die Evolute einer
Krümmungslinie auf der Evolutenfläche immer eine kürzeste Linie ist.

C) Noch eine andere Definition für die Krümmungslinien ergiebt sich aber aus dem am Schluss des § 46a bewiesenen Satze
von den conjugirten Tangenten.

Da nämlich $M_1\,M_1'$ die conjugirte Tangente von M_1M_2, MM'
die von MM_1 ist so wird die Tangentialebene des Punktes M, d. h.
$M'MM_1$ von der Tangentialebene $M_1'M_1M_2$ des Punktes M_1 in
$M_1\,M_1'$ geschnitten, das Viereck in $MM_1M_1'M'$ ist also ein ebenes.
Dies ist nicht selbstverständlich. Vielmehr ist ein von vier unendlich nahen Punkten einer Fläche gebildetes Viereck als nicht eben

zu betrachten, wenn auch die beiden Dreiecke, in welche sie von einer Diagonale getheilt wird, nur einen unendlich kleinen Winkel mit einander machen. Dieser muss jedoch berücksichtigt werden, da es sich ja nur um unendlich kleine Grössen handelt. Das in § 46a (Schluss) Gesagte aber zeigt,. dass bei jeder Fläche 2 Systeme einander unendlich naher Linien sich nur dann in ebenen (unendlich kleinen) Vierecken schneiden, wenn die in irgend einem Punkt M sich schneidenden Curvenelemente MM_1 und MM' conjugirten Tangenten angehören.

Sonach lässt sich zu jeder Schaar Curven auf einer Fläche eine zweite, aber im Allgemeinen auch nur eine bestimmen, durch welche die Fläche in unendlich kleine als eben zu betrachtende Vierecke getheilt wird.

Da aber conjugirte Tangenten sich nur, wenn sie Hauptschnitten angehören, rechtwinklig schneiden (§ 46a), so folgt hieraus: Eine Fläche lässt sich immer auf eine aber im Allgemeinen nur auf eine Art in unendlich kleine ebene Vierecke theilen, deren jedes einen rechten Winkel hat, nämlich durch die Krümmungslinien, und für die letzteren ergiebt sich die Definition: „Krümmungslinien einer Fläche nennt man die beiden Systeme orthogonaler Curven, durch welche sie in unendlich kleine ebene Vierecke getheilt wird".

D) Hieran sollen noch einige analytische Darstellungen geschlossen werden, für die wir Folgendes einleitend zu bemerken haben: Wie schon oben gezeigt, stellen die Gleichungen $x = f(u, v)$ $y = f_1(u, v)$ $z = f_2(u, v)$ dann eine Linie auf der Fläche dar, wenn v eine gegebene Function von u ist. Die Annahmen $u =$ Const., und $v =$ Const. geben dann 2 Systeme von Linien auf der Fläche. Es lässt sich aber leicht zeigen, dass, wenn 2 Liniensysteme auf der Fläche gegeben sind, die an sich willkürlichen Grössen u und v sich immer so wählen lassen, dass die Gleichung $u =$ Const. die Linien des einen, $v =$ Const. die des andern Systems darstellt. Denn legen wir durch den beliebigen Punkt M der Fläche eine Linie des ersten und eine des zweiten Systems, eben so durch den festen Punkt A der

Fig. 20 a.   Fläche 2 Linien, eine aus jedem System, seien P und N

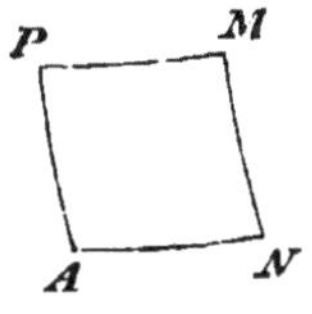

die Schnittpunkte mit den von M gezogenen Curven, bezeichnen wir die Länge AP mit u, AN mit v, so ist klar, dass für jeden Punkt von MP u und für jeden von MN v unveränderlich ist, und dies gilt für alle Punkte der Fläche. Diese Betrachtungen lassen sich noch etwas erweitern. Seien nämlich 3 Systeme von Flächen gegeben, welche den ganzen Raum oder einen Theil desselben continuirlich ausfüllen, je

2 Flächen aus verschiedenen Systemen geben dann eine Schnittcurve, so dass ebenfalls 3 Systeme von Schnittcurven entstehen. Man kann diese Flächen und Schnittcurven dann gegeben denken durch 3 Gleichungen:

$$x = f\, u, v, w \qquad y = f_1\, u, v, w, \qquad z = f_2\, u, v, w,$$

wo u, v, w sich so bestimmen lassen, dass für jede Fläche des ersten Systems u, für die des zweiten bezüglich dritten Systems v und w constant sind, ebenso sind für die Schnittcurven bezüglich v und w, w und u, u und v constant. Legt man nämlich durch einen beliebigen Punkt M die 3 zugehörigen Flächen, und ebenso durch den festen Punkt A und nennt die Stücke der durch A gehenden Schnittcurven bis zu den Schnittpunkten mit den durch M gehenden Flächen u, v, w, so ist offenbar z. B. für jede Fläche des ersten Systems u constant, für die des zweiten $v =$ Constant, für die Schnittcurve je einer Fläche aus den beiden ersten Systemen also u und v constant.

Hiernach wird, wenn x, y, z die Coordinaten irgend eines Punktes sind, die Coordinate eines benachbarten Punktes auf einer der 3 Linien der 3 Systeme, $x + \frac{\partial x}{\partial u}\, du$, $x + \frac{\partial x}{\partial v}\, dv$, $x + \frac{\partial x}{\partial w}\, dw$ sein, und ebenso für die anderen Coordinaten, das Fortschreiten auf einer dieser Linien wird also durch die partiellen Differentiale von $x\, y\, z$ noch $u\, v\, w$ angezeigt. Statt dessen wollen wir aber für $\frac{\partial}{\partial u}\, du$, $\frac{\partial}{\partial v}\, dv$, $\frac{\partial}{\partial w}\, dw$, die kürzeren Bezeichnungen $d_1\, d_2\, d_3$ wählen, so dass also bezüglich: $x + d_1 x$, $x + d_2 x$, $x + d_3 x$, die x-Coordinaten der M benachbarten Punkte auf den durch M gehenden Linien der 3 Systeme sind. Geht man nun z. B. von Punkt M zu dem benachbarten Punkte der Linie des ersten Systemes M_1 und von diesem zu dem durch M_1 gehenden benachbarten Punkte M_1' der Linie des zweiten Systems über, so ist die x-Coordinate von M_1' offenbar $x + d_1 x + d_2(x + d_1 x) = x + d_1 x + d_2 x + d_2 d_1 x$ und nach den ersten Grundsätzen der Differentialrechnung $d_1 d_2 x = d_2 d_1 x$. Selbstverständlich gilt dies Alles für 2 Systeme von Curven auf einer Fläche, nur dass hier d_3 wegfällt. Wir wollen mit Hülfe dieser Algorithmen jetzt nochmals die Gleichungen der Krümmungslinie aufstellen.

Wir gehen hierbei von der Betrachtung aus, dass 2 nächste Normalen der Fläche, welche in derselben Krümmungslinie liegen, sich schneiden und also die Entfernungen ihres Schnittpunktes N (Fig. 20), von den Schnittpunkten mit der Fläche M und M' gleich und zwar gleich dem Krümmungsradius sind, sei der letztere also $MN = M'N$

$= \varrho_1$, xyz die Coordinaten von M, $x + d_1x$, $y + d_1y$, $z + d_1z$ die von M', indem wir das Fortschreiten auf dem ersten System der Krümmungslinien mit d_1 bezeichnen, seien $\xi\eta\zeta$ die Coordinaten von N, ferner $\lambda\mu\nu$ die Cosinus der Winkel der Normale in M mit den Axen, so sind die Projectionen von MN auf die 3 Axen:

$$x - \xi = \varrho_1\lambda, \quad y - \eta = \varrho_1\mu, \quad z - \zeta = \varrho_1\nu,$$

und von M':

$$x + d_1x - \xi = \varrho_1(\lambda + d_1\lambda), \quad y + d_1x - \eta = \varrho_1(\mu + d_1\mu),$$
$$z + d_1z - \zeta = \varrho_1(\nu + d_1\nu)$$

und durch Subtraction:

$$d_1x = \varrho_1 d_1\lambda, \quad d_1y = \varrho_1 d_1\mu, \quad d_1z = \varrho_1 d_1\nu.$$

Ebenso ergiebt sich für die Krümmungslinien des zweiten Systems:

$$d_2x = \varrho_2 d_2\lambda, \quad d_2y = \varrho_2 d_2\mu, \quad d_2z = \varrho_2 d_2\nu.$$

Da $d_1x \ldots d_2x \ldots$ den Cosinus der Winkel der Tangente mit den Axen parallel sind, so hat man noch identisch:

$$\lambda d_1x + \mu d_1y + \nu d_1z = 0, \quad \lambda d_2x + \mu d_2y + \nu d_2z = 0.$$

Diese Gleichungen zeigen, dass von den 3 Gleichungen jedes Systems eine eine Folge der andern ist. Multipliciren wir in der That die 3 ersten z. B. bezüglich mit $\lambda\mu\nu$, so wird die Summe identisch $0 = 0$.

Da $\lambda\mu\nu$ gegebene Functionen sind, so dienen die beiden andern Gleichungen z. B. des ersten Systems dazu, ϱ_1 und eine Beziehung zwischen d_1x, d_1y und d_1z zu finden, während eine zweite sich aus der Gleichung der Fläche ergiebt, man erhält also den Krümmungsradius und die Differentialgleichung der Krümmungscurven. Wir unterlassen die Ausführung, da die Resultate schon gegeben sind.

Aber auch die anderen Eigenschaften der Krümmungslinien folgen aus diesen Gleichungen.

Die Gleichung $\lambda d_1x + \mu d_1y + \nu d_1z = 0$ z. B. giebt, wenn man mit dem Zeichen d_2 differentiirt:

$$\lambda d_1 d_2x + \mu d_1 d_2y + \nu d_1 d_2z + d_2\lambda d_1x + d_2\mu d_1y + d_2\nu d_1z = 0,$$

und wenn man $\lambda d_2x + \mu d_2y + \nu d_2z$ mit dem Zeichen d_1 differentiirt:

$$\lambda d_1 d_2x + \mu d_1 d_2y + \nu d_1 d_2z + d_1\lambda d_2x + d_1\mu d_2y + d_1\nu d_2z = 0,$$

also:

$$d_1\lambda d_2x + d_1\mu d_2y + d_1\nu d_2z = d_2\lambda d_1x + d_2\mu d_1y + d_2\nu d_1z.$$

Aus der Gleichung beider Systeme von Krümmungslinien ergiebt sich aber durch Multiplication und Addition:

$$\varrho_1(d_1 \lambda d_2 x + d_1 \mu d_2 y + d_1 \nu d_2 z) = \varrho_2(d_2 \lambda d_1 x + d_2 \mu d_1 y + d_2 \nu d_1 z),$$

also entweder $\varrho_1 = \varrho_2$, und da das im Allgemeinen nicht der Fall sein kann:

$$d_1 \lambda d_2 x + d_1 \mu d_2 y + d_1 \nu d_2 z = 0$$
$$d_2 \lambda d_1 x + d_2 \mu d_1 y + d_2 \nu d_1 z = 0$$
$$\lambda d_1 d_2 x + \mu d_1 d_2 y + \nu d_1 d_2 z = 0.$$

Die letzte Gleichung giebt den analytischen Beweis des geometrisch gefundenen Satzes, dass die durch M und M_1 gelegten Tangenten der Krümmungslinien des zweiten Systems in einer Ebene liegen.

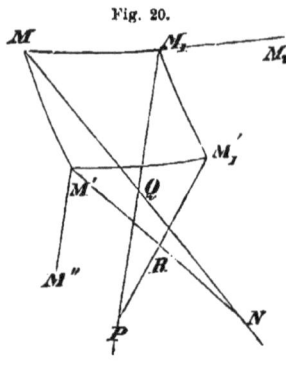

Fig. 20.

Es sind nämlich die Coordinaten des Punktes M_1' (Fig. 20)

$$x + d_1 x + d_2(x + d_1 x) = x + d_1 x + d_2 x + d_1 d_2 x$$

u. s. w. also die Cosinus der Winkel der Diagonale MM_1' mit den Axen proportional:

$$d_1 x + d_2 x + d_1 d_2 x, \quad d_1 y + d_2 y + d_1 d_2 y,$$
$$d_1 z + d_2 z + d_1 d_2 z.$$

Die Gleichung

$$\lambda d_1 d_2 x + \mu d_1 d_2 y + \nu d_1 d_2 z = 0$$

oder:

$$\lambda(d_1 x + d_2 x + d_1 d_2 x) + \ldots\ldots = 0,$$

welche wegen

$$\lambda d_1 x + \ldots = 0 \quad \lambda d_2 x + \ldots = 0$$

mit der vorhergehenden identisch ist, drückt also aus, dass MM_1' ebenso wie MM_1 und MM' auf der Normale in M senkrecht stehen, diese 3 Linien also in einer Ebene liegen.

Auch dass die Krümmungslinien sich rechtwinklig schneiden, zeigen unsere Gleichungen, multipliciren wir nämlich die 3 Gleichungen $d_1 x = \varrho d_1 \lambda$ u. s. w. bezüglich mit $d_2 x \; d_2 y \cdot d_2 z$ und addiren, so kommt

$$d_1 x d_2 x + d_1 y d_2 y + d_1 z d_2 z = 0,$$

da übrigens diese Gleichung die Orthogonalität der Krümmungslinien und die Gleichung $\lambda d_1 d_2 x + \mu d_1 d_2 y + \nu d_1 d_2 z = 0$ anzeigt, dass dieselben ebene Vierecke bilden, so sind beide Gleichungen dafür nothwendig und ausreichend, dass die Zeichen d_1 und d_2 auf Krümmungslinien sich beziehen, denn diese Eigenschaften definirten dieselben. Es können in der That aus diesen Gleichungen auch leicht die ursprünglichen beiden Systeme, welche ϱ_1 und ϱ_2 enthalten, abgeleitet werden. Wir wollen aus den ersteren jedoch ~~en Satz~~ ableiten, der später noch von anderen Ausgangspunkten bewie~~wird.~~

Seien gegeben 3 Systeme auf einander orthogonaler Fläc~~hen~~, und mögen $d_1\, d_2\, d_3$ das Fortschreiten auf ihnen, also ebenfalls au~~f~~ einander orthogonalen Schnittlinien anzeigen.

Dann ergiebt sich aus dieser Eigenschaft der Orthogonalität:

$$d_1 x d_2 x + d_1 y d_2 y + d_1 z d_2 z = 0$$
$$d_1 x d_3 x + d_1 y d_3 y + d_1 z d_3 z = 0$$
$$d_2 x d_3 x + d_2 y d_3 y + d_2 z d_3 z = 0.$$

Differentiirt man diese Gleichungen bezüglich mit den Zeichen $d_3\, d_2\, d_1$, so kommt:

$$d_1 x d_2 d_3 x + \ldots = -\, d_2 x d_3 d_1 x - \ldots$$
$$d_2 x d_1 d_3 x + \ldots = -\, d_3 x d_1 d_2 x - \ldots$$
$$d_3 x d_1 d_2 x + \ldots \quad -\, d_2 x d_1 d_3 x - \ldots$$

die erste und letzte Gleichung geben:

$$d_3 x d_1 d_2 x + \ldots = d_1 x d_2 d_3 x + \ldots$$

was also nur mit den zweiten verträglich ist, wenn:

$$d_3 x d_1 d_2 x + d_3 y d_1 d_2 y + d_3 z d_1 d_2 z = 0.$$

Dieser Gleichung entsprechen 2 andere, die sich durch Versetzung der Zahlen 1, 2, 3 ergeben.

Da $d_3 x,\ d_3 y,\ d_3 z$ aber den Cosinus der Winkel proportional sind, welche die Curven des dritten Systems mit den Axen bilden, diese aber auf den Flächen senkrecht stehen, welche die Curven des ersten und zweiten Systems zu Schnittlinien haben, so sind $d_3 x,\ d_3 y,\ d_3 z$ mit $\lambda\mu\nu$ proportional, wenn $\lambda\mu\nu$ die obige Bedeutung haben und man hat:

$$\lambda d_1 d_2 x + \mu d_1 d_2 y + \nu d_1 d_2 z = 0,$$

diese Gleichung in Verbindung mit

$$d_1 x d_2 x + d_1 y d_2 y + d_1 z d_2 z = 0,$$

aber war Definitionseigenschaft der Krümmungslinien, also:

„Drei Systeme auf einander orthogonaler Flächen schneiden sich immer in Krümmungslinien".

Dieser Satz ist von Dupin gefunden worden.

§ 65.

Beispiel 1. Von der Schraubenfläche (§ 53)

$$z = \alpha \cdot u, \quad y = v \cdot \sin u, \quad x = v \cdot \cos u$$

die Krümmungscurven zu finden.

Man hat

$$\frac{\partial z}{\partial u} = \alpha \qquad \frac{\partial y}{\partial u} = v \cos u \qquad \frac{\partial x}{\partial u} = - v \sin u$$

$$\frac{\partial^2 z}{\partial u^2} = 0 \qquad \frac{\partial^2 y}{\partial u^2} = - v \sin u \qquad \frac{\partial^2 x}{\partial u^2} = - v \cos u$$

$$\frac{\partial z}{\partial v} = 0 \qquad \frac{\partial y}{\partial v} = \sin u \qquad \frac{\partial x}{\partial v} = \cos u$$

$$\frac{\partial^2 z}{\partial v^2} = 0 \qquad \frac{\partial^2 y}{\partial v^2} = 0 \qquad \frac{\partial^2 x}{\partial v^2} = 0$$

$$\frac{\partial^2 z}{\partial u \partial v} = 0 \qquad \frac{\partial^2 y}{\partial u \partial v} = \cos u \qquad \frac{\partial^2 x}{\partial u \partial v} = - \sin u.$$

Mithin wird: $A = - \alpha \sin u \quad B = \alpha \cos u \quad C = - v \quad E = \alpha^2 + v^2$
$F = 0 \quad G = 1 \quad D = 0 \quad D' = \alpha \quad D'' = 0$. Also die Gleichung für
die Krümmungscurven $- u'^2 \alpha (\alpha^2 + v^2) + \alpha = 0$ oder

$$u'^2 = \frac{1}{\alpha^2 + v^2} \text{ oder } du = \pm \frac{dv}{\sqrt{\alpha^2 + v^2}}.$$

Demnach ist

$$u = c \pm \int \frac{dv}{\sqrt{\alpha^2 + v^2}} = c \pm l \left(v + \sqrt{\alpha^2 + v^2} \right).$$

Diese Aufgabe ist bedeutend schwieriger zu lösen für die Form
$z = \alpha \cdot \text{Arc tg } \frac{y}{x}$.

Aus § 60 ergiebt sich ferner: $t = \frac{E u' + F}{D u' + D'}$, also $t = \pm \frac{\sqrt{\alpha^2 + v^2}}{\alpha}$,
und wegen $t = \sqrt{\frac{\varrho}{EG - F^2}}$, $\varrho = \pm \frac{\alpha^2 + v^2}{\alpha}$. In jedem Punkte sind also
beide Krümmungsradien gleich, aber entgegengesetzt gerichtet. Die
Cosinus der Winkel der Normale mit den Axen (§ 56) werden:

$$\frac{- \alpha \sin u}{\sqrt{\alpha^2 + v^2}}, \quad \frac{\alpha \cos v}{\sqrt{\alpha^2 + v^2}}, \quad \frac{- v}{\sqrt{\alpha^2 + v^2}},$$

für den Krümmungsmittelpunkt war (§ 64a) $x - \xi = \varrho \cos \lambda$, u. s. w.
also:

$$\xi = v \cos u \pm \sin u \sqrt{\alpha^2 + v^2}, \quad \eta = v \sin u \mp \cos u \sqrt{\alpha^2 + v^2},$$

$$\zeta = \alpha u \pm \frac{v \sqrt{\alpha^2 + v^2}}{\alpha}.$$

Dies sind also die Gleichungen der Evolutenfläche.

2) Die Krümmungscurven auf den beiden Paraboloiden
zu suchen, deren Gleichungen man zusammen so schreiben kann
$2z = \frac{x^2}{a} + \frac{y^2}{b}$. Hier ist $p = \frac{x}{a}$, $q = \frac{y}{b}$, $r = \frac{1}{a}$, $s = 0$, $t = \frac{1}{b}$.
Demnach wird

$$dx^2 \frac{xy}{a^2 b} + dx\, dy \left\{ \frac{1 + \frac{y^2}{b^2}}{a} - \frac{1 + \frac{x^2}{a^2}}{b} \right\} - dy^2 \frac{xy}{ab^2} = 0$$

oder, wenn man mit $a^2 b^2$ multiplicirt

$$bxy\, dx^2 + dx\, dy\{ab\,(b-a) + ay^2 - b x^2\} - axy\, dy^2 = 0.$$

Um diese Gleichung zu integriren, multipliciren wir sie mit $x \cdot y$, worauf wir sie so schreiben können:

$$b \cdot y^2\,(x \cdot dx)^2 + \{ab\,(b-a) + ay^2 - bx^2\}\,(xdx)\,(ydy) - ax^2\,(y \cdot dy)^2 = 0,$$

oder $x^2 = X$, $y^2 = Y$ gesetzt:

$$Yb\,(dX)^2 + (ab\,(b-a) + aY - bX)\,dX\,dY - aX\,(dY)^2 = 0,$$

d. h.

$$Y\{b\,(dX)^2 + a\,dX\,dY\} = X\,(bd\,Xd\,Y + a\,(dY)^2) + (ab)\,(a-b)\,dX\,dY$$

oder wenn man $\dfrac{dY}{\partial X} = Y'$ setzt:

$$Y = XY' + ab\,(a-b)\,\frac{Y'}{b + aY'}.$$

Diese Gleichung ist ein besonderer Fall der sogenannten Clairautschen

$$Y = XY' + \varphi\,(Y')$$

Dieselbe giebt durch Differentiiren:

$$X\frac{dY'}{dX} = \varphi'\,(Y')\frac{dY'}{\partial X}.$$

Also entweder: $X = \varphi'\,(Y')$, was jedoch nur eine singuläre Auflösung ist, oder $\dfrac{dY'}{dX} = 0$ $Y' = C$, dieser Werth in die Clairautsche Gleichung gesetzt, giebt: $Y = cX + \varphi\,(c)$, und für unsern speciellen Fall:

$$Y = cX + \frac{ab\,(a-b)\,c}{b + ac}, \qquad y^2 = cx^2 + \frac{ab\,(a-b)\,c}{b + ac}.$$

Für jeden Werth von c ergiebt sich hieraus eine Krümmungscurve. Unsre Gleichung giebt ihre Projectionen auf die xy-Ebene. Diese Projectionen sind also Ellipsen oder Hyperbeln, je nachdem man c negativ oder positiv nimmt.

Die Werthe von c ergeben sich, wenn man für x und y die Coordinaten eines beliebigen Punktes der Fläche nimmt, da dann aber die Gleichung für c quadratisch ist, so geben die daraus gezogenen beiden Werthe von c die beiden Krümmungslinien des betrachteten Punktes.

Die Krümmungscurven derjenigen Flächen zweiten Grades, welche einen Mittelpunkt haben, werden später entwickelt werden.

§ 66.

Wir lösen nun noch das Problem, die Differentialgleichung der Krümmungscurven für die Form $F\,(x,\,y,\,z) = 0$ abzuleiten.

Zur Auffindung der Hauptschnitte und Hauptkrümmungsradien dienten uns früher die Formeln (9) § 48, von denen die erste ist:

$$\frac{\partial^2 F}{\partial x^2}\cos\alpha + \frac{\partial^2 F}{\partial x\cdot\partial y}\cos\beta + \frac{\partial^2 F}{\partial x\cdot\partial z}\cos\gamma + \varepsilon\cdot\cos\alpha + \varepsilon'\cdot\frac{\partial F}{\partial x} = 0.$$

Hierin sind α, β, γ die Winkel, welche die Tangente an einem der beiden Hauptschnitte mit den drei Axen bildet. Diese Tangenten sind zugleich die Tangenten an die Krümmungscurve. Die Cosinus dieser Winkel sind aber $\frac{dx}{ds}$, $\frac{dy}{ds}$, $\frac{dz}{ds}$, wenn sich dx, dy, dz auf Verrückungen innerhalb der Krümmungscurven beziehen. Setzen wir diese Werthe in die obige Gleichung ein, so wird sie sich nun auf die Krümmungscurve beziehen. Schreiben wir dabei statt $\varepsilon' ds$ wieder ε' der Kürze wegen, so wird die Gleichung

$$\frac{\partial^2 F}{\partial x^2}\cdot dx + \frac{\partial^2 F}{\partial x\cdot\partial y}\cdot dy + \frac{\partial^2 F}{\partial x\cdot\partial z}\cdot dz + \varepsilon\cdot dx + \varepsilon'\cdot\frac{\partial F}{\partial x} = 0,$$

oder

$$d\left(\frac{\partial F}{\partial x}\right) + \varepsilon\cdot dx + \varepsilon'\cdot\frac{\partial F}{\partial x} = 0.$$

Die andern beiden Gleichungen (9) § 48 geben entsprechend

$$d\left(\frac{\partial F}{\partial y}\right) + \varepsilon\cdot dy + \varepsilon'\cdot\frac{\partial F}{\partial y} = 0,$$

und

$$d\left(\frac{\partial F}{\partial z}\right) + \varepsilon\cdot dz + \varepsilon'\cdot\frac{\partial F}{\partial z} = 0.$$

Eliminirt man ε und ε', so bekommt man

$$d\left(\frac{\partial F}{dx}\right)\left\{\frac{\partial F}{\partial y}\cdot dz - \frac{\partial F}{\partial z}\cdot dy\right\} + d\left(\frac{\partial F}{\partial y}\right)\left\{\frac{\partial F}{\partial z}\cdot dx - \frac{\partial F}{\partial x}\cdot dz\right\}$$
$$+ d\left(\frac{\partial F}{\partial z}\right)\left\{\frac{\partial F}{\partial x}\cdot dy - \frac{\partial F}{\partial y}\cdot dx\right\} = 0.$$

Entwickelt man die $d\left(\frac{\partial F}{\partial x}\right)$, $\left(\frac{\partial F}{\partial y}\right)$, $\left(\frac{\partial F}{\partial z}\right)$, so erhält man einen Ausdruck, in welchem dx, dy und dz in der zweiten Dimension vorkommen. Daraus hat man dz und z zu eliminiren, um auf eine Gleichung zu kommen, die nur x und y enthält. Diese Elimination geschieht mittelst der Gleichung der Fläche $F(x, y, z) = 0$ und ihrer Differentialgleichung $\frac{\partial F}{\partial x}dx + \frac{\partial F}{\partial y}dy + \frac{\partial F}{\partial z}dz = 0$, weil nicht bloss der Ausgangspunkt der Krümmungscurven, sondern alle ihre Punkte auf der Fläche liegen sollen.

Hieraus kann man noch eine andere Gestalt der Gleichung der Krümmungscurven für den Fall leicht ableiten, dass die Gleichung der Fläche in der Form $z = f(x, y)$ gegeben ist. Es ist nämlich alsdann $F = f(x, y) - z$, also $\frac{\partial F}{\partial x} = p$, $\frac{\partial F}{\partial y} = q$, $\frac{\partial F}{\partial z} = -1$, also wird hiernach die Gleichung der Krümmungscurven

$$dp\{qdz + dy\} + dq\{-dx - pdz\} = 0$$

oder, wie man schreiben kann

$$\frac{pdz + dx}{dp} = \frac{qdz + dy}{dq}.$$

Diese Gleichung ist natürlich identisch dieselbe wie die in § 64; denn man hat $dz = pdx + qdy$, $dp = rdx + sdy$, $dq = sdx + tdy$. Sie ist bequemer für einige Untersuchungen, z. B. für die Lösung der folgenden Frage.

§ 67.

Ist es möglich, dass eine Fläche eine ebene Krümmungscurve haben kann? und in welchem Falle? Angenommen, es gebe in einer Fläche eine ebene Krümmungscurve, so machen wir die Ebene derselben zur xy-Ebene. Dadurch wird offenbar $dz = 0$, was auch dann noch der Fall ist, wenn die Curve in einer Ebene liegt, welche der xy-Ebene parallel liegt; denn alsdann ändert sich z nicht. Die Gleichung der Krümmungscurven (§ 66) geht also über in $\frac{dx}{dp} = \frac{dy}{dq}$. Ist die Gleichung der Fläche $z = f(x, y)$, so ist die Gleichung der ebenen Curve $0 = f(x, y)$, und wenn man dies differentiirt, so wird $0 = p \cdot dx + q \cdot dy$; also wird $\frac{dx}{dy}$ einerseits $= -\frac{q}{p}$, andrerseits $= \frac{dp}{dq}$; folglich hat man für diese Flächen die Gleichung $p \cdot dp + q \cdot dq = 0$, welche integrirt giebt $p^2 + q^2 = c$; d. h. die beiden Functionen p und q müssen für diesen Durchschnitt mit der xy-Ebene die Eigenschaft haben, dass die Summe ihrer Quadrate constant ist. Man kann dies auch geometrisch so ausdrücken: Da die Gleichung der Tangentialebene T folgende ist:

$$\zeta - z = p(\xi - x) + q(\eta - y),$$

also der Cosinus des Winkels der Tangentialebene mit Ebene xy

$$= \frac{1}{\sqrt{1 + p^2 + q^2}},$$

so muss in gegenwärtigem Falle die Tangentialebene gegen die xy-Ebene oder gegen den Schnitt eine constante Neigung haben. Mit andern Worten:

Wenn eine Krümmungscurve eben ist, so bilden die Tangentialebenen entlang der Krümmungscurve mit der Ebene der Krümmungscurve einen constanten Winkel.

Der Satz gilt auch umgekehrt: Bilden die Tangentialebenen einer Fläche entlang einer ebenen Curve derselben
mit der letzteren einen constanten Winkel, so ist dies eine
Krümmungscurve. **Beweis.** Die ebene Curve sei die xy-Ebene; dann findet folgende Gleichung statt: $dz = 0$ oder $p \cdot dx + q \cdot dy = 0$. Da ferner
die Tangentialebene mit dieser Schnittebene einen constanten Winkel
bildet, so ist $(p^2 + q^2 = c$ oder$)$ $p\,dp + q\,dq = 0$. Diese beiden
Gleichungen befriedigen aber die am Ende des vorigen Paragraphen
aufgestellte Gleichung der Krümmungscurven.

Bei den Rotationsflächen umhüllen die Tangentialebenen entlang
dem Meridian einen Cylinder, von welchem der Meridian normaler
Schnitt ist. Bei den Parallelkreisen umhüllen sie einen Umdrehungs-
kegel und sind ebenfalls alle gegen den Schnitt gleich geneigt. Die
durch je 2 Hauptaxen einer Fläche zweiten Grades gehenden
Schnitte sind Krümmungslinien, denn die Tangentialebene ihnen entlang steht immer normal auf ihnen.

7. Die Theorie der geradlinigen Flächen.

§ 68.

Erklärung. Eine geradlinige Fläche ist eine solche, die
durch Bewegung einer Geraden entstanden ist. Dahin gehören die
allgemeinste Cylinder- und die allgemeinste Kegelfläche, und zwar
gehören diese der einen der beiden grossen Gruppen dieser Art
Flächen an; in der andern, welche wesentlich von dieser ersten
unterschieden ist, befinden sich Flächen wie das einschnalige Hyperboloid und das hyperbolische Paraboloid. Die Gerade, durch welche
die Fläche entsteht, in irgend einer ihrer Lagen genommen, heisst
Erzeugungslinie.

Aufgabe. Die allgemeinste Gleichung der geradlinigen
Flächen aufzustellen.

Die Gleichungen der Geraden seien in der Form gegeben
$\begin{cases} z = a \cdot x + b \\ z = a_1 \cdot y + b_1 \end{cases}$, welche sie immer annehmen können. Dann werden
diese Gleichungen die einer geradlinigen Fläche ergeben, wenn in
ihnen die Constanten a, b, a_1, b_1 als Functionen irgend eines Parameters t gegeben sind, und man diesen Parameter aus ihnen eliminirt. Sind diese Constanten die allgemeinsten Functionen, so erhält
man durch Elimination des Parameters die allgemeinste geradlinige
Fläche.

Dieser Parameter, den wir eliminiren, kann eine der Grössen a, b, a_1, b_1, selbst sein. Denn wenn a eine Function von t ist, so ist auch t eine Function von a, und wir können somit die andern Constanten als Functionen von a ansehen. Somit können wir die allgemeinste Gleichung einer geradlinigen Fläche so schreiben

$$\begin{cases} z = a \cdot x + F(a) \\ z = \varphi(a) \cdot y + f(a) \end{cases}.$$

Wollen wir die Gleichung dieser Fläche so haben, dass x, y, z als Functionen zweier unabhängigen Variablen sich darstellen, so gehen wir von folgender Gleichung der geraden Linie aus:

$$\frac{x - \xi}{a} = \frac{y - \eta}{b} = \frac{z - \zeta}{c} = v,$$

wo xyz die laufenden Coordinaten, $\xi\eta\zeta$ die eines gegebenen Punktes der Erzeugungslinie, und abc, wie dies ja immer zu bewerkstelligen ist, die Cosinus der Winkel sind, welche die Linie mit den Axen macht, dann ist noch $a^2 + b^2 + c^2 = 1$. v ist hier noch die Entfernung eines beliebigen Punktes xyz der Linie vom Punkt $\xi\eta\zeta$, Man hat dann:

$$x = \xi + av, \quad y = \eta + bv, \quad z = \zeta + cv.$$

Nimmt man nun $\xi\eta\zeta$ und abc als Functionen einer Variable u, so dass abc nur der Bedingung unterworfen sind: $a^2 + b^2 + c^2 = 1$. und denkt sich v als zweite Variable, so stellen diese 3 Gleichungen die geradlinige Fläche vor. Setzt man $v = 0$, so wird $x = \xi$ $y = \eta$ $z = \zeta$. Diese Gleichungen, welche u enthalten, geben dann die Gleichung einer Curve, und zwar derjenigen, welche bei der Bewegung der Erzeugungslinie der Punkt $\xi\eta\zeta$ beschreibt. Wir wollen diese Curve, die also durch $v = 0$ bestimmt ist, Fundamentalcurve der geradlinigen Fläche nennen. Somit ist also auch v das Stück der Erzeugungslinie von einem beliebigen Punkte xyz bis zu dem zugehörigen $\xi\eta\zeta$ der Fundamentalcurve.

u gleich Constant dagegen giebt die Gleichungen einer bestimmten Lage der Erzeugungslinie.

Uebrigens ist es nicht nöthig, dass abc die Gleichung $a^2 + b^2 + c^2 = 1$ erfüllen. Tritt dies nicht ein, so sind eben abc nur den angeführten Cosinus proportional, auch stellt in den Gleichungen $x = \xi + uv$ u. s. w. v nicht die Entfernung der Punkte (xyz) und $(\xi\eta\zeta)$ vor.

Als Beispiel diene folgende Fläche:

$$x = \sqrt{p}\,\frac{u + v}{2}, \quad y = \sqrt{q}\,\frac{u - v}{2}, \quad z = \frac{uv}{2}.$$

Da sich für $v = 0$, $x = \xi$, $y = \eta$, $z = \zeta$ ergiebt, so ist:

$$\xi = \frac{u}{2}\sqrt{p}, \qquad \eta = \frac{u}{2}\sqrt{q}, \qquad \zeta = 0,$$

$$a = \frac{\sqrt{p}}{2} \qquad b = -\frac{\sqrt{q}}{2} \qquad c = \frac{u}{2}$$

und unsere Gleichungen nehmen die Formen an

$$\frac{x - \xi}{\frac{\sqrt{p}}{2}} = \frac{y - \eta}{-\frac{\sqrt{q}}{2}} = \frac{z}{\frac{u}{2}} = v.$$

Für $v = 0$ erhält man

$$\xi = \sqrt{p}\,\frac{u}{2}, \qquad \eta = \sqrt{q}\,\frac{u}{2}, \qquad \zeta = 0.$$

Die Fundamentalcurve liegt also in der Ebene xy, und die Tangente ihres Winkels mit der x-Axe ist gleich $\sqrt{\frac{q}{p}}$.

Unsere Fläche entsteht, wenn man durch jeden Punkt dieser Curve eine Gerade legt, deren Winkel mit den Axen bezüglich die Cosinus haben:

$$\frac{\sqrt{p}}{2r}, \qquad -\frac{\sqrt{q}}{2r}, \qquad \frac{u}{2r},$$

wenn $r = \frac{1}{2}\sqrt{p + q + u^2}$ ist.

Sollen die Erzeugungslinien der Fläche bestimmt werden, so ist u allein als constant zu betrachten. Man erhält aber durch Elimination von v:

$$v = \frac{2x}{\sqrt{p}} - u = u - \frac{2y}{\sqrt{q}} = \frac{2z}{u},$$

also

1)
$$u = \frac{x}{\sqrt{p}} + \frac{y}{\sqrt{q}}$$

2)
$$\frac{2z}{u} = \frac{x}{\sqrt{p}} - \frac{y}{\sqrt{q}}:$$

Beide Gleichungen drücken Ebenen aus, die Gleichung 1) aber eine Ebene, welche sich selbst parallel bleibt, wenn man u ändert. Also liegen alle Geraden der Fläche in parallelen Ebenen oder sind einer Ebene parallel. Man findet aber ebenso, wenn man u eliminirt:

3)
$$v = \frac{x}{\sqrt{p}} - \frac{y}{\sqrt{q}}$$

und

4)
$$\frac{2z}{v} = \frac{x}{\sqrt{p}} + \frac{y}{\sqrt{q}}:$$

das System der Curven $v = $ Const. ist also ebenfalls eine Schaar Gerader, die wegen der Gleichung 3) einer Ebene parallel ist. Auf der vorliegenden Fläche liegen also zwei Schaaren von Geraden, von denen jede Schaar einer Ebene parallel ist. Die Fläche ist ein hyperbolisches Paraboloid; seine Gleichung in der gewöhnlichen Form: $2z = \dfrac{x^2}{p} - \dfrac{y^2}{q}$, ergiebt sich durch Elimination von u aus 1) und 2).

§ 69.

Für unsere nächsten Untersuchungen über die geradlinigen Flächen entwickeln wir die Gleichung der Tangentialebene in irgend einem Punkte der geradlinigen Fläche. Die allgemeine Gleichung der Tangentialebene ist $(X - x)A + (Y - y)B + (Z - z)C = 0$ (§ 56 Schluss), wo X, Y, Z die laufenden Coordinaten, x, y, z die irgend eines Punktes der Fläche und A, B, C die in § 53 angegebenen Determinanten sind. Für die geradlinigen Flächen wird nun A oder

$$\frac{\partial y}{\partial u} \cdot \frac{\partial z}{\partial v} - \frac{\partial y}{\partial v} \cdot \frac{\partial z}{\partial u}$$

$$= \left(\frac{d\eta}{du} + v\frac{db}{du}\right)c - b\left(\frac{d\zeta}{du} + v\frac{dc}{du}\right) = c\frac{d\eta}{du} - b\frac{d\zeta}{du} + v\left\{c\frac{db}{du} - b\frac{dc}{du}\right\}$$

oder wenn wir das Binom der beiden ersten Glieder mit l, den Factor von v mit l_1 bezeichnen, und m, m_1, n, n_1 die entsprechenden Grössen bei B und C sind, so ist

$$A = l + l_1 v, \quad B = m + m_1 v, \quad C = n + n_1 v.$$

Demnach wird unsere Gleichung folgende:

$$X(l + l_1 v) + Y(m + m_1 v) + Z(n + n_1 v)$$
$$= x(l + l_1 v) + y(m + m_1 v) + z(n + n_1 v)$$
$$= (\xi + av)(l + l_1 v) + (\eta + bv)(m + m_1 v) + (\zeta + cv)(n + n_1 v)$$

oder wie man sich leicht überzeugt

$$= \xi(l + l_1 v) + \eta(m + m_1 v) + \zeta(n + n_1 v).$$

Wir können also, wenn wir für l, l_1 u. s. w. ihre Werthe zurücksetzen und die Differentiationen nach u durch Accente bezeichnen, die Gleichung der Tangentialebene so schreiben:

$$X - \xi)\left\{c\eta' - b\zeta' + v(c b' - b c')\right\} + (Y - \eta)\left\{a\zeta' - c\xi' + v(a c' - c a')\right\}$$
$$+ (Z - \zeta)\left\{b\xi' - a\eta' + v(b a' - a b')\right\} = 0.$$

Wir beantworten hiernach folgende Frage: Welche Fläche bilden alle diejenigen Normalen, welche durch eine Erzeugungslinie gehen?

Die Gleichung der Normale, d. h. einer Geraden, die durch den Punkt x, y, z, geht und auf der Tangentialebene normal steht, können wir mit Wiedereinführung der Grössen l, l_1 u. s. w. folgendermassen schreiben:

$$\frac{X-x}{l+l_1 \cdot v} = \frac{Y-y}{m+m_1 \cdot v} = \frac{Z-z}{n+n_1 \cdot v} = w.$$

Nehmen wir nun zwei Punkte auf derselben Geraden der Fläche, so ist nur v für beide verschieden, u bleibt dasselbe. Um daher den Ort aller Normalen zu finden, welche entlang dieser Geraden gezogen werden können, muss man aus den Gleichungen der einen Normale v eliminiren. Wir schreiben sie zu dem Ende in folgender Gestalt:

$$X-x = lw + l_1 vw$$

oder da $x = \xi + av$ ist,

$$X - \xi = av + lw + l_1 v \cdot w$$
$$Y - \eta = bv + mw + m_1 v \cdot w$$
$$Z - \zeta = cv + nw + n_1 v \cdot w,$$

und haben somit drei Gleichungen, aus denen wir v und w eliminiren müssen. Es ist nun, wenn man die Gleichungen nach v, w und $v \cdot w$ auflöst:

$$\begin{vmatrix} a & l & l_1 \\ b & m & m_1 \\ c & n & n_1 \end{vmatrix} v = \begin{vmatrix} X-\xi & l & l_1 \\ Y-\eta & m & m_1 \\ Z-\zeta & n & n_1 \end{vmatrix}, \quad \begin{vmatrix} a & l & l_1 \\ b & m & m_1 \\ c & n & n_1 \end{vmatrix} w = - \begin{vmatrix} X-\xi & a & l_1 \\ Y-\eta & b & m_1 \\ Z-\zeta & c & n_1 \end{vmatrix}$$

$$\text{und} \quad \begin{vmatrix} a & l & l_1 \\ b & m & m_1 \\ c & n & n_1 \end{vmatrix} v \cdot w = \begin{vmatrix} X-\xi & a & l \\ Y-\eta & b & m \\ Z-\zeta & c & n \end{vmatrix},$$

folglich, wenn man die ersten beiden Gleichungen mit einander, und die letzte mit dem Coefficienten, welchen $v \cdot w$ in ihr hat, multiplicirt, und alsdann die rechten Seiten wegen der Identität der linken einander gleich setzt:

$$\begin{vmatrix} X-\xi & l & l_1 \\ Y-\eta & m & m_1 \\ Z-\zeta & n & n_1 \end{vmatrix} \cdot \begin{vmatrix} X-\xi & a & l_1 \\ Y-\eta & b & m_1 \\ Z-\zeta & c & n_1 \end{vmatrix} + \begin{vmatrix} X-\xi & a & l \\ Y-\eta & b & m \\ Z-\zeta & c & n \end{vmatrix} \cdot \begin{vmatrix} a & l & l_1 \\ b & m & m_1 \\ c & n & n_1 \end{vmatrix} = 0.$$

Dies ist eine Gleichung zweiten Grades in Bezug auf $x - \xi$, $y - \eta$, $z - \zeta$. Wir haben somit folgenden Satz gefunden: Wenn man in einer geradlinigen Fläche entlang einer geraden Linie der Fläche ihre Normalen zieht, so bilden sie eine Fläche zweiten Grades, welche, weil alle Normalen auf einer Geraden senkrecht stehen, also der darauf senkrechten Ebene parallel sind, ein hyperbolisches Paraboloid ist.

§ 70.

In welchem Falle bilden die Normalen entlang jeder Erzeugungslinie der Fläche eine einzige Ebene? Oder mit andern Worten: wie muss eine geradlinige Fläche beschaffen sein, damit die Tangentialebene in allen Punkten jeder Erzeugungslinie dieselbe bleibt? Geometrische Betrachtungen ergeben die Antwort auf diese Frage sehr leicht. Denke man sich zwei Erzeugungslinien, die einander unendlich nahe liegen, theile die erste durch Punkte A, B, C, ... in unendlich kleine Elemente, und ebenso die zweite durch Punkte A_1, B_1, C_1 ... die bezüglich ABC benachbart sind. $A_1 A$ und B bestimmen dann die Tangentialebene in A, $B_1 B$ und C die in B, $C_1 C$ und D die in C u. s. w. Da nun alle diese Tangentialebenen zusammenfallen sollten, so liegen ABC und $A_1 B_1 C_1$ in einer Ebene, d. h. damit die Normalen entlang jeder Erzeugungslinie in eine Ebene fallen, müssen je 2 auf einander folgende Erzeugungslinien in eine Ebene fallen. Hier sind nun 3 Fälle möglich: 1) Alle Erzeugungslinien sind parallel, die Fläche ist dann ein Cylinder. 2) Sie schneiden sich alle in einem Punkte, man hat dann einen Kegel. 3) Der allgemeinste Fall, die Schnittpunkte je zweier auf einander folgender Erzeugungslinien bilden eine continuirliche Reihe von Punkten. Diese Punkte bilden dann eine Curve, und zwar eine doppelt gekrümmte. Da zwischen je 2 auf einander folgenden Punkten der-

selben ein Element einer Erzeugungslinie liegt (Fig. 21), so sind sämmtliche Erzeugungslinien Tangenten dieser Curve, oder sie hüllen sie ein. Man nennt die letztere Wendungskante (arrête de rebroussement). Diesem dritten Falle lassen sich offenbar auch die beiden ersten unterordnen, wenn man beim Kegel die Wendungskante sich in einem Punkt zusammenziehn, beim Cylinder dieselbe ins Unendliche fortrücken lässt.

Eine solche geradlinige Fläche, worin also je 2 auf einander folgende Erzeugungslinien in eine Ebene fallen, heisst allgemein abwickelbare Fläche.

Denkt man sich den Theil, welcher zwischen 2 unendlich nahen Erzeugungslinien liegt, so um die eine von beiden gedreht, dass sie mit dem nächsten Theile in eine Ebene fällt, diese Ebene dann um die nächste Erzeugungslinie gedreht, bis sie in die Ebene des folgenden Theiles fällt u. s. w., so wird aus der ganzen Fläche eine Ebene, aus der Wendungskante eine ebene Curve. Ausser dem Cylinder und Kegel können wir aus dem Vorhergegangenen verschiedene Beispiele abwickelbarer Flächen aufstellen. Von den Normalen der Krümmungslinie irgend einer Fläche haben wir (§ 64a) gesehen, dass je zwei auf einander folgende in einer Ebene liegen, es bilden also diese Normalen eine abwickelbare Fläche, deren Rückkehrkante die Evolute der betrachteten Krümmungslinie ist. Denke man sich ferner auf einer gegebenen Fläche irgend eine Curve gezeichnet, und durch jeden Punkt ABC... derselben die Tangentialebene gelegt, so schneiden sich je 2 nächste Tangentialebenen, z. B. die durch B gehenden in einer Geraden, welche (§ 48a und § 64a) die conjugirte Tangente derjenigen ist, welche durch das Element AB bestimmt ist. Also je 2 nächste dieser den Elementen der Curve conjugirten Tangenten liegen in einer Ebene, alle bilden also eine abwickelbare Fläche.

Von den unendlich vielen abwickelbaren Flächen, welche auf diese Weise entstehen, sind zunächst die zu bemerken, welche von den conjugirten Tangenten einer Krümmungslinie der gegebenen Fläche gebildet werden. Diese stehen nämlich (§ 64a) auf dieser Krümmungslinie senkrecht.

Man kann nun ebenso wie bei ebenen Curven auch bei doppelt gekrümmten den Begriff der Evolvente feststellen. Sie wird bekanntlich von dem Endpunkte M einer Tangente von gegebener aber beliebiger Länge MA beschrieben, wenn man sie so um den Berührungspunkt A dreht, dass sie in die Richtung der nächsten Tangente fällt, deren Berührungspunkt B sei, dann um B dreht, bis sie in die Richtung der nächsten Tangente BC fällt u. s. w. Kürzer ausgedrückt heisst dies: Evolvente einer Curve ist diejenige, welche alle Tangenten der gegebenen vertikal schneidet. Da nun die Krümmungslinie sämmtliche conjugirte Tangenten orthogonal schneidet, letztere aber die Wendungskante der von ihnen gebildeten abwickelbaren Fläche berühren, so ist die Krümmungslinie der gegebenen Fläche eine Evolvente der Wendungskante. Sehr leicht lassen sich aber auch jetzt die Krümmungslinien einer beliebigen abwickelbaren Fläche bestimmen.

Da sämmtliche, also auch je 2 nächste Normalen längs einer Erzeugungslinie in eine Ebene fallen, so ist jede Erzeugungslinie eine Krümmungslinie (§ 64a). Dies ist die eine Schaar derselben, da die andere Schaar aber die erstere orthogonal schneidet, so bilden sämmtliche Evolventen der Wendungskante die zweite Schaar.

Die abwickelbaren Flächen bilden die eine der beiden Gruppen, in welche (§ 68) die geradlinigen Flächen zerfallen. Die andere

Gruppe, windschiefe Flächen genannt, besteht aus denen, in welcher nicht jede 2 nächste Erzeugungslinien in einer Ebene liegen.

§ 71.

Es sollen aber die eben gegebenen Betrachtungen und Sätze noch analytisch erörtert werden. Wenden wir uns also zu der Frage zurück: In welchem Falle liegen die Normalen einer geradlinigen Fläche, welche durch die Erzeugungslinie gehen, in einer Ebene? Alle Punkte einer Geraden haben die Gleichung $u = $ const., also die Grössen ξ, η, ζ, a, b, c gemeinschaftlich, unterscheiden sich also nur durch den Werth des v. Sollen daher alle Punkte einer Geraden dieselbe Tangentialebene haben, so muss aus der Gleichung der Tangentialebene v herausgehen.

Dies ist erstens dadurch möglich, dass die Coefficienten des v in der Gleichung verschwinden: $cb' - bc' = 0$, $ca' - ac' = 0$ $ab' - ba' = 0$ oder $\dfrac{b'}{b} = \dfrac{c'}{c} = \dfrac{a'}{a}$, wie man die Gleichungen schreiben kann, wenn a, b, c von Null verschieden sind. Sie sind irgendwelche bestimmte Functionen von u. Setzen wir daher die drei gleichen Brüche gleich U, so erhält man durch Integration der dadurch entstehenden drei Gleichungen: $la = \int U du + lC$ oder

$$a = C \cdot e^{\int U du}, \text{ ebenso } b = C_1 \cdot e^{\int U du}, c = C_2 \cdot e^{\int U du}.$$

Da aber $a^2 + b^2 + c^2 = 1$ ist, so ist

$$(C^2 + C_1{}^2 + C_2{}^2)e^{2\int U du} = 1 \text{ oder } e^{\int U du} = \frac{1}{\sqrt{C^2 + C_1{}^2 + C_2{}^2}}$$

also constant; somit haben in diesem Falle $a\,b\,c$ constante Werthe, d. h. alle erzeugenden Geraden der Fläche bilden mit den Axen denselben Winkel, oder sind einander parallel. Die geradlinige Fläche ist also eine Cylinderfläche, denn diese entsteht, wenn man durch eine Curve eine Reihe paralleler Geraden zieht.

Ist dagegen einer der Cosinus, z. B. $b = 0$, so werden zwei der obigen drei Coefficienten von selbst Null, der dritte, hier $ca' - ac' = 0$ gesetzt giebt wie oben integrirt

$$a = C \cdot e^{\int U du} \qquad b = 0 \qquad c = C_2 \cdot e^{\int U du} :$$

die Betrachtung ist also dieselbe wie vorhin, nur dass die Constante $C_1 = 0$ ist; es ergiebt sich also wiederum die Cylinderfläche.

Sind zwei der Cosinus z. B. $b = 0$ und $a = 0$, so wird $c = 1$; es sind also dann alle Geraden parallel der z-Axe und erzeugen somit wiederum eine Cylinderfläche.

Wenn also die Coefficienten, welche v in der Gleichung der Tangentialebene hat, einzeln Null sind, so ergiebt sich auf jeden Fall eine Cylinderfläche.

Sind zweitens ξ, η, ζ constant, also ihre Differentiale Null, so fällt v ebenfalls hinweg und zwar indem man damit die Gleichung der Fläche durchdividirt. In diesem Falle schrumpft die Fundamentalcurve zu dem Punkte zusammen, welcher durch die Werthe von ξ, η, ζ bestimmt wird. Die entstehende Fläche ist eine Kegelfläche, welche wie bekannt die in Frage stehende Eigenschaft mit der Cylinderfläche theilt.

Schliessen wir diese Flächen aus, so ist es, wenn wir jetzt die Gleichung der Tangentialebene so schreiben:

$$(X - \xi)(cb' - bc')\left\{v + \frac{c\eta' - b\zeta'}{cb' - bc'}\right\} + (Y - \eta)(ac' - ca')\left\{v + \frac{a\zeta' - c\xi'}{ac' - ca'}\right\}$$
$$+ (Z - \zeta)(ba' - ab')\left\{v + \frac{b\xi' - a\eta'}{ba' - ab'}\right\} = 0$$

drittens nur möglich, dass die Grösse v hinwegfällt, wenn die drei Klammergrössen einander gleich sind oder wenn

$$\frac{c\eta' - b\zeta'}{cb' - bc'} = \frac{a\zeta' - c\xi'}{ac' - ca'} = \frac{b\xi' - a\eta'}{ba' - ab'}$$

ist, weil man alsdann mit den Klammergrössen die Gleichung durchdividiren kann. Sind nun, wie wir voraussetzen, die Nenner dieser Brüche von Null verschieden, so kann man jedesmal zwei Grössen e und f finden, so dass $\xi' = ea + fa'$, $\eta' = eb + fb'$, denn um diese Gleichungen aufzulösen, ist nur die Bedingung erforderlich, dass $ab' - ba'$ von Null verschieden sei. e und f werden Functionen von u sein. Durch diese Substitution wird der dritte Bruch $= f$; man hat also die Gleichung

$$\frac{c\eta' - b\zeta'}{cb' - bc'} = f \text{ oder } b\zeta' = -f(cb' - bc') + c\eta' = bec + f(cb' - cb' + bc')$$

also $\zeta' = ec + fc'$. Es lassen sich also stets zwei Grössen e und f finden, so dass ξ' η' ζ' ausgedrückt werden durch die Gleichungen:

$$\xi' = ea + fa', \quad \eta' = eb + fb', \quad \zeta' = ec + fc':$$

und dies ist die Bedingung, damit die Tangentialebene für alle Punkte einer erzeugenden Linie der Fläche unverändert bleibt. Diese Bedingung hat aber auch einen geometrischen Sinn. Um sie zu interpretiren, setzen wir für den Augenblick

$$\xi - f \cdot a = \alpha, \quad \eta - f \cdot b = \beta, \quad \zeta - f \cdot c = \gamma.$$

Dann sind α, β, γ die Coordinaten eines Punktes, der offenbar der Gleichung genügt: $\frac{x - \xi}{a} = \frac{y - \eta}{b} = \frac{z - \zeta}{c}$. Denn setzt man für $x : \alpha$

u. s. w., so wird die Gleichung befriedigt. Alle Punkte α, β, γ liegen somit auf der geradlinigen Fläche. Bestimmen wir die Tangente der Curve, von der α, β, γ die einzelnen Punkte sind, so hat sie die Gleichung

$$\frac{X - \alpha}{\frac{d\alpha}{du}} = \frac{Y - \beta}{\frac{d\beta}{du}} = \frac{Z - \zeta}{\frac{d\gamma}{du}}.$$

Es ist aber

$$\frac{d\alpha}{du} = \xi' - fa' - f'a = ca - f'a = (c - f')a, \frac{d\beta}{du} = (c - f')b,$$

$$\frac{d\gamma}{du} = (c - f')c,$$

also wenn man diese Werthe und die für α, β, γ selber in die Gleichung der Tangente substituirt und zugleich mit $c - f'$ die Gleichung multiplicirt:

$$\frac{X - \xi + fa}{a} \quad \text{oder} \quad \frac{X - \xi}{a} + f = \frac{Y - \eta}{b} + f = \frac{Z - \zeta}{c} + f$$

oder, wenn man f subtrahirt

$$\frac{X - \xi}{a} = \frac{Y - \eta}{b} = \frac{Z - \zeta}{c}.$$

Dies ist aber die Gleichung einer Erzeugungslinie. Wir haben also den Satz gefunden, dass in diesem Falle sämmtliche geraden Linien der Fläche Tangenten an eine Curve sind, die auf ihr liegt. Es ist dies aber die Fundamentaleigenschaft der abwickelbaren Fläche. Die Curve, zu welcher sämmtliche Erzeugungslinien Tangenten sind, wurde schon oben als Wendungskante bezeichnet.

§ 72.

Man denke sich ein System auf einander folgender gerader Linien; die Gleichung einer solchen Linie sei: $\frac{x - \xi}{a} = \frac{y - \eta}{b} = \frac{z - \zeta}{c}$, wobei $\xi \eta \zeta a b c$ Functionen einer Grösse u sein mögen. Für eine zweite Linie desselben Systems habe u den Werth $u + \Delta u$, wodurch a in $a + \Delta a$, b in $b + \Delta b$ u. s. w. übergeht, so dass also die Gleichungen dieser zweiten Linie sind:

$$\frac{x - \xi - \Delta \xi}{a + \Delta a} = \frac{y - \eta - \Delta \eta}{b + \Delta b} = \frac{z - \zeta - \Delta \zeta}{c + \Delta c}.$$

Wir wollen die kürzeste Entfernung dieser beiden Linien berechnen. Dazu müssen wir zunächst die Gleichungen der beiden Ebenen aufstellen, welche durch diese Linien einander parallel gelegt werden können. Eine Ebene, welche durch die erste Linie geht, hat die Gleichung

$$\alpha (x - \xi) + \beta (y - \eta) + \gamma (z - \zeta) = 0$$

9 *

oder vermöge der Gleichung der Geraden, welche doch in ihr liegen soll: $\alpha a + \beta b + \gamma c = 0$. Eine Ebene, welche dieser parallel durch die zweite Linie geht, lässt sich ähnlich so schreiben:

$$\alpha (a + \varDelta a) + \beta (b + \varDelta b) + \gamma (c + \varDelta c) = 0$$

und in Folge dessen auch so: $\alpha \cdot \varDelta a + \beta \cdot \varDelta b + \gamma \cdot \varDelta c = 0$. Hieraus ergiebt sich:

$$\alpha : \beta : \gamma = b \cdot \varDelta c - c \cdot \varDelta b : c \cdot \varDelta a - a \cdot \varDelta c : a \cdot \varDelta b - b \cdot \varDelta a.$$

Da aber α, β, γ einen willkürlichen gemeinschaftlichen Factor haben, so kann man dafür auch setzen:

$$\alpha = b \varDelta c - c \varDelta b, \quad \beta = c \varDelta a - a \varDelta c, \quad \gamma = a \varDelta b - b \varDelta a.$$

Diese Werthe denken wir uns eingesetzt in die Gleichungen der beiden Ebenen:

$$\alpha x + \beta y + \gamma z = \alpha \xi + \beta \eta + \gamma \zeta$$

und

$$\alpha x + \beta y + \gamma z = \alpha (\xi + \varDelta \xi) + \beta (\eta + \varDelta \eta) + \gamma (\zeta + \varDelta \zeta).$$

Dann wird die Entfernung beider

$$p = \frac{\alpha \cdot \varDelta \xi + \beta \cdot \varDelta \eta + \gamma \cdot \varDelta \zeta}{\sqrt{\alpha^2 + \beta^2 + \gamma^2}};$$

und dies ist zugleich die kürzeste Entfernung der beiden Linien Wir haben demnach folgenden Ausdruck:

$$p = \frac{(b \cdot \varDelta c - c \cdot \varDelta b) \varDelta \xi + (c \cdot \varDelta a - a \cdot \varDelta c) \varDelta \eta + (a \cdot \varDelta b - b \cdot \varDelta a) \varDelta \zeta}{\sqrt{(b \cdot \varDelta c - c \cdot \varDelta b)^2 + (c \cdot \varDelta a - a \cdot \varDelta c)^2 + (a \cdot \varDelta b - b \cdot \varDelta a)^2}}.$$

Denken wir uns nun, dass $\varDelta u$ immer kleiner wird, so wird offenbar p zugleich kleiner, und zwar bleibt p im Allgemeinen von derselben Ordnung wie $\varDelta u$. Man kann nun die Frage aufwerfen: In welchem Falle ist die kürzeste Entfernung der beiden auf einander folgenden geraden Linien nicht ein unendlich Kleines der ersten Ordnung, sondern einer höheren Ordnung? Wir setzen zu dem Ende $\varDelta u = h$ und denken uns die Zuwächse von a, b u. s. w. nach dem Taylor'schen Lehrsatz entwickelt. Dann wird

$$b \cdot \varDelta c - c \varDelta b = h (b c' - c b') + \frac{h^2}{2} (b c'' - c b'') + \dots,$$

also der Nenner des Ausdrucks für p:

$$h \cdot \sqrt{(b c' - c b')^2 + (c a' - a c')^2 + (a b' - b a')^2 + h \{ \dots \dots \} + \dots}.$$

Der Nenner bleibt somit stets positiv und von Null verschieden; wir können ihn also bezeichnen durch $h \cdot N$, wo N eine endliche Grösse ist. Der Zähler von p wird von der zweiten Ordnung:

$$h^2 \{ \xi' (bc' - cb') + \eta' (ca' - ac') + \zeta' (ab' - ba') \}$$
$$+ \frac{h^3}{2} \{ \xi'' (bc' - cb) + \xi' (bc'' - cb'') + \ldots \} + \ldots$$

Also wird

$$p = \frac{h}{N} \{ \xi' (bc' - cb') + \ldots \}$$
$$+ \frac{h^2}{2N} \{ \xi'' (bc' - cb') + \xi' bc'' - cb'') + \ldots \} + \ldots$$

Dieser Ausdruck kann nur dadurch ein unendlich Kleines einer höhern als der ersten Ordnung werden, dass der Coefficient von $\frac{h}{N}$ Null wird. Es muss also, damit dies geschehe,

$$\xi' (bc' - cb') + \eta' (ca' - ac') + \zeta' (ab' - ba') = 0$$

sein, wodurch zugleich die Glieder zweiter Ordnung verschwinden, da der Coefficient von $\frac{h^2}{2N}$ der genaue Differentialquotient des Coefficienten von $\frac{h}{N}$ ist. Diese Bedingungsfrage ist aber identisch mit der, welche die Bedingung angiebt, damit die Tangentialebene entlang einer geraden Linie der Fläche sich nicht ändert. Wir haben somit den Lehrsatz gewonnen:

Die Bedingung, damit zwei Gerade eines Systems, welche einander unmittelbar folgen, eine Entfernung haben, welche gegen ein unendlich Kleines erster Ordnung verschwindet, stimmt ganz überein mit der Bedingung, dass die Tangentialebene der Fläche, welche von allen Geraden gebildet wird, entlang einer Geraden der Fläche ungeändert bleibt. In diesem Falle aber ist diese Entfernung sogar unendlich klein von der dritten Ordnung. Vernachlässigt man also unendlich kleine Grössen von höherer als der ersten (oder zweiten) Ordnung, so kann man sagen: Zwei Erzeugende einer abwickelbaren Fläche haben einen Punkt gemein. Dies lässt sich auch so beweisen:

Man habe die Gleichung einer Geraden: $\dfrac{x - \xi}{a} = \dfrac{y - \eta}{b} = \dfrac{z - \zeta}{c}$ und die der unendlich nahen mit Vernachlässigung der unendlich kleinen Grössen höherer Ordnung:

$$\frac{x - \xi - d\xi}{a + da} = \frac{y - \eta - d\eta}{b + db} = \frac{z - \zeta - d\zeta}{c + dc},$$

wo $d\xi = \dfrac{d\xi}{du} \cdot du$ u. s. w. ist. Die drei ersten gleichen Brüche wollen wir $= \varepsilon$, die andern drei $= \varkappa$ setzen. Die beiden Geraden haben nun einen Punkt gemein, wenn die Grössen x, y, z resp. in beiden Gleichungen einzeln gleich sind, d. h. wenn man aus den Gleichungen $x - \xi = a\varepsilon$, $x - \xi - d\xi = \varkappa a + \varkappa da$ x eliminiren darf und ebenso die beiden andern. Man erhält dadurch $d\xi + \varkappa a + \varkappa da = \varepsilon a$ oder wenn man $\varkappa - \varepsilon = \lambda$ setzt:

$$d\xi + \lambda a + \varkappa da = 0$$

und ebenso

$$d\eta + \lambda b + \varkappa db = 0, \quad d\zeta + \lambda c + \varkappa dc = 0.$$

Eliminirt man also λ und $\varkappa$ und dividirt noch die entstehende Gleichung mit $du \cdot du$, so findet man als die gesuchte Bedingung wie oben

$$\xi'\,(bc' - cb') + \eta'\,(ca' - ac') + \zeta'\,(ab' - ab') = 0.$$

§ 73.

Man kann die abwickelbaren Flächen noch auf eine andere Weise sich entstanden denken, als dadurch, dass eine Gerade sich tangirend an der Wendungskante fortbewegt. So kann der Kegel ausser der gewöhnlichen Entstehungsart, dass eine Gerade durch einen Punkt und eine Curve geht, auch noch enstehend gedacht werden, indem man sich eine Ebene vorstellt, welche durch den Punkt geht und jene Curve berührt. Aehnlich ist es mit der allgemeinen abwickelbaren Fläche.

$abcde$ sei ein Polygon, Fig. 21, welches, wenn die Winkelpunkte einander unendlich nahe rücken, zur Curve wird. Dann ist offenbar abb' eine Tangentialebene, desgleichen $b'cc'$, $c'dd'$ u. s. w.; in Bezug auf die Curve sind sie Schmiegungsebenen. Zwei auf einander folgende Tangentialebenen schneiden sich immer in einer Tangente. Man kann also sagen: die abwickelbaren Flächen können angesehen werden als diejenigen Flächen, die von einer Ebene umhüllt werde, welchen nach einem bestimmten Gesetze sich fortbewegt. Die Gleichung dieser Ebene sei $z = l \cdot x + m \cdot y + n$, wo lmn Functionen eines Parameters h sind, welchem wir nach und nach alle möglichen Werthe beilegen, um die Fläche zu finden, die von diesen so bestimmten Ebenen herrühren wird. Schreiben wir die Gleichung der Ebene so: $z - l \cdot x - m \cdot y - n = U = 0$, dann ist die Gleichung der nächstfolgenden Ebene, in welcher h den Werth $h + \varepsilon$ hat:

$$U + \varepsilon \cdot U' + \frac{\varepsilon^2}{2} \cdot U'' + \cdots = 0.$$ Aus diesen beiden Gleichungen oder aus irgend einer Combination von ihnen, z. B.

$$U = 0, \quad \varepsilon \cdot U' + \frac{\varepsilon^2}{2} \cdot U'' + \cdots = 0$$

·oder, wenn man die zweite durch ε dividirt und nachher $\varepsilon = 0$ setzt: aus den beiden Gleichungen $U = 0$ und $U' = 0$ ist der Durchschnitt zweier unendlich naher Ebenen zu bestimmen. Schreiben wir die Gleichungen wieder so:

$$\begin{cases} 0 = z - lx - my - n \\ 0 = \frac{dl}{dh} x + \frac{dm}{dh} y + \frac{dn}{dh}, \end{cases}$$

so geben sie die Gerade an, welche der Durchschnitt der beiden Ebenen ist, und in ihren verschiedenen Lagen von den verschiedenen Werthen des h abhängt. Eliminirt man also die Grösse h aus beiden Gleichungen, so erhält man die allgemeinste Gleichung einer abwickelbaren Fläche. Denkt man sich h aus der zweiten Gleichung ausgedrückt als Function von x und y und diesen Werth $h = \varphi(x, y)$ in die erste Gleichung eingesetzt, so bekommt man eine Gleichung von der Form $z = F'(x, y)$.

Sehr leicht kann man die **partielle Differentialgleichung der abwickelbaren Flächen** aufstellen. Da die beiden Gleichungen derselben nämlich die vier Variabeln x, y, z, h enthalten, so kann man z und h als Functionen von x und y betrachten. Differentiiren wir demgemäss die Gleichung $U = 0$, nach x und y, so erhalten wir:

$$\frac{\partial z}{\partial x} = l + \left(\frac{dl}{dh} x + \frac{dm}{dh} y + \frac{dn}{dh} \right) \frac{\partial h}{\partial x},$$

d. i. weil $U' = 0$ ist, $\frac{\partial z}{\partial x} = l$, ebenso $\frac{\partial z}{\partial y} = m$, ·oder $p = l$, $q = m$.

Die Grössen l und m sind beides Functionen von h.

Eliminirt man aus den Gleichungen $p = l$, $q = m$ also h, so erhält man eine Gleichung $p = f(q)$. Diese differentiiren wir einmal nach x und einmal nach y, und erhalten $r = f'(q) \cdot s$, $s = f'(q) \cdot t$, also durch Elimination von $f'(q)$ die bekannte Gleichung der abwickelbaren Flächen $rt - s^2 = 0$.

§ 74.

Es wurde oben gezeigt, dass die conjugirten Tangenten einer Krümmungslinie auf derselben senkrecht stehen. Dies soll auch analytisch bewiesen werden. Wir stellen zu dem Eude die Frage:

Giebt es Curven auf einer Fläche, die die Eigenschaft haben, dass, wenn man durch dieselben eine umhüllende abwickelbare Fläche legt, die Kanten dieser abwickelbaren Fläche zu den Tangenten der Curve normal stehen?

Es sei $F(x, y, z) = 0$ die Gleichung der Fläche, (x, y, z) ein Punkt derselben, und durch ihn eine Curve auf der Fläche gezogen.

Wir nehmen zu dem ersten Punkt auf derselben Curve einen unendlich nahen Punkt $(x + dx, y + dy, z + dz)$. Dann ist die Tangentialebene im ersten Punkt, wenn wir die Bezeichnungen des § 40 anwenden:

$$(1) \qquad (\xi - x) P + (\eta - y) Q + (\zeta - z) R = 0.$$

Die in dem unendlich nahen Punkt wird

$$(\xi - x - dx)(P + dP) + (\eta - y - dy)(Q + dQ) + (\zeta - z - dz)(R + dR) = 0$$

oder

$$(\xi - x) P + (\eta - y) Q + (\zeta - z) Q - (P dx + Q dy + R dz)$$
$$+ (\xi - x) dP + (\eta - y) dQ + (\zeta - z) dR - (dP dx + dQ dy + dR dz) = 0,$$

oder wenn man die Gleichung (1) und die bekannte Gleichung $P dx + Q dy + R dz = 0$ subtrahirt, und die Grössen zweiter Ordnung vernachlässigt,

$$(2) \qquad (\xi - x) d P + (\eta - y) dQ + (\zeta - z) dR = 0.$$

Die Gleichung (1) konnte deshalb subtrahirt werden, weil wir die Durchschnittslinie beider Tangentialebenen bestimmen wollen. Diese wird vermöge der Gleichungen (1) und (2)

$$\frac{\xi - x}{Q dR - R dQ} = \frac{\eta - y}{P dP - Q dR} = \frac{\zeta - z}{P dQ - Q dP}.$$

Dies ist eine Kante der abwickelbaren Fläche. Diese Kante steht aber normal zu der Tangente der Curve, deren Gleichung

$$\frac{\xi - x}{dx} = \frac{\eta - y}{dy} = \frac{\zeta - z}{dz}$$

ist, wenn

$$dx (Q dR - R dQ) + dy (R dP - P dR) + dz (P dQ - Q dP) = 0.$$

Dies ist eine Differentialgleichung ersten Grades zweiter Ordnung und keine andere als die Differentialgleichung der Krümmungscurven (§ 66) in veränderter Ordnung der Glieder. Wir haben somit den schon bewiesenen Satz:

Die Krümmungscurven einer Fläche haben die Eigenschaft, dass, wenn man eine abwickelbare Fläche entlang einer solchen Krümmungscurve legt, welche die gegebene Fläche umhüllt, die Kanten der abwickelbaren Fläche normal zu den Tangenten der Krümmungscurve stehen. Und zwar ist dies eine Eigenschaft, die den Krümmungscurven ausschliesslich zukommt.

Bei den Rotationsflächen sind die Krümmungscurven Meridian und Parallelkreis. Die abwickelbare Fläche um den Meridian wird ein Cylinder, die um den Parallelkreis ein Kegel. Jede Kante dieser beiden Flächen steht normal zu der entsprechenden Tangente der Krümmungscurven.

§ 75.

Eine andere Haupteigenschaft der Krümmungscurven war, dass die durch eine solche gehenden Normalen eine abwickelbare Fläche bilden. Um auch diese analytisch zu zeigen, denke man sich irgend eine Curve auf der Fläche, und entlang derselben die Normalen der Fläche gezogen, wodurch man eine allgemeine geradlinige Fläche erhält. Untersucht man nun diejenigen Curven auf der gegebenen Fläche, welche die Eigenschaft haben, dass die Normalen entlang diesen Curven eine abwickelbare Oberfläche bilden oder in zwei unendlich nahen Punkten der Curve die Normalen der Fläche sich treffen, so findet man wiederum die Krümmungscurven. ·

Denn die Gleichungen der Normale sind $\frac{\xi - x}{P} = \frac{\eta - y}{Q} = \frac{\zeta - z}{R}$, welche drei gleichen Brüche wir gleich λ setzen wollen. Alsdann sind die Gleichungen der unendlich nahen Normale

$$\frac{\xi - x - dx}{P + dP} = \frac{\eta - y - dy}{Q + dQ} = \frac{\zeta - z - dz}{R + dR} = \lambda + \mu.$$

Es ist also die Frage: wann haben diese beiden Geraden einen Punkt gemein? Schreiben wir die Gleichungen der Normalen so:

$$\begin{cases} \xi - x = \lambda P \\ \eta - y = \lambda Q \\ \zeta - z = \lambda R \end{cases} \begin{cases} \xi - x = dx + (\lambda + \mu)(P + dP) \\ \eta - y = dy + (\lambda + \mu)(Q + dQ) \\ \zeta - z = dz + (\lambda + \mu)(R + dR), \end{cases}$$

so haben wir hieraus ausser λ und μ auch ξ, η, ζ zu eliminiren. Bezeichnen wir $\lambda + \mu$ durch ν, so erhalten wir dadurch folgendes System von drei Gleichungen:

$$\begin{cases} 0 = dx + \mu P + \nu \cdot dP \\ 0 = dy + \mu Q + \nu \cdot dQ \\ 0 = dz + \mu R + \nu \cdot dR \end{cases}$$

und dies sind mit andrer Bezeichnung der constanten Factoren dieselben Gleichungen, welche wir oben (§ 66) für die Krümmungscurven gefunden haben. Sie gehen über in die Endform nur einer Gleichung, wenn man μ und ν noch eliminirt.

Dass diese jetzt erwiesene Eigenschaft der Krümmungscurven eigentlich keine andere ist als die vorige, sieht man durch eine ganz elementare Betrachtung: ·

Wenn man in zwei Punkten E und F zweier Ebenen, deren Durchschnitt S heissen möge, die Normalen auf ihnen errichtet, so werden sich diese schneiden, wenn die Linie $\overline{EF}$ und der Durchschnitt S rechte Winkel im Raume mit einander bilden. Denkt man sich also unter den beiden Ebenen zwei auf einander folgende Tangentialebenen der Fläche, welche in E und F die Fläche berühren, so wird der Durchschnitt S eine Kante der abwickelbaren Oberfläche sein. $\overline{EF}$ ist alsdann eine Tangente der fraglichen Curve auf der Oberfläche. Steht nun $S \perp \overline{EF}$, so schneiden sich die Normalen, welche durch E und F gehen. Diese Eigenschaft also, dass die Kanten der abwickelbaren Umhüllungsfläche auf den Tangenten der Curve normal stehen, und die andere, dass die Normalen entlang der Curve eine abwickelbare Oberfläche geben, sind im Grunde dieselbe Eigenschaft, und charakterisiren die Krümmungscurven. Ausser diesen beiden Definitionen der Krümmungscurven hatten wir noch folgende welche allerdings nicht bloss eine andre Form dieser beiden ist: die Krümmungscurven sind diejenigen Curven, deren Tangenten die Richtungen der Hauptschnitte bestimmen.

Bei den Rotationsflächen liegen die Normalen entlang dem Meridian alle im Meridian, bilden also eine Ebene, und dies ist eine abwickelbare Fläche. Die Normalen in den Parallelkreisen bilden auch eine, nämlich einen Kegel.

Monge ist der erste gewesen, der diese Theorie der Krümmungscurven aufgestellt hat, und zwar ging er aus von der dritten Erklärung, dass sie diejenigen Curven sind, längs deren zwei auf einander folgende Flächennormalen sich treffen. Die Sätze von der Indicatrix und von den conjugirten Tangenten rühren von Charles Dupin einem Schüler Monges her.

Mit Hilfe dieser Betrachtungen lassen sich eine grosse Auzahl Sätze ganz einfach geometrisch beweisen; z. B. der Satz: **Wenn eine Krümmungscurve eben ist, so bildet ihre Ebene mit den Tangenten der Fläche einen constanten Winkel.**

Wir schalten zunächst folgenden Satz ein: Wenn man von einem Punkt nach einer Linie zwei andere einander unendlich nahe Linien zieht, so ist ihre Differenz unendlich klein von derselben Ordnung als der Winkel, welchen sie bilden. Ist aber die eine der beiden Linien normal auf der gegebenen, Fig. 22, so ist ihre Differenz ein unendlich .Kleines zweiter Ordnung. Denn ist die gegebene Linie l, der gegebene Punkt O, und zieht man von diesem zwei

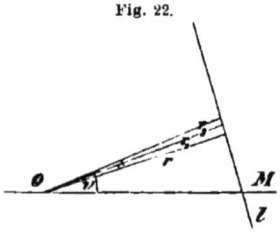

Fig. 22.

Linien r_1 und r_2 nach l, von denen die erste mit l den (stumpfen) Winkel w und mit einer als Axe angenommenen festen Geraden OM den Winkel v, die zweite also mit derselben den Winkel $v + dv$ bildet, so ist im Allgemeinen $r_2 = r_1 \dfrac{\sin w}{\sin(w + dv)}$ also

$$r_2 - r_1 = r_1 \frac{\sin w - \sin(w + dv)}{\sin(w + dv)} = - 2r_1 \frac{\sin \dfrac{dv}{2} \cos\left(w + \dfrac{dv}{2}\right)}{\sin(w + dv)},$$

negativ, weil w stumpf ist. Ist dagegen $r \perp l$, also $\measuredangle w = 90^0$, so wird

$$r_1 - r = 2r \frac{\sin^2 \dfrac{dv}{2}}{\cos dv} = r \frac{1 - \cos dv}{\cos dv} = r \frac{\dfrac{dv^2}{2} - \dfrac{dv^4}{24} \dots}{1 - \dfrac{dv^2}{2} \dots}$$

Der Ausdruck für $r_2 - r_1$ ist offenbar von derselben Ordnung wie dv; der für $r_1 - r$ aber von der Ordnung dv^2.

Fig. 23 a.

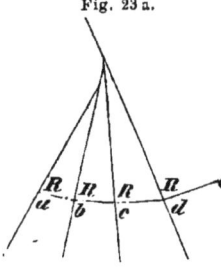

Dies vorausgeschickt, denken wir uns eine Curve, Fig. 23 a, welche Krümmungscurve einer Fläche sei. Denken wir uns ferner die abwickelbare Umhüllungsfläche längs dieser Curve, so werden ihre Kanten normal sein zu den Tangenten der Curve; es sind also die mit R bezeichneten Winkel rechte. Denken wir uns statt der ebenen Curve ein Polygon, so enthält jede Tangentialebene eine Kante der abwickelbaren Fläche und eine Polygonseite. Es ist nun nachzuweisen, dass der Winkel zwischen diesen Tangentialebenen und der Ebene des Polygons constant bleibt. Es seien ab, bc zwei Seiten

Fig. 23 b.

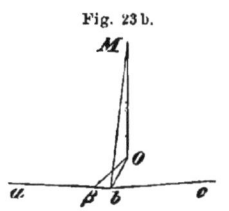

des ebenen Polygons, Fig. 23 b, M ein Punkt in einer Kante der abwickelbaren Fläche, also im Durchschnitt zweier Tangentialebenen; dann soll $\measuredangle (ab\,M, ab\,c) = \measuredangle (cb\,M, ab\,c)$ sein. Fällen wir von M aus $MO \perp$ auf die Ebene abc, und von dem Fusspunkt O aus $O\beta \perp$ auf die Linie ab, so ist die Neigung der beiden Ebenen $ab\,M$ und abc gemessen durch den Winkel $M\beta O$, und zwar hat man

$$\operatorname{tg}(a\,b\,M,\ a\,b\,c) = \frac{MO}{O\beta}. \quad \text{Ebenso findet man} \quad \operatorname{tg}(cb\,M,\ abc) = \frac{MO}{Ob}$$

im rechtwinkligen Dreieck MbO. Da nun $O\beta$ von Ob sich nur um unendlich kleine Grössen zweiter Ordnung unterscheidet, indem $\measuredangle O\beta b = R$ ist, so ist $\measuredangle (ab\,M,\ abc) = (cb\,M,\ abc)$.

Eben so leicht zu beweisen ist folgender Satz.

Sei r der Krümmungsradius einer beliebigen Curve auf einer abwickelbaren Fläche, r_1 der Krümmungsradius derjenigen ebenen Curve welche aus der ersteren entsteht, wenn sie durch Abwickelung in die Ebene fällt, i der Winkel der Tangentialebene der Fläche mit der Krümmungsebene der ersteren Curve, dann ist $r = r_1 \cos i$.

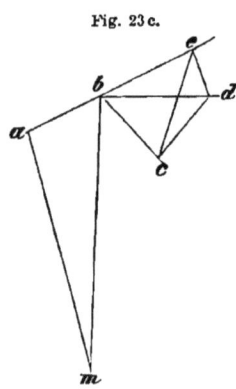

Fig. 23 c.

Dann seien, Fig. 23 c, ab und bc zwei auf einander folgende Elemente der doppelt gekrümmten Linie, bm eine Erzeugungslinie der Fläche, und drehen wir bc um bm, bis es in die Ebene abm fällt, und zwar in die Lage bd; cb beschreibt dann einen unendlich kleinen Theil eines Rotationskegels mit Axe bm, da aber Fläche cbd unendlich klein ist gegen den ganzen Mantel dieses Kegels, so kann diese Fläche auch als eben betrachtet werden, der Winkel welchen die Ebene cbd und amb oder cbd und bde (wo bc die Verlängerung von ab ist) mit einander machen, ist dann ein rechter und ccd ein rechtwinkliges sphärisches Dreieck, dessen Hypotenuse $ce = \lambda$, und dessen Kathete $dc = \mu$ sein, da cbe die Krümmungsebene der Curve, ebd die Tangentialebene der abwickelbaren Fläche ist, so ist Winkel $ccd = i$, und also $\cos i = \cot \lambda \, \operatorname{tg} \mu$. Wegen der unendlich kleinen Grössen λ und μ verwandelt sich $\cot \lambda$ in $\frac{1}{\lambda}$, $\operatorname{tg} \mu$ in μ und man hat: $\lambda \cos i = \mu$. Sei nun $ac = bd = \sigma$, also σ das Bogenelement beider Curven, so ist, da λ und μ die bezüglichen Contingenzwinkel der beiden Curven waren:

$$ r = \frac{\sigma}{\lambda}, \quad r_1 = \frac{\sigma}{\mu}, \quad \frac{r}{r_1} = \frac{\mu}{\lambda} = \cos i, $$

was zu beweisen war.

Nehmen wir jetzt aber noch an, die Tangentialebene der Fläche stehe auf der Krümmungsebene der doppelt gekrümmten Curve überall senkrecht, so wird $\cos i = 0$, also $r_1 = \infty$, d. h. die Krümmung der ebenen Curve ist Null, und bei der Abwickelung wird unsere Curve auf der Fläche in eine gerade Linie verwandelt.

Nun ist die Gerade die kürzeste Linie zwischen zwei Punkten, so folgt hieraus zunächst für abwickelbare Flächen folgender Satz:

C) Die kürzesten Linien auf abwickelbaren Flächen haben die Eigenschaft, dass ihre Krümmungsebene in jedem Punkte auf der Tangentialebene der Fläche senkrecht steht. (Diese Eigenschaft gilt, wie später gezeigt wird, übrigens für die kürzesten Linien auf allen Flächen.)

Die kürzesten Linien auf einem Cylinder sind also die Schraubenlinien.

Uebrigens ändert sich, wenn wir unsere Curve durch Abwickeln in eine ebene verwandeln, nicht der Winkel, den ihr Element oder ihre Tangente mit der Erzeugungslinie der abwickelbaren Fläche macht, ist also die abzuwickelnde Curve die Evolvente der Wendungscurve, d. h. steht sie auf der Erzeugungslinie überall senkrecht, so behält sie diese Eigenschaft auch nach der Abwickelung bei, also: D) Die Wendungscurve und ihre Evolvente bleiben noch Evolute und Evolvente, wenn man die abwickelbare Fläche, auf der sie sich befinden, durch Abwickeln in eine Ebene verwandelt.

Es sind aber die Evolventen der Wendungscurve die Krümmungslinien zweiter Art für die abwickelbare Fläche. Da nun für den Fall eines Kegels die Wendungscurve mit dem Scheitelpunkt des Kegels zusammenfällt, so werden die Krümmungslinien nach der Abwickelung in Kreisbögen verwandelt, deren Mittelpunkt der Scheitelpunkt ist. Offenbar folgt hieraus, dass die Krümmungslinien zweiter Art eines Kegels Durchschnitte von Kugeln sind, deren Mittelpunkt der Scheitel des Kegels ist.

§ 76.

Die Theorie der abwickelbaren Flächen macht es möglich, das § 19 angedeutete Evolutenproblem für einfach und doppelt gekrümmte Curven vollständig zu lösen.

Wenn man in Punkt A einer Curve, sie sei einfach oder doppelt gekrümmt, eine Tangente zieht, von dieser ein Stück $AM = l$ abschneidet und die Tangente so bewegt, dass sie fortwährend die Curve berührt, so wird Punkt M eine Curve beschreiben, welche man Evolvente der gegebenen nennt, die letztere in Bezug zur Evolvente heisst Evolute derselben. Da Linie l beliebig lang war, so hat jede Curve unendlich viel Evolventen, offenbar aber werden bei einer einfach gekrümmten Curve alle Evolventen mit ihr in einer Ebene liegen, bei doppelt gekrümmten liegt jede Evolvente in der abwickelbaren Fläche, deren Wendungskante die Evolute ist, und wird auf dieser Fläche eine Krümmungslinie bilden, wie bereits gezeigt ist. Man kann sich die Evolventen auch durch die Bewegung des Endpunktes eines Fadens entstanden denken, den man gespannt um die Evolute legt und immer tangential gegen diese Curve abwickelt. Es ist auch klar, dass die Evolvente oder ihre Tangente immer auf der entsprechenden Tangente der Evolute senkrecht steht, also eine

Normale bildet, dass ferner, wenn A, Fig. 24, der Punkt der Evolute ist, wo die Abwickelung begann, B_1 ein beliebiger Punkt derselben, dann das Stück der Tangente $B_1 M_1$ von B_1 bis zur Evolvente gleich $s + l$ ist.

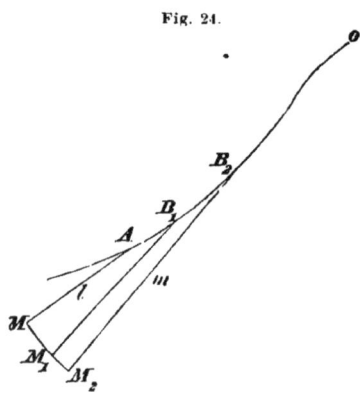

Fig. 24.

Wenn B_2 ein B_1 benachbarter Punkt der Evolute ist, so beschreibt die Tangente $B_1 M_1$, um in die Lage $B_2 M_2$ zu kommen, einen unendlich kleinen Kreisbogen $M_1 M_2$ um B_2, B_2 ist also der Mittelpunkt eines Kreises, dessen Radien zwei auf einander folgende Tangenten der Evolute oder Normalen der Evolvente sind. Wenn nun die Evolute eine ebene Curve ist, was dann, wie oben gesehen, auch bei der Evolvente der Fall ist, so wird B_2 der Krümmungsmittelpunkt der letzteren sein, also: Befinden sich Evolute und Evolvente in einer Ebene, so kann erstere als Ort der Krümmungsmittelpunkte der letzteren definirt werden. Wir werden aber sogleich zeigen, dass jede Curve unendlich viel Evoluten hat, auch wenn erstere eben ist, in diesem Falle liegt dann nur eine Evolute mit der Evolvente in einer Ebene, und nur diese Evolute ist der Ort der Krümmungsmittelpunkte der Evolvente. Ist die Evolvente doppelt gekrümmt, so wird aber die Curve der Krümmungsmittelpunkte keine Evolute sein, denn der Krümmungsmittelpunkt der Evolvente befindet sich dann in der Hauptnormale, je zwei auf einander folgende Haupt-

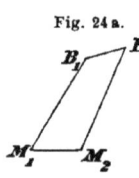

Fig. 24 a.

normalen liegen aber in verschiedenen Ebenen, sind also, Fig. 24 a, $B_1 B_2$ zwei auf einander folgende Krümmungsmittelpunkte in den Hauptnormalen $M_1 B_1$ und $M_2 B_2$, so kann das Element $B_1 B_2$ der Curve der Krümmungsmittelpunkte keine Fortsetzung von $M_1 B_1$ sein, also $M_1 B_1$ wird nicht $B_1 B_2$ berühren.

Um nun zu untersuchen, ob eine gegebene Evolvente eine beschränkte Zahl oder unendlich viel Evoluten hat, denken wir uns durch jeden Punkt der ersteren eine Normalebene gelegt. Alle diese Ebenen bilden dann eine abwickelbare Fläche, die wir Evolutenfläche nennen. Seien Fig. 25, $a\,a\,m$, $b\,\beta\,m_1$, $c\,\gamma\,m_2$ solche Ebenen, die durch die auf einander folgenden Punkte $a\,b\ldots$ der Evolvente gelegt sind, also $m\,m_1\,m_2$ Punkte der Wendungskante, $\alpha\,m$, $\beta\,m_1$, $\gamma\,m_2$ sind die Erzeugungslinien der Evolutenfläche. Nimmt man nun in $a\,m$ Punkt α' beliebig und zieht $\alpha^1 a$, verlängert diese Linie bis sie βm iu β' schneidet, zieht $\beta' b$ in Ebene $b\beta m_1$ und verlängert diese Linie bis zum Schnittpunkte γ' mit γm_2 u. s. w., so bilden

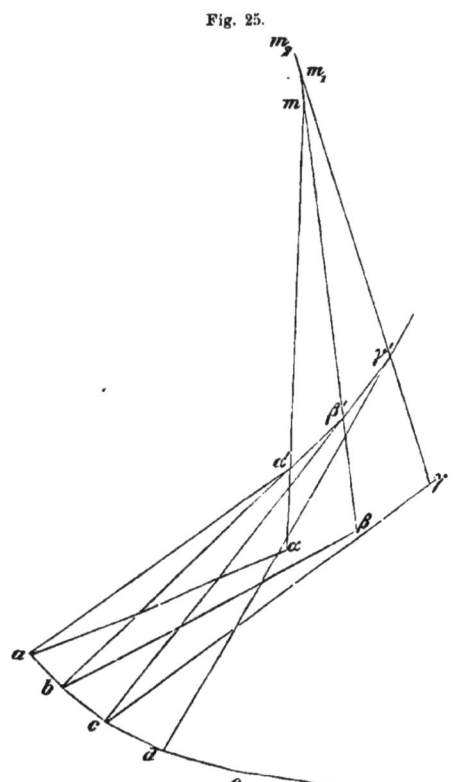

Fig. 25.

die drei Punkte α', β', γ' eine Curve, deren Tangenten $\alpha' a$, $\beta' b$, $\gamma' c$ auf der Evolute in Punkten abc senkrecht stehen, und daher ist α' β' γ' eine Evolute zu abc. Da nun Punkt α' beliebig in Linie am genommen werden kann, hat jede Curve abc unendlich viel Evoluten. Es lässt sich dies auch so ausdrücken: Evolute einer gegebenen Curve ist jede Curve auf ihrer Evolutenfläche, deren Tangente verlängert die gegebene Curve schneidet. Ist die Evolvente doppelt gekrümmt, so ist keine Evolute eben, da sonst die Tangenten derselben in einer Ebene liegen, also nicht durch die Evolvente gehen können. Aus diesem Grunde kann eine ebene Evolvente unter ihren Evoluten nur eine ebene haben, da dieselbe mit ihr in einer Ebene liegen muss. Was die Evolutenfläche anbetrifft, so kann dieselbe auch durch eine Linienconstruction gefunden werden, zwei auf einander folgende Normalebenen der Curve abc schneiden sich nämlich in einer Linie $\alpha' m$, welche auf zwei Elementen ab und bc der ersteren, also auch auf der durch beide gelegten Ebenen senkrecht steht, d. b. $\alpha' m$ steht auf der Krümmungsebene von abc senkrecht. Sei nun $a\alpha$ eine Hauptnormale von abc und α der Krümmungsmittelpunkt, so geht durch α eine zweite Normale $b\alpha$ der Curve, und α ist also jedenfalls ein Punkt einer Evolute, die jedoch natürlich im Allgemeinen nur diesen Punkt α mit der Curve der Krümmungsmittelpunkte gemein hat. Also jede Erzeugungslinie am der Evolutenfläche geht durch den entsprechenden Krümmungsmittelpunkt der Evolvente und steht auf der Krümmungslinie derselben senkrecht

Dies giebt also eine Construction der Erzeugungslinie. Ist die Evolvente eben, so fallen alle Krümmungsebenen derselben mit ihr in eine Ebene, die Erzeugungslinien der Evolutenfläche sind also

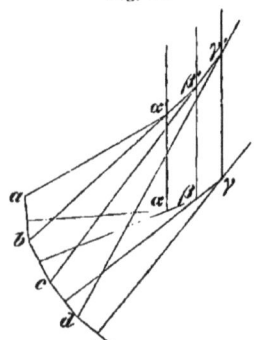

Fig. 26.

einander parallel, d. h.: die Evolutenfläche einer ebenen Curve ist ein Cylinder der auf ihrer Ebene normal steht, Fig. 26.

Alle Evoluten derselben Evolvente haben aber noch eine gemeinschaftliche Eigenschaft. Die Ebene zweier auf einander folgender Erzeugungslinien $\beta' m a'$ ist nämlich zugleich Tangentialebene der Evolutenfläche und Normalebene der Evolvente, also senkrecht auf ab, dieses Element aber befindet sich in Ebene $\alpha\beta'b$ oder $\alpha'\beta'\gamma'$, dies ist offenbar die Krümmungsebene der Evolute. Also: Die Tangentialebene der Evolutenfläche steht senkrecht auf der Krümmungsebene jeder Evolute, letztere sind also nach § 76 kürzeste Linien auf der Evolutenfläche und gehen bei deren Abwickelung in gerade Linien über. Umgekehrt entstehen alle Evoluten, wenn man in einer Ebene eine Gerade zeichnet und dieselbe mit ihrer Ebene um die Evolutenfläche wickelt; die Anfangsstellung dieser Ebene muss dann so sein, dass sie die Evolutenfläche berührt und die Gerade verlängert die Evolvente schneidet. Ist die letztere eben, also die Evolutenfläche ein Cylinder, so wird also jede Evolute eine Schraubenlinie (im allgemeineren Sinne § 3 Anm.) sein.

§ 76a.

Wir wollen zu diesen Betrachtungen noch die nöthigen Berechnungen hinzufügen. Seien ξ η ζ die Coordinaten eines Punktes a der Evolvente, x, y, z die eines Punktes α_1 der Evolute, s der Bogen der letzteren, so sind $x - \xi$, $y - \eta$, $z - \zeta$ die Projectionen von a α_1 oder $s + l$ auf die Axen, und da die Cosinus der Winkel dieser Linie bezüglich gleich $\dfrac{dx}{ds}$, $\dfrac{dy}{ds}$, $\dfrac{dz}{ds}$ sind, so hat man:

$$(1)\, x - \xi = (s + l)\frac{dx}{ds}, \quad (2)\, y - \eta = (s + l)\frac{dy}{ds}, \quad (3)\, z - \zeta = (s + l)\frac{dz}{ds}.$$

Diese Gleichungen geben, wenn x y z also auch s als Functionen einer vierten Grösse u gegeben sind, die Gleichungen der Evolventen unmittelbar, und machen nur eine Integration zur Bestimmung von s nöthig. Ist die Evolute eben, und als Ebene der xy angenommen, so füllt die dritte Gleichung weg, da z und folglich auch ζ gleich Null sind. Die einzelnen Evolventen unterscheiden sich nur durch den Werth der Constante l.

Jetzt seien die Gleichungen der Evolventen gegeben, also $\xi\ \eta\ \zeta$ Funktionen von einer vierten Grösse u. Unsere drei Gleichungen sind dann die Differentialgleichungen der Evolute, eliminirt man l, so hat man die der Evolutenfläche. Letztere Gleichungen lassen sich aber auch so herstellen, dass sie nur $x\ y\ z$ und nicht ihre Differentiale enthalten. Durch Differentiiren nach s geben unsere drei Gleichungen:

$$-\frac{d\xi}{ds}=(s+l)\frac{d^2x}{ds^2},\quad -\frac{d\eta}{ds}=(s+l)\frac{d^2y}{ds^2},\quad -\frac{d\zeta}{dz}=(s+l)\frac{d^2z}{ds^2}$$

und wenn man diese Gleichungen bezüglich mit $\dfrac{dx}{ds},\ \dfrac{dy}{ds},\ \dfrac{dz}{ds}$ multiplicirt und addirt:

$$d\xi\,dx+d\eta\,dy+d\zeta\,dz=0$$

oder

(4) $$\xi'x'+\eta'y'+\zeta'z'=0,$$

wo die Striche die Differentiation nach u andeuten mögen.

Diese Gleichung sagt übrigens nur, dass die Tangente der Evolute auf der der Evolvente senkrecht steht, ist also selbstverständlich.

Multipliciren wir aber jetzt die Gleichungen 1, 2, 3 bezüglich mit $\xi'\ \eta'\ \zeta'$ und addiren, so erhalten wir als erste Gleichung der Evolutenfläche:

(5) $$(x-\xi)\,\xi'+(y-\eta)\,\eta'+(z-\zeta)\,\zeta'=0.$$

Diese Gleichung differentiiren wir nochmals und erhalten:

$$(x'-\xi')\xi'+(y'-\eta')\eta'+(z'-\zeta')\zeta'+(x-\xi)\xi''+(y-\eta)\eta''+(z-\zeta)\zeta''=0,$$

wegen Gleichung (4) wird dieser Ausdruck aber:

(6) $$(x-\xi)\,\xi''+(y-\eta)\,\eta''+(z-\zeta)\,\zeta''=\xi'^2+\eta'^2+\zeta'^2.$$

5 und 6 sind die Gleichungen der Evolutenfläche, sie erhalten ausser $x\ y\ z$ nur noch die Variable u. Um eine Evolute zu bestimmen, ist dann noch eine der Gleichungen 1, 2, 3 nöthig, oder wenn s nicht vorkommen soll, die Gleichung, welche aus Division zweier dieser Gleichungen entsteht, also

(7) $$\frac{dz}{dx}=\frac{z-\zeta}{x-\xi},$$

woraus sich die verschiedenen Evoluten durch Wahl der Integrationsconstante ergeben.

Die Gleichungen 5 und 6 nehmen noch eine etwas bequemere Gestalt an. Wir setzen:

$$\frac{1}{2}\left(\xi^2 + \eta^2 + \zeta^2\right) = \chi,$$

also: $\xi\xi' + \eta\eta' + \zeta\zeta' = \chi'$, $\xi\xi'' + \eta\eta'' + \zeta\zeta'' + \xi'^2 + \eta'^2 + \zeta'^2 = \chi''$
und erhalten als Gleichungen der Evolutenfläche:

(5a) $\quad x\xi' + y\eta' + z\zeta' = \chi'$, (6a) $x\xi'' + y\eta'' + z\zeta'' = \chi''$.

Giebt man der Grösse u, von der $\xi\,\eta\,\zeta\,\chi$ allein abhängig sind, einen bestimmten Werth, so stellen diese beiden Gleichungen eine Gerade auf der Evolutenfläche, also ihre Erzeugungslinie dar. Nimmt man einen unendlich nahen Werth von u, also $u + du$, so werden die Gleichungen (5a) und (6a):

$$x\left(\xi' + \xi''\,du\right) + y\left(\eta' + \eta''\,du\right) + z\left(\zeta' + \zeta''\,du\right) = \chi' + \chi''\,du$$
$$x\left(\xi'' + \xi'''\,du\right) + y\left(\eta'' + \eta'''\,du\right) + z\left(\zeta'' + \zeta'''\,du\right) = \chi'' + \chi'''\,du.$$

Für den Schnittpunkt zweier auf einander folgenden Erzeugungslinien, d. h. für einen Punkt der Wendungskante gelten nur diese Gleichungen und 5a, sowie 6a. Zieht man aber 5a von der ersten dieser Gleichungen ab, so wird sie mit 6a identisch, zieht man 6a von der zweiten ab, so erhält man:

(8) $\qquad\qquad x\xi''' + y\eta''' + z\zeta''' = \chi'''.$

Diese Gleichung in Gemeinschaft mit 5a und 6a oder 5 und 6 bestimmt also die Wendungskante.

Beispiel. Bestimmen wir die Evolvente einer gewöhnlichen Schraubenlinie, deren Gleichungen sind (§ 8):

$$\xi = a \sin t, \quad \eta = a \cos t, \quad \zeta = \frac{bt}{2\pi},$$

a ist der Radius des Cylinders, auf welchem sie liegt, b die Höhe des Schraubenganges, t der veränderliche Winkel, um den sich die Horizontalprojection des Punktes gedreht hat, durch dessen Bewegung die Schraubenlinie entstand. Wir haben also:

$$\chi = \frac{1}{2}a^2 + \frac{b^2 t^2}{8\pi^2}, \qquad \xi' = a \cos t, \quad \eta' = -a \sin t, \quad \zeta' = \frac{b}{2\pi}$$

$$\chi' = \frac{b^2 t}{4\pi^2}, \qquad\qquad \xi'' = -a \sin t, \quad \eta'' = -a \cos t, \quad \zeta'' = 0$$

$$\chi'' = \frac{b^2}{4\pi^2}.$$

Die Gleichungen der Evolutenfläche 8a und 6a sind also:

$$ax \cos t - ay \sin t + \frac{b}{2\pi}z = \frac{b^2 t}{4\pi^2}$$

$$- ax \sin t - ay \cos t \qquad\qquad = \frac{b^2}{4\pi^2}.$$

Für die Wendungskante ist noch:

$$\xi''' = - a\cos t, \quad \eta''' = a\sin t, \quad \zeta''' = 0, \quad \chi''' = 0;$$

also Gleichung 8 wird:

$$x\cos t = \dot{y}\sin t,$$

hierdurch erhält man aus den vorigen Gleichungen:

$$z = \frac{bt}{2\pi}, \quad ax = - \frac{b^2\sin t}{4\pi^2},$$

also auch

$$ay = - \frac{b^2\cos t}{4\pi^2}.$$

Offenbar werden diese Gleichungen mit denen der Evolvente identisch, wenn man x und y mit $-x$ und $-y$ vertauscht, was eben nur eine Drehung der x- und y-Axe um 180^0 anzeigt, und für a setzt $\frac{b^2}{4a\pi^2}$, d. h. die Evolutenfläche einer Schraubenlinie wird gebildet von den Tangenten einer zweiten Schraubenlinie mit demselben Gange b. Aus der Form der Gleichungen ist übrigens ersichtlich, dass beide Cylinder dieselbe Axe haben, denn t ist beiden identisch.

Sei jetzt die Evolvente eine ebene Curve, so kann man ihre Ebene als die der xy also $z = 0$ setzen, dann geben die Gleichungen 5 und 6:

$$(x - \xi)\,\xi' + (y - \eta)\,\eta' = 0, \quad (x - \xi)\,\xi'' + (y - \eta)\,\eta'' = \xi'^2\,\eta'^2$$

die Gleichung 7 aber wird:

$$\frac{dz}{z} = \frac{dx}{x - \xi}.$$

Die erste Gleichung giebt:

$$y - \eta = - (x - \xi)\,\frac{\xi'}{\eta'}.$$

Dies setzt man in die zweite und erhält:

$$(x - \xi)\,(\eta'\,\xi'' - \xi'\,\eta'') = \eta'\,(\xi'^2 + \eta'^2),$$

es lässt sich also x durch u allein ausdrücken, so dass die Gleichung $\frac{dz}{z} = \frac{dx}{x - \xi}$ auf Quadratur zurückgeführt ist. Die beiden Gleichungen für $x - \xi$ und $y - \eta$ geben sowohl die Evolutencylinder, als auch die ebene Evolute, für welche $z = 0$ wird, also die letzte Gleichung, die man auch schreiben kann $(x - \xi)\,dz = z\,dx$, die Form Null gleich Null annimmt.

Beispiel. Sei die Evolvente eine Parabel, also $\eta^2 = p\xi$, nehmen wir ξ als unabhängige Variable, so ist:

$$\xi' = 1, \quad \eta' = \frac{1}{2}\sqrt{\frac{p}{\xi}} \quad \xi'' = 0, \quad \eta'' = - \frac{1}{4}\sqrt{\frac{p}{\xi^3}},$$

also die Gleichungen des Evolutencylinders und der ebenen Evolute:

$$x = 3\xi + \frac{p}{2}, \quad y = -b \sqrt{\frac{\xi^3}{p}},$$

woraus sich ergiebt:

$$\left(x - \frac{p}{2}\right)^3 = \frac{3}{4} p y^2,$$

bekanntlich die Gleichungen der Neilschen Parabel, aber die Gleichung (7) giebt dann:

$$\frac{dz}{z} = \frac{6\,dx}{4x + p}.$$

Diese Gleichung giebt integrirt:

$$\lg z = \frac{3}{2} \lg c\,(4x + p) \quad \text{oder:} \quad c^3\,(4x + p)^3 = z^2.$$

Die erste Gleichung hat ganz die Form der ersten, also:
Jede Evolute der Parabel hat also zu Projectionen auf zwei Coordinatenebenen Neilsche Parabeln.

8. Ueber confocale Flächen und die Krümmungscurven der Flächen zweiten Grades.

§ 77.

Um die Krümmungscurven der Flächen zweiten Grades, welche einen Mittelpunkt haben, zu bestimmen, sind einige Betrachtungen über confocale Flächen zweiten Grades nöthig, die zunächst gegeben werden sollen.

Seien $a\,b\,c$ die drei Halbaxen eines Ellipsoids, so lässt sich zunächst zeigen, dass sich durch jeden Punkt des Raumes immer drei und nie mehr als drei Flächen zweiten Grades legen lassen, welche diesem Ellipsoid confocal sind.

Seien nämlich $x\,y\,z$ die Coordinaten eines beliebigen Punktes M, bezogen auf die Hauptaxen des Ellipsoids als Coordinatenaxen, so wird die Gleichung eines confocalen Ellipsoids sein:

$$\frac{x^2}{a^2 - k} + \frac{y^2}{b^2 - k} + \frac{z^2}{c^2 - k} - 1 = 0.$$

Damit dieses durch den in Rede stehenden Punkt geht, ist $x\,y\,z$ mit den Coordinaten dieses Punktes zu identificiren. Dann sind $x\,y\,z$ $a\,b\,c$ bekannte Grössen; die Gleichung ist in Bezug auf k vom dritten Grade, hat also nicht mehr als drei Wurzeln, womit bewiesen ist, dass durch den Punkt M höchstens drei confocale Flächen gehen. Es bleibt also nur noch zu zeigen, dass drei Wurzeln immer reell sind. Bezeichnen wir die linke Seite unserer Gleichung mit F, so ist für

$k = -\infty$, $F = -1$. Möge nun k wachsen, und bezeichne ν eine unendlich kleine positive Grösse, sei ferner $a^2 > b^2 > c^2$, so wird F continuirlich bleiben von $k = -\infty$ bis $k = c^2 - \nu$, für diesen Werth aber wird $F = +\infty$. Es muss also inzwischen F wenigstens einmal durch Null gegangen sein, man hat also eine Wurzel k, welche algebraisch kleiner als c^2 ist; da hierbei alle drei Nenner $a^2 - k$, $b^2 - k$, $c^2 - k$ positiv sind, so entspricht dieser Wurzel immer ein Ellipsoid. Setzen wir nun $k = c^2 + \nu$, so springt F auf $-\infty$ hinüber und bleibt mit wachsendem k continuirlich bis $k = b^2 - \nu$, wo $F = +\infty$ wird, es muss also eine zweite Wurzel k zwischen c^2 und b^2 geben. Da für diese $a^2 - k$ und $b^2 - k$ positiv, $c^2 - k$ aber negativ ist, so entspricht ihr ein einschaaliges Hyperboloid. Für $k = b^2 + \nu$ wird F wieder $= -\infty$, und bleibt continuirlich bis $k = a^2 - \nu$, wo $F = +\infty$ wird, es giebt also eine dritte Wurzel k zwischen a^2 und b^2, dieser entspricht ein zweischaaliges Hyperboloid, da $a^2 - k$ positiv und die beiden andern Nenner negativ sind. Da nun mehr als drei Wurzeln nicht vorkommen können, so lassen sich durch jeden Punkt im Raume stets drei und nicht mehr Flächen legen, die einem gegebenen Ellipsoid confocal sind, und zwar sind diese drei immer ein Ellipsoid und je eins von den beiden Arten der Hyperboloide.

Die cubische Gleichung, aus der sich k ergiebt, ist nach Wegschaffung der Nenner:

$$x^2 (b^2 - k)(c^2 - k) + y^2 (a^2 - k)(c^2 - k) + z^2 (a^2 - k)(b^2 - k)$$
$$= (a^2 - k)(b^2 - k)(c^2 - k).$$

Sind umgekehrt die drei Werthe von k gegeben, so kann man x^2, y^2, z^2 finden. Die einfachste Form für diese Grössen giebt folgende Betrachtung. Sei $a^2 - k = \lambda$, also $b^2 - k = b^2 - a^2 + \lambda$, $c^2 - k = c^2 - a^2 + \lambda$, so wird unsere Gleichung:

$$x^2 (b^2 - a^2 + \lambda)(c^2 - a^2 + \lambda) + y^2 \lambda (c^2 - a^2 + \lambda) + z^2 \lambda (b^2 - a^2 + \lambda)$$
$$= \lambda (b^2 - a^2 + \lambda)(c^2 - a^2 + \lambda).$$

Das Glied dieser cubischen Gleichung, welches kein λ enthält, ist bekanntlich gleich $\lambda_1 \lambda_2 \lambda_3$ oder gleich $(a^2 - k_1)(a^2 - k_2)(a^2 - k_3)$, woraus sich ergiebt:

$$x^2 (b^2 - a^2)(c^2 - a^2) = (a^2 - k_1)(a^2 - k_2)(a^2 - k_3)$$

und ebenso:

$$y^2 (a^2 - b^2)(c^2 - b^2) = (b^2 - k_1)(b^2 - k_2)(b^2 - k_3)$$
$$z^2 (a^2 - c^2)(b^2 - c^2) = (c^2 - k_1)(c^2 - k_2)(c^2 - k_3).$$

Da also Punkt M durch k_1 k_2 k_3 bestimmt ist, so ist es gestattet, diese 3 letzteren Grössen selbst als eine eigene Art von Coordinaten zu betrachten, welche einen Punkt als Durchschnitt dreier confocalen Flächen zweiten Grades ergeben.

Man nennt diese Coordinaten elliptische. Diese Betrachtung bildet eine Erweiterung von einer Theorie, die Euler bei Gelegenheit des Problems der 3 Körper zunächst auf die Ebene anwandte, indem er jeden Punkt der Ebene als Durchschnitt zweier confocalen Kegelschnitte einer Ellipse und einer Hyperbel betrachtete. Die Erweiterung auf den Raum rührt von Legendre her. Gehört der Punkt M selbst einer Fläche zweiter Ordnung an, so vereinfachen sich diese Betrachtungen. Ist diese Fläche namentlich ein Ellipsoid, und dessen Gleichung

$$\frac{x^2}{A^2} + \frac{y^2}{B^2} + \frac{z^2}{C^2} = 1,$$

so kann man ABC mit abc identificiren, dann wird also $k_1 = 0$, das gegebene Ellipsoid ist dann für jeden seiner Punkte eine der confocalen Flächen, und wird in solchem Punkte von 2 andern, ihm confocalen Flächen geschnitten, einem einschaaligen und einem zweischaaligen Hyperboloid. Liegt aber Punkt M auf einem einschaaligen Hyperboloid, so ist dessen Gleichung von der Gestalt:

$$\frac{x^2}{A^2} + \frac{y^2}{B^2} - \frac{z^2}{C^2}.$$

Man setzt dann

$$a^2 = A^2 + h, \quad b^2 = B^2 + h, \quad c^2 = - C^2 + h,$$

wo $h > C^2$, wo dann abc wieder ein Ellipsoid geben, das dem Hyperboloid confocal ist. Das letztere ist dann eine der confocalen Flächen für jeden seiner Punkte, und wird in ihm von einem Ellipsoid und einem zweischaaligen Hyperboloid geschnitten. Liege Punkt M endlich auf einem zweischaaligen Hyperboloid, und sei dessen Gleichung

$$\frac{x^2}{A^2} - \frac{y^2}{B^2} - \frac{z^2}{C^2} = 1,$$

so ist zu setzen

$$a^2 = A^2 + h, \quad b^2 = - B^2 + h, \quad c^2 = - C^2 + h,$$

wo h grösser als B^2 und als C^2 zu nehmen, also wieder einem Ellipsoid entspricht, das dem gegebenen Hyperboloid confocal ist.

§ 78.

Dass die Gleichung

$$\frac{x^2}{a^2 - k} + \frac{y^2}{b^2 - k} + \frac{z^2}{c^2 - k} = 1$$

3 reelle Wurzeln hat, lässt sich auch folgendermassen beweisen. Da jede cubische Gleichung jedenfalls eine reelle Wurzel hat, möge k_3 dieselbe sein. Denken wir uns jetzt k durch k_1 und k_2 ersetzt und bilden die Differenz der entstehenden Gleichungen. Es ergiebt sich:

$$(k_2 - k_1)\left\{\frac{x^2}{(a^2-k_1)(a^2-k_2)} + \frac{y^2}{(b^2-k_1)(b^2-k_2)} + \frac{z^2}{(c^2-k_1)(c^2-k_2)}\right\} = 0,$$

wäre nun k_1 imaginär, also gleich $l + l_1 i$, so müsste $k_2 = l - l_1 i$ sein, und unsere Gleichung wäre:

$$2\,l_1 i\left\{\frac{x^2}{(a^2-l)^2+l_1{}^2} + \frac{y^2}{(b^2-l)^2+l_1{}^2} + \frac{z^2}{(c^2-l)^2+l_1{}^2}\right\} = 0.$$

Der zweite Factor ist wesentlich positiv, kann also nicht verschwinden, es wäre also $l_1 = 0$, also die Wurzeln reell. Es lassen sich aus diesen Betrachtungen auch die Grenzen der 3 Werthe von k ermitteln. In den 4 Gleichungen:

$$\frac{x^2}{(a^2-k_1)(a^2-k_2)} + \frac{y^2}{(b^2-k_1)(b^2-k_2)} + \frac{z^2}{(c^2-k_1)(c^2-k_2)} = 0$$

$$\frac{x^2}{(a^2-k_1)(a^2-k_3)} + \frac{y^2}{(b^2-k_1)(b^2-k_3)} + \frac{z^2}{(c^2-k_1)(c^2-k_3)} = 0$$

$$\frac{x^2}{(a^2-k_2)(a^2-k_3)} + \frac{y^2}{(b^2-k_2)(b^2-k_3)} + \frac{z^2}{(c^2-k_2)(c^2-k_3)} = 0$$

$$\frac{x^2}{a^2-k} + \frac{y^2}{b^2-k} + \frac{z^2}{c^2-k} - 1 = 0$$

möge wieder $a > b > c$, und $k_1 > k_2 > k_3$ sein.

Wegen der letzten Gleichung kann keiner der Werthe von k grösser als a^2 sein, da sonst die ganze linke Seite negativ würde, also $k_1 < a^2$.

Die 3 anderen Gleichungen lehren, dass nicht 2 der Grössen k kleiner als c^2 sein können, da sonst die linken Seiten positiv, also nicht gleich Null wären, also $k_2 > c^2$. Wäre nun auch k_3 grösser als c^2, so würden in der ersten und dritten Gleichung das erste und letzte Glied positiv, es muss also das zweite negativ sein, damit die linke Seite Null wird, was in der ersten Gleichung nur möglich ist, wenn $k_1 > b^2$, $k_2 < b^2$, und in der dritten wenn $k_2 > b^2$, $k_3 < b^2$; da dies nicht möglich ist, so hat man $k_3 < c^2$.

In der ersten Gleichung ist dann das erste und letzte Glied positiv, damit das zweite negativ sei, ist noch nöthig, dass $k_2 < b^2$, $k_1 > b^2$ sei, womit die Grenzen wie im vorigen Paragraphen festgestellt sind.

Anmerkung. Noch ist zu erwähnen, dass die in diesem und dem vorigen Paragraphen gegebenen Methoden die Reellität der Wurzeln zu erweisen, auf Gleichungen von der gegebenen Gestalt selbst dann Anwendung finden, wenn sie mehr als 3 Grössen xyz enthalten. Diese Ausdehnung der elliptischen Coordinaten findet nämlich bei manchen Untersuchungen Anwendung.

§ 79.

Die Gleichung

$$\frac{x^2}{(a^2 - k_1)(a^2 - k_2)} + \frac{y^2}{(b^2 - k_1)(b^2 - k_2)} + \frac{z^2}{(c^2 - k_1)(c^2 - k_2)} = 0,$$

welche für je 2 confocale Flächen gilt, die sich im Punkte xyz schneiden, hat aber auch eine geometrische Bedeutung.
Sei

$$F = \frac{x^2}{a^2 - k_1} + \frac{y^2}{b^2 - k_1} + \frac{z^2}{c^2 - k_1} - 1$$

$$F_1 = \frac{x^2}{a^2 - k_2} + \frac{y^2}{b^2 - k_2} + \frac{z^2}{c^2 - k_2} - 1,$$

so sind $F = 0$ $F_1 = 0$ die Gleichungen der beiden Flächen, dann nimmt die obige Gleichung offenbar die Gestalt an:

$$\frac{\partial F}{\partial x}\frac{\partial F_1}{\partial x} + \frac{\partial F}{\partial y}\frac{\partial F_1}{\partial y} + \frac{\partial F}{\partial z}\frac{\partial F_1}{\partial z} = 0$$

und da $\frac{\partial F}{\partial x}, \frac{\partial F_1}{\partial x}$ u. s. w. den Richtungscosinus der Normalen an die betreffenden Flächen proportional sind, so folgt folgender Satz:

Erfüllt man den Raum mit 3 Schaaren confocaler Flächen zweiten Grades, so werden diese immer einander orthogonal schneiden.

Hieraus ergiebt sich mit Hülfe des § 64a bewiesenen Dupinschen Satzes:

Die 3 Schaaren confocaler Flächen zweiten Grades schneiden einander in Krümmungslinien.

§ 80.

Es wurde schon vorhin auf den Fall hingewiesen, wo nur solche Punkte betrachtet werden, die auf einer Fläche zweiter Ordnung liegen. Die Gleichungen einer solchen lassen sich immer schreiben:

$$\frac{x^2}{\alpha} + \frac{y^2}{\beta} + \frac{z^2}{\gamma} = 1,$$

wo $\alpha\beta\gamma$ positiv oder negativ sein können. Dann kann diese Fläche selbst als eine der confocalen betrachtet werden, die beiden andern sind dann:

$$\frac{x^2}{\alpha - k_1} + \frac{y^2}{\beta - k_1} + \frac{z^2}{\gamma - k_1} = 1$$

$$\frac{x^2}{\alpha - k_2} + \frac{y^2}{\beta - k_2} + \frac{z^2}{\gamma - k_2} = 1,$$

während $k_3 = 0$ ist. Aber nur im Falle die gegebene Fläche ein Ellipsoid ist, werden k_1 und k_2 immer positiv sein, da dann $\alpha > k_1 > \beta > k_2 > \gamma$ wird.

In jedem Falle findet man, indem man die erste Gleichung von den zwei letzten abzieht:

$$\frac{x^2}{\alpha(\alpha - k)} + \frac{y^2}{\beta(\beta - k)} + \frac{z^2}{\gamma(\gamma - k)} = 0,$$

wo k die Werthe k_1 und k_2 vorstellt, also mit Hinwegschaffung der Nenner:

$$x^2\beta\gamma(\beta - k)(\gamma - k) + y^2\alpha\gamma(\alpha - k)(\gamma - k) + z^2\alpha\beta(\alpha - k)(\beta - k) = 0$$

oder:

$$k^2(\beta\gamma x^2 + \gamma\alpha y^2 + \alpha\beta z^2) - k\{\beta\gamma(\beta + \gamma)x^2 + \gamma\alpha(\gamma + \alpha)y^2 + \alpha\beta(\alpha + \beta)z^2\} + \beta^2\gamma^2 x^2 + \gamma^2\alpha^2 y^2 + \alpha^2\beta^2 z^2 = 0.$$

Für den Factor von k^2 kann vermöge der Gleichung der gegebenen Fläche $\alpha\beta\gamma$ geschrieben werden. Somit ergiebt sich für die beiden Wurzeln dieser quadratischen Gleichung:

$$(k_1 + k_2)\alpha\beta\gamma = \beta\gamma(\beta + \gamma)x^2 + \gamma\alpha(\alpha + \gamma)y^2 + \beta\alpha(\alpha + \beta)z^2$$
$$k_1 k_2 \alpha\beta\gamma = \beta^2\gamma^2 x^2 + \gamma^2\alpha^2 y^2 + \alpha^2\beta^2 z^2.$$

Um x^2, y^2, z^2 zu finden, braucht man nur in den betreffenden Formeln des § 77 $k_3 = 0$ zu setzen, und für $a^2 b^2 c^2$ bezüglich $\alpha\beta\gamma$ zu schreiben, dies giebt:

$$x^2(\beta - \alpha)(\gamma - \alpha) = \alpha(\alpha - k_1)(\alpha - k_2)$$
$$y^2(\alpha - \beta)(\gamma - \beta) = \beta(\beta - k_1)(\beta - k_2)$$
$$z^2(\alpha - \gamma)(\beta - \gamma) = \gamma(\gamma - k_1)(\gamma - k_2).$$

Sei endlich die betrachtete Fläche ein Ellipsoid, also $\alpha\beta\gamma$ positiv und $\alpha > \beta > \gamma$, $k_1 > k_2$, wie im allgemeinen Falle, so lassen sich x^2, y^2, z^2 bequem trigonometrisch ausdrücken. Zu dem Ende sei

$$\frac{k_1 - \beta}{\alpha - \beta} = \cos^2 u, \qquad \frac{\beta - k_2}{\beta - \gamma} = \cos^2 v.$$

Die linken Seiten sind nämlich bei unserer Annahme positive Brüche. Dann ist:

$$y^2 = \beta \cos^2 u \cos^2 v$$

ferner: da

$$k_1 = \beta + (\alpha - \beta)\cos^2 u, \qquad k_2 = \beta - (\beta - \gamma)\cos^2 v$$

also:

$$\alpha - k_1 = (\alpha - \beta)\sin^2 u, \qquad \alpha - k_2 = (\alpha - \beta) - (\beta - \gamma)\cos^2 v$$

$$x^2 = \alpha \sin^2 u \left(\frac{\alpha - \beta}{\alpha - \gamma} + \frac{\beta - \gamma}{\alpha - \gamma}\cos^2 v\right)$$

oder wenn

$$\frac{\alpha - \beta}{\alpha - \gamma} = \lambda^2, \quad \frac{\beta - \gamma}{\alpha - \gamma} = \lambda_1^2$$

gesetzt wird, ist:

$$x^2 = \alpha \sin^2 u \, (1 - \lambda_1^2 \sin^2 v)$$

da $\lambda^2 + \lambda_1^2 = l$ ist. Auf ähnliche Weise erhält man:

$$z^2 = \gamma \sin^2 v \, (1 - \lambda^2 \sin^2 u)$$

§ 81.

Um eine Anwendung der elliptischen Coordinaten zu machen, soll mit ihrer Hülfe die Oberfläche eines Ellipsoids berechnet werden. Wir schreiben in den Formeln des § 80 wieder $a^2 b^2 c^2$ für $\alpha \beta \gamma$. Das Oberflächenelement des Ellipsoids fanden wir (§ 55) gleich $\sqrt{EG - F^2} \, du \, dv$.

Legen wir jetzt auf jeden Punkt des Ellipsoids die beiden ihm confocalen Hyperboloide, dann ist $k_3 = 0$, da das Ellipsoid selbst die dritte Fläche bildet. Die Grössen u und v des vorigen Paragraphen betrachten wir als unabhängige Variablen, so dass k_1 nur von u, k_2 nur von v abhängt.

Der Ausdruck F (§ 53) ist dann dem Cosinus des Winkels proportional, den die Tangenten beider Hyperboloide in ihren Schnittpunkten mit einander machen, und in unserm Falle also $F = 0$. Es war nun § 80

$$x = a \sin u \, \Delta', \quad y = b \cos u \cos v, \quad z = c \sin v \, \Delta$$

wo

$$\Delta' = \sqrt{1 - \lambda_1^2 \sin^2 v} \quad \Delta = \sqrt{1 - \lambda^2 \sin^2 u} \quad \text{und} \quad \lambda^2 = \frac{a^2 - b^2}{a^2 - c^2} \quad \lambda_1^2 = \frac{b^2 - c^2}{a^2 - c^2}$$

also $\lambda_1^2 + \lambda^2 = 1$ ist:

$$\frac{\partial x}{\partial u} = a \cos u \, \Delta', \quad \frac{\partial y}{\partial u} = - b \sin u \cos v, \quad \frac{\partial z}{\partial u} = - \frac{\lambda^2 c \, \sin v \, \sin u \, \cos u}{\Delta};$$

also wird die Grösse

$$E = a^2 \cos^2 u - a^2 \lambda_1^2 \cos^2 u \sin^2 v + b^2 \sin^2 u \cos^2 v + \frac{\lambda^4 c^2 \sin^2 u \cos^2 u \sin^2 v}{1 - \lambda^2 \sin^2 u}.$$

Setzt man hierin statt $\sin^2 v$ überall $1 - \cos^2 v$, so nimmt E die Form an: $E = P + Q \cos^2 v$. Es ist nun

$$P = a^2 \cos^2 u - a^2 \cos^2 u \, \lambda'^2 + \frac{c^2 \lambda^4 \sin^2 u \cos^2 u}{1 - \lambda^2 \sin^2 u}$$

$$= \lambda^2 \cos^2 u \left\{ a^2 + \frac{c^2 \lambda^2 \sin^2 u}{1 - \lambda^2 \sin^2 u} \right\} = \frac{\cos^2 u \, \lambda^2}{\Delta^2} \{ a^2 \Delta^2 + c^2 \lambda^2 \sin^2 u \}$$

$$= \frac{\cos^2 u \, \lambda^2}{\Delta^2} \{ a^2 - (a^2 - c^2) \lambda^2 \sin^2 u \} = \frac{\cos^2 u \, \lambda^2}{\Delta^2} \{ a^2 \cos^2 u + b^2 \sin^2 u \}.$$

und

$$Q = a^2\lambda_1^2 \cos^2 u + b^2 \sin^2 u - \frac{c^2\lambda^4 \sin^2 u \cos^2 u}{1 - \lambda^2 \sin^2 u}$$

oder weil

$$\lambda^2 = \frac{a^2 - b^2}{a^2 - c^2} \text{ also } - c^2\lambda^2 = a^2\lambda_1^2 - b^2,$$

$$Q = a^2\lambda_1^2 \cos^2 u \left\{ 1 + \frac{\lambda^2 \sin^2 u}{1 - \lambda^2 \sin^2 u} \right\} + b^2 \sin^2 u \left\{ 1 - \frac{\lambda^2 \cos^2 u}{1 - \lambda^2 \sin^2 u} \right\}$$

$$= \frac{\lambda_1^2}{\Delta^2} \{ a^2 \cos^2 u + b^2 \sin^2 u \}.$$

Also wird

$$E = \frac{a^2 \cos^2 u + b^2 \sin^2 u}{\Delta^2} \{ \lambda^2 \cos^2 u + \lambda_1^2 \cos^2 v \};$$

ebenso

$$G = \frac{c^2 \cos^2 v + b^2 \sin^2 v}{\Delta'^2} \{ \lambda^2 | \cos^2 u + \lambda_1^2 \cos^2 v \},$$

demnach das Oberflächenelement

$$= du \cdot dv \cdot \frac{\lambda^2 \cos^2 u + \lambda_1^2 \cos^2 v}{\Delta \cdot \Delta'} \cdot \sqrt{(a^2 \cos^2 u + b^2 \sin^2 u)(c^2 \cos^2 v + b^2 \sin^2 v)}.$$

Integrirt man diesen Ausdruck innerhalb 0 und $\frac{\pi}{2}$ nach beiden Variabeln u und v, so erhält man den Octanten des Ellipsoids; man findet somit das ganze Ellipsoid gleich achtmal folgendem Ausdruck

$$\lambda^2 \int_0^{\frac{\pi}{2}} \frac{\cos^2 u \sqrt{a^2 \cos^2 u + b^2 \sin^2 u}}{\Delta} du \cdot \int_0^{\frac{\pi}{2}} \frac{\sqrt{c^2 \cos^2 v + b^2 \sin^2 v}}{\Delta'} dv$$

$$+ \lambda_1^2 \int_0^{\frac{\pi}{2}} \frac{\sqrt{a^2 \cos^2 u + b^2 \sin^2 u}}{\Delta} du \cdot \int_0^{\frac{\pi}{2}} \frac{\cos^2 v \sqrt{c^2 \cos^2 v + b^2 \sin^2 v}}{\Delta'} dv.$$

§ 82.

Durch die Theorie der confocalen Flächen in Verbindung mit der Schlussbemerkung des § 80 ist aber auch die Theorie der Krümmungslinien auf den Flächen zweiter Ordnung erledigt. Ist

(1)
$$\frac{\xi^2}{\alpha} + \frac{\eta^2}{\beta} + \frac{\zeta^2}{\gamma} = 1$$

die Gleichung einer solchen, xyz ein Punkt auf derselben, so geben die Gleichungen des § 80

$$(k_1 + k_2)\alpha\beta\gamma = \beta\gamma(\beta + \gamma)x^2 + \gamma\alpha(\alpha + \gamma)y^2 + \beta\alpha(\alpha + \beta)z^2$$
$$k_1 k_2 \alpha\beta\gamma = \beta^2\gamma^2 x^2 + \gamma^2\alpha^2 y^2 + \alpha^2\beta^2 z^2,$$

die Werthe von k, welche den 2 durch diesen Punkt gehenden confocalen Flächen entsprechen, und die Gleichung derselben

(2) $\qquad \dfrac{\xi^2}{\alpha - k} + \dfrac{\eta^2}{\beta - k} + \dfrac{\zeta^2}{\gamma - k} = 1$

im Verein mit (1) gilt dann für jede der beiden Krümmungslinien, da sich nach § 80 die confocalen Flächen in solchen schneiden.

Es lässt sich aber auch ohne den allgemeinen Dupinschen Satz direct beweisen, dass der Durchschnitt zweier confocalen Flächen zweiten Grades für beide eine Krümmungslinie ist und dieser Beweis soll hier noch folgen. In der That war dieser Satz früher bekannt als der allgemeine von Dupin, und ist durch diese Eigenschaft der confocalen Flächen Dupin erst auf seine Verallgemeinerung gekommen.

Die Gleichungen der Normale zu der gegebenen Fläche sind:

$$\frac{\xi - x}{\dfrac{x}{\alpha}} = \frac{\eta - y}{\dfrac{y}{\beta}} = \frac{\zeta - z}{\dfrac{z}{\gamma}} = \lambda,$$

wenn $\xi\eta\zeta$ wieder die laufenden Coordinaten sind, und die der benachbarten Normale:

$$\frac{\xi - x - dx}{\dfrac{x + dx}{\alpha}} = \frac{\eta - y - dy}{\dfrac{y + dy}{\beta}} = \frac{\zeta - z - dz}{\dfrac{z + dz}{\gamma}} = \mu.$$

Dafür, dass diese beiden einander schneiden, hat man folgende drei Bedingungsgleichungen, die sich aus den allgemeinen in § 75 ergeben:

$$dx + (\mu - \lambda)\frac{x}{\alpha} + \mu\frac{dx}{\alpha} = 0$$

oder

$$\begin{cases} \alpha dx + (\mu - \lambda)x + \mu dx = 0 \\ \beta dy + (\mu - \lambda)y + \mu dy = 0 \\ \gamma dz + (\mu - \lambda)z + \mu dz = 0. \end{cases}$$

Eliminirt man hieraus $\mu = \lambda$ und μ, so findet man als die Gleichung der Krümmungscurven für die erste Fläche:

$$\alpha dx(ydz - zdy) + \beta dy(zdx - xdz) + \gamma dz(xdy - ydx) = 0,$$

oder mit anderer Anordnung:

$$xdydz\,(\beta - \gamma) + ydzdx\,(\gamma - \alpha) + zdxdy\,(\alpha - \beta) = 0.$$

Dies ist aber auch die Gleichung der Krümmungscurven für die zweite Fläche, da sie sich nicht ändert, wenn α, β, γ gleichzeitig um k abnehmen. Für jeden Punkt also, den beide confocale Flächen gemein haben, ist ihnen eine Krümmungslinie gemeinsam, mithin ist der ganze Durchschnitt eine solche für beide Flächen.

dx, dy, dz sind die kleinen Zuwächse, welche x, y, z annehmen, wenn man auf der Curve fortgeht. Da die Curve nun auf der gegebenen Fläche liegt, so hat man für diese Incremente die Gleichung $\frac{x\,dx}{\alpha} + \frac{y\,dy}{\beta} + \frac{z\,dz}{\gamma} = 0$, und weil sie auch auf der zweiten liegt:

$\frac{x\,dx}{\alpha - k} + \frac{y\,dy}{\beta - k} + \frac{z\,dz}{\gamma - k} = 0$. Hieraus kann man die Verhältnisse der dx, dy, dz zu einander bestimmen. Wir thun es, indem wir den unbestimmten Factor f einführen:

$$f \cdot x\,dx = \frac{1}{\beta(\gamma - k)} - \frac{1}{\gamma(\beta - k)} = \frac{\gamma\beta - \gamma k - \beta\gamma + \beta k}{\beta\gamma(\beta - k)(\gamma - k)} = \frac{(\beta - \gamma)k}{\beta\gamma(\beta - k)(\gamma - k)}$$

oder wenn wir statt f das Product: $\frac{f}{k} \cdot \alpha \cdot \beta \cdot \gamma \cdot (\alpha - k) \cdot (\beta - k) \cdot (\gamma - k) = F$ einführen:

$F \cdot x \cdot dx = \alpha(\beta - \gamma)(\alpha - k)$ und ähnlich $F \cdot y \cdot dy = \beta(\gamma - \alpha)(\beta - k)$ und $F \cdot z \cdot dz = \gamma(\alpha - \beta)(\gamma - k)$. Also wird

$$dy \cdot dz = \frac{\beta\gamma}{F^2 \cdot y \cdot z} (\gamma - \alpha)(\alpha - \beta)(\beta - k)(\gamma - k)$$

und ähnlich die andern. Wir können somit die Gleichung der Krümmungscurve durch Substitution dieser Werthe und Multiplication mit F^2 so schreiben:

$$\frac{x}{yz} \beta\gamma(\alpha - \beta)(\beta - \gamma)(\gamma - \alpha)(\beta - k)(\gamma - k)$$
$$+ \frac{y}{zx} \gamma\alpha(\alpha - \beta)(\beta - \gamma)(\gamma - \alpha)(\gamma - {}^i k)(\alpha - k)$$
$$+ \frac{z}{xy} \alpha\beta(\alpha - \beta)(\beta - \gamma)(\gamma - \alpha)(\alpha - k)(\beta - k) = 0$$

oder:

$$\frac{x^2}{\alpha(\alpha - k)} + \frac{y^2}{\beta(\beta - k)} + \frac{z^2}{\gamma(\gamma - k)} = 0.$$

Diese Gleichung ergiebt sich auch, wenn man Gleichung 1 von 2 subtrahirt, bestimmt also in Verbindung mit (1) die Krümmungscurven.

§ 83.

Der allgemeine Dupinsche Satz, dass sich 3 Systeme orthogonaler Flächen in Krümmungscurven schneiden, der bereits § 64a bewiesen ist, soll hier nochmals aus anderen Betrachtungen abgeleitet werden. Zunächst muss folgender Hülfssatz bewiesen werden.

Wenn drei Flächen $F = 0$ $F_1 = 0$ $F_2 = 0$ in ihren Durchschnittspunkten normal auf einander stehen, so sind in dem Punkte, in welchem alle drei Flächen sich schneiden, die Tangenten der Durchschnittscurven zu gleicher Zeit die Tangenten der Krümmungscurven oder Hauptangenten.

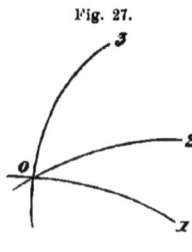

Fig. 27.

Die beiden Flächen F und F_1 mögen sich in der Curve 1, Fig. 27, die beiden F_1 und F_2 in der Curve 2, und F_2 und F in der Curve 3 schneiden Behalten wir die in § 40 angegebenen Bezeichnungen für die partiellen Differentialquotienten von F bei, und bezeichnen die entsprechenden Ableitungen der Functionen F_1 und F_2 durch die entsprechenden Buchstaben mit dem Index 1 resp. 2, so haben wir folgende drei Gleichungen:

(1) damit $F \perp F_1$: $\quad P \cdot P_1 + Q \cdot Q_1 + R \cdot R_1 = 0$

(2) damit $F_1 \perp F_2$: $\quad P_1 \cdot P_2 + Q_1 \cdot Q_2 + R_1 \cdot R_2 = 0$

(3) damit $F_2 \perp F$: $\quad P_2 \cdot P + Q_2 \cdot Q + R_2 \cdot R = 0$.

Die Gleichung (1) findet nun nicht bloss in einem bestimmten Punkte, sondern entlang der ganzen Curve 1 statt. Wir dürfen sie daher differentiiren, und erhalten dadurch folgende Gleichung

(4) $P \cdot dP_1 + Q \cdot dQ_1 + R \cdot dR_1 + P_1 \cdot dP + Q_1 \cdot dQ + R_1 \cdot dR = 0$,

in welcher Gleichung

$$dP = Ldx + N'dy + M'dz, \qquad dQ = N'dx + Mdy + L'dz,$$
$$dR = M'dx + L'dy + Ndz$$

ist und ähnliche Werthe für dP_1, dQ_1, dR_1 gelten. Die Differentiale der Coordinaten, welche hier vorkommen, haben folgende Eigenschaft: Bezeichnet man das Curvenelement von 1 mit ds, so ist die Gleichung der Tangente von 1 in irgend einem Punkte

$$\frac{\xi - x}{\frac{dx}{ds}} = \frac{\eta - y}{\frac{dy}{ds}} = \frac{\zeta - z}{\frac{dz}{ds}} ;$$

die Normale der Fläche F_2 ist ferner $\dfrac{\xi - x}{P_2} = \dfrac{\eta - y}{Q_2} = \dfrac{\zeta - z}{R_2}$. Im Punkte O sind beide Geraden identisch. Bezeichnet man also die $\sqrt{P_2^2 + Q_2^2 + R_2^2}$ durch h_2, so hat man für Punkt O die Gleichungen: $\dfrac{dx}{ds} = \dfrac{P_2}{h_2}, \dfrac{dy}{ds} = \dfrac{Q_2}{h_2}, \dfrac{dz}{ds} = \dfrac{R_2}{h_2}$. Demnach werden in der Gleichung (4) die ersten drei Glieder

$$P \cdot dP_1 + Q \cdot dQ_1 + R \cdot dR_1 = P \{L_1 \cdot dx + N_1' \cdot dy + M_1' \cdot dz\}$$
$$+ Q \{N_1' dx + M_1 dy + L_1' dz\} + R \{M_1' dx + L_1' dy + N_1 dz\}$$
$$= \frac{ds}{h_2} \{P_2 \{PL_1 + QN_1' + RM_1'\} + Q_2 \{PN_1' + QM_1 + RL_1'\}$$
$$+ R_2 \{PM_1' + QL_1' + RN_1\}\}$$
$$= \frac{ds}{h_2} \{L_1 PP_2 + M_1 QQ_2 + N_1 RR_2 + L_1' (Q_2 R + R_2 Q)$$
$$+ M_1' (R_2 P + P_2 R) + N_1' (P_2 Q + Q_2 P)\}.$$

Setzen wir daher

$$L_1 PP_2 + M_1 QQ_2 + \cdots + N_1' (P_2 Q + Q_2 P) = U_1$$

und analog

$$LP_1 P_2 + MQ_1 Q_2 + \cdots + N' (P_2 Q_1 + Q_2 P_1) = U$$

und

$$L_2 PP_1 + M_2 QQ_1 + \cdots + N_2' (P_1 Q + Q_1 P) = U_2,$$

so wird zunächst die Gleichung (4) $\frac{ds}{h_2} \cdot U_1 + \frac{ds}{h_2} \cdot U = 0$; denn in Beziehung auf F_2 sind die ersten drei Glieder von den letzten dreien nicht verschieden. Aehnliche Gleichungen erhält man durch die Differentialen der beiden andern Gleichungen, wobei nur zu merken ist, dass die Differentialgleichungen zwar noch in der ganzen Ausdehnung der entsprechenden Durchschnittscurve gelten, die resultirenden Gleichungen in U, U_1, U_2 aber nur für den Punkt O, weil nur für diesen Punkt die zu ihrer Ableitung nothwendige Beziehung besteht, dass die Tangente an die Durchschnittscurve zweier der gegebenen Flächen Normale zu der dritten Fläche ist. Lassen wir daher in den resultirenden Gleichungen die gemeinschaftlichen Factoren weg, so erhalten wir für den Punkt O folgende Gleichungen: $U_1 + U = 0$, $U_2 + U_1 = 0$, $U + U_2 = 0$. Diese ergeben als Summe $U + U_1 + U_2 = 0$ und folglich, wenn man jetzt von dieser Summe jede der vorigen drei Gleichungen subtrahirt: $U = 0$, $U_1 = 0$, $U_2 = 0$. Die Gleichung $U = 0$ oder $U \cdot \frac{ds}{h_2}$ oder $P_1 \cdot dP + Q_1 \cdot dQ + R_1 \cdot dR = 0$, ferner die Gleichung (1) nämlich $P_1 \cdot P + Q_1 \cdot Q + R_1 \cdot R = 0$ und folgende Gleichung, welche angiebt, dass im Punkte O die Tangente an die Curve 1 normal steht auf der Normale der Fläche $F_1 = 0$, nämlich $P_1 \cdot dx + P_1 \cdot dy + R_1 \cdot dz = 0$, diese drei Gleichungen ergeben, wenn man die Quotienten $P_1 Q_1 R_1$ eliminirt:

$$\begin{vmatrix} P & Q & R \\ dP & dQ & dR \\ dx & dy & dz \end{vmatrix} = 0$$

für Punkt O. Diese Gleichung ist gleichzeitig die für die Krümmungscurve der Fläche $F = 0$, s. § 66, d. h. sie giebt die Richtung der Haupttangenten im Punkte O an. Man findet also: im Punkte O ist die Tangente der Curve 1 zugleich Haupttangente der Fläche $F = 0$. Aehnliches gilt auch für die andern Durchschnittscurven.*)

§ 84.

Der Dupinsche Satz war: Wenn drei Systeme sich rechtwinklig schneidender Flächen gegeben sind, so ist der Durchschnitt von je zweien eine Krümmungscurve für beide. Er folgt leicht aus dem vorigen Hilfssatze.

Es sei $F = 0$, Fig. 28, eine Fläche des einen, $F_1 = 0$ eine des zweiten, $F_2 = 0$ eine des dritten Systems, die sich überall recht-

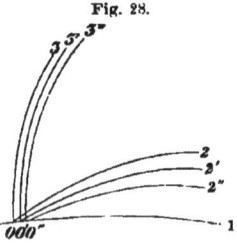

Fig. 28.

winklig schneiden sollen. Die Fläche F wird aber nicht nur von den Flächen F_1 und F_2 rechtwinklig geschnitten, sondern noch von F_1' F_2', F_1'' F_2'', F_1''' F_2''' u. s. w. bis ins Unendliche, welche paarweis sich wieder selbst rechtwinklig schneiden. Nennen wir daher den Punkt $(F, F_1, F_2') = O'$ den Punkt $(F, F_1, F_2'') = O''$ u. s. w., so sind diese Punkte, welche wir als auf einander folgende Punkte betrachten dürfen, alles Punkte wie O, d. h. in ihnen ist die Tangente an ihre Curve Haupttangente an die betreffenden Flächen. Die Punkte O, O', O'' ... liegen aber auf der Curve 1, mithin ist 1 Krümmungscurve für die beiden Flächen $F = 0$ und $F_1 = 0$, deren Durchschnitt sie ist, und so ist es mit allen andern Durchschnittscurven.

Hieraus ergiebt sich nun der (§ 77) bewiesene Satz als specieller Fall, dass nämlich die Durchschnitte eines Ellipsoids mit den confocalen Flächen oder überhaupt die Durchschnittscurven der confocalen Flächen Krümmungscurven sind. Denn durch jeden Punkt im Raume lassen sich drei Systeme confocaler Flächen legen (§ 81), und diese schneiden sich rechtwinklig (§ 80).

§ 85.

Als Schluss der Lehre von den Krümmungscurven wollen wir noch einen Beweis für den (in § 63) angeführten Gaussschen Satz geben, nämlich für den Satz:

---

*) Uebrigens ist leicht ersichtlich, dass der § 64a gegebene Beweis des Dupinschen Satzes auch den angeführten Satz beweist.

Der Quotient $\frac{\sigma}{s}$, wenn σ oder s die dort festgesetzten Bedeutungen haben, ist gleich dem reciproken Werth des Products $\varrho_1 \cdot \varrho_2$. Nehmen wir ein unendlich kleines krummliniges Viereck $s_0 = ABDC$ auf einer gegebenen Fläche an, Fig. 29, dessen gegen-

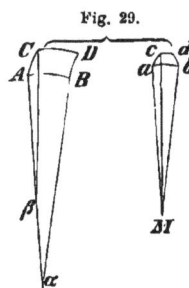

Fig. 29.

überliegende Seiten Bogen von Krümmungscurven seien, und ziehen die Normalen in dreien seiner Eckpunkte; die Normale in A, welche von der in B im Punkte α geschnitten wird, und die Normale in C, welche die von A im Punkte β schneidet; setzen wir ferner das auf einer Kugel vom Radius 1 durch parallele Normalen bestimmte ebenfalls unendlich kleine Viereck $abdc = \sigma_0$, dessen Normalen sich im Mittelpunkte M der Kugel schneiden, so ist zunächst $\sphericalangle\, CAB = cdb = R$. Wir können folglich beide Vierecke wegen ihrer verschwindenden Kleinheit als Rechtecke ansehen und so ist mithin der Inhalt von $s_0 = AC \cdot AB$, der von $\sigma_0 = ac \cdot ab$. Nun ist

$$AB = .\ \alpha \cdot (A\alpha, B\alpha) = A\alpha \cdot (aM, bM) = A\alpha \cdot \frac{ab}{aM} = A\alpha \cdot ab$$

und $AC = A\beta \cdot (A\beta, C\beta) = A\beta \cdot ac$, wo unter $(A\alpha, B\alpha)$ u. s. w. der Winkel dieser Linien zu verstehen ist. $A\alpha$ und $A\beta$ sind aber die Hauptkrümmungsradien für Punkt A der gegebenen Fläche: $A\alpha = \varrho_1$, $A\beta = \varrho_2$; mithin wird $\frac{\sigma_0}{s_0} = \frac{ac \cdot ab}{\varrho_1 \cdot ab \cdot \varrho_2 \cdot ac} = \frac{1}{\varrho_1 \cdot \varrho_2}$. — Nehmen wir nun ein beliebiges Oberflächenelement σ, so können wir es uns immer durch die Krümmungscurven der Fläche in unzählig viele gegen das Element σ selbst unendlich kleine solche Rechtecke zerlegen wie σ_0 ist; für jedes solche Viereck σ_0 gilt der Satz wie bewiesen ist. Die Grösse $\frac{1}{\varrho_1 \cdot \varrho_2}$ ist nun zwar nicht dieselbe für alle die σ_0; da aber die σ_0 selbst nur unendlich kleine Grössen zweiter Ordnung sind, so sind es ihre Aenderungen ebenfalls; diese kann man somit vernachlässigen, und der Satz gilt allgemein für ein Element von beliebiger Grösse.

9. Die Theorie der kürzesten (geodätischen) Linien auf den Flächen.

§ 86.

Lehrsatz. Die kürzeste Linie zwischen je zwei gegebenen Punkten einer Fläche hat die Eigenschaft, dass ihre Schmiegungsebene durch die Normale der Fläche geht, in jedem Punkte der Linie, oder, was absolut dasselbe ist, dass der Krümmungsradius zugleich eine Normale der Fläche ist.

Beweis. Auf der Fläche $F(x, y, z) = 0$ seien zwei Punkte (1) $= (a, b, c)$, (3) $= (a', b', c',)$ gegeben. Es handle sich zunächst darum, einen Punkt (2) $= (x, y, z)$ auf der Fläche zu finden, so dass die Summe der beiden Sehnen $(1, 2) + (2, 3)$ ein Minimum werde. Wir haben also, wenn wir die erste Sehne u, die zweite u' nennen, den Ausdruck $u + u'$ zum Minimum zu machen, und zwar ist

$$u^2 = (x - a)^2 + (y - b)^2 + (z - c)^2, \quad u'^2 = (a' - x)^2 + (b' - y)^2 + (c' - z)^2,$$

worin noch x, y, z der Gleichung $F(x, y, z) = 0$ genügen. Dies ist somit eine Aufgabe des sogenannten relativen Minimums. (Vgl. § 48.)

Wir haben also die Summe $u + u' + \lambda F$ nach x, y, z partiell zu differentiiren und die Differentialquotienten gleich Null zu setzen:

$$\frac{a' - x}{u'} - \frac{x - a}{u} = \lambda \cdot P, \quad \frac{b' - y}{u'} - \frac{y - b}{u} = \lambda \cdot Q, \quad \frac{c' - z}{u'} - \frac{z - c}{u} = \lambda \cdot R,$$

wo $P = \frac{\partial F}{\partial x}$, $Q = \frac{\partial F}{\partial y}$, $R = \frac{\partial F}{\partial z}$ zu setzen ist. Diese Gleichungen ergeben zusammen mit der Gleichung $F(x, y, z) = 0$ die Werthe für λ, x, y, z. Die Aufgabe ist uns aber nur wichtig in dem Grenzfalle, dass die Punkte (a, b, c) und (a', b', c') unendlich nahe an einander liegen. Setzen wir $x - a = \varDelta x$, so ist $\frac{\varDelta x}{u}$ bekanntlich der Cosinus des Winkels, den die Sehne u mit der Axe der x macht. Rücken (1) und (2) einander unendlich nahe, so geht der Bruch in $\frac{dx}{ds}$ über, denn die Sehne wird zur Tangente; die Sehne u' wird alsdann zur nächsten Tangente, deren Winkel mit der x-Axe folglich den Cosinus $\frac{dx}{ds} + d\frac{dx}{ds}$ hat: dies ist die Grenze von $\frac{a' - x}{u'}$. Somit wird $\lim \left(\frac{a' - x}{u'} - \frac{x - a}{u} \right) = \left(\frac{dx}{ds} + d\frac{dx}{ds} \right) - \frac{dx}{ds}$ oder $d\frac{dx}{ds} = \lambda P$. Man erhält also jetzt folgende drei Gleichungen:

$$d\frac{dx}{ds} = \lambda \cdot P, \quad d\frac{dy}{ds} = \lambda \cdot Q, \quad d\frac{dz}{ds} = \lambda \cdot R.$$

Nehmen wir s als unabhängige Veränderliche, also ds als constant an und dividiren diese Gleichungen durch ds, so werden sie:

$$\frac{d^2x}{ds^2} = \mu \cdot P, \quad \frac{d^2y}{ds^2} = \mu \cdot Q, \quad \frac{d^2z}{ds^2} = \mu \cdot R,$$

wenn der constante Bruch $\frac{\lambda}{ds} = \mu$ gesetzt wird. Diese drei Gleichungen aber enthalten unsern Lehrsatz: die linken Seiten unserer Gleichungen sind proportional den Cosinus der Winkel, welche der Krümmungshalbmesser, die rechten den Cosinus der Winkel, welche die

Normale der Fläche mit den drei Axen bildet; also fällt der Krümmungshalbmesser längs der ganzen Ausdehnung der kürzesten Linie zusammen mit der entsprechenden Normale der Fläche.

§ 87.

Aufgabe. Die Gleichungen der kürzesten Linie herzuleiten.

Schreiben wir die drei Endgleichungen des vorigen Paragraphen so, dass die unabhängige Veränderliche unbestimmt bleibt, so gehen sie über in folgendes System:

$$(A)\ \frac{ds\,d^2x - dx\,d^2s}{ds^2} = \mu \cdot P, \quad \frac{ds\,d^2y - dy\,d^2s}{ds^2} = \mu \cdot Q, \quad \frac{ds\,d^2z - dz\,d^2s}{ds^2} = \cdot \mu R.$$

Diese drei Gleichungen enthalten aber noch die Grösse μ. Eliminirt man diese, so erhält man nur noch zwei Gleichungen, welche sich aber wiederum auf eine reduciren, indem von jenen drei Gleichungen aus zweien immer die dritte folgt. Dies sieht man daraus, dass man aus ihnen eine identische Gleichung ableiten kann, und zwar, indem man sie der Reihe nach mit dx, dy, dz multiplicirt und die Producte addirt. Dann erhält man links, weil

$$dx\,d^2x + dy\,d^2y + dz\,d^2z = ds \cdot d^2s \text{ und } (dx)^2 + (dy)^2 + (dz)^2 = (ds)^2$$

ist: $\dfrac{ds \cdot ds \cdot d^2s - (ds)^2 \cdot d^2s}{ds^2}$, und das ist Null. Rechts erhält man μ multiplicirt mit der Summe $P \cdot dx + Q \cdot dy + R \cdot dz$, und diese ist auch Null. Alle drei Gleichungen vertreten somit nur die Stelle von einer, und diese kann man, indem man jene Gleichungen der Reihe nach mit $dy\,d^2z - dz\,d^2y$, $dz\,d^2x - dx\,d^2z$, $dx\,d^2y - dy\,d^2x$ multiplicirt, und alsdann addirt, folgendermassen schreiben:

$$0 = P\,(dy\,d^2z - dz\,d^2y) + Q\,(dz\,d^2x - dx\,d^2z) + R\,(dx\,d^2y - dy\,d^2x).$$

Diese Gleichung ergiebt sich auch unmittelbar aus dem in § 86 bewiesenen Lehrsatze, dass die Schmiegungsebene in jedem Punkte der Curve durch die Normale der Fläche geht. Denn die Gleichung der Schmiegungsebene lautet

$$(\xi - x)\,(dy\,d^2z - dz\,d^2y) + (\eta - y)\,(dz\,d^2x - dx\,d^2z)$$
$$+ (\zeta - z)\,(dx\,d^2y - dy\,d^2x) = 0,$$

und die der Normale

$$\frac{\xi - x}{P} = \frac{\eta - y}{Q} = \frac{\zeta - z}{R}.$$

Wir können die Gleichung der kürzesten Linie auch in der Form der Determinanten schreiben:

$$\begin{vmatrix} dx & d^2x & P \\ dy & d^2y & Q \\ dz & d^2z & R \end{vmatrix} = 0.$$

Dann wird sie ähnlich der Gleichung der Krümmungscurven:

$$\begin{vmatrix} dx & P & dP \\ dy & Q & dQ \\ dz & R & dR \end{vmatrix} = 0.$$

Die Gleichung der kürzesten Linie enthält x, y, dx, dy, d^2x, d^2y, weil man z und seine Differentialquotienten mittelst der Gleichung der Fläche zu eliminiren hat. Sieht man x als unabhängige Variable an, so ist folglich die Gleichung der kürzesten Linie eine Differentialgleichung der zweiten Ordnung, und hat als solche zwei Constanten. Daraus folgt, dass man auf der Fläche zwischen zwei beliebigen Punkten immer eine kürzeste Linie ziehen kann, und dass von jedem Punkte der Fläche aus unzählig viele kürzeste Linien sich erstrecken. Ist die Gleichung der Fläche in der Form $z = \varphi\,(x, y)$ gegeben, so kann man die Gleichung der kürzesten Linie so schreiben:

$$dx\,(-\,d^2y - q\,d^2z) + p\,(dy\,d^2z - dz\,d^2y) = 0$$

oder geordnet

$$d^2y\,(dx + p\,dz) + d^2z\,(q\,dx - p\,dy) = 0.$$

Hierin hat man noch aus der Gleichung der Fläche

$$dz = p\,dx + q\,dy, \qquad d^2z = dp\,dx + dq\,dy + q\,d^2y$$
$$dp = r\,dx + s\,dy, \qquad dq = s\,dx + t\,dy$$

einzusetzen.

§ 88.

Geometrischer Beweis des Lehrsatzes in § 86. In § 75 haben wir bereits bewiesen, dass auf jeder abwickelbaren Fläche die Krümmungsebene der kürzesten Linie die Normale enthält, und dass dies die unmittelbare Folge der Eigenschaft war, dass, wenn die Fläche in die Ebene gewickelt wird, aus der kürzesten Linie eine gerade werden muss. Nun lässt sich aber durch jede Curve auf einer Fläche, also auch durch die kürzeste Linie eine abwickelbare Fläche legen, welche die gegebene Fläche berührt. Die Erzeugungslinien derselben sind dann die conjugirten Tangenten derjenigen der kürzesten Linie. Da nun die ersteren wie alle Tangenten als Schnen anzusehen sind, die mit der gegebenen Fläche einen zweiten unendlich nahen

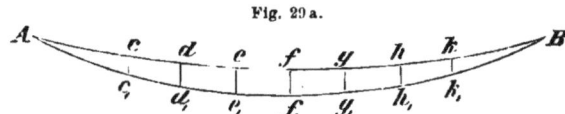

Fig. 29 a.

Punkt gemein haben (siehe Fig. 29 a), wo $Acde \cdot B$ Punkte der kürzesten Linie, $c_1 d_1 c_1$ solche auf der gegebenen und der abwickelbaren Fläche sind, so ist $Acd \cdot B$ kleiner als $Ac_1 d_1 \cdot B$, mithin auch kleiner als die ihr zunächst liegenden Curven auf der abwickelbaren · Fläche, also auch eine kürzeste Linie auf der letzteren, hat also die angeführte Eigenschaft.

§ 89.

(Beweis desselben Satzes durch Variationsrechnung.) x, y, z seien gegeben als Funktionen einer vierten Grösse t, durch deren Elimination man die Gleichung der Fläche $F(x, y, z) = 0$ erhalten muss. Durch diese Darstellungsart hat man zugleich eine Curve auf der Fläche bestimmt. Die Länge derselben wird gegeben durch das Integral

$$\int \sqrt{\left(\frac{dx}{dt}\right)^2 + \left(\frac{dy}{dt}\right)^2 + \left(\frac{dz}{dt}\right)^2} \cdot dt.$$

Nennt man den Werth des t, der dem Anfangspunkt A der Curve entspricht, α und einen zweiten Werth des t, der dem Punkt B der Curve entspricht, β, so ist unsre Aufgabe, das Integral

$$\int_{\alpha}^{\beta} \sqrt{\left(\frac{dx}{dt}\right)^2 + \left(\frac{dy}{dt}\right)^2 + \left(\frac{dz}{dt}\right)^2}\, dt$$

zum Minimum zu machen.

Wir denken zwischen den Punkten A und B eine andere Curve gezogen, welche von der ersten sehr wenig abweicht, dann muss diese neue Curve länger sein als die erste. Wir werden diese zweite Curve, welche von der ersten sehr wenig abweicht, finden, wenn wir in der ersten statt x, y, z resp. $x + \varepsilon \cdot \delta x$, $y + \varepsilon \cdot \delta y$, $z + \varepsilon \cdot \delta z$ setzen, wenn nämlich ε eine sehr kleine constante Grösse und $\delta x\ \delta y\ \delta z$ ganz willkürliche Funktionen von t sind. Sie sind nur zwei Bedingungen unterworfen: erstens muss die neue Curve ebenfalls durch A und B gehen, d. h. δx, δy, δz müssen einzeln Null sein für $t = \alpha$ und für $t = \beta$. Zweitens muss die neue Curve auch auf der Fläche liegen, d. h. es muss also $F(x + \varepsilon \delta x, y + \varepsilon \delta y, z + \varepsilon \delta z) = 0$ sein. Demnach muss auch die Gleichung bestehen:

$$\frac{1}{\varepsilon}\left\{ F(x + \varepsilon \delta x, y + \varepsilon \delta y, z + \varepsilon \delta z) - F(x, y, z) \right\} = 0, \cdot$$

und zwar muss sie für jeden Werth von ε bestehen. Entwickelt man daher die Klammergrösse vermittelst des Taylorschen Lehrsatzes nach Potenzen der Incremente $\varepsilon \cdot \delta x$, $\varepsilon \cdot \delta y$, $\varepsilon \cdot \delta z$, führt dann die Division mit ε aus, und setzt ε gleich Null, so hat man noch folgende Bedingungsgleichung für die Grössen δx, δy, δz:

$$P \cdot \delta x + Q \cdot \delta y + R \cdot \delta z = 0.$$

Mit Beobachtung dieser Gleichungen muss also sein:

$$\int_{\alpha}^{\beta} dt \sqrt{\left(\frac{dx + \varepsilon \cdot d\delta x}{dt}\right)^2 + \left(\frac{dy + \varepsilon \cdot d\delta y}{dt}\right)^2 + \left(\frac{dz + \varepsilon \cdot d\delta z}{dt}\right)^2}$$

$$> \int_{\alpha}^{\beta} dt \sqrt{\left(\frac{dx}{dt}\right)^2 + \left(\frac{dy}{dt}\right)^2 + \left(\frac{dz}{dt}\right)^2}.$$

Dies ist aber der Fall, wenn links, nachdem man nach ε entwickelt hat, das mit ε multiplicirte Glied Null, das mit ε^2 multiplicirte positiv ist. Es ist nun

$$\sqrt{\left(\frac{dx + \varepsilon \cdot d\delta x}{dt}\right)^2 + \left(\frac{dy + \varepsilon \cdot d\delta y}{dt}\right)^2 + \left(\frac{dz + \varepsilon \cdot d\delta z}{dt}\right)^2}$$

$$= \sqrt{\left(\frac{dx}{dt}\right)^2 + \left(\frac{dy}{dt}\right)^2 + \left(\frac{dz}{dt}\right)^2 + 2\varepsilon \left\{ \frac{dx}{dt} \cdot \frac{d\delta x}{dt} + \frac{dy}{dt} \cdot \frac{d\delta y}{dt} + \frac{dz}{dt} \cdot \frac{d\delta z}{dt} \right\}} + \ldots$$

$$= \sqrt{\left(\frac{dx}{dt}\right)^2 + \left(\frac{dy}{dt}\right)^2 + \left(\frac{dz}{dt}\right)^2} + \varepsilon \frac{\frac{dx}{dt} \cdot \frac{d\delta x}{dt} + \frac{dy}{dt} \cdot \frac{d\delta y}{dt} + \frac{dz}{dt} \cdot \frac{d\delta z}{dt}}{\sqrt{\left(\frac{dx}{dt}\right)^2 + \left(\frac{dy}{dt}\right)^2 + \left(\frac{dz}{dt}\right)^2}} + \ldots$$

Wir haben demnach das Integral des Coefficienten von ε:

$$\int_{\alpha}^{\beta} \frac{\frac{dx}{dt} \cdot \frac{d\delta x}{dt} + \frac{dy}{dt} \cdot \frac{d\delta y}{dt} + \frac{dz}{dt} \cdot \frac{d\delta z}{dt}}{\sqrt{\left(\frac{dx}{dt}\right)^2 + \left(\frac{dy}{dt}\right)^2 + \left(\frac{dz}{dt}\right)^2}} \, dt = 0$$

zu setzen. Da nun

$$\sqrt{\left(\frac{dx}{dt}\right)^2 + \left(\frac{dy}{dt}\right)^2 + \left(\frac{dz}{dt}\right)^2} = \frac{ds}{dt}$$

ist, so können wir diese Gleichung so schreiben:

$$\int_{\alpha}^{\beta} \left\{ \frac{dx}{ds} \cdot \frac{d\delta x}{dt} + \frac{dy}{ds} \cdot \frac{d\delta y}{dt} + \frac{dz}{ds} \cdot \frac{d\delta z}{dt} \right\} dt = 0.$$

Zerlegen wir diese Summe, so haben wir zunächst

$$\int_{\alpha}^{\beta} \frac{dx}{ds} \cdot \frac{d\delta x}{dt} \cdot dt.$$

Dieses Integral können wir durch theilweise Integration auf folgende Form bringen:

$$\left\{\delta x \cdot \frac{dx}{ds}\right\}_\alpha^\beta - \int_\alpha^\beta \delta x \cdot \frac{d\left(\frac{dx}{ds}\right)}{dt}\, dt.$$

Das vom Integralzeichen freie Glied ist aber Null, weil $\delta x = 0$, wenn $t = {}^\alpha_\beta$ ist. Demnach wird unsre vorige Gleichung:

$$\int_\alpha^\beta \left\{\delta x \cdot \frac{d\left(\frac{dx}{ds}\right)}{dt}\, dt + \delta y \cdot \frac{d\left(\frac{dy}{ds}\right)}{dt}\cdot dt + \delta z \cdot \frac{d\left(\frac{dz}{ds}\right)}{dt}\, dt\right\} = 0,$$

worin man wiederum dt als gemeinschaftlichen Factor herausnehmen kann. Wären nun $dx\, dy\, dz$ ganz willkürlich, so könnte dieses Integral nur dann Null sein, wenn der Factor, mit welchem dt multiplicirt ist, Null wäre. Es besteht aber, wie wir oben gesehen haben, die Gleichung $P \cdot \delta x + Q \cdot \delta y + R \cdot \delta z = 0$. Demnach kann das Integral nur dadurch Null werden, dass die Coefficienten der Grössen δx, δy, δz proportional sind den Quotienten P, Q, R; d. h. dass man die Gleichungen

$$\frac{d\left(\frac{dx}{ds}\right)}{dt} = \lambda \cdot F'(x), \quad \frac{d\left(\frac{dy}{ds}\right)}{dt} = \lambda \cdot F'(y), \quad \frac{d\left(\frac{dz}{ds}\right)}{dt} = \lambda \cdot F'(z)$$

hat, welche man auch so schreiben kann:

$$\frac{d^2x}{ds^2} = \lambda \cdot \frac{dt}{ds} \cdot P, \quad \frac{d^2y}{ds^2} = \lambda \cdot \frac{dt}{ds} \cdot Q, \quad \frac{d^2z}{ds^2} = \lambda \cdot \frac{dt}{ds} \cdot R.$$

Eliminirt man hieraus $\lambda \cdot \frac{dt}{ds}$, so erhält man nur zwei Gleichungen, welche sich wiederum auf eine reduciren lassen. Denn multiplicirt man unsre drei Gleichungen der Reihe nach mit $\frac{dx}{ds}$, $\frac{dy}{ds}$, $\frac{dz}{ds}$, so ergiebt sich identisch $0 = 0$. Also vertreten diese drei Gleichungen nur die Stelle von einer, und diese ist dieselbe, wie die, welche wir oben für die kürzesten Linien gefunden haben.

Ganz nach denselben Principien löst man folgende Aufgabe, siehe Fig. 30, welche in dasselbe Gebiet gehört: Wenn irgend eine beliebige Begrenzung gegeben ist, die Fläche durchzulegen, welche den kleinsten Flächeninhalt hat [Lagrange, miscellanea Taurinensia]. Wir können sie daher kurz ausführen. Lassen wir zunächst die Grenzen, welche sich nach der gegebenen Curve richten, unbestimmt, so ist unsre Aufgabe: den Ausdruck $\iint \sqrt{1 + p^2 + q^2}\, dx\, dy$ zum Minimum zu machen. Wir setzen daher statt z $z + \varepsilon \cdot \delta z$, indem wir statt der gesuchten Fläche eine neue bestimmen, welche aber der ersten sehr nahe ist. Dadurch wird p zu $p + \varepsilon \cdot \frac{\partial \delta z}{\partial x}$ und q zu

$q + \varepsilon \cdot \dfrac{\partial \delta z}{\partial y}$. Also geht $\sqrt{1 + p^2 + q^2}$ über in

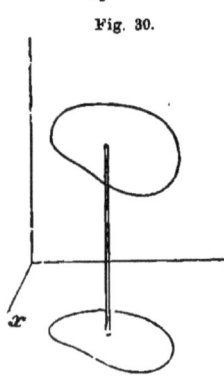

$$\sqrt{1 + p^2 + q^2 + 2\,\varepsilon \left(p \cdot \dfrac{\partial \delta z}{\partial x} + q \cdot \dfrac{\partial \delta z}{\partial y} \right) + \cdots}$$

oder in

$$\sqrt{1 + p^2 + q^2} + \varepsilon \cdot \dfrac{p \cdot \dfrac{\partial \delta z}{\partial x} + q \cdot \dfrac{\partial \delta z}{\partial y}}{\sqrt{1 + p^2 + q^2}} + \cdots$$

Setzen wir daher $\sqrt{1 + p^2 + q^2} = W$, so muss

$$\iint \left(\dfrac{p \cdot \dfrac{\partial \delta z}{\partial x}}{W} + \dfrac{q \cdot \dfrac{\partial \delta z}{\partial y}}{W} \right) dx\, dy = 0$$

sein, und zwar innerhalb derselben Grenzen, für welche $\iint W\, dx\, dy$ ein Minimum sein soll. Es ist nun

$$\int \dfrac{p \dfrac{\partial \delta z}{\partial x}}{W}\, dx = \dfrac{p}{W}\, \delta z - \int \delta z \cdot \dfrac{\partial \left(\dfrac{p}{W} \right)}{\partial x}\, dx$$

immer innerhalb derselben Grenzen. An diesen Grenzen ist δz Null, also haben wir die Gleichung

$$-\iint \delta z \cdot \dfrac{\partial \dfrac{p}{W}}{\partial x}\, dx\, dy - \iint \delta z \cdot \dfrac{\partial \dfrac{q}{W}}{\partial y}\, dx\, dy = 0$$

oder

$$-\iint \delta z \cdot \left(\dfrac{\partial \dfrac{p}{W}}{\partial x} + \dfrac{\partial \dfrac{q}{W}}{\partial y} \right) dx\, dy = 0.$$

Im übrigen Verlauf der Fläche (mit Ausnahme der Grenzen) ist aber δz ganz beliebig; also muss

$$\dfrac{\partial \dfrac{p}{W}}{\partial x} + \dfrac{\partial \dfrac{q}{W}}{\partial y} = 0$$

sein. Die Flächen, welche dieser Gleichung genügen, lösen die Aufgabe. Um die Gleichung zu interpretiren, führen wir die Differentiation aus. Es ist

$$\dfrac{\partial \dfrac{p}{W}}{\partial x} = \dfrac{Wr - p\,\dfrac{pr + qs}{W}}{W^2} = \dfrac{r + p^2 r + q^2 r - p^2 r - pqs}{W^3} = \dfrac{r(1 + q^2) - pqs}{W^3}.$$

Also wird unsere Gleichung, wenn wir sie mit W^3 multipliciren:

$$r(1 + q^2) - 2\,pqs + t(1 + p^2) = 0,$$

d. h. bei den Flächen, welche diese Aufgabe lösen, ist (§ 50) die Summe der Hauptkrümmungshalbmesser $= 0$, oder die Hauptkrümmungen gleich und entgegengesetzt.

Ein interessantes Beispiel hierzu ist folgendes: Zwei Kreise liegen einander parallel so, siehe Fig. 31, dass ihre Mittelpunkte normal übereinander sind. Welches ist die kleinste Fläche, die man durch beide hindurchlegen kann? Zunächst ist so viel klar, dass es jedenfalls eine Umdrehungsfläche sein wird. Denn zieht man in beiden Kreisen zwei Paar paralleler Radien, und an einer beliebigen andern Stelle der Peripherie ebenfalls zwei Paar, welche denselben Winkel einfassen, so müssen die Streifen der gesuchten Fläche, welche durch die Ebenen ausgeschnitten werden, die man durch je zwei parallele Radien hindurchlegt, einander gleich sein. Wäre der eine grösser als der andere, so könnte man, um an jener Stelle ein Minimum in dem verlangten Sinne herzustellen, wenigstens den andern Streifen an seine Stelle setzen. Wir können folglich die Gleichung der gesuchten Fläche in folgender Form schreiben: $z = f(\xi)$, $\xi^2 = x^2 + y^2$. Dann

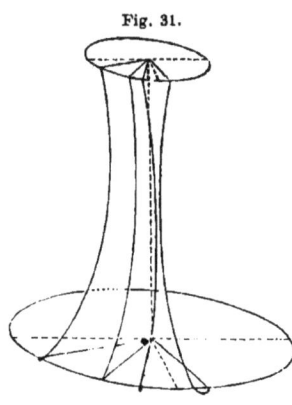

Fig. 31.

ist $p = f' \cdot \dfrac{x}{\xi}$, $q = f' \cdot \dfrac{y}{\xi}$, also $W = \sqrt{1 + f'^2}$.

Setzen wir noch der Kürze halber $\dfrac{f'}{\xi \cdot W} = L$,

so wird unsre particielle Differentialgleichung folgende:

$$\frac{\partial (xL)}{\partial x} + \frac{\partial (yL)}{\partial y} = 0 \text{ oder } 2L + \left(x \frac{\partial \xi}{\partial x} + y \frac{\partial \xi}{\partial y}\right)\frac{\partial L}{\partial x} = 0 \text{ oder } 2L + \xi\frac{\partial L}{\partial \xi} = 0$$

oder $2\dfrac{\partial \xi}{\xi} + \dfrac{\partial L}{L} = 0$. Integrirt giebt diese Gleichung $2l\xi + lL + \text{const} = 0$

oder in den Numeris $\xi^2 \cdot L = a$ d. i. $\dfrac{\xi f'}{\sqrt{1 + f'^2}} = a$ oder $\xi^2 f'^2 = a^2 + a^2 f'^2$ d. i.

$$\xi^2 \left(\frac{dz}{d\xi}\right)^2 = a^2 + a^2 \left(\frac{dz}{d\xi}\right)^2 \text{ oder } \frac{dz}{d\xi} = \frac{a}{\sqrt{\xi^2 - a^2}}$$

und durch Integration

$$z = a \int \frac{d\xi}{\sqrt{\xi^2 - a^2}} = a \cdot l\,\frac{\xi + \sqrt{\xi^2 - a^2}}{b},$$

wo $- a \cdot lb$ die willkürliche Constante ist. Setzt man statt b aber $a \cdot e^\alpha$, so wird unsre Gleichung

$$z = a \cdot l\,\frac{\xi + \sqrt{\xi^2 - a^2}}{a \cdot e^\alpha}$$

oder in der exponentiellen Gestalt

$$a \cdot e^{\frac{z}{a} + \alpha} = \xi + \sqrt{\xi^2 - a^2}.$$

Daraus folgt sogleich

$$a \cdot \frac{1}{e^{\frac{z}{a} + \alpha}} = \frac{a^2}{\xi + \sqrt{\xi^2 - a^2}} = \frac{a^2(\xi - \sqrt{\xi^2 - a^2})}{\xi^2 - \xi^2 + a^2} \text{ oder } a \cdot e^{-\frac{z}{a} - \alpha} = \xi - \sqrt{\xi^2 - a^2}.$$

Mithin wird

$$\xi = \frac{a}{2}\left\{ e^{\frac{z}{a} + \alpha} + e^{-\frac{z}{a} - \alpha} \right\};$$

dies ist aber die Gleichung der Kettenlinie. Die kleinste Fläche also, welche die angegebene Begrenzung hat, ist entstanden durch Rotation einer Kettenlinie. Die Integrationsconstanten a und α bestimmen sich durch die Entfernung der beiden Kreise und ihre Radien.

§ 90.

Excurs. Die kürzesten Linien finden eine häufige Anwendung in der Mechanik. Wir wollen davon zwei wichtige Beispiele anführen.

1) Wenn ein Punkt auf einer Fläche $F(x, y, z) = 0$ sich bewegt, und die Kräfte, welche dies bewirken, mit X, Y, Z bezeichnet werden, so sind bekanntlich die Differentialgleichungen der Bewegung folgende:

$$m \cdot \frac{d^2 x}{dt^2} = X + \lambda \cdot F'(x), \quad m \cdot \frac{d^2 y}{dt^2} = Y + \lambda \cdot F'(y), \quad m \cdot \frac{d^2 z}{dt^2} = Z + \lambda \cdot F'(z).$$

Wirken aber auf den Punkt ausser einem ersten Impulse gar keine Kräfte, so sind X, Y, Z einzeln gleich Null, und die Differentialgleichungen der Bewegungen sind jetzt folgende:

$$\frac{d^2 x}{dt^2} = \lambda \cdot P, \quad \frac{d^2 y}{dt^2} = \lambda \cdot Q, \quad \frac{d^2 z}{dt^2} = \lambda \cdot R$$

in den Bezeichnungen des § 40. λ ist das, was vorhin $\frac{\lambda}{m}$ war. Multiplicirt man diese Gleichungen der Reihe nach mit $\frac{2\,dx}{dt}$, $\frac{2\,dy}{dt}$, $\frac{2\,dz}{dt}$ und addirt sie alsdann, so kommt rechts 0, links das Differential von $\frac{ds^2}{dt^2}$ heraus. Man hat also durch Integration $ds = \alpha \cdot dt$, wo α die Constante. Hiernach können wir dt eliminiren, und erhalten dadurch, wenn wir $\frac{\lambda}{\alpha^2} = \mu$ setzen:

$$\frac{d^2 x}{ds^2} = \mu \cdot P, \quad \frac{d^2 y}{ds^2} = \mu \cdot Q, \quad \frac{d^2 z}{ds^2} = \mu \cdot R.$$

Dies sind aber die Gleichungen der kürzesten Linie. Also haben wir den Lehrsatz:

Wenn ein Punkt gezwungen ist, sich auf einer Fläche zu bewegen, und keine beschleunigenden Kräfte auf ihn einwirken, so beschreibt er eine kürzeste Linie.

2) Ein zweiter Fall ist folgender: Wenn ein Faden auf einer Fläche gespannt wird, und auf den Faden weiter keine Kräfte wirken, also auch von seiner Schwere abstrahirt wird, so nimmt der Faden die Gestalt der kürzesten Linie an. Denn, bezeichnet T die Spannung, so bleibt das Element im Gleichgewicht durch folgende Kräfte:

$$X ds + T \frac{dx}{ds} - \left(T \frac{dx}{ds} + d\left(T \frac{dx}{ds}\right)\right) \text{ oder } X ds - d\left(T \frac{dx}{ds}\right)$$

und zwei analoge für die anderen Componenten. Dazu kommt der Widerstand der Fläche in der Richtung der x-Axe: $+ \lambda F'(x) ds$ oder $+ \lambda \cdot P ds$. Fürs Gleichgewicht muss nun die Summe aller Componenten in einer Richtung Null sein; man hat also

$$X ds - d\left(T \frac{dx}{ds}\right) + \lambda P ds = 0, \quad Y ds - d\left(T \frac{dy}{ds}\right) + \lambda Q ds = 0,$$

$$Z ds - d\left(T \frac{dz}{ds}\right) + \lambda R ds = 0.$$

Sind die Kräfte $X, Y, Z = 0$, so haben wir:

$$\frac{d\left(T \frac{d.x}{ds}\right)}{ds} = \lambda P, \quad \frac{d\left(T \frac{dy}{ds}\right)}{ds} = \lambda Q, \quad \frac{d\left(T \frac{dz}{ds}\right)}{ds} = \lambda R$$

oder durch Ausführung der Differentiation

$$\frac{dT}{ds}\frac{dx}{dt} + T\frac{d^2 x}{ds^2} = \lambda P, \quad \frac{dT}{ds}\frac{dy}{ds} + T\frac{d^2 y}{ds^2} = \lambda Q, \quad \frac{dT}{ds}\frac{dz}{ds} + T\frac{d^2 z}{ds^2} = \lambda R.$$

Multipliciren wir diese drei Gleichungen der Reihe nach mit $\frac{dx}{ds}, \frac{dy}{ds}, \frac{dz}{ds}$ und addiren, so entsteht: $\frac{dT}{ds} \cdot 1 + T \cdot 0 = \lambda \cdot 0$, oder $\frac{dT}{ds} = 0$, also $T = \alpha$. Setzen wir diesen Werth in drei Gleichungen ein, so werden sie wiederum zu den Gleichungen der kürzesten Linie.

§ 91.

Aufgabe. Die kürzesten Linien auf allen Rotationsflächen zu finden.

Die Gleichungen A des § 87 lassen sich auch schreiben:

$$d^2 x + dx\, d\lambda + P d\vartheta^2 = 0,$$
$$d^2 y + dy\, d\lambda + Q d\vartheta^2 = 0,$$
$$d^2 z + dz\, d\lambda + R d\vartheta^2 = 0,$$

wenn man

$$- d\vartheta^2 = \mu ds$$

und

$$d\lambda = - \frac{d^2 s}{ds}$$

setzt.

Die allgemeine Rotationsfläche hat die Gleichungen

$$z = f(\xi), \quad \xi^2 = x^2 + y^2.$$

Es ist also

$$P = f' \frac{\partial \xi}{dx} = f' \frac{x}{\xi}, \quad Q = f' \frac{y}{\xi}, \quad R = -1,$$

und unsere drei Gleichungen werden

$$d^2 x + d\lambda\, dx + d\vartheta^2 f' \cdot \frac{x}{\xi} = 0$$

$$d^2y + d\lambda\,dy + d\vartheta^2\,f'' \cdot \frac{y}{\xi} = 0$$
$$d^2z + d\lambda\,dz - d\vartheta^2 = 0.$$

Aus den beiden ersten eliminiren wir $d\vartheta$, so ergiebt sich

$$y\,d^2x - x\,d^2y + d\lambda\,(y\,dx - x\,dy) = 0$$

oder $\quad dN + N\,d\lambda = 0$, wo $N = y\,dx - x\,dy$ -

gesetzt ist; wegen des Werthes von $d\lambda$ ergiebt sich hieraus: $\dfrac{dN}{N} = \dfrac{d^2s}{ds}$,

also erhalten wir durch Integration

$$\lg N = \lg (v\,ds), \quad N = v\,ds,$$

wo v eine beliebige Constante ist, d. h.

$$y\,dx - x\,dy = v\,\sqrt{dx^2 + dy^2 + dz^2}.$$

Um diese Gleichung nochmals zu integriren, nehmen wir irgend einen Meridian zum nullten und nennen den Winkel, den ein andrer mit ihm bildet u, so können wir vermöge der Gleichung der Rotationsfläche schreiben $x = \xi \cos u$, $y = \xi \sin u$, $z = f(\xi)$. Danach verwandelt sich unsere Gleichung in folgende

$$- \xi^2\,du = v\,\sqrt{d\xi^2 + \xi^2\,du^2 + f'^2\,d\xi^2} \text{ oder } du^2\{\xi^4 - v^2\xi^2\} = v^2\,d\xi^2\{1 + f'^2\}$$

also können wir die Variabeln trennen, und haben somit die integrable Gleichung gefunden:

$$du = \frac{v\,d\xi}{\xi}\sqrt{\frac{1 + f'^2}{\xi^2 - v^2}}.$$

Um die Grenzen ansetzen zu können, wollen wir bestimmen, dass für den nullten Meridian, wo $u = 0$ ist, der Radius des Parallelkreises, in welchem die kürzeste Linie den Meridian trifft, r_0 sei und der des Parallelkreises, in welchem sie den Meridian, für welchen $u = u$ ist, trifft, r. Dann wird das Integral

$$u = v\int_{r_0}^{r} \frac{d\xi}{\xi}\sqrt{\frac{1 + f'^2}{\xi^2 - v^2}}.$$

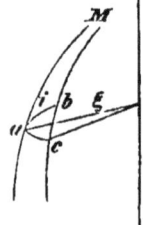
Fig. 32.

Die Differentialgleichung $- \xi^2\,du = v\,ds$ hat einen einfachen geometrischen Sinn. Man denke sich zwei unendlich nahe Meridiane, siehe Fig. 32, deren Winkel also du ist, und einen Theil der kürzesten Linie ab, welcher zwischen ihnen liegt. Ferner sei ac das zwischen ihnen liegende Stück des Parallelkreises, der durch a geht. Dann ist $ac = \xi \cdot du$, $ab = ds$. Ferner im rechtwinkligen Dreieck $bac : ac = ab \cdot \cos bac = ab \cdot \sin Mab = ab \cdot \sin i$. Also wird $\xi \cdot du = ds \sin i$ und $\xi^2\,du = \xi\,ds \sin i$ und $\xi \sin i = v$, also constant.

Zeichnet man z. B. bei der Kugel irgend zwei Meridiane M und M', siehe Fig. 33, und für sie die Radien ξ und ξ' und bestimmt die Winkel i und i', so hat man $\xi \cdot \sin i = \xi' \cdot \sin i'$. Es ist aber, wenn man die Stücke der Meridiane vom Pole bis zu der kürzesten Linie mit φ und φ' bezeichnet, $\xi = a \sin \varphi$, $\xi' = a \sin \varphi'$, wo a der Kugelradius ist, man hat somit folgende Gleichung: $\sin \varphi \cdot \sin i = \sin \varphi' \cdot \sin i'$; d. h. die kürzeste Linie auf der Kugel ist so beschaffen, dass, wenn man zwei Punkte in ihr mit dem Pole verbindet, die Sinus der Winkel, welche sie mit dem Meridian bildet, sich verhalten umgekehrt wie die Sinus der entsprechenden Poldistanzen. Das ist aber die Grundeigenschaft des grössten Kreises auf der Kugel.

Um die kürzeste Linie auf dem Umdrehungsellipsoid zu finden, schreiben wir die Gleichung der Meridianellipse in folgender Form:

$\begin{cases} \xi = a \cdot \cos v \\ z = b \cdot \sin v \end{cases}$ *), also wird die Gleichung des Ellipsoids folgende:

$$\begin{cases} x = a \cos v \cos u \\ y = a \cos v \sin u. \\ z = b \sin v, \end{cases}$$

wo u die obige Bedeutung hat. Dadurch wird unsere Differentialgleichung,

$$a^2 \cos^2 v \cdot du = v \sqrt{a^2 \sin^2 v dv^2 + a^2 \cos^2 v du^2 + b^2 \cos^2 v dv^2}$$

also durch Quadrirung:

$$du^2 \{a^4 \cos^4 v - v^2 a^2 \cos^2 v\} = v^2 dv^2 \{a^2 \sin^2 v + b^2 \cos^2 v\}$$

und folglich

$$u = \frac{v}{a} \int_{r_0}^{v} \frac{dv}{\cos v} \sqrt{\frac{a^2 \sin^2 v + b^2 \cos^2 v}{a^2 \cos^2 v - v^2}},$$

welches Integral sich auf eins der dritten Gattung zurückführen lässt.

§ 92.

Aufgabe. Die kürzesten Linien auf jedem Ellipsoid zu finden (zuerst von Jacobi gelöst):

Die Gleichung der kürzesten Linien kann man in diesem Falle zunächst von einer Differentialgleichung zweiter Ordnung durch Integration auf eine erster Ordnung zurückführen, indem man sie mit dem Ausdruck multiplicirt, welcher gleich Null gesetzt die Diffe-

---

*) So lässt sich nämlich die Gleichung jeder Ellipse schreiben, da $\frac{\xi^2}{a^2} + \frac{z^2}{b^2} = 1$ ist.

rentialgleichung der Krümmungscurven ist. Man erhält dadurch das Product der beiden Determinanten:

$$\begin{vmatrix} dx & d^2x & P \\ dy & d^2y & Q \\ dz & d^2z & R \end{vmatrix} \cdot \begin{vmatrix} dx & P & dP \\ dy & Q & dQ \\ dz & R & dR \end{vmatrix}$$

$$= \begin{vmatrix} dx^2 + dy^2 + dz^2 & dx\,d^2x + dy\,d^2y + dz\,d^2z & dx\,P + dy\,Q + dz\,R \\ Pdx + Qdy + Rdz & Pd^2x + Qd^2y + Rd^2z & P^2 + Q^2 + R^2 \\ dPdx + dQdy + dRdz & dPd^2x + dQd^2y + dRd^2z & PdP + QdQ + RdR \end{vmatrix}.$$

Nun ist aber

$$Pdx + Qdy + Rdz = 0,$$

ferner

$$dx^2 + dy^2 + dz^2 = ds^2,$$

also

$$dx\,d^2x + dy\,d^2y + dz\,d^2z = ds\,d^2s.$$

Ferner hat man

$$dPdx + dQdy + dRdz + Pd^2x + Qd^2y + Rd^2z = 0,$$

also

$$Pd^2x + Qd^2y + Rd^2z = -(dPdx + dQdy + dRdz).$$

Setzt man endlich

$$P^2 + Q^2 + R^2 = H^2, \text{ also } PdP + QdQ + RdR = HdH,$$

so lässt sich die Determinante, die wir durch Multiplication der beiden gefunden haben, und die Null sein muss, weil jene Null sind, jetzt folgendermassen schreiben, wenn wir durch Σ die Summen von je drei Gliedern bezeichnen:

$$\begin{vmatrix} ds^2 & ds \cdot d^2s & 0 \\ 0 & -\Sigma(dP \cdot dx) & H^2 \\ \Sigma(dPdx) & \Sigma(dP \cdot d^2x) & HdH \end{vmatrix} = 0, \text{ d. i.}$$

$$-ds^2\{H \cdot dH \cdot \Sigma(dP \cdot dx) + H^2 \cdot \Sigma(dP \cdot d^2x)\} + ds \cdot d^2s \cdot H^2 \cdot \Sigma(dP \cdot dx) = 0.$$

Streichen wir zunächst noch den gemeinschaftlichen Factor $H \cdot ds$ und dividiren ausserdem die Gleichung durch $H \cdot ds \cdot \Sigma(dP \cdot dx)$, so wird die vorige Gleichung, welche somit sowohl für Krümmungscurven als auch für kürzeste Linien gilt:

$$-\frac{dH}{H} - \frac{\Sigma(dP \cdot d^2x)}{\Sigma(dP \cdot dx)} + \frac{d^2s}{ds} = 0.$$

Diese Gleichung gilt allgemein für alle Flächen. Zwei der sie bildenden Brüche sind genaue Differentiale; der mittlere wird es auch für die Flächen zweiten Grades mit einem Mittelpunkte, die in der Gleichung $\frac{x^2}{\alpha} + \frac{y^2}{\beta} + \frac{z^2}{\gamma} - 1 = 0$ enthalten sind. Denkt man sich nämlich das Polynom durch 2 dividirt, so wird sein Differential-quotient partiell nach x oder P gleich $\frac{x}{\alpha}$, also $dP = \frac{dx}{\alpha}$; also wird hier

$$\frac{\Sigma(dP \cdot d^2x)}{\Sigma(dP \cdot dx)} = \frac{\dfrac{dx \cdot d^2x}{\alpha} + \dfrac{dy \cdot d^2y}{\beta} + \dfrac{dz \cdot d^2z}{\gamma}}{\dfrac{dx^2}{\alpha} + \dfrac{dy^2}{\beta} + \dfrac{dz^2}{\gamma}} - .$$

Hier ist der Zähler das genaue Differential des Nenners. Setzen wir den Nenner $= \lambda^2$, so wird der Zähler $\lambda \cdot d\lambda$, also der Bruch $\frac{d\lambda}{\lambda}$, und wir haben somit folgende Differentialgleichung

$$- \frac{dH}{H} - \frac{d\lambda}{\lambda} + \frac{d^2s}{ds} = 0.$$

Diese lässt sich sofort integriren. Sie giebt $\frac{H\lambda}{ds} = $ Const., oder wenn man die Werthe von H und λ einsetzt:

$$\frac{x^2}{\alpha^2} + \frac{y^2}{\beta^2} + \frac{z^2}{\gamma^2} = c \cdot \frac{dx^2 + dy^2 + dz^2}{\dfrac{dx^2}{\alpha} + \dfrac{dy^2}{\beta} + \dfrac{dz^2}{\gamma}} .$$

Diese Gleichung, welche nicht nur für das Ellipsoid, sondern für alle drei Flächen mit einem Mittelpunkt gilt, hat eine einfache geometrische Bedeutung. Nach § 50 ist ihre linke Seite das Quadrat des reciproken Werthes von p, der Entfernung vom Mittelpunkte der Fläche bis zur Tangentialebene in (x, y, z). Den Bruch rechts kann man, weil der Zähler ds^2 ist, so schreiben:

$$1 : \left(\frac{\left(\dfrac{dx}{ds}\right)^2}{\alpha} + \frac{\left(\dfrac{dy}{ds}\right)^2}{\beta} + \frac{\left(\dfrac{dz}{ds}\right)^2}{\gamma} \right);$$

d. i. wenn A, B, C, die Winkel der Tangente eines Normalschnitts mit den drei Axen sind: $1 : \left(\frac{\cos^2 A}{\alpha} + \frac{\cos^2 B}{\beta} + \frac{\cos^2 C}{\gamma} \right)$. Deshalb wird

Fig. 34.

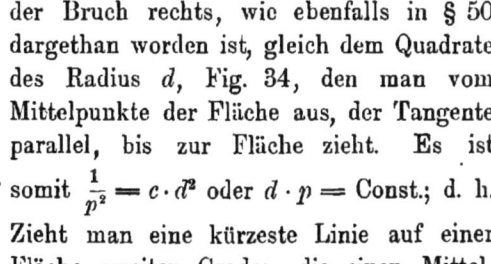

der Bruch rechts, wie ebenfalls in § 50 dargethan worden ist, gleich dem Quadrate des Radius d, Fig. 34, den man vom Mittelpunkte der Fläche aus, der Tangente parallel, bis zur Fläche zieht. Es ist somit $\frac{1}{p^2} = c \cdot d^2$ oder $d \cdot p = $ Const.; d. h.

Zieht man eine kürzeste Linie auf einer Fläche zweiten Grades, die einen Mittelpunkt hat, und nennt d den Radius der Fläche, welcher der Tangente der Curve parallel ist, und p die Entfernung des Mittelpunktes der Fläche von der Tangentialebene desselben Punktes, so ist das Product dieser beiden Grössen constant. — Dieselbe Eigenschaft gilt auch für die Krümmungscurven, die ja in unserer Differentialgleichung mit inbegriffen sind.

Der Satz vom constanten Inhalt des Parallelogramms über je zwei conjugirten Durchmessern bei den Kegelschnitten mit einem Mittelpunkte entspricht diesem Satze von den Flächen, wie man aus der Figur ersieht: denn d ist hier die halbe Grundlinie, p die halbe Höhe eines solchen Parallelogramms. Trennen wir jetzt die Krümmungscurven und die kürzesten Linien von einander.

Für die Krümmungscurven gelten folgende Gleichungen:
1) Die soeben gefundene $d \cdot p = $ Const., in welcher nur die ersten Differentiale dx, dy, dz enthalten sind und welche 2) der Gleichung

$$\frac{x}{\alpha} \cdot dx + \frac{y}{\beta} \cdot dy + \frac{z}{\gamma} \cdot dz = 0 \text{ unterliegen, weil } x, y, z \text{ ein Punkt der}$$

Fläche sein soll, und 3) der Gleichung der Krümmungscurven.

$$\begin{vmatrix} dx & \dfrac{dx}{\alpha} & \dfrac{x}{\alpha} \\ dy & \dfrac{dy}{\beta} & \dfrac{y}{\beta} \\ dz & \dfrac{dz}{\gamma} & \dfrac{z}{\gamma} \end{vmatrix} = 0$$

oder

$$\alpha dx \,(y\,dz - z\,dy) + \beta dy\,(z\,dx - x\,dz) + \gamma dz\,(x\,dy - y\,dx) = 0.$$

Man kann aus den beiden letzten Gleichungen das Verhältniss der Grössen dx, dy, dz, d. h. die Richtungen der Krümmungscurven bestimmen. Aus allen drei Gleichungen kann man die Verhältnisse von dx, dy, dz vollständig eliminiren, und erhält dadurch die endliche, integrirte Gleichung der Krümmungscurven, welche durch einen gegebenen Punkt gehen.

Bei den kürzesten Linien dagegen haben wir zwar auch noch die beiden Gleichungen, welche wir vorhin mit (1) und (2) bezeichneten. An die Stelle der Gleichung (3) tritt aber eine Differentialgleichung, welche auch die zweiten Differentiale d^2x, d^2y, d^2z enthält, nämlich die der kürzesten Linien. Hier enthält also das Integral zwei Constanten und die kürzeste Linie ist also durch zwei Punkte erst bestimmt. Auf folgendem Wege nun gelangt man zur Trennung der in der gefundenen Differentialgleichung

$$\frac{x^2}{a^4} + \frac{y^2}{b^4} + \frac{z^2}{c^4} = C \cdot \frac{dx^2 + dy^2 + dz^2}{\dfrac{dx^2}{a^2} + \dfrac{dy^2}{b^2} + \dfrac{dz^2}{c^2}}$$

enthaltenen Variabeln und demnach zur vollständigen Integration. Führt man die elliptischen Coordinaten ein,

$$x = a \sin u \,\varDelta', \quad y = b \cos u \cos v, \quad z = c \sin v \,\varDelta,$$

wo $\varDelta' = \sqrt{1 - \lambda'^2 \sin^2 v}$ und $\varDelta = \sqrt{1 - \lambda^2 \sin u^2}$, ferner

$$\lambda^2 = \frac{a^2 - b^2}{a^2 - c^2} \quad \text{und} \quad \lambda'^2 = \frac{b^2 - c^2}{a^2 - c^2}$$

ist, so erhält man, wenn man noch folgende Abkürzungen gebraucht

$$L = \lambda^2 \cos^2 u + \lambda'^2 \cos^2 v, \quad U = a^2 \cos^2 u + b^2 \sin^2 u, \quad V = c^2 \cos^2 y + b^2 \sin^2 v$$

ähnlich wie in § 82.

$$dx^2 + dy^2 + dz^2 = L \left\{ \frac{U}{\varDelta^2} \, du^2 + \frac{V}{\varDelta'^2} \, dv^2 \right\},$$

$$\frac{dx^2}{a^2} + \frac{dy^2}{b^2} + \frac{dz^2}{c^2} = L \left\{ \frac{1}{\varDelta^2} \, du^2 + \frac{1}{\varDelta'^2} \, dv^2 \right\}$$

und

$$\frac{x^2}{a^4} + \frac{y^2}{b^4} + \frac{z^2}{c^4} = \frac{U \cdot V}{a^2 b^2 c^2}.$$

Also wird die zu integrirende Gleichung, wenn wir statt $a^2 b^2 c^2 C$ bloss die Constante C setzen:

$$U \cdot V = C \cdot \frac{\dfrac{U}{\varDelta^2} \, du^2 + \dfrac{V}{\varDelta'^2} \, dv^2}{\dfrac{1}{\varDelta^2} \, du^2 + \dfrac{1}{\varDelta'^2} \, dv^2}$$

oder wenn man ordnet

$$\frac{du^2}{\varDelta^2} \left\{ UV - CU \right\} + \frac{dv^2}{\varDelta'^2} \left\{ UV - CV \right\} = 0$$

oder

$$\frac{U \, du^2}{(U - C) \varDelta^2} + \frac{V \, dv^2}{(V - C) \varDelta'^2} = 0,$$

worin die Variabeln getrennt sind. Für die Constante C bemerkt man, dass sie zwischen U und V liegen muss; da nun der grösste Werth von U gleich a^2, der kleinste von V gleich c^2 ist, so muss C zwischen a^2 und c^2 liegen. Durch Integration erhalten wir also folgende Gleichung der kürzesten Linien auf einem dreiaxigen Ellipsoide:

$$\int \frac{du}{\sqrt{1 - \lambda^2 \sin^2 u}} \sqrt{\frac{a^2 \cos^2 u + b^2 \sin^2 u}{a^2 \cos^2 u + b^2 \sin^2 u - C}}$$

$$= \pm \int \frac{dv}{\sqrt{1 - \lambda'^2 \sin^2 v}} \sqrt{\frac{c^2 \cos^2 v + b^2 \sin^2 v}{C - c^2 \cos^2 v - b^2 \sin^2 v}} + C'.$$

Es sind dies im Allgemeinen Abel'sche Integrale. Sie werden elliptische, wenn $C = b^2$ ist.

§ 93.

Lehrsatz. Wenn man von irgend einem Punkte L des Ellipsoids nach zwei Nabelpunkten F und F' kürzeste Linien zieht, und

durch L die beiden Haupttangenten legt, so bilden die kürzesten
Linien mit den Haupttangenten gleiche Winkel.

Beweis. Die kürzeste Linie LF, Fig. 35a. b, hat die Eigenschaft, dass das Product $d \cdot p$ in dem ganzen Laufe dieser Linie

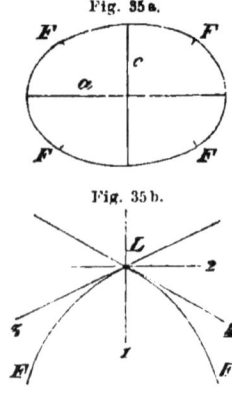

Fig. 35 a.

Fig. 35 b.

constant ist. Dieselbe Eigenschaft kommt
auch der Linie LF' zu. Da nun aber die
Nabelpunkte symmetrisch in dem Hauptschnitt
der grössten und kleinsten Axe liegen, so ist
die Entfernung der Tangentialebene vom Mittelpunkte für alle diese vier Nabelpunkte constant. Ferner ist der Durchmesser (§ 50),
welcher der Tangente in F parallel ist, der
Durchmesser eines Kreisschnitts, d. h. gleich
der mittlern Axe $2b$; und ebenso der, welcher
der Tangente in F' parallel ist. Somit ist für
beide Punkte F und F' das Product $d \cdot p$ constant, demnach ist $d \cdot p$ constant im Laufe der
ganzen gebrochenen Linie FLF'.

Wir ziehen nun in L vier Tangenten: die beiden Haupttangenten,
1, 2 und die Tangenten an LF und LF', 3 und 4. Zu diesen vier
Tangenten denken wir uns vier Durchmesser parallel gezogen: d_1 d_2
d_3 d_4. Diese liegen erstens in einer Diametralebene, weil die vier
Tangenten in der Tangentialebene liegen; d_1 und d_2 sind die Hauptaxen des Diametralschnitts; die beiden Durchmesser d_3 und d_4 müssen
einander gleich sein, weil sie es sind, wenn man sie mit der Entfernung der Tangentialebene vom Mittelpunkte multiplicirt; also sind
d_3 und d_4 die gleich grossen Durchmesser des Diametralschnitts, und
somit gegen die Axen d_1 und d_2 gleich geneigt. Dasselbe Verhältniss
muss unter den ihnen parallelen Tangenten bestehen: die Tangenten
3 und 4 müssen folglich mit den Tangenten der Krümmungscurven
1 und 2 gleiche Winkel bilden.

Wir können nun hieraus einen Satz ableiten, welcher dem von
den Kegelschnitten analog ist, dass die Summe resp. Differenz der
Radienvectoren constant ist.

Es folgt zunächst der Beweis dieses bekannten Satzes in einer
Weise, die zu bemerkenswerther Erweiterung desselben führt.

§ 94.

A) **Lehrsatz 1.** Wenn man bei einer Ellipse nach einem Punkte
der Peripherie Radienvectoren zieht, so bilden sie mit der Tangente
dort gleiche Winkel.

Sind f und f', Fig. 36, die beiden Brennpunkte der Ellipse und a ein Punkt in ihrer Peripherie, b der ihm unmittelbar nächste, so ist nach dem Grundgesetz der Ellipse: $fa + f'a = fb + f'b$. Trägt man daher fa auf fb bis nach α, und $f'b$ auf $f'a$ bis nach β

Fig. 36.

ab, so ist auch $a\beta = b\alpha$. Ferner hat man in den beiden Dreiecken $a\beta b$ und $a\alpha b$ die Linie ab gemeinschaftlich und endlich ist $< a\beta b = a\alpha b = R$, weil der Radius den Kreis rechtwinklig schneidet, oder weil, wenn man von einem Punkte Strahlen zieht, welche gleichlang sind, die Curve, welche die Endpunkte der Strahlen verbindet, normal auf den Strahlen steht. Demnach bildet ab denselben Winkel mit af' wie mit bf, und da Punkt b unendlich nahe an Punkt a liegt, also die Winkel, welche ab mit af und bf bildet, einander gleich sind, so bildet die Linie ab, oder die Tangente in a mit beiden Strahlen gleiche Winkel.

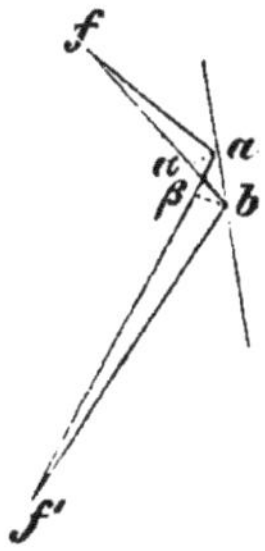

Lehrsatz 2. (Umkehrung.) Zieht man von zwei Punkten innerhalb einer Curve nach einem Punkte der Curve Strahlen, und bilden diese mit der Tangente dort gleiche Winkel, so ist die Summe der Strahlen constant, vorausgesetzt, dass beide Strahlen auf derselben Seite der Tangente liegen.

Der **Beweis** ist der vorige in umgekehrter Ordnung. Sind a und b zwei unendlich nahe Punkte der Curve, und ist $\not< (ba, af)$ oder

Fig. 37.

$\not< (ba, bf) = (ab, af')$; so ist in den rechtwinkligen Dreiecken $a\beta b$ und $a\alpha b : a\beta = b\alpha$, folglich auch $fa + f'a = fb + f'b = $ Const.

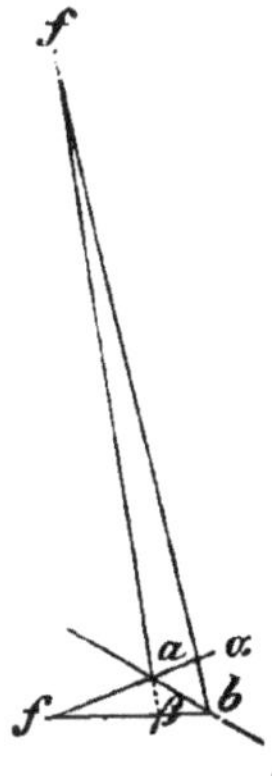

Anmerkung. Derselbe Satz und seine Umkehrung gilt auch m. m. von der Hyperbel, Fig. 37, wenn man statt der Summe der Strahlen ihre Differenz betrachtet, die Umkehrung erfordert, dass die Strahlen auf verschiedenen Seiten der Tangente liegen.

B) In ganz derselben Weise lässt sich folgender allgemeinere Satz beweisen.

Schlingt man um eine Curve (einfach oder doppelt gekrümmte) einen Faden, den man in zwei ihrer Punkte oder auch nur in einem, wenn die Curve eine geschlossene ist, befestigt, so dass jedoch der Faden länger ist, als das zwischen den festen Punkten befindliche Curvenstück, und bewegt denselben so, dass er stets gespannt bleibt, so beschreibt seine Spitze eine Curve, deren Tangente mit den beiden gradlinigen Fadenstücken· stets gleiche Winkel bildet. Offenbar nämlich, Fig. 38, wenn $f_0 a f_1$ das gespannte Stück des Fadens in einer Lage, $fb f''$ dasselbe in der nächsten Lage ist, hat man: $fa f' = fb f'$ und der Beweis lässt sich genau wie oben führen. Nun ist aber auch in jeder Lage des Fadens die Summe:

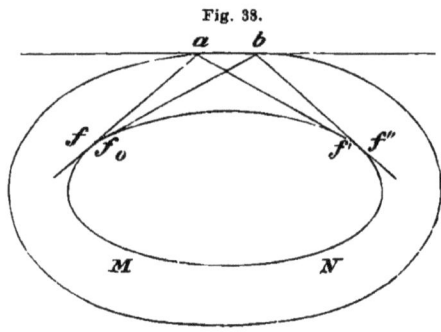

Fig. 38.

Bogen $Mf_0 + f_0 a + af'$ + Bogen $f_0 N$ constant oder wenn man Bogen MN abzieht: $f_0 a + af' -$ Bogen $f_0 f_1 =$ Const.

Hieraus ergiebt sich folgende Umkehrung unseres Satzes, die wie oben bewiesen wird.

Wenn von einem beliebigen Punkt a einer Curve (1) zwei Tangenten nach einer andern Curve (2) stets so gezogen werden können, dass dieselben mit der Tangente von (1) in a gleiche Winkel bilden und beide auf derselben Seite derselben liegen, so ist die Summe der beiden Tangenten vom Schnittpunkte bis zu den Berührungspunkten vermindert um den dazwischen liegenden Bogen der Curve (2) constant. Dieser Satz findet Anwendung bei den confocalen Kegeschnitten.

§ 95.

Lehrsatz. Wenn man von einem Punkte einer Fläche nach allen Richtungen hin gleich grosse kürzeste Linien zieht, so stehen dieselben auf der Curve ihrer Endpunkte normal.

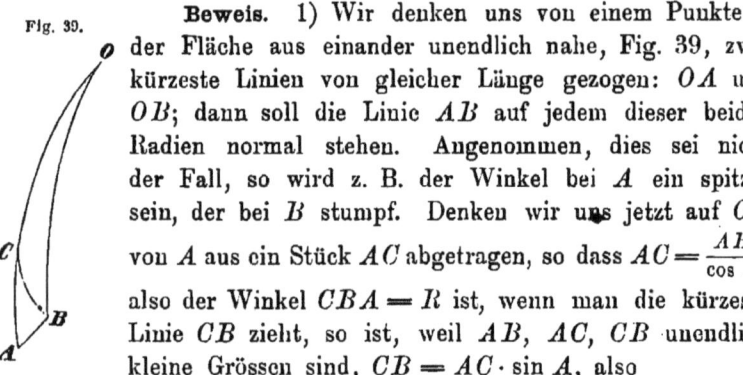

Fig. 39.

Beweis. 1) Wir denken uns von einem Punkte O der Fläche aus einander unendlich nahe, Fig. 39, zwei kürzeste Linien von gleicher Länge gezogen: OA und OB; dann soll die Linie AB auf jedem dieser beiden Radien normal stehen. Angenommen, dies sei nicht der Fall, so wird z. B. der Winkel bei A ein spitzer sein, der bei B stumpf. Denken wir uns jetzt auf OA von A aus ein Stück AC abgetragen, so dass $AC = \dfrac{AB}{\cos A}$, also der Winkel $CBA = R$ ist, wenn man die kürzeste Linie CB zieht, so ist, weil AB, AC, CB unendlich kleine Grössen sind, $CB = AC \cdot \sin A$, also

$$OC + CB = OA - AC + CB = OB - AC(1 - \sin A);$$

es wäre somit der Weg $OCB < OB$, d. h. OB keine kürzeste Linie. Diese Construction ist aber nur möglich, so lange A von 90^0 verschieden ist; da sie einen Widerspruch ergiebt, so muss $A = 90^0$ sein. Umgekehrt: Wenn sich kürzeste Linien in einem Punkte M schneiden und man legt durch sie eine orthogonale Curve, so schneidet dieselbe von allen vom Punkte M an gleiche Stücke ab. Der indirecte Beweis ergiebt sich ohne Weiteres.

Unser Satz lässt sich auch folgendermassen verallgemeinern. Wenn irgend eine Schaar kürzester Linien auf einer Fläche von einer andern Curve auf derselben orthogonal geschnitten wird, und man trägt von der ganzen Schaar von den Schnittpunkten an gleiche Stücke ab, so liegen die Endpunkte wieder in einer Curve, die auf der ganzen Schaar senkrecht steht. Dies ist einleuchtend, wenn von den kürzesten Linien je zwei unendlich nahe sich schneiden. Denn dann ist (Fig. 39a) $ad = ae$, $ab = ac$, also $bd = ce$ u. s. w. Schneiden

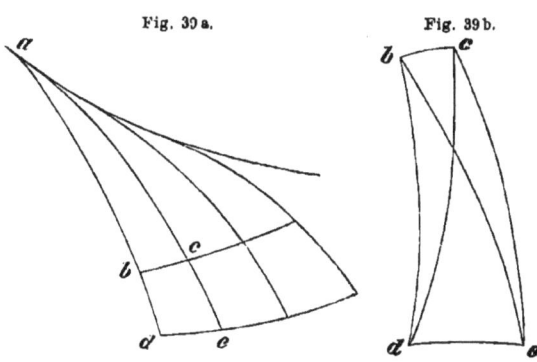

Fig. 39 a.

Fig. 39 b.

sich (Fig. 39 b), was ein Ausnahmefall ist, die Linien bd und ce nicht, wo bc die Orthogonalcurve und $bd = ce$ ist, so ziehe man die kürzeste Linie be, da nun bc und de unendlich klein, bd und ce endliche Linien sind, so wird Winkel dbc bis auf ein unendlich kleines $= ebc$, letzterer Winkel also ein Rechter und $be = ec$ sein, es ist also auch $bd = be$, Winkel bed und der bis auf ein unendlich kleines ihm gleiche Winkel ced also auch ein Rechter, dasselbe wird von bde bewiesen, wenn man die Diagonale cd zieht.

Auch dieser Satz kann umgekehrt werden.

2) Der analytische Beweis stellt sich so: Denkt man sich von einem Punkt aus nach allen Richtungen hin beliebige Linien gezogen, nicht bloss kürzeste, und auf denselben von dem Punkte aus eine Strecke u abgetragen, so wird offenbar der Winkel, den die Curve der Endpunkte dieser u mit den Strahlen macht, sehr verschieden sein können von einem rechten Winkel. Denkt man sich nun die Strecke u immer kleiner werdend, aber auf allen Curven gleich gross, so zieht sich die Curve, die ihre Endpunkte verbindet,

immer mehr zusammen. Wird u unendlich klein, so kann man alle Endpunkte ansehen als in derselben Ebene liegend mit dem Punkte, von dem man ausgegangen ist; sie bilden folglich alsdann einen unendlich kleinen Kreis, und dieser steht somit normal auf allen Strahlen. — Hat man also von einem Punkte O einer Fläche nach allen Richtungen hin, also unzählige viele kürzeste Linien gezogen, und nimmt irgend eine unter ihnen als die erste an, so wird jede andere gegeben sein, wenn man weiss, welchen Winkel v im Anfange bei O ihre Tangente mit der Tangente der ersten bildet. Nennt man ferner die Länge einer solchen kürzesten Linie vom Punkte O aus bis zu einem Punkte auf ihr gerechnet u, so kann offenbar jeder Punkt der Fläche gegeben werden durch die beiden Grössen u und v; d. h. man kann seine drei rechtwinkligen Coordinaten x, y, z jede als Function von u und v darstellen. In diesem Coordinatensystem wollen wir nun die Gleichung der kürzesten Linien für Punkt O aufstellen, d. h. die Frage lösen: Welche Functionen müssen x, y, z von u und v sein, oder wie müssen diese Functionen beschaffen sein, damit diejenigen Curven, für welche v constant ist, u aber variabel kürzeste Linien sind? Damit eine Curve kürzeste Linie ist, muss ihre Schmiegungsebene normal stehen auf der Tangentialebene der Fläche. Die Tangentialebene der Fläche hat die Gleichung

$$\left(\frac{\partial x}{\partial u}\frac{\partial y}{\partial v} - \frac{\partial y}{\partial u}\frac{\partial x}{\partial v}\right)(\zeta - z) + \left(\frac{\partial y}{\partial u}\frac{\partial z}{\partial v} - \frac{\partial z}{\partial u}\frac{\partial y}{\partial v}\right)(\xi - x)$$
$$+ \left(\frac{\partial z}{\partial u}\frac{\partial x}{\partial v} - \frac{\partial x}{\partial u}\frac{\partial z}{\partial v}\right)(\eta - y) = 0.$$

Die Schmiegungsebene derjenigen Curve, für welche v constant ist, u aber variabel, ist (§ 8)

$$\left(\frac{\partial x}{\partial u}\frac{\partial^2 y}{\partial u^2} - \frac{\partial y}{\partial u}\frac{\partial^2 x}{\partial u^2}\right)(\zeta - z) + \left(\frac{\partial y}{\partial u}\frac{\partial^2 z}{\partial u^2} - \frac{\partial z}{\partial u}\frac{\partial^2 y}{\partial u^2}\right)(\xi - x)$$
$$+ \left(\frac{\partial z}{\partial u}\frac{\partial^2 x}{\partial u^2} - \frac{\partial x}{\partial u}\frac{\partial^2 z}{\partial u^2}\right)(\eta - y) = 0.$$

Diese beiden Flächen schneiden sich rechtwinklig, wenn

$$\left(\frac{\partial x}{\partial u}\frac{\partial y}{\partial v} - \frac{\partial y}{\partial u}\frac{\partial x}{\partial v}\right)\left(\frac{\partial x}{\partial u}\frac{\partial^2 y}{\partial u^2} - \frac{\partial y}{\partial u}\frac{\partial^2 x}{\partial u^2}\right) + \left(\frac{\partial y}{\partial u}\frac{\partial z}{\partial v} - \frac{\partial z}{\partial u}\frac{\partial y}{\partial v}\right)\left(\frac{\partial y}{\partial u}\frac{\partial^2 z}{\partial u^2} - \frac{\partial z}{\partial u}\frac{\partial^2 y}{\partial u^2}\right)$$
$$+ \left(\frac{\partial z}{\partial u}\frac{\partial x}{\partial v} - \frac{\partial x}{\partial u}\frac{\partial z}{\partial v}\right)\left(\frac{\partial z}{\partial u}\frac{\partial^2 x}{\partial u^2} - \frac{\partial x}{\partial u}\frac{\partial^2 z}{\partial u^2}\right) = 0 \text{ ist.}$$

Dieses Aggregat von Producten lässt sich in folgenden Ausdruck transformiren:

$$\left\{\frac{\partial x^2}{\partial u^2} + \frac{\partial y^2}{\partial u^2} + \frac{\partial z^2}{\partial u^2}\right\}\left\{\frac{\partial x}{\partial v}\cdot\frac{\partial^2 x}{\partial u^2} + \frac{\partial y}{\partial v}\cdot\frac{\partial^2 y}{\partial u^2} + \frac{\partial z}{\partial v}\cdot\frac{\partial^2 z}{\partial u^2}\right\}$$
$$- \left\{\frac{\partial x}{\partial u}\frac{\partial x}{\partial v} + \frac{\partial y}{\partial u}\frac{\partial y}{\partial v} + \frac{\partial z}{\partial u}\frac{\partial z}{\partial v}\right\}\left\{\frac{\partial x}{\partial u}\frac{\partial^2 x}{\partial u^2} + \frac{\partial y}{\partial u}\frac{\partial^2 y}{\partial u^2} + \frac{\partial z}{\partial u}\frac{\partial^2 z}{\partial u^2}\right\} = 0$$

d. i.:

$$E \cdot \left\{ \frac{\partial F}{\partial u} - \frac{1}{2} \frac{\partial E}{\partial v} \right\} - F \cdot \frac{1}{2} \frac{\partial E}{\partial u} = 0.$$

Es ist aber

$$E = \frac{\partial x^2 + \partial y^2 + \partial z^2}{\partial u^2} = \frac{du^2}{du^2} = 1,$$

denn du ist das Bogenelement der Curven U, um die es sich hier handelt. Dadurch wird unsre Gleichung folgende: $\frac{\partial F}{\partial u} = 0$ oder, einmal integrirt: F eine Function von v allein.

Hieraus und aus der zu Anfang dieses zweiten Beweises angeführten geometrischen Hilfsbetrachtung ergiebt sich unser Lehrsatz sofort. Die Grösse $\frac{F}{\sqrt{E \cdot G}}$ bedeutet den Cosinus des Winkels zwischen den Curven U und V (§ 54). Nehmen wir für alle Curven U, d. h. für alle kürzesten Linien, u constant, so erhalten wir die Curve V, welche die Endpunkte aller dieser gleichlangen kürzesten Linien verbindet. Lassen wir das u immer kleiner werden, so wird der Winkel dieser Endpunktencurve mit den kürzesten Linien schliesslich 90^0, wie wir wissen; also sein Cosinus gleich Null. Es muss mithin $F = 0$ sein für $u = \frac{1}{\infty}$, da aber F von u unabhängig ist, muss F allgemein gleich Null sein, d. h. die Endpunktencurve steht auf allen kürzesten Linien normal.

Anmerkung. Dieser Beweis giebt sofort die obige Erweiterung unseres Satzes. Denkt man sich nämlich auf einer Fläche irgend eine Curve gezogen und eine Anzahl kürzester Linien, die darauf normal stehen, und auf allen diesen kürzesten Linien von der ersten Curve aus, die zum V-Systeme gehören möge, gleiche Längen aufgetragen, so erhält man eine neue Curve, für welche man auf dieselbe. Art beweisen kann, dass $\frac{\partial F}{\partial u} = 0$ ist oder F nur von v abhängt. Da aber für die erste Curve der Cosinus des Winkels zwischen U und V, also auch $F = 0$ ist, so findet diese Gleichung auch für die neuen Curven statt, und wir erhalten somit den oben gegebenen allgemeineren Satz.

Dass der oben bewiesene Lehrsatz nur ein specieller Fall hiervon ist, geht daraus hervor, dass der Punkt, von welchem wir oben ausgingen, als Degeneration jeder geschlossenen Curve angesehen werden kann.

§ 96.

Hiernach lässt sich folgender **Lehrsatz** beweisen: Wenn man auf einer Fläche um zwei Punkte als feste einen Faden sich gelegt denkt, den man stets gespannt hält, wodurch er (§ 90, 2) die Gestalt der kürzesten Linie annimmt, so bilden die Radienvectoren immer gleiche Winkel mit der entstehenden Curve. Oder, was genau dasselbe ist: **Bestimmt man den Ort eines Punktes auf der Fläche, so dass die Summe seiner kürzesten Entfernungen von zwei festen Punkten f und f' der Fläche constant bleibt, so bilden diese Entfernungen oder geodätischen Radienvectoren mit der Tangente der Curve stets gleiche Winkel.** Ebenso, wenn die Differenz der Radienvectoren constant ist. Die Construction und der Beweis ist genau so wie für § 94A. Lehrsatz 1. Die vier Punkte, welche hier den Punkten a, b, α, β dort entsprechen, liegen auch hier in einer Ebene, weil sie einander unendlich nahe sind; und auch hier sind nach dem Gauss'schen Satze $a\beta b$ und $a\alpha b$ rechte Winkel, mithin ändert sich gar nichts im Beweise.

Auch gilt hier der umgekehrte Lehrsatz, wie von selbst klar ist.

Folgerung (von Michael Roberts). **Die Krümmungscurven des Ellipsoids sind der geometrische Ort für einen Punkt, dessen Entfernungen von zwei Nabelpunkten durch kürzeste Linien gemessen eine constante Summe haben.** Denn nach § 93 ist $\not< (3, 1) = (4, 1)$ und $\not< (3, 2) = (4, 2)$, mithin ist, wie eben bewiesen, $LF + LF' = c$.

Es ist dies der in § 93 angedeutete Lehrsatz.

§ 97.

Gauss hat sich mit dem Coordinatensystem, welches sich auf § 95 gründet, noch etwas genauer beschäftigt. Es ist folgendes: Man lege durch irgend einen Punkt O auf einer Fläche, s. Fig. 40, unzählig viele kürzeste Linien nach allen Richtungen. u sei die Entfernung irgend eines Punktes auf der Oberfläche von O; es wird also u angesehen werden können als die eine Coordinate, indem alle Punkte, welche gleiches u haben, auf einer Curve liegen, die auf allen Curven des ersten Systems normal steht. Betrachtet man eine beliebige Curve des ersten Systems z. B. OA als erste, so wird jeder Punkt C der Fläche vollständig gegeben sein, wenn erstens sein u, d. h. die geodätische Entfernung OC bekannt ist, und ausserdem der Winkel v, welchen OC in O mit der ersten Curve OA macht.

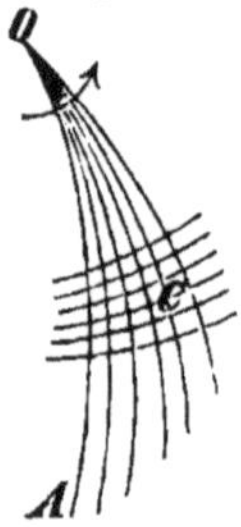

Es ist dieses Coordinatensystem ganz analog den Polarcoordinaten

Fig. 40.

in der Ebene. — Wäre O der Pol der Erde, so wären u die Pol-distanzen und v die geographischen Längen. In diesem Coordinatensystem ist also für jede durch O gehende kürzeste Linie v constant, für jede auf derselben senkrechte Curve u constant. Die Grösse F ist $= 0$, weil die beiden Systeme auf einander normal stehen.

$$E = \left(\frac{\partial x}{\partial u}\right)^2 + \left(\frac{\partial y}{\partial u}\right)^2 + \left(\frac{\partial z}{\partial u}\right)^2$$

wird $= 1$, denn u ist s. Die Grösse G endlich oder

$$\left(\frac{\partial x}{\partial v}\right)^2 + \left(\frac{\partial y}{\partial v}\right)^2 + \left(\frac{\partial z}{\partial v}\right)^2$$

wollen wir $= m^2$ setzen, so dass also m^2 eine Function von u und v ist. Demnach wird das Linienelement irgend einer Curve auf dieser Oberfläche $ds = \sqrt{du^2 + m^2\,dv^2} = dv\sqrt{u'^2 + m^2}$, was auch aus dem rechtwinkligen Dreieck folgt, dessen Katheten du und mdv, nämlich die Differentiale der Curven des ersten und des zweiten Systems, und dessen Hypotenuse ds ist.

Wir wollen nun zunächst sehen, wie der Ausdruck für das Mass der Krümmung wird, welches wir durch k bezeichnen wollen, und welches (§ 63) durch die Gleichung $k = \dfrac{1}{\varrho_1 \cdot \varrho_2}$ gegeben wird Wir finden, weil $E = 1$, $F = 0$ ist, nach § 61:

$$\varrho_1\varrho_2 = \frac{4G^2}{\left(\frac{\partial G}{\partial u}\right)^2 - 2G\left(\frac{\partial^2 G}{\partial u^2}\right)}.$$

Setzen wir also $G = m^2$, so wird

$$\frac{\partial G}{\partial u} = 2m\frac{\partial m}{\partial u} \text{ und } \frac{\partial^2 G}{\partial u^2} = 2m\frac{\partial^2 m}{\partial u^2} + 2\left(\frac{\partial m}{\partial u}\right)^2.$$

Demnach wird der vorige Ausdruck zu folgendem einfacheren

$$\varrho_1\varrho_2 = -\frac{m}{\frac{\partial^2 m}{\partial u^2}},$$

also endlich $k = -\dfrac{1}{m}\dfrac{\partial^2 m}{\partial u^2}$. Dies ist also das Mass der Krümmung in diesen Coordinaten.

Ueber die Grösse m wollen wir noch bemerken, dass für $u = 0$ unabhängig von v: $m = 0$ und $\dfrac{\partial m}{\partial u} = 1$ wird. Denn mdv ist das Bogenelement der Orthogonalcurve, und da diese für unendlich kleines u als Kreis mit Radius u zu betrachten ist, so hat man für solche Werthe $mdv = udv$, $m = u$, so dass beide gleichzeitig verschwinden, und $dm = du$ also $\dfrac{\partial m}{\partial u} = 1$ wird.

§ 98.

Aufgabe (Gauss). Welches ist die Gleichung der kürzesten Linie zwischen zwei gegebenen Punkten auf einer Oberfläche, ausgedrückt durch die krummlinigen Coordinaten u und v?

Nach dem vorigen Paragraphen handelt es sich bei dieser Aufgabe darum, das Integral $\int \sqrt{u'^2 + m^2}\, dv$ innerhalb gegebener Grenzen zum Minimum zu machen. Wir setzen daher statt $u: \cdot u + \varepsilon \cdot \delta u$, also statt $u': \cdot u' + \varepsilon \cdot \delta u'$, entwickeln alsdann das Integral nach Potenzen von ε, und setzen endlich das mit ε multiplicirte Glied:

$$\int \left\{ \frac{u'}{\sqrt{u'^2 + m^2}}\, \delta u' + \frac{m\frac{\partial m}{\partial u}\, \delta u}{\sqrt{u'^2 + m^2}} \right\} dv,$$

innerhalb derselben Grenzen genommen, gleich Null. Der erste Theil dieses Integrals lässt sich aber theilweis integriren, und berücksichtigt man, dass δu an den Grenzen Null sein muss, so erhält man folgende Gleichung aus der vorigen:

$$-\int \delta u \left\{ \left(\frac{u'}{\sqrt{u'^2 + m^2}} \right)' - \frac{m\frac{\partial m}{\partial u}}{\sqrt{u'^2 + m^2}} \right\} dv = 0.$$

Daraus folgt, weil diese Gleichung für alle Werthe von δu stattfinden muss, diese **Differentialgleichung für die kürzesten Linien**

$$\frac{m\frac{\partial m}{\partial u}}{\sqrt{u'^2 + m^2}} - \left(\frac{u'}{\sqrt{u'^2 + m^2}} \right)' = 0.$$

Anstatt dieser Differentialgleichung der zweiten Ordnung hat Gauss zwei der ersten Ordnung eingeführt und zwar vermittelst einer neuen Hilfsgrösse, die sich allerdings von selbst darbietet. LL sei irgend eine Curve auf der Fläche, Fig. 41; ihr Bogen von

Fig. 41.

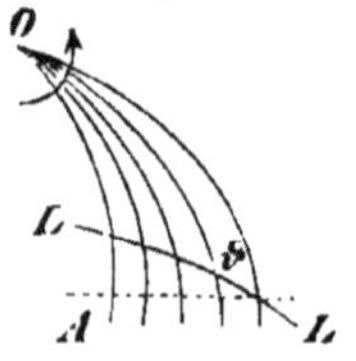

irgend einem Punkte an gerechnet sei s, und zwar werde dieser Bogen so gerechnet, dass er mit wachsendem u ebenfalls zunimmt. Der Winkel v, welchen die u nach den verschiedenen Punkten von LL gezogen mit OA, dem ersten u, bilden, werde ebenfalls in der Richtung gezählt, dass er zunimmt, wenn u grösser wird. Alsdann werden die einzelnen Punkte der Curve LL unzweideutig durch eine Gleichung zwischen u und v gegeben sein. Nun sei ϑ der Winkel, welchen das Bogenelement der Curve LL mit dem Bogenelemente des Systems U macht, und zwar so genommen, dass seine Schenkel s und u wachsen. Man hat alsdann folgende Gleichungen:

$$\frac{m\,dv}{du} = \text{tg } \vartheta, \qquad \frac{du}{ds} = \cos \vartheta, \qquad \frac{m\,dv}{ds} = \sin \vartheta,$$

welche somit für alle Curven LL gelten, sie mögen kürzeste Linien sein oder nicht.

Mit Hilfe dieses Winkels lässt sich nun die Gleichung der kürzesten Linie, welche wir auch so schreiben können:

$$\frac{m\,\frac{\partial m}{\partial u}}{\frac{ds}{dv}} - \left(\frac{\frac{du}{dv}}{\frac{ds}{dv}}\right)' \quad \text{oder} \quad \frac{m\,\frac{\partial m}{\partial u}}{\frac{ds}{dv}} - \left(\frac{du}{ds}\right)' = 0,$$

in folgende umformen:

$$\frac{m\,\frac{\partial m}{\partial u}}{\frac{ds}{dv}} - (\cos \vartheta)' = 0 \quad \text{oder} \quad \frac{m\,\frac{\partial m}{\partial u}}{\frac{ds}{dv}} + \sin \vartheta\, \frac{d\vartheta}{dv} = 0$$

oder endlich $\frac{\partial m}{\partial u} + \frac{d\vartheta}{dv} = 0$. Diese Gleichung gilt also speciell für die Veränderungen des ϑ bei den kürzesten Linien. Setzt man statt ϑ in sie den Werth desselben aus einer der obigen drei allgemeinen Gleichungen, so kommt man wieder auf eine Differentialgleichung zweiter Ordnung.

§ 99.

Mit Hilfe dieser Formeln lässt sich nun ein anderer Satz von Gauss beweisen, der einer der schönsten in der ganzen Theorie der Flächen ist. Wir schicken dazu voraus folgende

Erklärung. Es sei ein Dreieck auf einer Fläche gegeben, dessen Seiten kürzeste Linien sind. Man denke sich entlang dieses Dreiecks Normalen der Fläche gezogen. Ferner denke man sich eine Kugel mit Radius 1, und zu jeder Normale der Fläche einen ihr parallelen Radius der Kugel gezogen. Man erhält dadurch auf der Kugel wiederum ein Dreieck, welches allerdings nur in dem speciellen Falle ein sogenanntes sphärisches Dreieck sein wird, dass die Fläche, von der man ausgeht, selbst eine Kugel ist. Den' Inhalt des Dreiecks auf der Kugel nennt Gauss die curvatura integra oder Totalkrümmung des Dreiecks auf der gegebenen Fläche. Sind die 3 Winkel des Dreieckes auf der gegebenen Fläche, d. h. die Winkel, welche die begrenzenden kürzesten Linien in den Durchschnittslinien mit einander machen, A, B, C, so nennt man die Differenz $A + B + C - \pi$ den sphärischen Excess und, falls diese Differenz negativ ist, die Differenz $\pi - (A + B + C)$ den sphärischen Defect.

Lehrsatz. Die Totalkrümmung eines Dreiecks, das von kürzesten Linien auf einer Oberfläche gebildet wird, verhält sich zur Oberfläche der Kugel, wie der sphärische Excess resp. Defect seiner Winkel zu 8 Rechten.

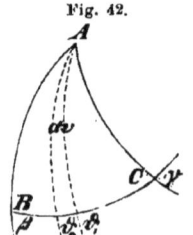

Fig. 42.

Beweis. Nach § 63 ist, wenn σ und s, Fig. 42, die dort angegebene Bedeutung haben, der Quotient $\dfrac{\sigma}{s} = \dfrac{1}{\varrho_1 \cdot \varrho_2}$. Offenbar ist die Totalkrümmung des Dreiecks ABC gleich $\Sigma\sigma$ innerhalb gewisser Grenzen, die sich nach den Seiten von ABC richten werden.

Es ist also Curv. int. $= \Sigma \dfrac{s}{\varrho_1 \cdot \varrho_2}$. Denken wir uns nun eine Spitze des Dreiecks z. B. A als Anfangspunkt eines Coordinatensystems, wie wir es jetzt zuletzt betrachtet haben, so werden wir die beiden Seiten AB und AC als zwei Curven des Systems U ansehen können, wo v constant ist. Denken wir uns nun zwei unendlich nahe Curven dieses Systems und zwei unendlich nahe Curven des zweiten Systems V, für welches u constant ist, so werden diese ein kleines Rechteck ausschneiden, welches wir (wie in § 85) als Differential, und zwar als zweites, von ABC ansehen können. Seine Seiten sind dv und $m \cdot du$; wir erhalten demnach $s = m \cdot du \cdot dv$, und haben folglich den Ausdruck $\dfrac{m \cdot du \cdot dv}{\varrho_1 \cdot \varrho_2}$ in Bezug auf u und v für alle Werthe zu integriren, die innerhalb des gegebenen Dreiecks fallen. Dies gelingt vermöge der Gleichung $\dfrac{1}{\varrho_1 \cdot \varrho_2} = k = -\dfrac{1}{m} \cdot \dfrac{\partial^2 m}{\partial u^2}$, wo $m^2 = G$ ist. Unser Integral wird also

$$\Sigma\sigma = \int\int -\frac{\partial^2 m}{\partial u^2}\, du\, dv.$$

Wir führen zunächst die Integration in Bezug auf u aus, d. h. wir berechnen die Totalkrümmung für den unendlich schmalen Streifen, der zwischen den beiden unendlich nahen Curven U liegt. Diese Integration ergiebt

$$\Sigma\sigma = \int \left(c - \frac{\partial m}{\partial u}\right) dv.$$

Die Grenzen für u sind 0 und der Werth, den es auf der Linie BC hat, und der eine Function von v ist. Da nun für $u = 0$ das Dreieck ABC zum Punkte A zusammenschrumpft, und folglich um so mehr unser unendlich kleines Dreieck, so ist für $u = 0$: $c - \dfrac{\partial m}{\partial u} = 0$.

Da aber für $u = 0$ nach § 97 $\dfrac{\partial m}{\partial u} = 1$ ist, so wird die Constante $c = 1$. Also wird

$$\Sigma\sigma = \int\left(1 - \frac{\partial m}{\partial u}\right) dv,$$

oder mit Einführung des Winkels ϑ, den die Linien des Systems V mit denen des Systems U in dem § 98 angegebenen Sinne bilden,

$$\Sigma\sigma = \int\left(1 + \frac{d\vartheta}{dv}\right) dv = \int dv + \int d\vartheta.$$

$\int dv$ ist offenbar der Winkel A, wenn man die Grenzen für v einsetzt, welche 0 und A sind. Setzt man ferner den Winkel, welchen BC mit einer Curve U bildet, immer in dem angegebenen Sinne, gleich ϑ_0, und den mit der nächstem Curve U gleich ϑ_1, so ist $d\vartheta$ offenbar $= \vartheta_1 - \vartheta_0$. Der Ausdruck $\int d\vartheta$ wird also die Summe aller ähnlichen Differenzen, aus welcher sich folglich alle zwischenliegenden Winkel ausser dem ersten und letzten herausheben. Bezeichnet man diese resp. mit β und γ, so wird folglich $\int d\vartheta = \gamma - \beta$ d. i. $= C - (\pi - B)$ $= B + C - \pi$. Somit haben wir endlich: der Flächeninhalt der Totalkrümmung ist Curv. int. $= A + B + C - \pi$. Die Oberfläche der Kugel mit Radius 1 ist $= 4\pi$, das Verhältniss dieser beiden Grössen giebt $\dfrac{A + B + C - \pi}{4\pi}$, was zu beweisen war.

Dieser Beweis gilt für den Fall, dass ϱ_1 und ϱ_2 gleiches Zeichen haben. Haben ϱ_1 und ϱ_2 entgegengesetztes Zeichen, so ist $\dfrac{\sigma}{s} = \dfrac{-1}{\varrho_1 \cdot \varrho_2}$, weil σ und s wesentlich positiv sind. Dadurch erhält also unser Resultat das negative Zeichen; es wird $= \dfrac{\pi - (A + B + C)}{4\pi}$. Dies geschieht also, wenn die gegebene Fläche eine ist, deren Hauptkrümmungen entgegengesetzt sind.

Dieser Satz ist offenbar eine Erweiterung der bekannten Formel für den Flächeninhalt des sphärischen Dreiecks. Nimmt man statt des Dreiecks auf der Fläche ein beliebiges Polygon, dessen Seiten kürzeste Linien sind, so erhält man einen Satz, welcher dem vom sphärischen Polygon analog ist, denn man kann das Polygon durch kürzeste Linien in Dreiecke zerlegen.

Anmerkung. Es sind auch einfachere Beweise für diesen Satz von der Totalkrümmung gefunden worden. Jacobi hat dazu einen Satz aufgestellt, der allgemeiner ist, indem er weder von kürzesten Linien noch überhaupt von Flächen ausgeht. Der Satz lautet: Bildet man irgend ein Dreieck, dessen Seiten Curven doppelter Krümmung sind, und welches die Eigenschaft hat, dass in den Ecken, wo zwei Curven zusammenstossen, die Krümmungsradien beider gleiche Richtung besitzen, und zieht man ferner zu den sämmtlichen Krümmungsradien der Curven parallele Strahlen einer Hilfskugel, so ist der Inhalt des auf der Kugel gebildeten Dreiecks auf dieselbe Weise wie oben durch den sphärischen Excess oder Defect gegeben. — Dass unser Fall hierher gehört, folgt aus § 86, denn da die gegebene Fläche in jeder Ecke nur eine Normale hat und die Schmiegungsebenen beider sich dort schneidenden kürzesten Linien durch diese Normale gehen, so fallen die Krümmungsradien beider in die Normale.*)

10. Die partiellen Differentialgleichungen der Flächen.

§ 100.

Die Darstellung der Flächen durch partielle Differentialgleichungen ist ein Ergebniss der Entstehungsart der Flächen.

Aufgabe 1. Die endliche und die partielle Differentialgleichung der Cylinderflächen zu finden.

Eine Cylinderfläche entsteht, wenn eine gerade Linie, beständig parallel bleibend, sich entlang einer Curve oder überhaupt nach einem gewissen Gesetze bewegt. Nun ist die Gleichung irgend einer geraden Linie $\begin{cases} x = az + \alpha \\ y = bz + \beta \end{cases}$. Geben wir hierin den vier Grössen a, b, α, β andre und andre Werthe, so erhalten wir immer andre gerade Linien. Die Bedingung nun für die Aenderung dieser Werthe in der Art, dass die sich ergebenden geraden Linien parallel bleiben, ist die, dass a und b dabei constant sein müssen. Eine gerade Linie wird sich von der andern nur dadurch unterscheiden, dass ein gewisser Parameter einen andern Werth hat; die Grössen α und β müssen also von einander abhängig sein, oder man muss, wenn α gegeben ist, β daraus finden können, und umgekehrt. Daraus geht hervor, dass β irgend eine Function von α sein muss: $\beta = \varphi(\alpha)$. Geben wir nun dem α andre und andre Werthe, so erhalten wir die Totalität aller nach dem Vorigen bestimmten Geraden, und das ist die Cylinderfläche. Um ihre Gleichung zu finden, eliminiren wir α aus den beiden Gleichungen: $\alpha = x - az$, β oder $\varphi(\alpha) = y - bz$; dadurch erhalten wir $y - bz = \varphi(x - az)$, in welcher Gleichung φ eine ganz beliebige Function bedeutet. Diese Gleichung, der man allerdings noch andre Formen geben kann, stellt also alle Cylinderflächen dar.

Aus dieser Gleichung lässt sich aber leicht eine partielle Differentialgleichung herstellen. Differentiiren wir nämlich die obige

---

*) Der Beweis dieses Satzes so wie ein zweiter Beweis des Satzes von Gauss folgt im Anhange.

Gleichung zuerst partiell nach x und dann partiell nach y, so erhalten wir folgende beide Gleichungen:

$$-bp = \varphi'(\alpha) \cdot \frac{\partial \alpha}{\partial x} \text{ d. i.} = \varphi'(\alpha)(1-ap) \text{ und } 1-bq = \varphi'(\alpha)\frac{\partial \alpha}{\partial y} = -\varphi'(\alpha)aq;$$

dividiren wir diese beiden durch einander, so fällt die willkürliche Function fort, und es ergiebt sich $\frac{+bp}{1-bq} = \frac{1-ap}{+aq}$ oder $ap + bq = 1$.

Das Integral dieser partiellen Differentialgleichung ist die vorher gefundene endliche Gleichung.

Dass die gefundene Differentialgleichung wirklich eine Cylinderfläche darstellt, sieht man daraus, dass sie der Ausdruck dafür ist, dass die Tangentialebene $\zeta - z = p(\xi - x) + q(\eta - y)$ parallel der Geraden $\zeta = \frac{\xi}{a} = \frac{\eta}{b}$ ist; sie drückt also aus, dass jede Tangentialebene einer Cylinderfläche den Erzeugungslinien parallel ist; da aber jedesmal die Tangentialebene durch einen Punkt einer solchen Geraden geht, so folgt die bekannte Eigenschaft des Cylinders, dass jede Tangentialebene die ganze Kante des Cylinders enthält.

Aufgabe 2. Die allgemeine Gleichung der Kegelflächen aufzustellen.

Eine Kegelfläche entsteht, wenn eine gerade Linie durch einen Punkt geht und sich sonst nach einem beliebigen Gesetze bewegt. Die Coordinaten des festen Punktes, den man den Scheitel nennt, mögen α, β, γ sein. Dann ist die Gleichung der sich bewegenden Geraden $\begin{cases} z - \gamma = a(x - \alpha). \\ z - \gamma = b(y - \beta) \end{cases}$ Wir erhalten also eine Gleichung

$$\frac{z-\gamma}{y-\beta} = F\left(\frac{z-\gamma}{x-\alpha}\right) \quad \text{oder} \quad f\left(\frac{z-\gamma}{x-\alpha}, \frac{z-\gamma}{y-\beta}\right) = 0.$$

Hierin muss also a eine Function von b sein. Soll z. B. die gerade Linie immer durch die Curve $\begin{cases} \varphi(x, y, z) = 0 \\ \psi(x, y, z) = 0 \end{cases}$ gehen, so muss man die beiden Gleichungen

$$\varphi\left(\alpha + \frac{z-\gamma}{a}, \beta + \frac{z-\gamma}{b}, z\right) = 0 \text{ und } \psi\left(\alpha + \frac{z-\gamma}{a}, \beta + \frac{z-\gamma}{b}, z\right) = 0$$

haben, aus denen man durch Elimination von z offenbar eine Gleichung zwischen a und b bekommen wird: $\Theta(a, b) = 0$. Ist statt der obigen Curve eine Fläche gegeben, welche die Kegelfläche immer umhüllen soll, so muss jede gerade Linie eine Tangente der gegebenen Fläche sein, woraus sich ebenfalls eine Gleichung zwischen a und b ableiten lässt. Ist der gegebene Punkt α, β, γ der Anfangspunkt, so hat man einfacher: $f\left(\frac{z}{x}, \frac{z}{y}\right) = 0$, d. h. in diesem Falle lässt sich die Gleichung des Kegels immer so schreiben, dass sie homogen ist in Beziehung auf x, y, z; und umgekehrt: Jede Gleichung, welche homogen ist in Beziehung auf die drei Coordinaten x, y, z, drückt eine Kegelfläche aus, deren Scheitel der Anfangspunkt der Coordinaten ist.

Um die partielle Differentialgleichung aus der endlichen, mit einer willkürlichen Function behafteten abzuleiten, schreiben wir diese in folgender Form, die wir ihr offenbar auch geben können: $\frac{x-\alpha}{z-\gamma} = F\left(\frac{y-\beta}{z-\gamma}\right) = F(c)$. Differentiiren wir diese Gleichung nach einander nach x und nach y, so wird sie:

$$\frac{z-\gamma-(x-\alpha)p}{(z-\gamma)^2} = -F'(c)\frac{(y-\beta)p}{(z-\gamma)^2}$$

oder

$$z-\gamma-(x-\alpha)p = -F'(c)(y-\beta)p$$

und

$$-(x-\alpha)q = F'(c)\{z-\gamma-(y-\beta)q\};$$

also durch Division

$$\frac{z-\gamma-(x-\alpha)p}{(x-\alpha)q} = \frac{(y-\beta)p}{z-\gamma-(y-\beta)q}$$

oder

$$(z-\gamma)^2 - (z-\gamma)(y-\beta)q - (z-\gamma)(x-\alpha)p = 0$$

oder $(x-\alpha)p + (y-\beta)q = z-\gamma$. Die geometrische Interpretation dieser Gleichung ist, dass jede Tangentialebene der Fläche durch den Scheitel geht.

Aufgabe 3. Die allgemeine Gleichung für die Rotationsflächen zu bestimmen.

Zu dem Zwecke denken wir uns die Rotationsfläche dadurch entstanden, dass ein Kreis von veränderlichem Radius sich so bewegt, dass sein Mittelpunkt fortwährend auf einer Geraden bleibt, also handelt es sich hier um einen Kreis, der seine Lage und seine Form ändert. Der Anfangspunkt der Coordinaten liege auf der Rotationsaxe; die Gleichung dieser Axe sei demnach $\frac{x}{a} = \frac{y}{b} = \frac{z}{c}$. Einen Kreis im Raume bestimmt man als Durchschnitt einer Kugel und einer Ebene. Wir nehmen hier eine Kugel, deren Mittelpunkt im Anfangspunkt der Coordinaten liegt; die schneidende Ebene steht also normal zur Axe. Demnach ist die Gleichung der Kugel $x^2 + y^2 + z^2 = e$, die der schneidenden Ebene $ax + by + cz = d$. a, b, c sind constante gegebene Grössen; zwischen d und e muss eine Bedingungsgleichung stattfinden; also hat man folgende endliche

Gleichung für alle Rotationsoberflächen: $ax + by + cz = \varphi(x^2 + y^2 + z^2)$

Hieraus ergiebt sich die Differentialgleichung, indem man partiell nach x und dann nach y differentiirt:

$$a + cp = 2\,\varphi'(c)\,(x + zp), \quad b + cq = 2\,\varphi'(c)\,(y + zq)$$

und dividirt:

$$\frac{a + cp}{b + cq} = \frac{x + zp}{y + zq} \text{ oder } (cy - bz)\,p + (az - cx)\,q = bx - ay.$$

Die 3 hier gegebenen partiellen Differentialgleichungen sind offenbar von der ersten Ordnung, ausserdem sind sie linear, d. h. sie enthalten die partiellen Differentialquotienten p und q nur in der ersten Dimension.

§ 101.

Ueber die Integration der linearen partiellen Differentialgleichungen erster Ordnung.

Es handelt sich hierbei darum, eine Gleichung folgender Form zu integriren: $Ap + Bq = C$, worin A, B, C im Allgemeinen Functionen von x, y, z sein werden. Das Integral dieser Gleichung sei $\varphi(x, y, z) = 0$; es fragt sich also, wie φ beschaffen sein muss, damit die gegebene Gleichung stattfinde? Es folgt zunächst, dass wie bekannt

$$p = -\frac{\frac{\partial \varphi}{\partial x}}{\frac{\partial \varphi}{\partial z}} \text{ und } q = -\frac{\frac{\partial \varphi}{\partial y}}{\frac{\partial \varphi}{\partial z}}$$

ist, welche Werthe in die gegebene Gleichung substituirt, die Gleichung

$$A\frac{\partial \varphi}{\partial x} + B\frac{\partial \varphi}{\partial y} + C\frac{\partial \varphi}{\partial z} = 0$$

identisch erfüllen müssen. Mit dieser mehr symmetrischen Form der vorgelegten Aufgabe beschäftigen wir uns nun, und stellen uns sogar die allgemeinere Frage:

Wie lautet das Integral der Gleichung

$$A\frac{\partial \varphi}{\partial x} + B\frac{\partial \varphi}{\partial y} + C\frac{\partial \varphi}{\partial z} + D\frac{\partial \varphi}{\partial u} + \ldots = 0,$$

wo die Grössen A, B, C, $D \ldots$ Functionen sind von x, y, z, $u \ldots$ aber die Function φ nicht enthalten?

1) Zunächst lösen wir die Gleichung $A\frac{\partial \varphi}{\partial x} + B\frac{\partial \varphi}{\partial y} = 0$ auf, worin also A und B bloss x und y enthalten, dabei aber von Null verschieden sein sollen.

a) Es seien A und B **constant.** Man löse zunächst die gewöhnliche Differentialgleichung $dx : dy = A : B$. Das Integral derselben ist, wenn man so schreibt: $B dx - A dy = 0$, folgendes $Bx - Ay = $ Const. Wir wollen den Ausdruck $Bx - Ay = \eta$ also $y = \dfrac{Bx - \eta}{A}$ setzen. Dadurch wird

$$\varphi(x, y) = \varphi\left(x, \frac{Bx - \eta}{A}\right) = \psi(x, \eta).$$

Folglich

$$\frac{\partial \varphi}{\partial x} = \frac{\partial \psi}{\partial x} + \frac{\partial \psi}{\partial \eta} \frac{\partial \eta}{\partial x} = \frac{\partial \psi}{\partial x} + \frac{\partial \psi}{\partial \eta} \cdot B$$

und

$$\frac{\partial \varphi}{\partial y} = \frac{\partial \psi}{\partial \eta} \cdot \frac{\partial \eta}{\partial y} = - \frac{\partial \psi}{\partial \eta} \cdot A.$$

Diese beiden Werthe geben in die vorgelegte Differentialgleichung eingesetzt: $A \dfrac{\partial \psi}{\partial x} = 0$ oder, da A nicht Null sein soll, $\dfrac{\partial \psi}{\partial x} = 0$, oder ψ enthält x gar nicht, sondern nur η. Wir haben somit die allgemeinste Lösung gefunden. Die Function $\varphi(x, y) = 0$, welcher der vorgelegten partiellen Differentialgleichung genügt, ist eine solche, dass in ihr nur die Verbindung $Bx - Ay$ vorkommt; denn es ist gefunden $\varphi = \psi(Bx - Ay)$.

b) Jetzt wollen wir annehmen, dass A und B nicht mehr constant sind, sondern x und y enthalten. Wenn wir jetzt wieder dieselbe Differentialgleichung aufstellen $B dx - A dy = 0$, so sind wir nicht mehr im Stande, diese Seite so unmittelbar zu integriren, da die linke Seite im Allgemeinen nicht ein genaues Differential ist. Aber das wissen wir, dass wir jedesmal einen Factor finden können, mit dem multiplicirt die linke Seite ein genaues Differential wird. Dieser Factor sei μ, und die linke Seite alsdann das genaue Differential der Function η; dadurch erhalten wir also

$$\frac{\partial \eta}{\partial x} = \mu B, \quad \frac{\partial \eta}{\partial y} = - \mu A.$$

η enthält sowohl y als x; wir können daher jetzt das y durch η und x ausdrücken und dadurch die Function $\varphi(y, x)$ uns verwandelt denken in die Function $\psi(\eta, x)$. Hiernach wird

$$\frac{\partial \varphi}{\partial x} = \frac{\partial \psi}{\partial x} + \frac{\partial \psi}{\partial \eta} \mu B, \quad \frac{\partial \varphi}{\partial y} = - \frac{\partial \psi}{\partial \eta} \mu A,$$

und wenn wir dies in die vorgelegte Gleichung einsetzen, so wird sie zu folgender: $\dfrac{\partial \psi}{\partial x} = 0$, d. h. die Function ψ enthält nur η. Wir haben also jetzt folgende Regel: Um die partielle Differentialgleichung $A \dfrac{\partial \varphi}{\partial x} + B \dfrac{\partial \varphi}{\partial y} = 0$ zu integriren, in welcher A und

B Functionen von x und y sind, aber φ nicht enthalten, integrire man zuerst die gewöhnliche Differentialgleichung $dx : dy = A : B$ Gesetzt, es sei das Integral dieser Gleichung der Ausdruck $\eta = c$, wo c die willkürliche Constante ist, und η eine Function von x und y, dann ist φ irgend eine beliebige Function von η.

2) Ehe wir zu der Integration einer partiellen Differentialgleichung zwischen drei Variabeln übergehen, schicken wir Folgendes voraus:

Das System zweier simultanen Differentialgleichungen

$$dx : dy : dz = A : B : C,$$

worin A, B, C Functionen von x, y, z sind, wird immer integrirt durch zwei Gleichungen zwischen x, y, z, die zwei willkürliche Constanten enthalten. — Denn schreibt man die Gleichungen so:

$$\begin{cases} \dfrac{dy}{dx} = \dfrac{B}{A} = \beta \\ \dfrac{dz}{dx} = \dfrac{C}{A} = \gamma \end{cases}$$

und differentiirt die zweite Gleichung noch einmal nach x, wodurch man bekommt: $\dfrac{d^2 z}{dx^2} = \dfrac{\partial \gamma}{\partial x} + \dfrac{\partial \gamma}{\partial y} \beta + \dfrac{d\gamma}{dz} \gamma = \gamma_0$, so kann man, weil γ_0 auch x, y und z enthält, aus dieser Gleichung $\dfrac{d^2 z}{dx^2} = \gamma_0$ und aus der Gleichung $\dfrac{dz}{dx} = \gamma$ sich y eliminirt denken, wodurch man eine Gleichung zwischen x, z, $\dfrac{dz}{dx}$, $\dfrac{d^2 z}{dx^2}$, also eine Gleichung von der Form

$F\left(x, z, \dfrac{dz}{dx}, \dfrac{d^2 z}{dx^2}\right) = 0$ erhält. Dies ist eine gewöhnliche Differentialgleichung zweiter Ordnung, zwischen den beiden Variabeln x und z, bei deren Integration immer zwei willkürliche Constanten auftreten. Diese beiden Constanten seien c und c_1. Wir haben also auf diese Weise z gefunden als Function von x: $z = \Theta(x, c, c_1)$. Wir können nun auch y finden, und zwar ohne weitere Integration. Setzt man nämlich den für z gefundenen Werth in die Gleichung $\dfrac{dz}{dx} = \gamma$ ein, so wird sie $\dfrac{d\Theta(x, c, c_1)}{dx} = \gamma_1$, und in dieser Gleichung kommt links nur noch x, c, c_1 und rechts nur noch x und y vor. Zu der Gleichung $z = \Theta(x, c, c_1)$ haben wir also jetzt noch die Gleichung $\vartheta(x, y, c, c_1) = 0$ gefunden. Also ist erwiesen, dass zwei gleichzeitige gewöhnliche Differentialgleichungen erster Ordnung durch zwei Gleichungen integrirt werden, welche zwei willkürliche Constanten enthalten. — Wir nehmen nun an, dass diese beiden Gleichungen nach den willkürlichen Constanten aufgelöst werden, d. h.

dass sie auf folgende zwei gebracht werden: $c = f(x, y, z)$, $c_1 = f_1(x, y, z)$. Durch zwei solche Gleichungen lässt sich also jedesmal das System $dx : dy : dz = A : B : C$ lösen. — Wir können noch fragen: Welches ist das Kriterium, damit die beiden Gleichungen $c = f(x, y, z)$, $c_1 = f_1(x, y, z)$ in der That dem vorgelegten Systeme $dx : dy : dz = A : B : C$ genügen? Aus der ersten Gleichung finden wir $0 = \frac{\partial f}{dx} dx + \frac{\partial f}{\partial y} dy + \frac{\partial f}{\partial z} dz$, wodurch also die willkürliche Constante verschwunden ist. Soll diese Function f dem vorgelegten Systeme genügen, so muss man also auch die Gleichung

$$0 = \frac{\partial f}{\partial x} A + \frac{\partial f}{\partial y} B + \frac{\partial f}{\partial z} C$$

haben, und zwar muss dies, weil auch A, B, C keine willkürlichen Constanten enthalten, eine identische Gleichung sein. Das Kriterium besteht also darin, dass man identisch die Gleichung hat

$0 = f'(x) \cdot A + f'(y) \cdot B + f'(z) \cdot C$ und ebenso $0 = f'_1(x) \cdot A + f'_1(y) \cdot B + f'_1(z) \cdot$

Noch wollen wir bemerken, dass, wenn auch in den Functionen f und f_1 von den Grössen x, y, z einige fehlen, z. B. in f die Veränderliche z oder auch z und y, es doch unmöglich ist, dass in beiden f und f_1 etwa y und z gleichzeitig fehlten. Wenn nämlich dies der Fall wäre, müsste $A = 0$ sein. Wir wollen daher annehmen, dass in f von den drei Grössen x, y, z wenigstens die Grösse y, und in f_1 wenigstens die Grösse z vorkommt. Wir bezeichnen daher auch $f(x, y, z)$ durch η, und $f_1(x, y, z)$ durch ζ, so dass wir haben $\eta = c$, $\zeta = c_1$.

Dies vorausgeschickt, stellen wir uns vor, dass man behufs der Lösung der Gleichung $A \frac{\partial \varphi}{\partial x} + B \frac{\partial \varphi}{\partial y} + C \frac{\partial \varphi}{\partial z} = 0$, in welcher A, B, C Functionen von x, y, z sind, aber φ nicht enthalten, y und z durch x, η und ζ ausgedrückt habe. Dadurch geht die Integralfunction $\varphi(x, y, z)$ über in $\psi(x, \eta, \zeta)$, also $\frac{\partial \varphi}{\partial x}$ in $\frac{\partial \psi}{\partial x} + \frac{\partial \psi}{\partial \eta} \cdot f'(x) + \frac{\partial \psi}{\partial \zeta} \cdot f'_1(x)$, ferner $\frac{\partial \varphi}{\partial y}$ in $\frac{\partial \psi}{\partial \eta} \cdot f'(y) + \frac{\partial \psi}{\partial \zeta} \cdot f'_1(y)$ und $\frac{\partial \varphi}{\partial z}$ in $\frac{\partial \psi}{\partial \eta} f'(z) + \frac{\partial \psi}{\partial \zeta} f'_1(z)$. Multipliciren wir diese drei Gleichungen der Reihe nach mit A, B, C und addiren sie, so wird die Summe der vorgelegten Gleichungen der beiden oben aufgestellten identischen Gleichungen wegen zu folgender $0 = \frac{\partial \psi}{\partial x}$; ψ enthält also x nicht, sondern nur η und ζ; d. h. φ ist irgend eine willkürliche Function von f und f_1. Wir haben also die Regel: Liegt die lineare partielle Differentialgleichung erster Ordnung $A \frac{\partial z}{\partial x} + B \frac{\partial z}{\partial y} = C$, worin A, B und C x, y, z, enthalten, zur Integration vor, d. h. soll man die Gleichung zwischen x, y, z, φ $(x, y, z) = 0$ finden, die der vorgelegten Gleichung genügt, die also die Gleichung $A \frac{\partial \varphi}{\partial x} + B \frac{\partial \varphi}{\partial y} + C \frac{\partial \varphi}{\partial z} = 0$ identisch erfüllt, so integrire man zuerst das System zweier gewöhnlichen simultanen Differentialgleichungen $dx : dy : dz = A : B : C$ durch die beiden Gleichungen $\begin{cases} f\ (x, y, z) = c \\ f_1\ (x, y, z) = c_1 \end{cases}$; alsdann giebt jede willkürliche Function zwischen f und f_1, gleich φ (x, y, z) gesetzt, oder f als eine willkürliche Function von f_1 angenommen, das Integral der vorgelegten Gleichung.

Auf Functionen mehrerer Variabeln lässt sich ganz dasselbe Verfahren anwenden. —

Diese einfache Reduction der linearen partiellen Differentialgleichungen erster Ordnung auf ein System gewöhnlicher Differentialgleichungen ist eine von Lagrange's schönsten Erfindungen.

§ 101 a.
(Zusatz zur 2. Auflage.)

Es ist vielleicht gut, die Methode, welche zur Auflösung der partiellen linearen Differentialgleichungen führt, noch in einer andern Weise darzustellen. Hier ist zunächst einiges über die totalen Differentialgleichungen mit mehreren Variabeln voranzuschicken.

1) Seien gegeben $n - 1$ Differentialgleichungen mit n Variabeln z. B.:

$$(1) \qquad a\,dx + b\,dy + c\,dz = 0,$$
$$(2) \qquad a_1\,dx + b_1\,dy + c_1\,dz = 0,$$

wo abc Functionen von x y und z sind.

Dieselben sollen integrirt, d. h. es sollen $n - 1$ der Variabeln x und y durch eine: z ausgedrückt werden. Dazu sind also $n - 1$ in unserem Falle zwei Gleichungen nöthig, die man Integrale nennt. Es ist zunächst klar, dass, wenn man die linken Seiten der Gleichungen durch Substitution auf die Form bringen kann

$$(3) \qquad a\,dx + b\,dy + c\,dz = \alpha\,df + \beta\,df_1,$$
$$(4) \qquad a_1\,dx + b_1\,dy + c_1\,dz = \alpha_1\,df + \beta_1\,df_1,$$

die Ausdrücke $f = c$ und $f_1 = c_1$, wo c und c_1 constant sind, Integrale sind, denn man setzt dieselben rechts ein, so verschwinden die linken Seiten unserer Gleichungen. Umgekehrt lässt sich aber auch zeigen, dass, wenn Integrale $f = c$ und $f_1 = c_1$ gegeben sind, d. h. wenn diese Ausdrücke die Gleichungen 1 und 2 erfüllen, die linken Seiten sich immer auf die Form 3 und 4 bringen lassen. Denn sei

m eine beliebige Function von $x\,y\,z$, so wird sich, was auch f und f_1 sei, immer setzen lassen:

$$(5) \qquad adx + bdy + cdz = \alpha df + \beta df_1 + \gamma dm,$$
$$(6) \qquad a_1dx + b_1dy + c_1dz = \alpha_1 df + \beta_1 df_1 + \gamma_1 dm.$$

Setzt man nun $f = c$, $f_1 = c_1$, so müssen nach dem obigen die linken Seiten und die beiden ersten Glieder der rechten verschwinden, und da m nicht constant ist, so wird auch $\gamma = \gamma_1 = 0$ werden. Dieser Beweis lässt sich offenbar anwenden, wenn n eine beliebige Zahl ist, wo die Anzahl der f dann $n - 1$ wird.

2) Sei gegeben die lineare partielle Differentialgleichung:

$$(1) \qquad a \frac{\partial u}{\partial x} + b \frac{\partial u}{\partial y} + c \frac{\partial u}{\partial z} = e$$

wo $abce$ Functionen von $xyzu$ sind.

Diese Gleichung ist gleichbedeutend mit dem Systeme:

$$ap_1 + bp_2 + cp_3 = e,$$
$$du = p_1 dx + p_2 dy + p_3 dz,$$

denn die letztere Gleichung sagt nur, dass $p_1\,p_2\,p_3$ die partiellen Differentialquotienten von u sind. Statt dieser beiden Gleichungen kann man aber auch die eine setzen:

$$(2) \qquad du - p_1 dx - p_2 dy - \frac{1}{c}(e - ap_1 - bp_2)\,dz = 0.$$

Die Gleichung 1 oder die ihr identischen 2 integriren, heisst nun u durch x, y und z ausdrücken. Es ist aber auch klar, dass, wenn man auf irgend eine Weise $u\,p_1\,p_2$ so durch x, y und z darstellen kann, dass diese Werthe in (2) eingesetzt, die linke Seite gleich Null machen, dass dann $p_1\,p_2\,p_3$ die partiellen Differentialquotienten von u sind, denn die Gleichung (2) giebt ja dann

$$\frac{\partial u}{\partial x} = p_1, \quad \frac{\partial u}{\partial y} = p_2, \quad \frac{\partial u}{\partial z} = p_3.$$

Nun lässt sich die linke Seite von (2) folgendermassen schreiben:

$$(3) \qquad \frac{1}{c}\{cdu - edz + p_1(adz - cdx) + p_2(bdz - cdy)\} = 0.$$

Integriren wir nun die drei totalen Differentialgleichungen

$$(4) \qquad cdu - edz = 0 \quad adz - cdx = 0 \quad bdz - cdy = 0$$

und seien die Integrale

$$f = c, \quad f_1 = c_1, \quad f_2 = c_2,$$

so kann man nach dem ersten Theile unseres Satzes setzen:

$$cdu - edz = \alpha df + \beta df_1 + \gamma df_2,$$
$$adz - cdx = \alpha_1 df + \beta_1 df_1 + \gamma_1 df_2,$$

$$bdz - cdy = \alpha_2 df + \beta_2 df_1 + \gamma_2 df_2,$$

wo die Ausdrücke α β γ $\alpha_1 \ldots x$ y z und u enthalten. Dadurch nimmt aber die linke Seite von (3) die Gestalt an:

$$\frac{1}{c} ((\alpha + \alpha_1 p_1 + \alpha_2 p_2) df + (\beta + \beta_1 p_1 + \beta_2 p_2) df_1 + (\gamma + \gamma_1 p_1 + \gamma_2 p_2)) df_2$$

oder

$$A df + B df_1 + C df_2$$

und es fragt sich, wann dieser Ausdruck verschwindet: Einmal findet dies statt, wenn f f_1 f_2 gleich Constanten gesetzt wird, dies giebt aber zunächst kein Integral unserer partiellen Differentialgleichungen, weil diese Gleichungen x y z in u, also nicht u in x y z ergeben. Setzt man aber f gleich einer beliebigen Function von f_1 und f_2, also $f = \varphi(f_1, f_2)$ so wird die linke Seite unserer Gleichung

$$\left(A \frac{\partial \varphi}{\partial f} + B \right) df + \left(A \frac{\partial \varphi}{\partial f_1} + C \right) df_1.$$

Fügt man also zu der Gleichung $f = \varphi(f_1, f_2)$ noch die beiden folgenden hinzu

$$A \frac{\partial \varphi}{\partial f} + B = 0, \quad A \frac{\partial \varphi}{\partial f_1} + C = 0,$$

so verschwindet die linke Seite von (2) oder (3) und die Gleichung ist also integrirt. Die beiden letzten der drei Integralgleichungen enthalten p_1 und p_2, dienen also diese Grössen zu bestimmen, sie sind aber überflüssig, da nach der oben gemachten Bemerkung, sich ohnehin

$$\frac{\partial u}{\partial x} = p_1, \quad \frac{\partial u}{\partial y} = p_2$$

ergeben, es ist also die Gleichung $f = \varphi(f_1, f_2)$ oder wie man sie auch schreiben kann $\varphi(f, f_1, f_2) = 0$, das einzige Integral, und die Integration unserer partiellen Differentialgleichung wird folgendermassen bewirkt:

Man integrire die Gleichungen (4) d. h. die Gleichungen:

$$\frac{dx}{a} = \frac{dy}{b} = \frac{dz}{c} = \frac{du}{e}$$

sind $f = C$, $f_1 = C_1$, $f_2 = C_2$ die Integrale, so ist $\psi(f, f_1, f_2) = 0$, wo ψ eine willkürliche Function ist, das der partiellen Differentialgleichung.

§ 102.

Wir wollen nun noch an einigen Beispielen zeigen, wie man aus der Differentialgleichung einer Fläche ihre endliche, mit einer willkürlichen Function behaftete, finden kann.

1) Die Gleichung der Cylinderflächen $ap + bq = 1$ wird integrirt, indem man das System folgender Gleichungen integrirt

$$dx:dy:dz = a:b:1 \text{ oder } \frac{dz}{dx} = \frac{1}{a}, \quad \frac{dz}{dy} = \frac{1}{b}$$

oder $adz - dx = 0$, $bdz - dy = 0$, woraus folgt $az - x = c$, $bz - y = c_1$; also ist das Integral der vorgelegten Gleichung folgendes

$$az - x = \varphi (bz - y),$$

es ist dieselbe Gleichung als die, von welcher wir oben ausgingen, als wir die partielle Differentialgleichung herleiteten.

2) Die Gleichung der Kegelflächen

$$(x - a) p + (y - b) q = z - c$$

liefert folgendes System behufs der Integration

$$dx:dy:dz = x - a:y - b:z - c \text{ oder } \frac{dz}{z - c} = \frac{dx}{x - a} = \frac{dy}{y - b},$$

also integrirt

$$l (z - c) - l (x - a) = lc_1, \quad l (z - c) - l (y - b) = lc_2$$

und demnach, wenn man zu den Numeris übergeht

$$\frac{z - c}{x - a} = c_1, \frac{z - c}{y - b} = c_2; \text{ also } \frac{z - c}{x - a} = \varphi \left(\frac{z - c}{y - b} \right).$$

3) Die Gleichung $p - q = 0$ giebt $dx:dy:dz = 1: -1:0$ also $dy = -dx$, $dz = 0$; folglich $y + x = c$, $z = c_1$ oder $z = \varphi (x + y)$.

4) Die Gleichung der Rotationsflächen

$$(cy - bz) p + (az - cx) q = bx - ay$$

giebt folgendes System

$$dx:dy:dz = cy - bz:az - cx:bx - ay.$$

Dies schreiben wir behufs der Integration so:

$$\lambda dx = cy - bz, \quad \lambda dy = az - cx, \quad \lambda dz = bx - ay.$$

Hieraus können wir folgende beiden Gleichungen ableiten:

$$adx + bdy + cdz = 0, \quad xdx + ydy + zdz = 0,$$

indem wir nämlich die drei Gleichungen der Reihe nach mit a, b, c resp. mit x, y, z multipliciren, und dann addiren. Diese letzten beiden Gleichungen sind aber sofort integrabel; sie geben:

$$ax + by + cz = c_1, \quad x^2 + y^2 + z^2 = c_2,$$

also ist das Integral der vorgelegten partiellen Differentialgleichung, d. h. die endliche Gleichung der Rotationsflächen, folgende

$$ax + by + cz = \varphi (x^2 + y^2 + z^2).$$

5) Wie man sich bei partiellen Differentialgleichungen höherer Ordnungen und Grade verhalten kann, wollen wir an dem Beispiel

der abwickelbaren Flächen zeigen. Es sei vorgelegt die Gleichung $rt - s^2 = 0$. Wir schreiben sie in folgender Form: $\frac{\partial p}{\partial x} \cdot \frac{\partial q}{\partial y} - \frac{\partial p}{\partial y} \cdot \frac{\partial q}{\partial x} = 0$.

Denken wir uns q als gegebene Function, so finden wir p nach den obigen Regeln, indem wir das System folgender gewöhnlicher Differentialgleichungen integriren: $dx : dy : dp = \frac{\partial q}{\partial y} : - \frac{\partial q}{\partial x} : 0$. Hieraus folgt zunächst $dp = 0$ oder $p = c$. Ferner ist $\frac{\partial q}{\partial y} dy + \frac{\partial q}{\partial x} dx$, d. h. das vollständige Differential von q oder $dq = 0$, folglich $q = c_1$. Dass diese beiden Gleichungen wirklich der vorgelegten Gleichung genügen, sieht man sofort; es genügt auch die Gleichung $p = \varphi(q)$, denn differentiirt man diese partiell nach x und dann nach y, so erhält man $r = \varphi'(q) \cdot s$ resp. $s = \varphi'(q) \cdot t$, und durch Elimination von $\varphi'(q)$ die vorgelegte Differentialgleichung. — Es ist also p eine willkürliche Function von q, oder, wie wir schreiben wollen: $q = f(p)$. Um hieraus die gesuchte Fläche zu erkennen, verfahren wir so: Es ist $dz = p \cdot dx + q \cdot dy$, also mit Einsetzung des Werthes von q: $dz = p \cdot dx + f(p) \cdot dy$. Integrirt man diese Gleichung, und zwar rechts theilweise, so hat man $z = p \cdot x - \int x dp + y \cdot f(p) - \int y f'(p) dp$ oder $z = p \cdot x + f(p) \cdot y - \int \{x + y f'(p)\} dp$. Es muss sich also, wenn man das Integral soll ausführen können, $x + y \cdot f'(p)$ in eine Function von p verwandeln lassen; wir setzen $x + y \cdot f'(p) = \psi'(p)$. Es wird somit $z = px + f(p) \cdot y - \psi(p))$. Diese beiden Gleichungen ergeben unsre Auflösung. Schreiben wir sie in folgender Gestalt: $z = px + f(p) \cdot y - \psi(p)$, $0 = x + f'(p) y - \psi'(p)$, so übersehen wir leicht, dass die zweite das partielle Differential der ersten nach p ist. Wenn wir also, um die Gleichung der gesuchten Fläche zu finden, p aus den beiden Gleichungen eliminiren, wodurch sich eben eine Gleichung ergiebt, die nur noch x, y, z enthält: so haben wir nach einem bekannten Satze dadurch die Fläche gefunden, welche von allen Flächen umhüllt wird, deren Gleichung

$$z = p \cdot x + f'(p) \cdot y - \psi(p)$$

ist, worin p einen constanten Parameter bedeutet. Giebt man aber dem, wie oben gefunden, constanten p nach und nach alle möglichen Werthe, so wird die umhüllende Fläche immer eine Ebene sein, wie man leicht übersieht: die gesuchte Fläche ist also eine solche, welche die Durchschnitte je zweier auf einander folgenden Ebenen des umhüllenden Systems enthält: sie ist eine abwickelbare Fläche.

Anhang zur zweiten Auflage.

§ 1.

Ueber den Inhalt eines Polygons, welches von beliebigen Curven auf einer Kugelfläche gebildet wird.

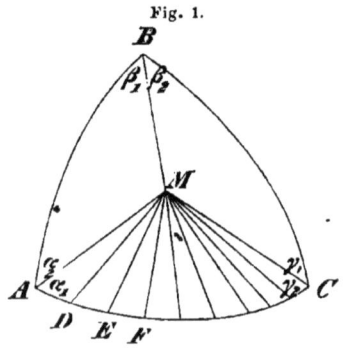

Fig. 1.

Sei ABC (Fig. 1) ein Dreieck auf einer Kugelfläche, gebildet von 3 sonst beliebigen Curven, $\alpha\beta\gamma$ die Winkel bei ABC, r der Radius der Kugel. Durch Punkt M innerhalb des Dreiecks ziehen wir die Bogen grösster Kreise MA, MB, MC, theilen die Seiten des Dreiecks in unendlich kleine Theile DE, EF u. s. w. und legen durch jeden Theilpunkt und Punkt M einen grössten Kreis. Sei (Fig. 1a) MDE eins der dadurch entstehenden Dreiecke, es kann dies Dreieck als ein sphärisches betrachtet

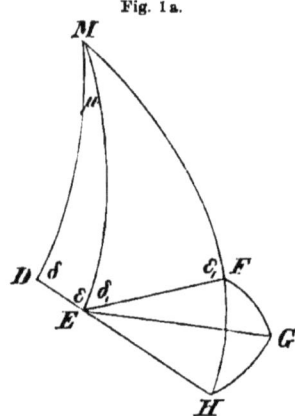

Fig. 1a.

werden, da Seite DE, die unendlich klein ist, also nur ein Element enthält sowohl als gerade Linie, wie auch als Stück eines grössten Kreises gelten kann, bezeichnen wir nun die Winkel bei M, D, E bezüglich mit μ, δ, ε, so ist der Inhalt dieses Dreiecks gleich $r^2(\mu + \delta + \varepsilon - \pi)$. Ist nun EF das DE benachbarte Element von Seite AC, EG die geodätische Fortsetzung von DE, d. h. das benachbarte Element des durch D und E gelegten grössten Kreises, und der unendlich kleine Winkel $FEG = d\vartheta$, so ist Winkel MEF $= \delta_1 = \pi - \varepsilon - d\vartheta$. Auf diese Weise erhält man für das ganze Dreieck MAC, wenn man die μ, δ, ε entsprechenden Winkel durch Indices unterscheidet, $MAC = \alpha_1$,

$MCA = \gamma_2$ setzt, und die Anzahl der Theile von AC gleich n annimmt:

$$MAC = r^2(\alpha_1 + \varepsilon_1 + \delta_2 + \varepsilon_2 + \delta_3 + \varepsilon_3 + \cdots + \delta_n + \gamma_2 + \mu_1 + \mu_2 \cdots + \mu_n - n\pi)$$

da aber $\delta_s = \pi - \varepsilon_{s-1} + d\vartheta_{s-1}$ ist:

$$MAC = r^2(\alpha_1 + \gamma_2 - \Sigma d\vartheta - \pi + \Sigma\mu),$$

wenn die Summenzeichen sich auf alle Theile von AC und Winkel MAC beziehen.

$d\vartheta$ ist der unendlich kleine Winkel, welchen die geodätische Fortsetzung eines Seitenelementes mit dem nächsten Elemente, oder, was dasselbe ist, die durch 2 auf einander folgende Elemente und den Mittelpunkt der Kugel gelegten Ebenen mit einander machen.

Es ist hier angenommen worden, dass die geodätische Fortsetzung von DE ausserhalb der Dreiecksfläche ABC fällt, fiele sie hinein, so wäre der entsprechende Theil von $\Sigma d\vartheta$ negativ zu nehmen. Berechnen wir in gleicher Weise die Inhalte der Dreiecke MAB und MBC und addiren, so ergiebt sich:

$$(1) \qquad \text{Dreieck } ABC = r^2(\alpha + \beta + \gamma - \pi - \Sigma d\vartheta)$$

wo für das Zeichen von $d\vartheta$ die obige Bemerkung gilt und die Summe Σ sich auf alle 3 Seiten von ABC bezieht. Für ein beliebiges n-Eck auf der Kugelfläche erhalten wir leicht, wenn wir dasselbe irgendwie in Dreiecke theilen:

$$(1\,a) \qquad n\text{-Eck} = r^2(\alpha_1 + \alpha_2 + \cdots + \alpha_n - \Sigma d\vartheta - (n-2)\pi)$$

wo $\alpha_1 \alpha_2 \ldots \alpha_n$ die Winkel des n-Ecks sind, und die Summe Σ sich auf alle Seiten desselben erstreckt. Ergiebt sich der Werth des n-Ecks negativ, so bezieht sich dies auf die Lage desselben, und ist demgemäss das Vorzeichen zu ändern. Es lässt sich aber der Winkel $d\vartheta$ auch leicht durch das Bogenelement und den Contingenzwinkel der betrachteten Curve ausdrücken. Zu dem Ende sei EH (Fig. 1a) die geradlinige Fortsetzung von DE, machen wir $EF = EG = EH$, und legen durch FGH eine Kugelfläche mit Mittelpunkt E, so sind im sphärischen Dreiecke FGH die Seiten unendlich klein, so dass in den Fragen, wo unendlich kleine höherer Ordnung nicht in Anwendung kommen, dasselbe als eben zu betrachten ist. Dann ist FH der Contingenzwinkel der Curve AC, sei derselbe gleich $d\varphi$, ferner ist $GF = d\vartheta$, GH aber der Contingenzwinkel des durch D, E und G gelegten grössten Kreises, und dieser ist gleich $\dfrac{ds}{r}$, wenn man mit ds das Bogenelement DE bezeichnet.

FEG ist die Tangentialebene der Kugelfläche mit Mittelpunkt M, Ebene GEH oder DEG ist eine Normalebene derselben, also der

Winkel bei G ein Rechter, also, wenn das Dreieck als eben betrachtet wird:

$$FH^2 = FG^2 + GH^2,$$

das heisst:

$$\frac{ds^2}{r^2} + d\vartheta^2 = d\varphi^2,$$

woraus sich ergiebt:

$$(2) \qquad d\vartheta = \sqrt{d\varphi^2 - \frac{ds^2}{r^2}}, \qquad \Sigma d\vartheta = \int \sqrt{d\varphi^2 - \frac{ds^2}{r^2}},$$

wo sich das Integralzeichen auf alle 3 Seiten des Dreiecks, oder alle Seiten des n-Ecks bezieht. Für das Vorzeichen gilt die obige Bemerkung.

Für den Fall, dass die Seiten des n-Ecks eben, also Kreise sind, lässt sich dieses Integral berechnen. Sei dann L die Länge einer Seite des Polygons, ϱ ihr Radius, dann ist: $d\varphi = \frac{ds}{\varrho}$, und der auf diese Seite bezügliche Theil von $\Sigma d\vartheta$ wird:

$$\sqrt{\frac{1}{\varrho^2} - \frac{1}{r^2}} \int ds = L\sqrt{\frac{1}{\varrho^2} - \frac{1}{r^2}},$$

so dass man für das ganze Polygon erhält:

$$(3) \qquad \text{Polygon} = r^2\left(\Sigma\alpha \mp \Sigma L\sqrt{\frac{1}{\varrho^2} - \frac{1}{r^2}} - (n-2)\pi\right),$$

wo das erstere Summenzeichen auf alle Winkel, das letztere auf alle Seiten sich erstreckt. L und ϱ ändern sich also von Seite zu Seite. Das Vorzeichen des zweiten Gliedes bestimmt sich nach der obigen Regel. Diese Formel lässt sich aber noch etwas einfacher schreiben. Zunächst sei b der Abstand des Mittelpunktes einer Seite des Vielecks, vom Mittelpunkte der Kugel, und β der zu dieser Seite gehörige Centriwinkel, dann ist: $L = \varrho\beta$, $\sqrt{r^2 - \varrho^2} = b$, also:

$$(3a) \qquad \text{Polygon} = r\{r\Sigma\alpha \mp \Sigma\beta b - (n-2)\pi\}$$

Beispiel. Legen wir durch die Kugel 2 parallele Ebenen, beide in der Entfernung b, und zwei auf ihnen senkrechte Ebenen in der Entfernung b_1 vom Mittelpunkt, so wird auf der Oberfläche der Kugel ein Viereck $ABCD$ (Fig. 2) aus 4 Kreisbogen bestehend abgeschnitten. Dessen Inhalt sei zu bestimmen. Jeden der vier gleichen Winkel desselben bezeichnen wir mit W, fällen vom Mittelpunkt der Kugel M Loth $MN = b$ auf die Ebene von AD, ziehen NP senkrecht auf Sehne AD, welche in Q geschnitten wird, ziehen MP und NA, dann ist:

$$MN = b, \quad AQ = b_1, \quad NA = NP = \varrho, \quad ANP = \frac{\beta}{2} = \text{arc sin}\,\frac{b_1}{\varrho}.$$

Bezeichnen wir noch den zu Bogen AB gehörigen Centriwinkel mit β_1 und mit ϱ_1 den Radius dieses Bogens, so ist $\frac{\beta_1}{2} = $ arc sin $\frac{b}{\varrho_1}$, wir erhalten also nach (3a):

Viereck $ABCD = 4r\left\{r\left(W - \frac{\pi}{2}\right) \mp \left(b \text{ arc sin } \frac{b_1}{\varrho} + b_1 \text{ arc sin } \frac{b}{\varrho}\right)\right\}$.

Das Zeichen der 2 letzten Glieder, welche für $\Sigma d\vartheta$ stehen, ist noch zu bestimmen.

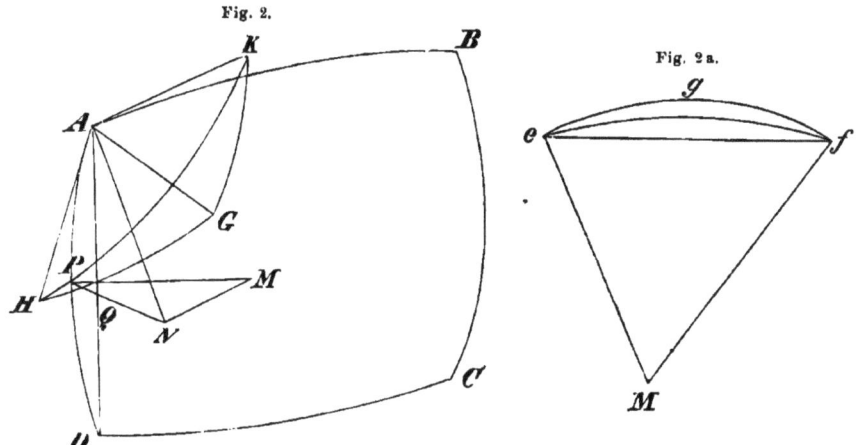

Fig. 2.

Fig. 2a.

Denkt man sich zu irgend einem Theile ef von AB (Fig. 2a) die Sehne gezogen, so ist diese die Schnittlinie der Ebene von AB und des durch e und f gelegten grössten Kreises, der Bogen egf des letzteren fällt also ausserhalb der Viereckfläche $ABCD$, seine Fortsetzung in dieselbe. Da dies noch richtig bleibt, wenn ef ein unendlich kleiner Theil von AB ist, so ist also nach unserer Regel $\Sigma d\vartheta$ negativ, daher das untere positive Vorzeichen zu nehmen.

Noch ist der Winkel W durch b, b_1 und r auszudrücken.

Seien AH und AK (Fig. 2) Tangenten an AD und AB in Punkt A, AG der Durchschnitt der Ebenen dieser Kreisbogen. Die 3 Linien AH, AG, AB bilden dann eine bei AG rechtwinklige körperliche Ecke, in welcher man hat:

$$\text{Winkel } GAH = GAQ + QAH = \frac{\pi}{2} + \text{ arc sin } \frac{b_1}{\varrho}$$

und ebenso:

$$GAK = \frac{\pi}{2} + \text{ arc sin } \frac{b}{\varrho_1},$$

dies sind die Katheten unserer rechtwinkligen Ecke, HAK oder W deren Hypotenuse, also:

$$\cos W = \cos GAK \cos GAH = \cos\left(\frac{\pi}{2} + \arcsin\frac{b_1}{\varrho}\right)\cos\left(\frac{\pi}{2} + \arcsin\frac{b}{\varrho_1}\right) = \frac{b\,b_1}{\varrho\,\varrho_1}$$

also:

$$W = \arccos\frac{b\,b_1}{\varrho\,\varrho_1}, \qquad W - \frac{\pi}{2} = -\arcsin\frac{b\,b_1}{\varrho\,\varrho_1},$$

also schliesslich, da $\varrho = \sqrt{r^2 - b^2}$, $\varrho_1 = \sqrt{r^2 - b_1^2}$ ist:

Viereck $ABCD$

$$= 4\,r\left\{ b\arcsin\frac{b_1}{\sqrt{r^2-b^2}} + b_1\arcsin\frac{b}{\sqrt{r^2-b_1^2}} - r\arcsin\frac{b\,b_1}{\sqrt{r^2-b^2}\,\sqrt{r^2-b_1^2}} \right\}.$$

Führen wir noch statt des arc sin den arc tg ein, sei also:

$$\arcsin\alpha = u, \qquad \alpha = \sin u,$$

so ist

$$\operatorname{tg} u = \frac{\alpha}{\sqrt{1-\alpha^2}},$$

oder:

$$\arcsin\alpha = \operatorname{arc\,tg}\frac{\alpha}{\sqrt{1-\alpha^2}}.$$

Diese Formel auf unsere 3 arc sin angewandt, giebt:

$$\text{Viereck } ABCD = 4\,r\left(b\operatorname{arc\,tg}\frac{b_1}{c} + b_1\operatorname{arc\,tg}\frac{b}{c} - r\operatorname{arc\,tg}\frac{b\,b_1}{rc}\right),$$

wo c für $\sqrt{r^2 - b^2 - b_1^2}$ gesetzt ist.[*)]

§ 2.

Ueber sphärische Dreiecke, worin ein Winkel und seine Gegenseite unendlich klein sind.

Fig. 3.

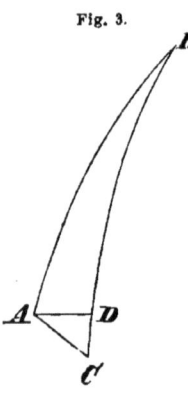

Es handelt sich hier um einige Formeln, die für das Folgende von Nutzen sind. Sei ABC (Fig. 3) ein sphärisches Dreieck, in welchem der Winkel β bei B, und seine Gegenseite $AC = b$ unendlich klein sein sollen. Seien die anderen Seiten $BA = C$ und $BC = c + \delta$, γ und α die Gegenwinkel dieser Seiten, dann ist auch δ unendlich klein. Fällen wir von A Loth AD auf BC, welches ebenfalls unendlich klein ist. Für alle Fragen, wo unendlich Kleine zweiter Ordnung in Bezug auf die Seiten, und unendlich Kleine erster Ordnung in Bezug auf die Winkel nicht in

*) Der körperliche Inhalt des aus der Kugel von den 4 Ebenen herausgeschnittenen Stückes ergiebt sich hieraus sehr leicht, wenn man dasselbe vom Kugelmittelpunkt aus in Pyramiden und Kegel theilt, welche theils den Radius r, theils die Abstände b und b_1 zu Höhen haben.

Erwägung kommen, gilt dann das rechtwinklige Dreieck ADC als eben. Nun ist in Dreieck BAD

$$\cos c = \cos BD \cos AD = \cos BD\left(1 - \frac{AD^2}{2}\right)$$

und da AD^2 zu vernachlässigen ist:

$$BD = AB = c$$

also $DC = \delta$, und im ebenen Dreiecke ADC:

(1) $$\delta = b \cos \gamma.$$

Ferner ist in Dreieck ABC:

$$\frac{\sin b}{\sin \beta} = \frac{\sin c}{\sin \gamma}$$

oder:

(2) $$b \sin \gamma = \beta \sin c$$

$$\frac{\sin c}{\sin \gamma} = \frac{\sin(c + \delta)}{\sin \alpha}$$

oder, da δ unendlich klein ist,

$$\sin \alpha = \frac{\sin \gamma (\sin c + \cos c \sin \delta)}{\sin c},$$

das heisst

$$\sin \alpha = \sin \gamma (1 + \delta \cot c).$$

Sei noch

$$\pi - \alpha = \gamma + \varepsilon,$$

dann ergiebt sich:

$$\sin(\gamma + \varepsilon) = (1 + \delta \cot c) \sin \gamma.$$

Für die linke Seite kann wegen des unendlich kleinen ε auch geschrieben werden:

$$\sin \gamma + \varepsilon \cos \gamma,$$

also:

$$\varepsilon = \delta \cot c \operatorname{tg} \gamma,$$

das heisst

(3) $$\pi - \alpha - \gamma = \delta \operatorname{tg} \gamma \cot c = b \sin \gamma \cot c = \beta \cos c.$$

Der Unterschied von $\alpha + \gamma$ und 2 Rechten ist also von gleicher Ordnung mit b und β. Nur für den Fall wo eine Seite des Dreiecks c gleich $\frac{\pi}{2}$ ist, ist $\cos c = 0$, also das Supplement von $\alpha + \gamma$ verschwindend klein gegen b und β.

§ 3.

Beweis des Jakobischen Satzes. (§ 99. Anmerkung.)

Dieser Satz, welcher den Gaussischen mit umfasst, lautet:

Wenn in einem beliebigen, von Curven gebildeten Dreiecke,

im Raume je 2 Seiten in ihren Schnittpunkten gemeinschaftliche Hauptnormale haben, so hat das Dreieck folgende Eigenschaft. Zieht man durch den Mittelpunkt einer Hülfskugel mit Radius l, zu jeder Hauptnormale des Umfanges unseres Dreieckes eine Parallele, so schneiden diese auf der Kugelfläche ein zweites Dreieck ab, dessen Inhalt gleich dem Ueberschuss der Winkelsumme des gegebenen Dreiecks über π ist; (mit umgekehrtem Vorzeichen, wenn diese Summe kleiner als π ist).

Von diesem Satze soll hier ein einfacher Beweis gegeben werden. Sind die Winkel des Dreiecks auf der Hülfskugel $\alpha\beta\gamma$, so ist der Inhalt dieses Dreieckes nach dem Vorigen gleich $\alpha + \beta + \gamma - \pi - \Sigma d\vartheta$.

Die letztere Summe lässt sich aber hier noch anders ausdrücken und zwar mit Bezug auf das ursprüngliche Dreieck. Seien näm-

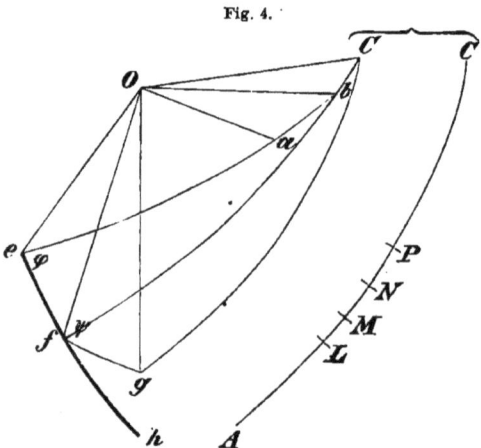

Fig. 4.

lich $LMNP$ auf einander folgende Punkte einer Seite des letzteren (Fig. 4), Oe, Of, Og die 3 Radien der Hülfskugel welche den durch L, M und N gelegten Hauptnormalen parallel sind, seien ferner Radien Oa, Ob, Oc den Elementen LM, MN, NP selbst parallel, dann ist im sphärischen Dreiecke

$$bef : bf = \frac{\pi}{2}, \text{ da Tangente}$$

Ob auf Normale Of senkrecht steht, der Winkel bei b und die Seite cf unendlich klein, folglich (§ 2 Schluss), wenn wir $bef = \varphi$, $bfe = \psi$ setzen: $\varphi + \psi = \pi$. Im Dreieck cfg ist aber Winkel $cfg = \varphi + d\varphi$, setzt man nun Seite ef geodätisch nach fh fort, so ist gfh in Bezug auf das Dreieck auf der Hülfskugel der in § 1 mit $d\vartheta$ bezeichnete Winkel, aber:

$$\varphi + \psi + cfg + gfh = \pi,$$

das heisst:

$$\varphi + \psi + d\varphi + d\vartheta = \pi,$$

oder wegen

$$\varphi + \psi = \pi, \quad d\varphi = - d\vartheta.$$

Der Winkel φ lässt sich aber auch leicht in Bezug auf das ursprüngliche Dreieck definiren. Es ist derjenige, welchen die 2 auf einander folgenden Hauptnormalen parallele Ebene (Oef) mit der

Krümmungsebene (Oeb) macht. Bezeichnen wir diesen Winkel für den Anfangspunkt A der Linie AC mit φ_0, und für Punkt O mit φ_1, so ist also für die ganze Linie AC:

$$\Sigma d\vartheta = \varphi_0 - \varphi_1,$$

seien die φ entsprechenden Winkel für Linie AB gleich ψ_0 in Punkt B, ψ_1 in A, und für Linie BC χ_0 in C, χ_1 in B, so hat man für das ganze Dreieck auf der Hülfskugel:

$$\Sigma d\vartheta = \varphi_0 - \varphi_1 + \psi_0 - \psi_1 + \chi_0 - \chi_1.$$

Legen wir nun durch eine der Ecken A (Fig. 4a) des gegebenen Dreieckes die für AC und AB gemeinschaftliche Hauptnormale AD,

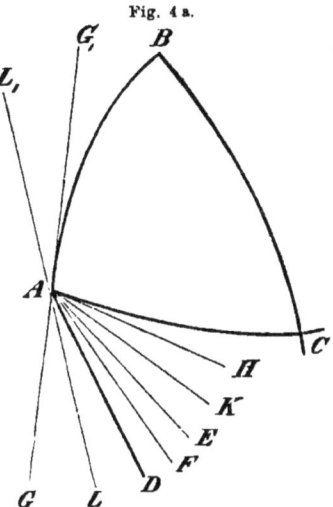

Fig. 4a.

ferner die benachbarten Hauptnormalen AE von AB, und AF von AC, ferner die Tangenten AH an AC, AG an AB, welche Linie wir nach G_1 hin verlängern, AL und AK lothrecht auf AD, erstere Linie in Ebene DAE, letztere in Ebene DAF, und verlängern AL nach L_1 hin, es liegen dann die 4 Lothe auf AD: AG, AH, AK, AL in einer Ebene. DAH und DAG sind dann die Krümmungsebenen beider Curven AC und AB, es ist also Winkel $HAK = \varphi_0$, $GAL = \psi_1$, $G_1AH = A$ ist der Winkel bei A für das gegebene Dreieck, $KAL_1 = \alpha$ der Winkel den die 2 auf einander folgenden Hauptnormalen beider Curven parallelen Ebenen mit einander machen, d. h. der A entsprechende Winkel des Hülfsdreieckes, es ist dann:

$$KAL = HAG + LAG - KAH$$

oder

$$\pi - \alpha = \pi - A + \psi_1 - \varphi_0,$$

ähnliche Formeln erhalten wir für die Ecken B und C, und durch Addition aller drei Formeln ergiebt sich dann:

$$\alpha + \beta + \gamma = A + B + C (\varphi_0 - \varphi_1) + (\psi_0 - \psi_1) + (\chi_0 - \chi_1)$$
$$= A + B + C + \Sigma d\vartheta$$

d. h. der Inhalt des auf der Hülfskugel gezogenen Dreieckes, den wir gleich $\alpha + \beta + \gamma - \Sigma d\vartheta - \pi$ gefunden hatten, nimmt die Form $A + B + C - \pi$ an, womit unser Satz bewiesen ist. Wir sind von dem Falle ausgegangen, dass die geodätische Fortsetzung von *ef* ausserhalb des Dreiecks fällt, weshalb auch das Vorzeichen von $\Sigma d\vartheta$ richtig ist.

Anmerkung. Ist die Winkelsumme von $A + B + C$ kleiner als π, so ist der Ausdruck für den Inhalt negativ, was sich dann auf die gegenseitige Lage vom ursprünglichen und Hülfsdreieck bezieht.

Ueber ein neues Coordinatensystem.

§ 4.

Die vorigen Betrachtungen gehen davon aus, dass man statt der gewöhnlichen Coordinaten gewisse den doppelt gekrümmten Curven angehörige unendlich kleine Winkel und deren Summen in Betracht zieht. Wir wollen hier diese Betrachtungen zur Aufstellung eines neuen Coordinatensystems für doppelt gekrümmte Linien erweitern, welches, da es nur von der Lage der Curven- und Winkel-Elemente zu einander ausgeht, namentlich bei solchen Betrachtungen Vortheil gewährt, wo es sich weniger um die Lage als um die Gestalt der Curven handelt.

Zu dem Ende betrachten wir zur Bestimmung des Punktes M einer Curve folgende drei Grössen:

1) Die Bogenlänge von einem festen sonst willkürlichen Punkte an gerechnet bis M, diese Länge sei gleich s.

2) Die Summe aller unendlich kleinen Winkel, welche je zwei auf einander folgende Tangenten von einem gegebenen Punkte bis zum Punkte M mit einander machen, diese Winkelsumme sei l, also dl der Winkel zweier nächsten Tangenten. Bemerken wir noch, dass, wenn die Curve mit ihrer Tangentenschaar in die Ebene gewickelt wird, dl sich nicht ändert, also l auch der Winkel ist, der nach erfolgter Abwickelung von der Tangente in M mit einer Anfangsrichtung der Tangente gebildet wird.

3) Die Summe aller unendlich kleinen Winkel, welchen je zwei auf einander folgende Krümmungsebenen von einem gegebenen Punkte bis zum Punkte M mit einander machen, diese Summe sei gleich m, also dm der Winkel zweier nächsten Krümmungsebenen.

Wir gestatten uns, diese drei Coordinaten s, l, m jede von einem andern Anfangspunkte aus zu zählen, schliessen auch nicht ganz aus, dass wir die Curve beliebig verlängern, und die Coordinaten von irgend einem Punkt dieser Verlängerung aus zählen, die wir dann als zur Curve gehörig betrachten. Wollen wir die Coordinaten ändern, so können wir nur die Anfangspunkte oder die Richtung, in der wir von Punkt zu Punkt fortschreiten, ändern, in welchem letzteren Falle nur das Vorzeichen sich ändert, es werden also die neuen Coordinaten s, l, m sich durch die alten immer durch die Formeln:

$$s_1 = \alpha \pm s, \quad l_1 = b \pm l, \quad m_1 = c \pm m$$

ausdrücken, wo a, b, c beliebige Constanten sind. Andere Transformationsformeln sind unmöglich und es können daher unsere Coordinaten als die der einfachsten Transformationen bezeichnet werden.

Um die Curve zu bestimmen, sind zwei Gleichungen nöthig, die wir in der Regel unter der Form:

$$s = f(l), \quad m = \varphi(l)$$

schreiben; l und m nennen wir die Gesammtkrümmungen unserer Curve und bezeichnen l als Linienkrümmung, m als Flächenkrümmung, die Gleichung $m = \varphi(l)$ möge daher Krümmungsgleichung heissen, die erste Gleichung $s = f(l)$ bezeichnen wir als Bogengleichung.

Wollen wir diese Betrachtungen auch auf ebene Curven anwenden, so ist $dm = 0$, also m constant, es ist dann nur eine Gleichung $s = f(l)$ nöthig. Da s und l sich übrigens nicht ändert, wenn eine Curve in die Ebene gewickelt wird, so stellt die Bogengleichung zugleich die aus Abwickelung der gegebenen erzeugte Curve dar. Da jede doppelt gekrümmte Linie zugleich Wendungskante einer abwickelbaren Fläche ist, so wird diese Fläche ebenfalls durch unsere Gleichungen· bestimmt, und können dieselben auch auf diese Fläche bezogen werden. Dann gehört jede Krümmungsgleichung unendlich vielen abwickelbaren Flächen an. Unter diesen Flächen wird immer ein Kegel sein, für diesen ist $ds = 0$, also s constant, da die Wendungskante ein Punkt ist. Dieser Kegel möge der Krümmungskegel heissen, man kann alle Curven, die gleiche Krümmungsgleichung haben, dann als zu demselben Krümmungskegel gehörig betrachten. Der Cylinder gehört auch zu den abwickelbaren Flächen, für einen solchen ist offenbar $dl = 0$, also $l = $ Const., dies ist die Krümmungsgleichung des Cylinders. Die Bogengleichung wird für ihn illusorisch. Man kann jedoch, um denselben zu bestimmen, die Gleichung seiner Basis, also der auf seiner Seite senkrechten ebenen Curve betrachten. Der Winkel zwischen zwei nächsten Tangenten dieser Basis ist dann offenbar der Winkel zwischen zwei auf einander folgenden Tangentialebenen des Cylinders, und da dieser gleich dm ist, so haben wir, wenn s_1 l_1 Bogenlänge und Tangentialebene für die Cylinder-Basis sind, die Gleichung $m = l_1$, so dass die Gleichung der Basis die Form $s_1 = F(m)$ hat. Will man von diesen neuen

Coordinaten zu den rechtwinkligen übergehen oder umgekehrt, so
hat man die Ausdrücke für ds, dl, dm (Abschnitt I) einzusetzen.
Dies führt im Allgemeinen zu complicirten Formeln. Jedoch für
ebene Curven werden dieselben sehr einfach, es ist nämlich bekanntlich:

$$dx = \cos(l + c)\, ds, \quad dy = \sin(l + c)\, ds,$$

wenn c der Winkel der Anfangstangente mit der Axe der x ist.

Aus diesen Formeln, oder in der Regel noch leichter aus den
Eigenschaften der Curven selbst, ergeben sich die Gleichungen verschiedener Curven in den neuen Coordinaten. Wir führen von denselben zunächst folgende an:

$l = c$ für die gerade Linie,

$s = rl$ für den Kreis,

$s = A \sin l$ für die Cycloide,

$s = A \sin \alpha l$ für die Epicycloide und Hypocycloide,

$s = A \operatorname{tg} l$ für die Kettenlinie.

$s = A e^{\alpha l}$ für die logarithmische Spirale,

$s = Al + Bl^2$ für die Kreisevolvente.

§ 5.

Von dem eben definirten Coordinatensystem machen wir jetzt
einige Anwendungen.

Bezeichnen wir die Wendungskante einer abwickelbaren Fläche
mit L und eine auf dieser Fläche irgendwie gezeichnete Curve mit
C, es soll der Zusammenhang zwischen diesen Curven L und C durch
die in Rede stehenden Coordinaten ausgedrückt werden.

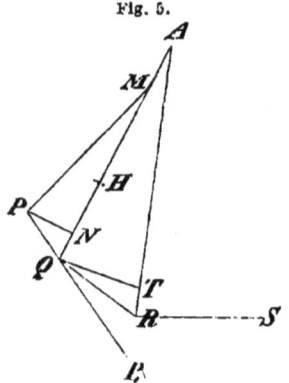

Fig. 5.

Zu dem Ende mögen sich die Coor-
dinaten slm auf L und $\sigma\lambda\mu$ auf C beziehen. Sei (Fig. 5) v der Winkel eines
Elementes von C, PQ, mit der durch dasselbe gehenden Tangente MP von L, und
w der Winkel der Krümmungsebene PQR
von C in Punkt P, mit der von L, PQM,
d. h. mit der Tangentialebene der abwickelbaren Fläche. Es sind hier PQR drei auf
einander folgende Punkte der Curve C,
MA zwei der Curve L, es ist also $PQ = d\sigma$,
$BM = ds$, Winkel $PMQ = dl$, sei ferner
$MP = \varrho$, also $MQ = \varrho + d\varrho - ds$, Winkel $MQP = \pi - v - dl$,
und wenn man Loth PN auf MQ fällt, $NQ = PQ \cos(\pi - v - dl)$,
mit Vernachlässigung der unendlich Kleinen zweiter Ordnung, d. h.

(1)
$$d(\varrho - s) = - d\sigma \cos v$$

ferner $PN = d\sigma \sin v$. In Dreieck PNM ist dann: $PN = \varrho \sin dl$
$= \varrho dl$, d. h.

(2)
$$\varrho dl = \sin v d\sigma,$$

aus diesen Gleichungen ergiebt sich durch Elimination von ϱ:

(3)
$$d\left(s - \sin v \cdot \frac{d\sigma}{dl}\right) = \cos v d\sigma$$

oder:
$$\frac{ds}{dl} - \sin v \frac{d^2\sigma}{dl^2} = 2 \cos v \frac{d\sigma}{dl},$$

eine Gleichung, die zur Bestimmung von σ dient.

Um λ und μ zu bestimmen, verlängern wir PQ nach P_1. Seien
QR und RS die nächsten Elemente der Curve C, QT parallel RS,
machen wir dann: $QP_1 = QR = QT = QH$, wo H ein Punkt auf
QM ist, und legen durch die Endpunkte dieser Linien eine Kugel

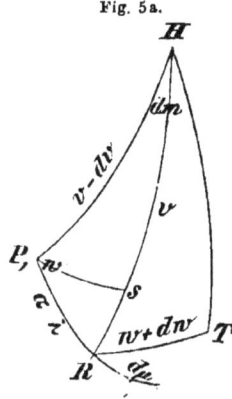
Fig. 5a.

mit Mittelpunkt Q, so erhalten wir das sphärische Viereck $HP_1 RT$ Fig. 5a. In diesem ist
Winkel HQR oder Bogen $HR = v$, wenn
wir QR als das Element annehmen, das
mit der Erzeugungslinie MQ den Winkel v
macht, ferner Winkel $MPQ = v - dv$, also
Winkel HQP_1 oder Bogen $HP_1 = v - dv + dl$,
Winkel P_1QR oder Bogen $P_1R = d\lambda$, der
Winkel zwischen P_1QM und P_1QR oder Winkel
$HP_1R = w$, der Winkel zwischen MQR und
RQT oder Winkel $HRT = w + dw$, der
Winkel zwischen P_1QR und RQT oder Winkel
$P_1RT = \pi - d\mu$, der Winkel zwischen P_1QM
und RQM oder Winkel $P_1HR = dm$. Im Dreieck P_1HR sind somit
$P_1H = v - dv + dl$, $P_1R = d\lambda$, $HR = v$, Winkel $H = dm$, Winkel
$P_1 = w$, Winkel $R = \pi - w - dw - d\mu$.

Für dieses Dreieck gelten die Formeln (1) bis (3) des § 2;
worin zu setzen ist:
$$b = d\lambda, \; \beta = dm, \; c = v - dv + dl, \; \delta = dv - dl, \; \alpha = w,$$
$$\gamma = \pi - w - dw - d\mu,$$
also
$$\pi - \alpha - \gamma = dw + d\mu.$$

Diese Formeln geben dann:

(4)
$$d(l - v) = \cos w d\lambda$$

(5)
$$\sin w d\lambda = \sin v dm$$

(6)
$$d(w + \mu) = \cos v dm.$$

Aus diesen Gleichungen ergeben sich w, λ und μ, wenn l, m und v bekannt sind, in Verbindung mit Gleichung (3) und nach Elimination von w ist also unser Problem gelöst.

Fig. 5b. Ist die abwickelbare Fläche ein Kegel, so ist $ds = 0$, ist sie ein Cylinder, so wird Gleichung (3) illusorisch. Führen wir statt deren die Coordinaten s_1^- und m der Basis des Cylinders an. Sei AB (Fig. 5b) ein Element dieser Basis, AC eins der Curve C, dann ist Winkel BAC $= v - \frac{\pi}{2}$, also $AB = AC \sin v$, oder:

(3a) $\qquad ds_1 = d\sigma \cdot \sin v$,

ausserdem ist in Gleichung (4) $dl = 0$ zu setzen. Denken wir uns jetzt die abwickelbare Fläche in die Ebene gewickelt, so bleiben s, l σ und v unverändert, es gilt also Gleichung (3) für die beiden Curven, die sich aus L und C bei der Abwicklung ergeben.

Sei ferner $d\lambda_1$ der Winkel zwischen zwei auf einander folgenden Elementen der Curve, die sich aus C ergiebt, so wird dieser Winkel die Differenz zwischen $MQR = v$ und $MQP_1 = v - dv + dl$ (Fig. 5) sein, also:

(7) $\qquad d\lambda_1 = dl - dv$, $\quad \lambda_1 = l - v + $ Const.

Für den Cylinder also $\lambda_1 = $ Const. $- v$.

Die Gleichung (3) wird dann die Form annehmen:

(8) $\qquad d\left(s - \sin v \frac{d\sigma}{d\lambda_1 + dv}\right) = d\sigma \cdot \cos v$

und hieraus ergiebt sich die Gleichung der ebenen Curve, in die sich C verwandelt.

Aus den Formeln (4) bis (6), welche $\lambda\mu w$ nur durch lmv bestimmen, ergiebt sich noch das allerdings an sich einleuchtende Resultat: Der Krümmungskegel einer Curve auf einer abwickelbaren Fläche ist nur von dem Krümmungskegel dieser Fläche abhängig.

§ 6.

Die eben gefundenen allgemeinen Formeln wollen wir jetzt specialisiren. Als ersten Fall nehmen wir an, dass die Curve C eine kürzeste Linie auf der abwickelbaren Fläche sei. Sie giebt dann abgewickelt eine Gerade, es ist folglich $d\lambda_1 = 0$, also wegen (7) $v = l + c$, und wegen (4) $w = \frac{\pi}{2}$, wie schon bekannt ist.

Die Gleichungen (3) (5) und (6) geben dann:

(a) $\qquad 2\dfrac{d\sigma}{dl}\cos(l+c)=\dfrac{ds}{dl}-\sin(l+c)\dfrac{d^{2}\sigma}{dl^{2}}$

(b) $\qquad\qquad d\lambda=\sin(l+c)\,dm$

(c) $\qquad\qquad d\mu=\cos(l+c)\,dm$

Für den Cylinder, wo $l=$ Const., erhalten wir:

(d) $\qquad ds_1=d\sigma\cdot\sin(l+c)$ oder: $s_1=\sigma\sin(l+c)+c_1$

und wegen der Gleichungen (b) und (c):

(e) $\qquad\qquad \lambda=m\sin(l+c)+c_2$

(f) $\qquad\qquad \mu=m\cos(l+c)+c_3$

also nach Elimination von m:

$$\lambda-c_2=(\mu-c_3)\,\mathrm{tg}\,(l+c).$$

Dies ist die Krümmungsgleichung der kürzesten Linie auf dem Cylinder oder der allgemeinen Schraubenlinie, sie ist also immer linear, umgekehrt gehört eine lineare Krümmungsgleichung immer einer Schraubenlinie an. Diese Gleichung lässt sich durch Coordinatentransformation übrigens auf die einfachere Form bringen: $\lambda=\mu\,\mathrm{tg}\,\alpha$, wo $\alpha=l-c$, also constant ist.

Fig. 6.

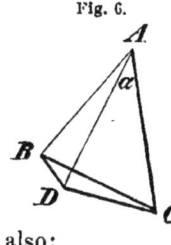

Für den Rotationskegel lässt sich die Krümmungsgleichung leicht direct finden. Seien (Fig. 6) BA und DA zwei auf einander folgende Seiten desselben, AC seine Axe, $BAC=\alpha$ der halbe Scheitelwinkel, BC und DC bezüglich auf BA und DA senkrecht, dann ist:

Winkel $BAD=dl,\quad BCD=dm,$

also:

$$BD=BA\cdot dl=BC\cdot dm=BA\,\mathrm{tg}\,\alpha\,dm,$$

woraus sich $l=m\,\mathrm{tg}\,\alpha+$ Const. ergiebt.

Die Uebereinstimmung dieser Gleichung mit der Krümmungsgleichung der Schraubenlinie lehrt folgenden Satz:

Der Krümmungskegel irgend einer Schraubenlinie ist immer ein Rotationskegel, und dieser letztere gehört allen Schraubenlinien an, welche die Seite des zugehörigen Cylinders unter demselben Winkel v schneiden. Betrachten wir noch den Fall, wo die betreffende Schraubenlinie einem Rotationscylinder angehört. Es ist dann, da die Basis desselben ein Kreis ist: $s_1=rm$, also $rm=\sigma\sin(l+c)+c_1$, woraus sich wegen Formel (e) eine lineare Gleichung zwischen σ und λ ergiebt.

Also: Die Bogengleichung einer gewöhnlichen Schraubenlinie ist ebenfalls linear. Wird dieselbe also mit ihrer Tangentenschaar in die Ebene gewickelt, so verwandelt sie sich (nach § 5) in einen Kreisbogen.

Die Gleichungen (c) und (b) geben aber eine allgemein bemerkenswerthe Eigenschaft der kürzesten Linien auf abwickelbaren Flächen an. Vergleicht man nämlich diese Gleichungen mit den in § 4 angeführten:

$$dx = ds \cdot \cos{(l + c)}, \quad dy = ds \cdot \sin{(l + c)},$$

welche für ebene Curven gelten, so ergiebt sich folgender Satz: Denkt man sich die Linienkrümmung l irgend einer abwickelbaren Fläche als Winkel der Tangente einer ebenen Curve mit einer beliebigen Richtung in ihrer Ebene, etwa der der x-Axe, und die Flächenkrümmung m als Bogenlänge dieser ebenen Curve dargestellt, so sind $\lambda \, \mu$, also die Gesammtkrümmungen der kürzesten Linie auf der abwickelbaren Fläche, die rechtwinkligen Coordinaten dieser ebenen Curve.

Von den unendlich viel möglichen Systemen solcher rechtwinkliger Coordinaten bezieht sich dann jedes auf eine andere kürzeste Linie der abwickelbaren Fläche. Gehen wir z. B. von der Schraubenlinie aus, so giebt die lineare Krümmungsgleichung derselben als Bogengleichung einer ebenen Curve betrachtet einen Kreis, und die Gleichung desselben in rechtwinkligen Coordinaten λ und μ ist bekanntlich: $(\lambda - h)^2 + (\mu - k)^2 = B^2$, dies ist also die Krümmungsgleichung der kürzesten Linie auf der von den Tangenten einer beliebigen Schraubenlinie gebildeten abwickelbaren Fläche. Dieselbe Krümmungsgleichung findet nach dem Obigen für die kürzeste Linie auf den Rotationskegel statt.

Suchen wir noch für die abwickelbaren Flächen, deren Wendungskante die gemeine Schraubenlinie ist, die Bogengleichung der kürzesten Linie.

Durch Coordinatentransformation lassen sich die linearen Gleichungen dieser Schraubenlinie immer auf die Form bringen $s = Al$, $l = Bm$, also wegen Gleichung a:

$$2 \frac{d\sigma}{dv} = A - \sin v \frac{d^2\sigma}{dv^2},$$

wo wieder $v = l + C$ gesetzt wurde. Diese lineare Differentialgleichung ist leicht zu integriren. Setzen wir $\frac{d\sigma}{dv} = pq$, wo eine der Grössen p oder q ganz beliebig ist, es uns also freisteht, eine zweite beliebige Gleichung zwischen p und q anzunehmen, so kommt:

$$2pq \cos v = A - \sin v \left(p \frac{dq}{dv} + q \frac{dp}{dv} \right).$$

Die bis jetzt beliebige Gleichung zwischen p und q wählen wir so, dass der Factor von p verschwindet, dadurch zerfällt die letzte Gleichung in 2 andere:

$$2\,q\cos v = -\sin v\,\frac{dq}{dv}, \qquad A = q\sin v\,\frac{dp}{dv}.$$

Das Integral der ersteren ist:

$$2\lg\sin v = \lg\frac{C_1}{q},$$

wo C_1 die Integrationsconstante ist, d. h.:

$$q\sin v^2 = C_1,$$

die Constante kann übrigens beliebig, z. B. gleich 1 angenommen werden, da nur eine Integrationsconstante erforderlich ist, und diese sich aus der zweiten Gleichung ergiebt; diese Gleichung wird jetzt heissen:

$$\frac{1}{\sin v}\frac{dp}{dv} = A,$$

und ihr Integral ist:

$$p = -A\cos v + c_2,$$

man hat also:

$$\frac{d\sigma}{dv} = pq = -\frac{A\cos v}{\sin v^2} + \frac{C_2}{\sin v^2}.$$

Das Integral dieser Gleichung ist dann:

$$\sigma = \frac{A}{\sin v} - C_2\cos v + C_3 \quad\text{oder}\quad \sigma = \frac{A}{\sin(l+c)} = C_2\cot(l+c) + C_3;$$

aus den Gleichungen (b) und (c) ergiebt sich jetzt:

$$d\lambda = B\sin(l+c)\,dl, \qquad d\mu = B\cos(l+c)\,dl,$$

oder

$$\lambda = h - B\cos(l+c), \qquad \mu = k + B\sin(l+c),$$

daraus folgt die schon bekannte Gleichung:

$$(\lambda - h)^2 + (\mu - k)^2 = B^2,$$

andererseits erhalten wir für σ:

$$\frac{\sigma(\mu - k)}{B} = A + C_3\frac{(\mu - k)}{B} + \frac{(\lambda - h)\,C_2}{B}.$$

Man kann aber auch die Constanten h, k und C_3 durch Coordinatentransformation zum Verschwinden bringen, und dann wird die Krümmungsgleichung unserer Curve:

$$\lambda^2 + \mu^2 = B^2$$

und die Bogengleichung

$$\sigma\mu = AB + C_2\lambda$$

oder

$$\sigma \sqrt{B^2 - \lambda^2} = AB + c_2 \lambda.$$

Sucht man die kürzeste Linie auf den Rotationskegel, so ist in unsern Gleichungen $ds = 0$, also $A = 0$ zu setzen, und man hat:

$$\lambda^2 + \mu^2 = B^2, \quad \sigma = \frac{c_2 \lambda}{\sqrt{B^2 - \lambda^2}}.$$

§ 7.

Als zweites Beispiel betrachten wir den Fall, wo der Winkel v einen constanten Werth hat. Bekanntlich nennt man eine Curve, welche eine Schaar gegebener Linien unter gleichem Winkel schneidet, Trajectorie dieser Linien. Es handelt sich also hier um die Trajectorie aller Tangenten einer Curve doppelter Krümmung. Für den Fall, wo $v = \frac{\pi}{2}$ ist, haben wir dann die Evolvente dieser letzteren Curve.

Im allgemeinen Falle wird die Gleichung 3 des § 5, nämlich

$$\frac{ds}{dl} - \sin v \frac{d^2\sigma}{dl^2} = 2 \frac{d\sigma}{dl} \cos v$$

leicht zu integriren sein. Wir erhalten das erste Integral:

$$s - \sin v \frac{d\sigma}{dl} = h + 2\sigma \cos v.$$

Setzen wir, wie im vorigen Paragraphen in dieser linearen Gleichung $\sigma = pq$, also

$$s - \sin v \left(p \frac{dq}{dl} + q \frac{dp}{dl} \right) = h + 2pq \cos v,$$

und nehmen dann den Factor von p gleich Null an, so haben wir die beiden Gleichungen:

$$- \sin v \frac{dq}{dl} = 2q \cos v, \quad s - \sin v q \frac{dp}{dl} = h.$$

Das Integral der ersteren ist:

$$\lg q = - 2 \lg \cot v,$$

wenn wir die Constante gleich Null setzen, oder

$$q = e^{-2l \cot v},$$

dies in die zweite einsetzend, erhalten wir:

$$s - h = e^{-2l \cot v} \sin v \frac{dp}{dl} \text{ oder } (s - h) e^{2l \cot v} dl = dp \cdot \sin v$$

und durch Integration:

$$p = \frac{1}{\sin v} \int s \cdot e^{2l \cot v} dl - \frac{h}{2 \cos v} e^{2l \cot v},$$

wo die Integrationsconstante in $\int s\, e^{2l\cot v}\, dl$ schon eingeschlossen ist, und wegen $\sigma = pq$, haben wir endlich:

(I) $$\sigma = \frac{e^{-2l\cot v}}{\sin v}\int s \cdot e^{2l\cot v}\, dl - \frac{h}{2\cos v}.$$

Ist aber die abwickelbare Fläche ein Cylinder, so haben wir nach § 5 3a:

(Ia) $$s_1 = \sigma \sin v + h.$$

Bestimmen wir jetzt die Bogengleichung der Trajectorie.

Die Gleichung 6 des § 5 giebt:

(II) $$w + \mu = m\cos v + B$$

und die Gleichungen 4 und 5:

(III) $$dl = \cos w\, d\lambda$$

(IV) $$d(m\sin v) = \sin w d\lambda.$$

Es folgt hieraus wie im vorigen Paragraphen, dass wenn man λ als Bogenlänge w oder $m\cos v - \mu$ als Tangentialwinkel einer ebenen Curve betrachtet, dass dann l und $m\sin v$ die rechtwinkligen Coordinaten dieser Curve vorstellen.

Ist die abwickelbare Fläche ein Cylinder, so hat man statt (II), (III) und (IV):

(IIa) $$\mu = m\cos v + B_1,$$

(IIIa) $$w = \frac{\pi}{2},$$

(IVa) $$\lambda = m\sin v + C$$

aus (IIa) und (IVa) ergiebt sich dann:

$$\mu = (\lambda - c)\cot v + B_1,$$

also eine lineare Gleichung, d. h.:

Die Curve, welche die Seiten eines Cylinders unter gleichem Winkel schneidet, ist immer eine Schraubenlinie. (Dieser Satz enthält indess eigentlich nur die bekannte Definition der Schraubenlinien.)

Denken wir uns jetzt die abwickelbare Fläche mit ihrer Wendungskante und der Trajectorie ihrer Tangenten in die Ebene gewickelt, so werden diese beiden Curven ihre Beziehung, die letztere nämlich als Trajectorie der Tangenten der ersteren, bezüglich als Evolvente und Evolute beibehalten, da Winkel v ebenso wie l hierbei unverändert bleibt, dann haben wir wegen § 5, 7: $\lambda_1 = l - v$ und wegen Gleichung 1:

(V) $$\sigma = \frac{e^{-2(\lambda_1 + v)\cot v}}{\sin v}\int s \cdot e^{2(\lambda_1 + v)\cot v}\, d\lambda_1 - \frac{h}{2\cos v}.$$

Und dies ist die Gleichung irgend einer Trajectorie für die Tangenten einer durch s und l gegebenen ebenen Curve. Wenn die Evolute dieser ebenen Curve gesucht wird, also $v = \frac{\pi}{2}$ ist, so wird, da der Nenner des zweiten Gliedes unendlich ist, diese Formel illusorisch, die Gleichung 3 des § 5 giebt dann aber direct:

$$\frac{ds}{dl} = \frac{d^2\sigma}{dl^2},$$

d. h.:

$$s = \frac{d\sigma}{dl} + h$$

oder

$$\sigma = \int s \, dl - hl,$$

also auch:

(Va)
$$\sigma = \int s \, d\lambda_1 - h\lambda_1,$$

wo $\int s \, d\lambda_1$ schon die Integrationsconstante enthält.

Machen wir von diesen Gleichungen einige Anwendungen zunächst auf ebene Curven:

Für den Kreis ist $s = rl = r(\lambda_1 + v)$ und Gleichung (V) giebt:

$$\sigma = \frac{r}{2\cos v}\left(\lambda_1 + v - \frac{1}{2}\,\mathrm{tg}\,v\right) - \frac{h}{2\cos v} + \varepsilon \cdot e^{-2(\lambda_1 + v)\cot v}.$$

Durch Coordinatentransformation kann man die Constanten $\frac{h}{2\cos v}$, $v - \frac{1}{2}\,\mathrm{tg}\,v$ zum Verschwinden bringen und unsere Gleichung nimmt dann die einfachere Gestalt an:

$$\sigma = c\lambda_1 + c_1 e^{-\alpha\lambda_1}.$$

Für die Kreisevolvente ergiebt sich aus Va:

$$\sigma = \frac{r}{2}\,\lambda_1^2 - h\lambda_1 + c_1.$$

Suchen wir jetzt die Evolvente einer logarithmischen Spirale. Deren Gleichung ist: $s = A e^{\alpha l}$, und die Gleichung Va nimmt die Form an: $\sigma = g e^{\alpha\lambda} + g_1\lambda$. Die identische Form der entsprechenden Gleichungen zeigt nun:

Die Evolvente einer logarithmischen Spirale ist zugleich die Trajectorie der Tangenten eines Kreises. Sei ferner eine Epicycloide oder Hypercycloide gegeben. Die Gleichung dieser Curven war: $s = A \sin \alpha l$. Aus Va ergiebt sich dann für die Evolventen eine Gleichung von der Gestalt: $\sigma = k \cos(\alpha\lambda_1) + k_1\lambda_1$. Wir wollen jedoch wieder zu den allgemeineren Betrachtungen über Curven doppelter Krümmung zurückkehren.

Für die Schraubenlinie und den Rotationskegel können wir $m = Al$ setzen, für die Trajectorie der Tangenten der Ersteren, und der Seiten des Letzteren geben die Gleichungen III und IV:

$$dl = \cos w \, d\lambda, \quad A \sin v \, dl = \sin w \, d\lambda, \text{ d. h. } \operatorname{tg} w = A \sin v,$$

es ist also w constant und wir erhalten $l = \lambda \cos w + c$. Durch Gleichung II erhalten wir dann:

$$\mu = m \cos v + c_1 = Al \cos v + c_1 = A\lambda \cos v \cos w + c_2,$$

also eine lineare Beziehung zwischen λ und μ, die betreffende Trajectorie ist also ebenfalls eine Schraubenlinie.

Ist die ursprüngliche Schraubenlinie das gewöhnliche, so giebt sie nach § 6 mit ihren Tangenten abgewickelt einen Kreisbogen, und die dadurch mit abgewickelte Trajectorie wird also die der Tangenten eines Kreisbogens, d. h. die Evolvente der logarithmischen Spirale.

Suchen wir aber für diesen Fall noch denjenigen Cylinder, zu welchem die Trajectorie als kürzeste Linie gehört.

In der Gleichung der Kreistrajectorie:

$$\sigma = c\lambda_1 + c_1 \, l^{\alpha \lambda_1},$$

welche für diese Trajectorie gilt, haben wir zunächst wieder

$$\lambda_1 = l - v + \text{const}$$

(§ 5, 7), wo v constant ist, oder da zwischen l und λ eine lineare Beziehung stattfindet, bei angemessener Bestimmung der Constanten $\lambda_1 = a\lambda + b$ zu setzen, man kann also bei leichter Coordinatentransformation auch schreiben:

$$\sigma = h\lambda + ke^{-\alpha \lambda}.$$

Dies ist die Bogengleichung der betreffenden Trajectorie für denjenigen Cylinder, dessen kürzeste Linie sie ist, wollen wir in den Formeln d und e des § 6 $l', m', v' = l' + c$ bezüglich für l, m und v schreiben, dann erhalten wir $s' = \sigma \sin v'$, $\lambda = m' \sin v'$, diese Werthe werden in den hier gefundenen für σ eingesetzt, und wir erhalten eine Gleichung von ganz ähnlicher Form:

$$s_1 = h_1 m' + k_1 l^{-\alpha m'},$$

d. h. da m' die Linienkrümmung der Cylinderbasis ist:

Die Trajectorie der Tangenten der Schraubenlinie auf einem Rotationscylinder ist ebenfalls eine Schraubenlinie, aber auf einem Cylinder, dessen Basis die Evolvente einer logarithmischen Spirale ist.

Für die Trajectorie der Seiten eines Rotationskegels, wo $ds = 0$, s also constant ist, giebt Gleichung I:

$$\sigma = -\frac{h}{2\cos v} + \frac{Be^{-2(\lambda_1 + v)\cot v}}{\sin v},$$

d. h. wenn man durch Coordinatentransformation die Constante $-\dfrac{h}{2\cos v}$ zum Verschwinden bringt: $\sigma = c e^{\alpha \lambda_1}$.

Dies ist die Gleichung der logarithmischen Spirale selbst.

Wir können nun ganz wie oben zeigen, dass, wenn man statt σ und λ' die Grössen s_1 und m' einführt, eine Gleichung von ganz derselben Form entsteht. Also:

Die Trajectorie der Seiten eines Rotationskegels ist eine Schraubenlinie auf einem Cylinder, welcher eine logarithmische Spirale zur Basis hat.

§ 8.

Wir wollen den Fall, wo $v = \dfrac{\pi}{2}$ ist, d. h. die Evolventen einer gegebenen Curve zu bestimmen sind, jetzt noch besonders betrachten; in diesem Falle geben die Formeln (I) bis (IV) des vorigen Paragraphen:

(Ib) $\qquad \sigma = \int s\, dl - hl$

(IIb) $\qquad w + \mu = B$

(IIIb) $\qquad dl = \cos (B - \mu)\, d\lambda$

(VIb) $\qquad dm = \sin (B - \mu)\, d\lambda$.

Da man für $B - \mu$ durch Coordinatenverwandlung auch μ schreiben kann, so zeigen diese Formeln an:

Wenn λ als Bogenlänge, μ als Tangentenwinkel einer ebenen Curve betrachtet werden, so sind l und m die rechtwinkligen Coordinaten derselben.

Ist z. B. die Evolute eine Schraubenlinie, also $m = l\,\mathrm{tg}\,\alpha$, so geben die Gleichungen (IIb) und (IIIb) $w = B - \mu = \alpha$, also μ constant, die Evolvente ist somit eine ebene Curve, ferner:

$$\lambda = \frac{l - k}{\cos \alpha}.$$

Sei nach $s = A l$, also die Schraubenlinie eine gewöhnliche, so ist wegen (Ib)

$$\sigma = \frac{A l^2}{2} - hl = \frac{A_1 l^2}{2} - h_1 \lambda - k,$$

d. h. die Evolvente ist eine Kreisevolvente.

Sei jetzt die Evolute aber die kürzeste Linie auf derjenigen abwickelbaren Fläche, deren Wendungskante die allgemeine Schraubenlinie ist. Wir erhielten in § 6 dann $l^2 + m^2 = \alpha^2$, dies ist die Gleichung eines Kreises und wir erhalten dann die Gleichung zwischen Bogenlänge und Tangentenwinkel $\lambda = \alpha \mu$; die Evolvente ist also eine

Schraubenlinie. (Um diese Gleichung zu erhalten, bedarf es natürlich einer Coordinatentransformation).

Ausserdem erhalten wir für die rechtwinkligen Coordinaten des Kreises, dessen Radius hier α ist.

$$l = \alpha \sin \frac{\lambda}{\alpha}, \quad m = \alpha \cos \frac{\lambda}{\alpha}.$$

Suchen wir noch den Cylinder, auf welchem sich diese Schraubenlinie befindet.

Die Gleichungen $b\,c\,d$ des § 6 ergeben, wenn man wieder $l'\,m'$ für l und m schreibt:

$$ds_1 = d\sigma \sin (l' + c), \quad d\lambda = \sin (l' + c)\,dm', \quad d\mu = \cos (l' + c)\,dm',$$

$l' + c$ ist constant, die Integrale ergeben also lineare Beziehungen zwischen s_1 und σ, λ und m', μ und m'. Aus diesen Gleichungen und (Ib) ergiebt sich dann die Lösung unserer Aufgabe.

Wir betrachten z. B. den Fall, wo die Evolute die kürzeste Linie auf derjenigen Fläche sei, welche zur Wendungskante die gewöhnliche Schraubenlinie hat. In § 6 hatten wir für diese kürzeste Linie die Gleichung $\sigma\mu = AB + c_2\lambda$ gefunden. Jetzt ist in dieser Gleichung σ, μ bezüglich mit s, m, B mit α zu vertauschen, also:

$$sm = A\alpha + c_2 l,$$

diese Gleichung in Verbindung mit $m^2 + l^2 = \alpha^2$ (Ib) giebt dann:

$$\sigma = \int \frac{A\alpha + c_2 l}{\sqrt{\alpha^2 - l^2}}\,dl - hl,$$

d. h. durch Integration:

$$\sigma = A\alpha \operatorname{arc\,sin} \frac{l}{\alpha} - c_2 \sqrt{\alpha^2 + l^2} - hl + k,$$

oder wenn man für l seinen Werth $\alpha \sin \frac{\lambda}{\alpha}$ setzt:

$$\sigma = A\lambda - c_2 \alpha \cos \frac{\lambda}{\alpha} - h \alpha \sin \frac{\lambda}{\alpha} + k,$$

da zwischen λ und m' eine lineare Beziehung stattfindet, ebenso zwischen s_1 und σ, so kann man mit anderer Bezeichnung der Constanten, und wenn man zwei derselben durch Transformation wegschafft, schreiben:

$$s_1 = am' + b \cos \varepsilon m' + c \sin \varepsilon m',$$

oder

$$s_1 = am' + g \sin (\varepsilon m' + f),$$

eine Gleichung, die nach § 7 die Evolvente einer Hypercycloide oder Epicycloide ergab. Also:

Die Evolvente der kürzesten Linie auf derjenigen abwickelbaren Fläche, welche zur Wendungskante eine gewöhnliche Schraubenlinie hat (und wie leicht einzusehen auch die Evolvente der kürzesten Linie auf dem Rotationskegel), ist eine Schraubenlinie auf einem Cylinder, dessen Basis die Evolvente einer Epicycloide oder Hypercycloide ist.

§ 9.

Beschäftigen wir uns noch mit den Beziehungen zwischen den einzelnen Evoluten einer Curve und der Evolutenfläche, sowie mit der Wendungskante dieser Letzteren. Es mögen sich die Grössen $L\,M\,S$ als bezügliche Linienkrümmung, Flächenkrümmung und Bogenlänge auf die Evolutenfläche beziehen, $l\,m\,s$ für die Evolute, $\lambda\,\mu\,\sigma$ für die Evolvente gelten. Die Evolutenfläche ist nun die Einhüllungsfläche einer Schaar von Ebenen, die auf den Elementen der Evolventenfläche senkrecht stehen, mithin ist der Winkel zweier auf einander folgenden dieser Ebenen, d. h. derjenige, den zwei auf einander folgende Krümmungsebenen der Wendungskante machen gleich $d\lambda$, also $dM = d\lambda$: oder mit angemessener Bestimmung der Constanten $M = \lambda$. Da ferner der Durchschnitt zweier dieser Ebenen, d. h. die Tangente der Wendungskante auf der Ebene zweier auf einander folgenden Elemente der Evolvente, also auf ihrer Krümmungsebene senkrecht steht, so ist auch: $dL = d\mu$, $L = \mu$. D. h. in Bezug auf Evolvente und Wendungskante der Evolutenfläche sind Linienund Flächenkrümmung zu vertauschen. Die Gleichungen III b und IV b des vorigen Paragraphen geben daher:

$$dl = \cos\,(B - L)\,dM, \quad dm = \sin\,(B - L)\,dM,$$

Suchen wir noch den Winkel V, welchen die Tangente der Wendungskante der Evolutenfläche und die Tangente irgend einer Evolute mit einander machen.

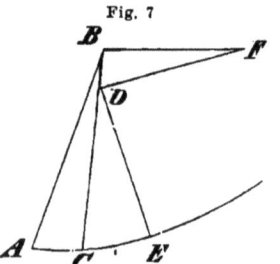

Fig. 7

Seien ACE (Fig. 7) zwei nächste Elemente der Evolvente, AB, CD, DE die drei durch ihre Endpunkte gehenden Tangenten einer Evolute. BF und DF die zugehörigen Tangenten an die Wendungskante der Evolutenfläche, dann ist Winkel $FBD = V$, der Winkel zwischen den Ebenen BAC und ACE, d. h. zwischen den Krümmungsebenen der Evolvente und Evolute war (§ 8) $w = B - \mu$ und da BF auf Ebene ACE senkrecht steht, der Winkel zwischen BF und Ebene $ABC = \frac{\pi}{2} + \mu - B$.

Ebene BFC steht auf AC, also auf Ebene ABC senkrecht, also ist BC oder BD die Projection von BF auf BAC und Winkel FBD oder V der Neigungswinkel von BF zu Ebene BAC, also $V = \frac{\pi}{2} + \mu - B$. Setzt man also in die allgemeine Formel (3) des § 5 S für s, s für σ, L für l, V für v, so ergiebt sich:

(I c) $$\frac{dS}{dL} - \cos (B - L) \frac{d^2 s}{dL^2} = 2 \sin (B - L) \frac{ds}{dL},$$

wozu noch die schon gefundenen Formeln kommen:

(II c) $$dl = \cos (B - L)\, dM.$$

(III c) $$dm = \sin (B - L)\, dM.$$

Diese Gleichungen geben die Beziehung der Wendungskante der Evolutenfläche zu einer Evolute. Ihre Uebereinstimmung mit den Formeln des § 6 für die kürzesten Linien giebt einen andern Beweis für den bekannten Satz, dass die Evoluten kürzeste Linien auf der Evolutenfläche sind, was freilich auch daraus schon folgt, dass der Winkel zwischen BAC und BFD ein rechter ist.

§ 10.

Wir wollen noch eine·andere abwickelbare Fläche betrachten, die zu den hier behandelten Curven und Flächen in einfacher Beziehung steht.

Denken wir uns eine Berührungsebene einer abwickelbaren Fläche, welche letztere wir mit A bezeichnen wollen, so um die in ihr enthaltenen Erzeugungslinien gedreht, dass sie mit der nächsten Berührungsebene zusammenfällt, diese dann um die in ihr enthaltene Erzeugungslinie gedreht, bis sie mit der nächsten Berührungsebene zusammenfällt, u. s. w., so beschreibt jede z. B. die erste Erzeugungslinie eine andere abwickelbare Fläche, welche aus unendlich kleinen Theilen der Mäntel von Rotationskegeln besteht (oder was dasselbe ist, aus unendlich kleinen Stücken der Tangentialebenen dieser Kegel). Diese abwickelbare Fläche wollen wir mit B bezeichnen, wir können sie die abwickelnde Fläche der Fläche A nennen. Die Wendungskante der Flächen A und B wollen wir kurz als Curven A und B bezeichnen.

L, M, S sollen die Coordinaten der Curve und Fläche A, L_1, M_1, S_1 die der Curve und Fläche B sein. Letztere Fläche enthält offenbar je eine Evolvente aller auf Fläche A befindlichen kürzesten Linien. (Siehe den vorigen Paragraphen.)

Sei jetzt (Fig. 8) DE diejenige Erzeugungslinie der Fläche A, welche die Fläche B beschreibt, in irgend einer Lage, welche sie

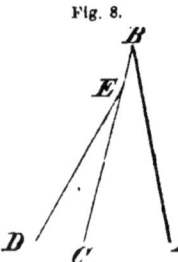

Fig. 8.

bei dieser Bewegung annimmt, CE dieselbe Erzeugungslinie in ihrer nächstfolgenden Lage, BA diejenige Erzeugungslinie, um welche die momentane Drehung erfolgt, dann ist Winkel $CBA = L$, wenn man nämlich für diejenige Erzeugungslinie von Curve A, welche die Fläche B beschreibt, $L = 0$ setzt, der unendlich kleine Theil des Kegelmantels oder, was dasselbe ist, die Ebene DEC steht ferner auf dem Axenschnitt CBA senkrecht, d. h. die Krümmungsebene der Curve B schneidet die Curve A senkrecht. Diese letztere, d. h. die Punkte E, B u. s. w. liegen auch auf der Fläche B, da sie bei den bezüglichen Drehungen ihren Ort nicht ändern, also ist Curve A eine kürzeste Linie der Fläche B. Es gelten daher die Gleichungen des § 6. In der That muss in den Gleichungen des § 5, $w = \frac{\pi}{2}$ und v, d. h. Winkel CBA gleich L gesetzt werden, die entsprechenden Gleichungen werden dann:

$$\frac{dS}{dL} - \sin L \frac{d^2 S_1}{dL^2} = 2 \frac{dS_1}{dL} \cos L$$

$$dL_1 = \sin L \, dM,$$

$$dM_1 = \cos L \, dM.$$

Es ist also in den Formeln des § 6 nur $c = 0$ gesetzt.

Für den Cylinder ist übrigens immer $L = 0$, weil L von einer Seite des Cylinders aus gezählt wird und diese mit jeder andern den Winkel Null macht. Dann ist $L_1 = \text{Const.}$, also die abwickelnde Fläche B ebenfalls ein Cylinder. Irgend ein Punkt der Basis des Cylinders A beschreibt dann offenbar die Basis des Cylinders B und diese letztere Basis ist also immer eine Evolvente der ersteren.

Ist Fläche A ein Kegel, also $dS = 0$, so gibt die Integration der Gleichung für S_1:

$$\frac{dS_1}{dL} = \frac{C}{\sin L^2} \, S_1 = C_1 - C \cot L.$$

Für den Rotationskegel ist $M = AL$, also bei angemessener Bestimmung der Constanten:

$$L_1 = - A \cos L, \quad M_1 = - A \sin L,$$

also

$$L = \text{arc cos} - \frac{L_1}{A}, \quad \cot L = - \frac{\cos \text{arc cos} \left(- \frac{L_1}{A} \right)}{\sin \text{arc cos} \left(- \frac{L_1}{A} \right)},$$

oder

$$\cot L = - \frac{L_1}{\sqrt{A_2 - L_1{}^2}}:$$

es ergiebt sich also die Gleichung für S_1:

$$S_1 = C_1 - \frac{CL_1}{\sqrt{A^2 - L_1{}^2}}.$$

Ergänzungen zur Theorie der Flächenkrümmung.

§ 11.

Wir geben zunächst noch einige Hilfssätze, die sich an den in § 2 dieses Anhangs gegebenen anschliessen.

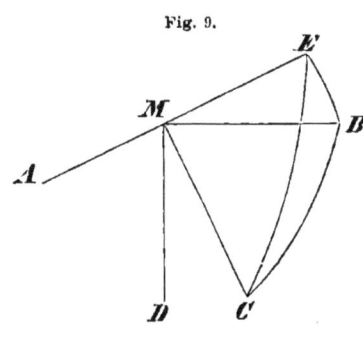

Fig. 9.

A) Mögen sich zwei Curven auf einer Fläche (Fig. 9) in Punkt M derselben schneiden, so sind die Winkel AMC und BMC, welche zwei auf einander folgende Elemente AM und BM der einen mit dem Elemente CM der andern machen, offenbar um ein unendlich Kleines erster Ordnung von zwei Rechten unterschieden, ist aber die Curve AMB eine geodätische, so ist dieser Unterschied unendlich klein von der zweiten Ordnung, kann also immer, wenn es sich um solche Grössen erster Ordnung handelt, vernachlässigt werden.

Beweis. AM, BM sind zwei auf einander folgende Elemente der ersten, CM eins der zweiten Curve. Wir ziehen in M die Normale MD und die gradlinige Fortsetzung ME von MA. Ist MB nun die geodätische Fortsetzung von AM, so bilden MC und MB eine Normalebene, welche auf der Tangentialebene BME senkrecht steht. Das sphärische Dreieck EBC ist also bei B rechtwinklig und man hat: $\cos EC = \cos BC \cos BE$. Mit Berücksichtigung des unendlich kleinen BE ergiebt sich hieraus:

$$\cos BC = \frac{\cos EC}{1 - \frac{BE^2}{2}} = \cos EC \left(1 + \frac{BE^2}{2}\right),$$

so dass die Cosinus von BC und EC, also auch diese Grössen selbst nur um ein unendlich Kleines zweiter Ordnung von einander verschieden sind, da nun EC oder Winkel EMC das Supplement von AMC ist, so hat man auch $AMC + BMC = \pi$ bis auf ein unendlich Kleines zweiter Ordnung.

15*

B) Denken wir uns ein Parallelogramm $ABCD$ so aus seiner Lage gebracht, dass das Dreieck ABC und die Fortsetzung von ADC einen unendlich kleinen Winkel mit einander bilden, wobei natürlich diese Dreiecke und also auch die Diagonale AC unverändert bleibt, dagegen die Diagonale BD verkürzt wird, das Parallelogramm mit seinen beiden Diagonalen verwandelt sich dann in ein unendlich flaches Tetraeder, die Beziehungen zwischen den Winkeln desselben wollen wir hier bestimmen.

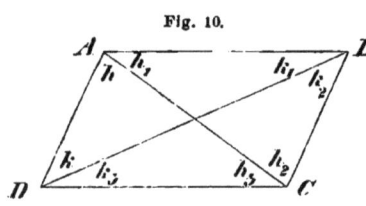

Fig. 10.

In der ursprünglichen Gestalt des Parallelogramms (Fig. 10) ist

$$\frac{\sin DAC}{\sin ADB} = \frac{\sin CAB}{\sin ABD}.$$

Also wenn wir die benannten Winkel nach der Deformation bezüglich mit $hk\ h_1k_1$ bezeichnen und unter $\tau,\ \tau_1,\ \tau_2\ldots,\ \sigma\ \sigma_1\ \sigma_2\ldots,\ v$ ein für allemal unendlich Kleine erster Ordnung verstehen:

$$\frac{\sin h}{\sin h_1} = \frac{\sin k}{\sin k_1} + v.$$

Bezeichnen wir ferner die Winkel DAB, ABC, BCD, CDA nach der Deformation bezüglich mit $\alpha\beta\gamma\delta$, so ist (Fig. 10):

$$\alpha = h + h_1 - \tau, \qquad \beta = k_1 + k_2 - \tau_1 = \pi - \alpha - \sigma,$$
$$\gamma = h_2 + h_3 - \tau_2 = \alpha + \sigma_1, \qquad \delta = k_3 + k - \tau_3 = \pi - \alpha - \sigma_2.$$

Ebenso sind die Unterschiede zwischen h_1 und h_3, h und h_2, k_1 und k_3, k und k_2 unendlich klein.

Wir bezeichnen jetzt mit $\varepsilon,\ \varepsilon_1,\ \varepsilon_2,\ \varepsilon_3$ die unendlich kleinen Flächenwinkel des Tetraeders bezüglich bei AD, AB, BC, CD, dann ist in der dreikantigen Ecke A,

$$\cos h \cos \alpha + \sin h \sin \alpha \cos \varepsilon = \cos h_1,$$

d. h. wenn wir $\cos \varepsilon$ mit $1 - \frac{\varepsilon^2}{2}$ vertauschen:

$$\cos (\alpha - h) - \sin \alpha \sin h \frac{\varepsilon^2}{2} = \cos h_1$$

oder:

$$\cos(h_1 - \tau) = \cos h_1 + \sin \alpha \sin h \frac{\varepsilon^2}{2},$$

also wenn wir für $\cos (h_1 - \tau)$ setzen

$$\cos h_1 + \tau \sin h_1$$

$$\tau \sin h_1 = \sin \alpha \sin h \frac{\varepsilon^2}{2}$$

Für dieselbe Ecke A ergiebt sich aber, wenn man den Flächen-winkel $AB = \varepsilon_1$ bestimmt, ganz auf die nämliche Weise:

$$\tau \sin h = \sin \alpha \sin h_1 \frac{\varepsilon_1^2}{2}$$

also:

$$\varepsilon^2 \sin h^2 = \varepsilon_1^2 \sin h_1^2$$

oder:

$$\varepsilon \sin h = \varepsilon_1 \sin h_1,$$

da die Sinus beide positiv sind, also über das Vorzeichen kein Zweifel stattfindet. Ebenso ergiebt sich für die Ecke bei B:

$$\tau_1 \sin k_2 = \sin \beta \sin k_1 \frac{\varepsilon_1^2}{2}, \qquad \varepsilon_1 \sin k_1 = \varepsilon_2 \sin k_2.$$

Für die erste dieser beiden Gleichungen kann man schreiben:

$$\tau_1 = \frac{\sin \beta \sin k_1}{\sin k_2} \frac{\varepsilon_1^2}{2},$$

oder wegen der Werthe von β, k_1, k_2, wenn wir alle Grössen, die unendlich klein gegen ε_1^2, wie hier nothwendig, nicht berücksichtigen:

$$\tau_1 = \sin \beta \frac{\sin k_1}{\sin k} \frac{\varepsilon_1^2}{2} = \frac{\sin \alpha \sin h_1}{\sin h} \frac{\varepsilon_1^2}{2} = \tau,$$

ebenso giebt die Gleichung

$$\varepsilon_1' \sin k_1 = \varepsilon_2 \sin k_2,$$

wenn man die gegen ε_1 und ε_2 verschwindenden Grössen unberücksichtigt lässt:

$$\varepsilon_1 \sin h_1 = \varepsilon_2 \sin h_2 = \varepsilon_2 \sin h,$$

also $\varepsilon = \varepsilon_2$.

Durch Betrachtung der Ecken bei C und D ergeben sich dann ganz gleiche Schlüsse, und man hat:

$$\varepsilon = \varepsilon_2, \qquad \varepsilon_1 = \varepsilon_3, \qquad \tau = \tau_1 = \tau_2 = \tau_3,$$

zu diesen Gleichungen kommen dann noch die eben gefundenen:

$$\tau = \frac{\sin \alpha \sin h_1}{2 \sin h} \varepsilon_1^2, \qquad \varepsilon \sin h = \varepsilon_1 \sin h_1,$$

aus welchen 3 Gleichungen sich endlich ergiebt:

$$\tau = \frac{\varepsilon \varepsilon_1 \sin \alpha}{2}.$$

Anmerkung. Es muss bemerkt werden, dass diese Schlüsse noch richtig sind, wenn die Seiten des ursprünglichen Parallelogramms unendlich klein sind, und die endlichen, einander gegenüberliegenden Winkel desselben um unendlich kleine Grössen von einander abweichen, es würden dann in unsern Formeln nur Glieder hinzukommen, die gegen die berechneten Grössen verschwinden.

C) Zwei Curven auf einer Fläche mögen sich im Punkte M derselben schneiden. Je 2 nächste der 4 Elemente derselben, die durch Punkt M gehen, bilden dann 4 Winkel, deren Unterschied von 4 Rechten unendlich klein ist, dieser Unterschied soll berechnet werden.

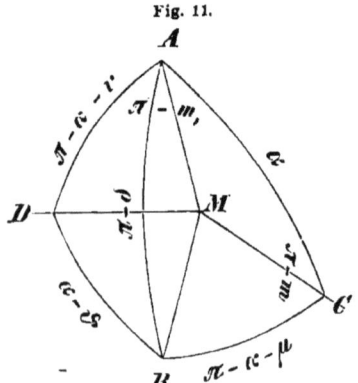

Fig. 11.

Seien (Fig. 11) AMB, CMD diese Elemente,

Winkel $AMC = \alpha$,
$$BMC = \pi - \alpha - \mu,$$
$$AMD = \pi - \alpha - \nu,$$
$$DMB = \alpha - \vartheta,$$

wo also μ, ν und ϑ unendlich kleine Grössen sind, in dem sphärischen Vierecke $ACBD$ sei ferner der Winkel C, oder der Ebenenwinkel bei $CM = \pi - m$, der Ebenenwinkel A, oder der Ebenenwinkel bei AM: $\pi - m_1$, wo m und m_1 ebenfalls unendlich klein sind. Möge ferner der Winkel $CAB = x$, also $DAB = \pi - m_1 - x$ und Winkel $AMB = \pi - \delta$ sein.

Statt des Dreiecks ABC betrachten wir nun sein Supplementardreieck $A_1 B_1 C_1$, wo $B'A' = m$, $B'C' = \pi - x$, Winkel $B' = \pi - \alpha$, Winkel $A' = \alpha + \mu$, $C' = \delta$ ist. Dasselbe gehört unter die in § 2 betrachteten Dreiecke, und aus der Formel 3 des angeführten Paragraphen ergiebt sich:

$$\mu = \delta \cos x.$$

Betrachten wir statt des Dreieckes ACB aber ADB, so haben wir bezüglich zu vertauschen: α, $\alpha + \mu$, x mit: $\pi - \alpha - \nu$, $\pi - \alpha + \vartheta$,

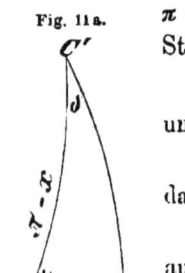

Fig. 11a.

$\pi - m_1 - x$, während δ unverändert bleibt, an die Stelle von $\mu = \alpha + \mu - \alpha$ tritt also:

$$\pi - \alpha + \vartheta - \pi + \alpha + \nu = \nu + \vartheta,$$

und es ergiebt sich:

$$\nu + \vartheta = -\delta \cos(x + m_1),$$

das heisst:

$$\nu + \vartheta = -\delta \cos x + m_1 \delta \sin x,$$

aus unserm Dreiecke (Fig. 11 a) folgt nun unmittelbar:

$$\delta \sin x = m \sin(\alpha + \mu),$$

woraus sich

$$\nu + \vartheta = -\delta \cos x + m m_1 \sin(\alpha + \mu)$$

also auch:

$$\mu + \nu + \vartheta = m m_1 \sin(\alpha + \mu) = m m_1 \sin \alpha$$

ergiebt, da der Unterschied zwischen $\sin(\alpha + \mu)$ und $\sin\alpha$ gegen die vorhandenen Grössen verschwindet. Der Ausdruck links ist offenbar der Unterschied der vier Winkel um M von 2π, und dieser Unterschied ist also gleich $mm_1 \sin\alpha$, also unendlich klein von der zweiten. Ordnung.

Gegen den Beweis, wie wir ihn hier im Text gegeben haben, lässt sich indess ein Einwand machen, da nämlich $\mu + \nu + \vartheta$ unendlich klein von zweiter Ordnung ist, so hätten in der Rechnung auch alle unendlich Kleinen zweiter Ordnung berücksichtigt werden müssen. Dies soll hier noch geschehen. Die Gleichungen die zur Bestimmung von $\mu + \nu + \vartheta$ führen, lauten nämlich vollständig:

$$- \cos\alpha \cos\delta + \sin\alpha \sin\delta \cos x = - \cos(\alpha + \mu),$$

woraus sich mit Berücksichtigung des unendlich Kleinen zweiter Ordnung ergiebt:

(1) $$\frac{\cos\alpha\,\delta^2}{2} + \delta \sin\alpha \cos x = \mu \sin\alpha + \frac{\mu^2}{2} \cos\alpha$$

und

$$\cos(\alpha + \nu) \cos\delta - \sin(\alpha + \nu) \sin\delta \cos(x + m_1) = \cos(\alpha - \vartheta)$$

oder:

$$\left(\cos\alpha - \nu \sin\alpha - \frac{\nu^2}{2}\cos\alpha\right)\left(1 - \frac{\delta^2}{2}\right) - \delta(\sin\alpha + \nu \cos\alpha)(\cos x - m_1 \sin x).$$

$$= \cos\alpha + \vartheta \sin\alpha - \frac{\vartheta^2}{2} \cos\alpha$$

oder:

(2) $$- \frac{\nu^2}{2} \cos\alpha - \frac{\delta^2}{2} \cos\alpha - \delta \sin\alpha \cos x - \nu\delta \cos\alpha \cos x + m_1 \delta \sin\alpha \sin x$$

$$= (\vartheta + \nu) \sin\alpha - \frac{\vartheta^2}{2} \cos\alpha.$$

Durch Addition der Gleichungen 1 und 2 erhält man dann:

$$(\mu + \nu + \vartheta) \sin\alpha + \frac{\mu^2 + \nu^2 - \vartheta^2}{2} \cos\alpha = m_1 \delta \sin\alpha \sin x - \nu\delta \cos\alpha \cos x.$$

Aus Gleichung 1 hat man mit Vernachlässigung der unendlich Kleinen zweiter Ordnung $\delta \cos x = \mu$ und dies kann in das zweite Glied rechts der letzten Gleichung eingesetzt werden, da der vernachlässigte Theil von der dritten Ordnung ist, man erhält:

$$(\mu + \nu + \vartheta) \sin\alpha + \frac{(\mu + \nu)^2 - \vartheta^2}{2} \cos\alpha = m_1 \delta \sin\alpha \sin x.$$

Der Factor des zweiten Gliedes links:

$$(\mu + \nu)^2 - \vartheta^2 = (\mu + \nu + \vartheta)(\mu + \nu - \vartheta)$$

verschwindet aber gegen $\mu + \nu + \vartheta$, ist also gegen das erste Glied zu vernachlässigen, und man erhält wie im Text:

$$\mu + \nu + \vartheta = m_1 \delta \sin x = mm_1 \sin\alpha.$$

Andere Definition der Flächenkrümmung.

Die Gaussische Definition der Flächenkrümmung war folgende: Man umgebe den Punkt M der Fläche mit einer unendlich kleinen geschlossenen Figur F, zu der Normalenschaar des Umfanges dieser Figur ziehe man Parallelen durch den Mittelpunkt einer Kugel mit Radius 1, welche auf der Oberfläche derselben eine zweite Figur φ abschneiden, die Krümmung der Fläche in Punkt M ist dann $\frac{\varphi}{F}$, wo F auf unendlich viel Arten gegeben sein kann. Wir wollen den Zähler dieses Ausdruckes φ als Krümmungselement, den Nenner F als Flächenelement bezeichnen. Dem Werthe von φ lässt sich nun mit Hülfe des vorigen Paragraphen auch eine andere Bedeutung geben.

Man denke sich die Fläche von 2 Schaaren continuirlich aus einander entstehender Curven angefüllt, und dadurch in unendlich kleine Vierecke getheilt, die allerdings im Allgemeinen nicht als eben zu betrachten sind. Es wird jedoch zu jeder Schaar von Curven eine zweite derart bestimmt werden können, dass diese Vierecke eben sind, so nämlich, wie dies ja immer möglich ist, dass in allen Schnittpunkten zweier Curven aus den beiden Schaaren die Tangenten derselben conjugirt sind, also z. B. wenn beide Schaaren die Krümmungslinien der Fläche sind. Für das Flächenelement F kann man dann den Inhalt eines solchen Vierecks $AMCG$ (Fig. 12)

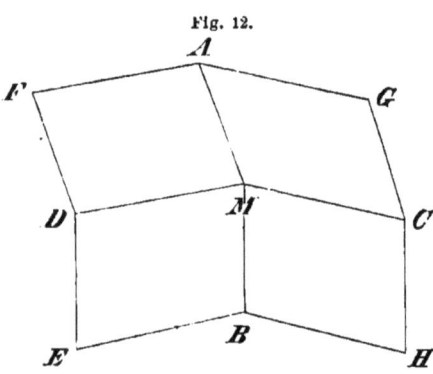

Fig. 12.

setzen. Bestimmen wir das Krümmungselement φ, dasselbe wird auf der Kugel ebenfalls ein unendlich kleines Viereck φ abschneiden, welches folgendermassen entsteht. Zieht man in C, M und A Normalen an die Fläche, so ist der Winkel, welche die in C und M gezogenen mit einander machen die eine, der welchen die in A und M gezogenen machen, die anstossende Seite des Vielecks φ. Nun sind aber Viereck $AMCG$ und die anstossenden $AMDF$, $MCHB$, da sie eben sind, zugleich auf einander folgende Tangentialebenen der Fläche, bilden also dieselben Winkel als ihre Normalen. Identificirt man also nun die vierkantige Ecke um M mit der in § 11c betrachteten, so fallen die beiden anstossenden Seiten von φ mit den dort mit m und m_1 bezeichneten Grössen zusammen. Der Winkel zwischen diesen Seiten lässt sich aber leicht finden; es ist derjenige, den die Ebenen mit einander machen, welche einerseits den in C und M, anderseits den in A und M errichteten Normalen parallel sind. Die erste dieser Ebenen steht auf $AMCG$ und $AMDF$, also auch auf ihrem Durchschnitte AM, die zweite auf $AMCG$ und $MCHB$, als auf ihrem Durchschnitte MC senkrecht, der Winkel zwischen den Seiten m und m_1 von φ ist also der Winkel AMC, welcher § 11 c mit α bezeichnet war, und da die beiden Dreiecke, in welche φ zerfällt, sich offenbar nur um eine gegen ihren Inhalt verschwindende Grösse unterscheiden, ergiebt sich $\varphi = m m_1 \sin \alpha$, also gleich dem Unterschiede der 4 Winkel um M von 2π. Also: Theilt man eine Fläche durch 2 Curvenschaaren, die in allen Schnittpunkten conjugirte Tangenten haben, in unendlich kleine Vierecke, so ist die Krümmung im Punkte M gleich dem Unterschied der 4 Winkel um M von 2π, dividirt durch den Inhalt eines solchen Vierecks.

§ 13.

Der eben gegebenen Definition entnehmen wir zunächst einen neuen Beweis und zugleich eine Erweiterung des Gaussischen Satzes für die Totalkrümmung eines Dreieckes auf einer Fläche. Diese Erweiterung schliesst sich genau an die § 1 gegebene Darstellung des Inhaltes eines Dreieckes auf einer Kugel an, wenn die Seiten desselben beliebige Curven sind.

Sei auf einer Fläche (Fig. 13) ein Dreiek ABC gegeben, so können wir den Inhalt desselben durch zwei Curvenschaaren in unendlich kleine ebene Vierecke auf die mehrfach angegebene Art eintheilen. Da das aber auf unendlich viele Arten geschehen kann, so können wir sogar annehmen, dass eine Seite derselben AB zu der einen Curvenschaar gehöre, die durch die Spitze C des Dreiecks gezogene der zweiten Curvenschaar angehörige Linie CD, theilt das Dreieck in zwei andere ACD und BCD, von denen wir zunächst nur das erste betrachten. Die Totalkrümmung desselben ist gleich der Summe der zu den in der Figur mit kleinen Kreisen umgebenen 4kantigen Ecken gehörigen Grössen φ, also, wenn wir einen der Winkel dieser Ecken mit k bezeichnen, und die Anzahl der Ecken gleich n annehmen:

$$\text{Totalkrümmung} = 2n\pi - \Sigma k.$$

Diese Summe Σk setzt sich aber zusammen aus den Winkeln h welche zu den im Dreiecke gelegenen, unendlich kleinen Vielecken gehören, deren Anzahl ebenfalls n ist, von denen jedoch die an AD

gelegenen mit e bezeichneten abzuziehen, und die an CD gelegenen mit f bezeichneten hinzuzunehmen sind; es kommen ferner die Winkel g, welche den über AC errichteten Elementardreiecken angehören, hinzu, und fallen die Winkel c, welche den an AC grenzenden Viereckskanten angehören, weg, so dass man hat:

$$\Sigma k = \Sigma h + \Sigma f - \Sigma e + \Sigma g - \Sigma c.$$

Fig. 13.

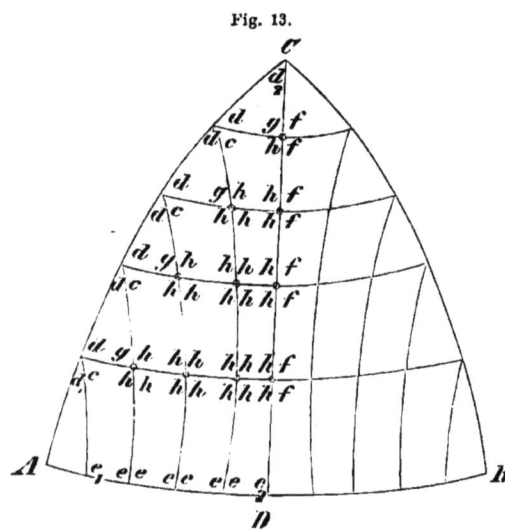

Nun ist $\Sigma h = 2 n \pi$, zwei der Winkel f ergänzen sich zu dem stumpfen Winkel, den zwei auf einander folgende Elemente von CD mit einander machen, ein solcher Winkel ist aber nach § 11a das Supplement desjenigen, welchen die geodätische Fortsetzung eines Elementes mit dem nächstfolgenden macht, ist also $d\vartheta$ dieser letztere Winkel, s die Anzahl der vierkantigen Ecken, die in CD ihre Scheitelpunkte haben, so hat man: $\Sigma f = s \pi - \Sigma_1 d\vartheta$, wo Σ_1 sich auf die Theile von CD erstreckt. Aus demselben Grunde addiren sich die Winkel c mit Ausnahme des ersteren c_1 und des letzteren c_2 zu $(s - 1) \pi - \Sigma_2 d\vartheta$, wenn Σ_2 sich auf die Theile von AD bezieht. Es ist aber c_2 gleich dem Winkel CDA und $c_1 = CAD + d_1$, wenn unter d alle an AC anstossenden Winkel, und der erste derselben mit d_1 bezeichnet wird, es ist also:

$$\Sigma c = (s - 1) \pi - \Sigma_2 d\vartheta + CDA + d_1 + DAC.$$

Was die Winkel g anbetrifft, so wird jeder von zweien der Winkel d zu zwei Rechten ergänzt, wo nur der erste der Winkel d, nämlich d_1 nicht vorkommt, somit ist:

$$\Sigma g = \Sigma (\pi - d) + d_1.$$

Je zwei der Winkel d, mit Ausschluss von d_2 bilden aber mit dem entsprechenden Winkel c den stumpfen Winkel zweier auf einander folgenden Elemente von AC, für den man wieder $\pi - d\vartheta$ setzen kann, so dass man hat:

$$\Sigma (\pi - d) = \Sigma c + \Sigma_3 d\vartheta - d_2$$
$$\Sigma g = \Sigma c + \Sigma_3 d\vartheta + d_1 - d_2,$$

wo Σ_3 auf die Theile von AC geht. Setzt man die so gefundenen Werthe in die von Σk ein, so erhält man:

$$\Sigma k = 2n\pi + \pi - \Sigma_1 d\vartheta + \Sigma_2 d\vartheta + \Sigma_3 d\vartheta - CAD - ACD - ADC,$$

wenn man berücksichtigt, dass $d_2 = ACD$ ist.

Man hat endlich:

Totalkrümmung von $ACD = CAD + ACD + ADC - \pi + \Sigma_1 d\vartheta$
$$ - \Sigma_2 d\vartheta - \Sigma_3 d\vartheta.$$

Bestimmt man ebenso die Totalkrümmung des Dreiecks DCB, so werden statt Σ_2 und Σ_3 die auf DB und CB bezüglichen Summen für $\Sigma_1 d\vartheta$, aber dieselbe Summe mit entgegengesetzten Vorzeichen erscheinen, da in einem der Dreiecke ACD und BCD, die geodätischen Verlängerungen der Elemente von DC in das Dreieck, im andern ausserhalb desselben fallen (vergl. § 1). Es werden also die beiden Summen von $\Sigma_3 d\vartheta$ in der Totalkrümmung von ABC sich aufheben, dem Winkel DAC wird im andern Dreiecke CBD, dem Winkel ACD, BCD entsprechen, man hat also, wenn die Winkel bei A, B und C noch mit $\alpha\,\beta\,\gamma$ bezeichnet werden, und das Zeichen Σ auf alle drei Seiten geht:

Totalkrümmung von $ABC = \alpha + \beta + \gamma - \pi - \Sigma d\vartheta$,

dieselbe Formel, welche § 1 für den Inhalt eines von beliebigen Curven gebildeten Kugeldreieckes gefunden wurde. Ganz wie in § 1 kann man noch beweisen, dass

$$\Sigma d\vartheta = \int \sqrt{d\varphi^2 - \frac{ds^2}{r^2}}$$

ist, wo wie dort $d\varphi$ der Contingenzwinkel, ds das Bogenelement ist, r aber den Krümmungsradius der durch das betreffende Element ds gelegten geodätischen Linie bedeutet.

Sind endlich die Dreieckseiten geodätische Linien, so ist $d\vartheta = 0$ und man hat den Gaussischen Satz wieder.

§ 14.

Zum Abschluss dieser Betrachtungen wollen wir noch die neue Definition der Flächenkrümmung auch für den Fall erweitern, wo die Fläche nicht in eben unendlich kleine Vierecke getheilt ist. Man denke sich also die Fläche zunächst durch zwei Curvenschaaren in Vierecke getheilt, die wir nicht als eben betrachten (Fig. 14), diese aber durch eine dritte Schaar, welche die Diagonalen zu sämmtlichen Vierecken bilden in unendlich kleine Dreiecke getheilt, die wir natürlich als eben betrachten können. In irgend einem Endpunkte M (Fig. 14a) wird, wenn man die Diagonalen nicht beachtet, noch

immer eine vierkantige Ecke von den Linien MD, MA, MC, MB
entstehn, und der Unterschied ·dieser vier Winkel von 2π

$$= m\, m_1 \sin AMC$$

sein (§ 11c), doch verliert diese Formel ihre Bedeutung· als Krümmungselement, da die Viereckebenen nicht mehr vorhanden sind, also

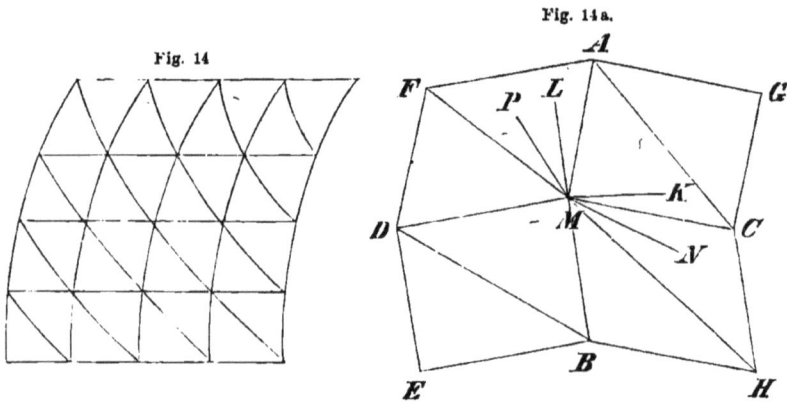

Fig. 14

Fig. 14a.

nicht mit den Tangentialebenen zusammenfallen. Betrachten wir aber
jetzt die sechskantige Ecke um M, die von den sechs darin zusammenstossenden Linien gebildet wird, und suchen wir die Beziehung derselben zum Krümmungselement φ, indem wir wieder das Viereck
$AMCG$ oder die Summe der beiden Dreiecke, in welche es getheilt
ist, als Flächenelement F betrachten. Zu dem Ende errichten wir
in M, B und D Normalen, bezeichnen den Winkel den die ersten
beiden machen mit n, und den welchen die erste mit der dritten
macht mit n_1, ferner mit β den Winkel welchen die den ersten beiden
Normalen parallele und die der ersten und dritten parallele Ebene
mit einander machen, so folgt ganz wie in § 12:

$$\varphi = n\, n_1 \sin \beta\,.$$

Die Normale in M steht nun auf der Dreiecksebene AMC, die in B
auf der Ebene MBH, oder wenn wir MK parallel BH ziehen, auf
der Ebene BMK senkrecht. Ebenso wird die Normale in D auf
FMD, oder wenn ML parallel FD ist, auf LMD senkrecht stehen.
Wenn wir unter MN die Schnittlinie der Ebenen AMC und KMB
verstehen, so wird der Winkel der Ebenen AMC und KMB, oder
der Winkel zwischen CMN und $KMN = n$, ebenso ist, wenn MP
die Schnittlinie der Ebenen LMD und AMC, der Winkel zwischen
AMP und $LMP = n_1$, ganz wie in § 12 beweisen wir auch, dass

der Winkel PMN gleich β ist. Setzen wir also wie früher Winkel $AMC = \alpha$, und ausserdem

$$CMN = \lambda, \quad AMP = \lambda_1, \quad \text{so ist } \beta = \lambda + \lambda_1 + \alpha,$$

wir wollen ferner wie in § 12 den spitzen Winkel zwischen AMC und CMB mit m, den zwischen AMC und AMD mit m_1 bezeichnen. Denkt man noch die Linie CB gezogen, so ist $MCHB$ ein Tetraeder wie das in § 11b betrachtete, und wir können wie dort den Winkel zwischen Ebene CMB und MBH, oder zwischen CMB und MBK mit ε,' den zwischen AMD und LMD mit ε_1 bezeichnen, Es macht hierbei nichts aus, dass die Winkel ε und ε_1 verschiedenen Tetraedern angehören, denn die auf dieselben bezüglichen Grössen weichen nur um solche Differenzen von einander ab, welche gegen diese Grössen selbst verschwinden, kommen

Fig. 14b.

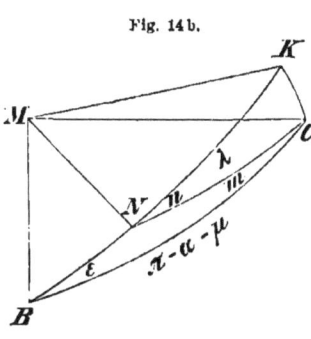

also nur in Betracht bei Fragen, wo es sich um gegen diese Grössen unendlich Kleines handelt, was hier nicht der Fall sein wird. Betrachten wir zunächst die durch NKC und B gelegte sphärische Figur, Fig. 146, deren Mittelpunkt M ist, indem wir uns die Linien MB, MC, MN, MK als gleich vorstellen. Dann ist: Winkel $KNC = n$, $NCB = m$, $NBC = \varepsilon$, $NC = \lambda$, und $BC = \pi - \alpha - \mu$

(§ 11). Aus dem sphärischen Dreiecke BNC ergiebt sich dann:

$$\frac{\sin \lambda}{\sin \varepsilon} = \frac{\sin(\alpha + \mu)}{\sin n} \quad \text{d. h. } \sin \lambda = \frac{\varepsilon \sin \alpha}{n}$$

und

$$\cot \lambda \sin(\alpha + \mu) - \sin m \cot \varepsilon = -\cos(\alpha + \mu)\cos \varepsilon,$$

woraus sich mit Weglassung der unendlich kleinen Glieder ergiebt:

$$\frac{\cos \lambda}{\sin \lambda} \sin \alpha = \frac{m}{\varepsilon} - \cos \alpha,$$

oder wenn man für $\sin \lambda$ den eben gefundenen Werth einsetzt:

$$\cos \lambda = \frac{m - \varepsilon \cos \alpha}{n}.$$

Auf dieselbe Weise findet man:

$$\sin \lambda_1 = \frac{\varepsilon_1 \sin \alpha}{n_1}, \quad \cos \lambda_1 = \frac{m_1 - \varepsilon_1 \cos \alpha}{n_1}.$$

Hieraus bestimmt man:

$$\sin(\lambda + \lambda_1) = \frac{\sin \alpha (\varepsilon m_1 + \varepsilon_1 m) - 2 \varepsilon \varepsilon_2 \sin \alpha \cos \alpha}{n n_1}$$

$$\cos(\lambda + \lambda_1) = \frac{m m_1 - \cos \alpha (\varepsilon m_1 + m \varepsilon_1) + \varepsilon \varepsilon_1 (\cos \alpha^2 - \sin \alpha^2)}{n n_1},$$

also

$$nn_1 \sin \beta = nn_1 \sin (\alpha + \lambda + \lambda_1) = mm_1 \sin \alpha - \varepsilon \varepsilon_1 \sin \alpha.$$

Dies ist also der Ausdruck für das Krümmungselement φ.

Nun its § 11c:

$$mm_1 \sin \alpha = 2\pi - (\alpha + \beta + \gamma + \delta),$$

denn wir

$$AMC = \alpha, \quad CMB = \beta, \quad AMD = \gamma, \quad DMB = \delta$$

setzen, identificiren wir aber die Figuren $MCHB$ und $AMDF$ mit dsm in § 11 B betrachteten Tetraeder, und setzen

$$\beta = k_1 + k_2 - \tau, \quad \gamma = h_2 + h_3 - \tau,$$

wo

$$BMH = k_1, \quad HMC = k_2, \quad DMF = h_2, \quad FMA = h_3$$

gesetzt wurde, so haben wir wie dort: $2\tau = \varepsilon \varepsilon_1 \sin \alpha$.

Die Unterschiede welche sich daraus ergeben, dass β und γ verschiedenen Tetraedern, die sich jedoch nur unendlich wenig von einander unterscheiden, angehören, verschwinden selbstverständlich gegen den Werth von τ. Die Summe der sechs Winkel der sechskantigen Ecke um M aber ist:

$$\alpha + k_1 + k_2 + h_2 + h_3 + \delta = \alpha + \beta + \gamma + \delta + 2\tau$$

und der Unterschied dieser Winkel von 2π ist gleich:

$$2\pi - (\alpha + \beta + \gamma + \delta) - 2\tau = mm_1 \sin \alpha - \varepsilon \varepsilon_1 \sin \alpha = nn_1 \sin \beta = \varphi.$$

Also:

Wird eine Fläche durch zwei Curvenschaaren in Vierecke und diese wieder durch eine dritte Curvenschaar in je zwei Dreiecke getheilt, so ist die Krümmung gleich dem Unterschied der um einen Schnittpunkt herum liegenden sechs Dreieckswinkel von 2π, dividirt durch den Inhalt des anstossenden Vierecks.

Hieraus folgt auch der Gaussische Satz, dass bei Flächen, die sich auf einander abwickeln lassen, die Krümmung in den entsprechenden Punkten gleich ist, da sich hierbei die elementaren Dreiecke also auch ihre Winkel nicht ändern.

§ 15.

In der Theorie der Curven in der Ebene sind eine elementare Liniengrösse, das Bogenelement, und eine solche Winkelgrösse der Contingenzwinkel von Wichtigkeit, bei doppelt gekrümmten Curven tritt noch der Winkel zweier unendlich nahen Krümmungsebenen hinzu. Bei Flächen wird die Anzahl solcher elementaren Grössen eine viel bedeutendere. Von diesen sind besonders zu merken: I. Liniengrössen: die Seiten und Diagonalen des durch M gelegten Elementarviereckes $MABC$ (Fig. 15), welches von je 2 Curven gebildet wird, die den Schaaren angehören, in welchen u bezüglich v sich allein ändern. II. Winkelgrössen: die Kanten und Ebenenwinkel des Tetraeders, welches durch das Elementarviereck bestimmt ist, ferner die Kanten- und Ebenenwinkel der vierkantigen Ecke um M, welche von den Curven-Elementen MA und MC und ihren Fortsetzungen, DM, EM, auf den entsprechenden Curven gebildet wird, endlich die Ebenen- und Kantenwinkel der sechskantigen Ecke um M, die aus der vierkantigen entsteht, wenn man noch die Diagonale MB und die entsprechende Diagonale MF des angrenzenden Elementarviereckes $DFEM$ hinzunimmt. Diese Grössen sollen hier noch analytisch bestimmt werden. Zu dem Ende soll das Zeichen d ein Differentiiren, wobei u allein sich ändert, d_1 ein solches, wobei v allein sich ändert, anzeigen. Sei ferner Seite $MA = ds$, $MC = d_1 s_1$, dann ist:

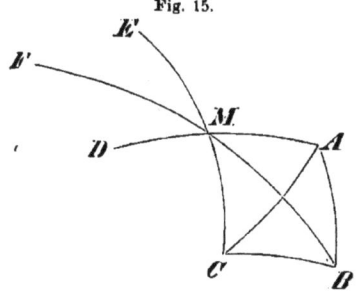
Fig. 15.

$$ds = \sqrt{E}\,du, \qquad d_1 s_1 = \sqrt{G}\,dv.$$

Sei ferner α der Winkel CMA, welcher sich von den andern Viereckwinkeln bezüglich ihren Supplementen nur um ein unendlich Kleines unterscheidet, so ergiebt sich:

$$ds\,d_1 s_1 \cos\alpha = dx\,d_1 x + dy\,d_1 y + dz\,d_1 z,$$

und hieraus:

$$\sqrt{EG}\,\cos\alpha = F, \qquad \sqrt{EG}\,\sin\alpha = \sqrt{EG - F^2}.$$

Seien q und q_1 bezüglich die Diagonalen MB und CA, so ist:

$$q^2 = ds^2 + d_1 s_1^2 + 2\,ds\,d_1 s_1 \cos\alpha = E du^2 + 2 F du\,dv + G dv^2$$

und

$$q_1^2 = E du^2 - 2 F du\,dv + G dv^2.$$

Ihre Projectionen auf die Axe der x sind bezüglich:

$$dx + d_1 x + dd_1 x,$$

und

$$d_1 x - dx.$$

Für die andern Seiten des Viereckes erhält man noch:

$$AB = d_1 s_1 + dd_1 s_1, \qquad CB = ds + d_1 ds.$$

Ihre Projectionen auf die Axe der x sind bezüglich:

$$d_1 x + dd_1 x, \qquad dx + dd_1 x,$$

und ähnliche Formeln ergeben sich für die anderen Axen. Die Normale denken wir uns senkrecht auf Dreieck MCA, seien $\lambda\mu\nu$ die Winkel derselben mit den Axen, so war § 56:

$$M\cos\lambda = A, \qquad M\cos\mu = B, \qquad M\cos\nu = C,$$
$$M_2 = A^2 + B^2 + C^2 = EG - F^2.$$

Der Winkel der Diagonale q_1 mit der Normale ist ein rechter, sei σ der Winkel der Diagonale q mit der letzteren, so hat man:

$$\cos\sigma = \frac{\Sigma\cos\lambda\,(dx + d_1 x + dd_1 x)}{q},$$

wo das Summenzeichen λ noch zwei dem ersten analog gebildete Glieder in Bezug auf μ und y, ν und z anzeigt, da aber

$$\Sigma\cos\lambda\,dx \quad \text{und} \quad \Sigma\cos\lambda\,d_1 x$$

verschwinden, erhält man:

$$\cos\sigma = \frac{A\,dd_1 x + B\,dd_1 y + C\,dd_1 z}{q\sqrt{EG - F^2}}$$

oder

$$\cos\sigma = \frac{D'\,du\,dv}{q\sqrt{EG - F^2}}.$$

Auf ähnliche Weise ergiebt sich, wenn v und v_1 die Winkel der Linien MD und ME mit den Axen sind:

$$\cos v = \frac{D\,du}{\sqrt{E}\sqrt{EG - F^2}}, \qquad \cos v_1 = \frac{D''\,dv}{\sqrt{G}\sqrt{EG - F^2}}.$$

Seien k und k_1 die Winkel der Diagonale, q bezüglich mit den Seiten ds und $d_1 s_1$, so ist:

$$\sin k = \sin\alpha\,\frac{d_1 s_1}{q}, \qquad \sin k_1 = \sin\alpha\,\frac{ds}{q},$$

und daher:

$$\sin k = \frac{\sqrt{EG - F^2}\,dv}{q\sqrt{E}}, \qquad \sin k_1 = \frac{\sqrt{EG - F^2}\,du}{q\sqrt{G}},$$

also auch:

$$\cos k = \frac{E\,du + F\,dv}{q\sqrt{E}}, \qquad \cos k_1 = \frac{F\,du + G\,dv}{q\sqrt{G}}.$$

Bezeichnen wir mit m, m_1 (§ 12) die Supplemente der Ebenenwinkel der 4 kantigen Ecke bezüglich bei CM und MA. Verlängern wir DM nach GM, und betrachten das sphärische rechtwinklige Dreieck GCH (Fig. 16), wo GH das auf Bogen $CA = \alpha$ gefällte sphärische Loth $\doteq \frac{\pi}{2} - v$, $CG = \alpha + \mu$ (§ 12) und Winkel $GCH = m$ ist, es ergiebt sich dann, wegen des unendlich kleinen μ:

$$\sin m\,\sin\alpha = \cos v,$$

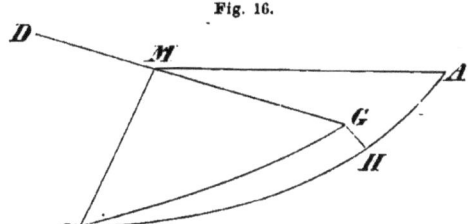

Fig. 16.

oder

$$m = \frac{D\sqrt{G}\,du}{EG - F^2}$$

und ebenso

$$m_1 = \frac{D''\sqrt{E}\,dv}{EG - F^2}.$$

Die Winkel φ und φ_1 der Seiten

$$CB = ds + d_1 ds \quad \text{und} \quad AB = d_1 s_1 + dd_1 s_1$$

mit der Normale ergeben sich ähnlich wie v und v_1, nämlich:

$$\cos\varphi = \frac{\Sigma\cos\lambda\,dd_1 x}{ds}, \qquad \cos\varphi_1 = \frac{\Sigma\cos\lambda\,dd_1 x}{d_1 s_1},$$

d. h.:

$$\cos\varphi = \frac{D'\,dv}{\sqrt{E}\sqrt{EG - F^2}}, \qquad \cos\varphi_1 = \frac{D'\,du}{\sqrt{G}\sqrt{EG - F^2}},$$

seien ε und ε_1 die Winkel der Ebene MAB bezüglich MCB mit der Tangentialebene MAC. Man findet diese Grössen wie m und m_1, nämlich z. B. ε aus einem rechtwinkligen sphärischen Dreiecke, das $\frac{\pi}{2} - \varphi$ zur Kathete, ε zum Gegenwinkel, α zur Hypotenuse hat. Man erhält

$$\varepsilon \sin\alpha = \cos\varphi, \qquad \varepsilon_1 \sin\alpha = \cos\varphi_1,$$

also:

$$\varepsilon = \frac{D'\sqrt{G}\,dv}{EG - F^2}, \qquad \varepsilon_1 = \frac{D'\sqrt{E}\,du}{EG - F^2}.$$

Es war § 12 der Unterschied U der Kantenwinkel der 4 kantigen Ecke um m von 2π gleich $mm_1 \sin\alpha$ also:

$$U = \frac{DD''\,du\,dv}{\sqrt{(EG - F^2)^3}}.$$

Bestimmen wir noch den Winkel δ der beiden Dreiecksebenen MCB und MAB mit einander, so ist $\pi - \delta$ Ebnenwinkel eines sphärischen Dreiecks, welcher Winkel von den Seiten k und k_1 eingeschlossen ist, und α gegenüberliegt, also:

$$\cos k \cos k_1 - \sin k \sin k_1 \cos\delta = \cos(k + k_1 - \tau)$$

d. h.:

$$\frac{\delta^2}{2} \sin k \sin k_1 = \tau \sin\alpha$$

oder:

$$\delta^2 = \frac{q^2 D'^2}{(EG - F^2)^2}, \qquad \delta = \frac{qD'}{EG - F^2}$$

und ebenso ergiebt sich der Winkel δ_1 der Dreiecksebenen MCA und BCA:

$$\delta_1 = \frac{q_1 D'}{EG - F^2}$$

Ferner wenn

$$\alpha + \tau = k + k_1$$

gesetzt wurde:

$$2\tau = \varepsilon \varepsilon_1 \sin \alpha$$

d. h.:

$$2\tau = \frac{D'^2\, du\, dv}{\sqrt{(EG - F^2)^3}}.$$

Der Unterschied U_1 der Kantenwinkel der sechskantigen Ecke von 2π ergab sich $U = U - 2\tau$ also:

$$U_1 = \frac{(DD'' - D'^2)\, du\, dv}{\sqrt{(EG - F^2)^3}}.$$

Der Inhalt F des Viereckes $MABC$ ergiebt sich

$$F = ds d_1 s_1 \sin \alpha = \sqrt{EG - F^2}\, du\, dv$$

also die Krümmung:

$$\frac{U_1}{H} = \frac{DD'' - D'^2}{(EG - F^2)^2},$$

wie schon früher auf andere Weise gefunden wurde. Uebrigens bedeutet auch, wie leicht zu sehen, 2τ den Unterschied der 4 Winkel des Elementarviereckes $MABC$ von 2π.